"十四五"国家重点图书出版规划项目

新版《列国志》与《国际组织志》联合编辑委员会

列国志

GUIDE TO
THE WORLD
NATIONS 新版

舒 展
编著

ERITREA

厄立特里亚

社会科学文献出版社
SOCIAL SCIENCES ACADEMIC PRESS (CHINA)

鸟瞰厄立特里亚首都阿斯马拉市

阿斯马拉菲亚特加油站

厄立特里亚国旗

厄立特里亚国徽

阿斯马拉总统府（孙成功　供图）

厄立特里亚银行（舒展　供图）

阿斯马拉玫瑰圣母教堂

阿斯马拉帝国电影院

建于 1872 年的马萨瓦总督府（王克启　供图）

马萨瓦岛北岸港口大街路边建筑（王克启　供图）

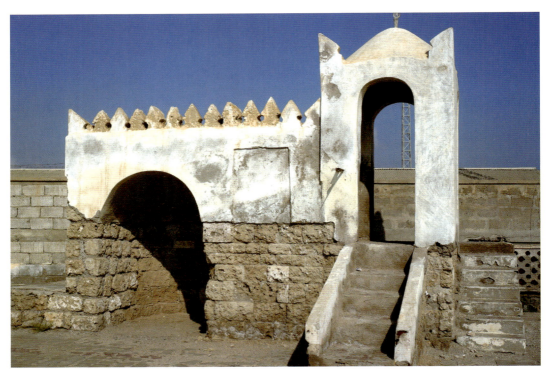

马萨瓦萨哈巴圣祠（孙成功　供图）

克海托遗迹

克伦市中心（孙成功　供图）

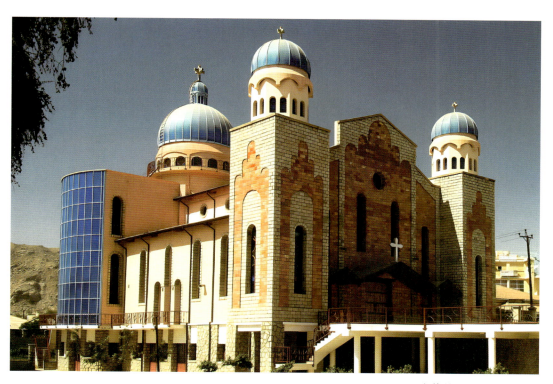

克伦的圣安东尼奥教堂

厄立特里亚红海海景

阿法尔族妇女（李天哲　供图）

出版说明

　　《列国志》编撰出版工作自 1999 年正式启动，截至目前，已出版 144 卷，涵盖世界五大洲 163 个国家和国际组织，成为中国出版史上第一套百科全书式的大型国际知识参考书。该套丛书自出版以来，受到社会各界的广泛好评，被誉为"21 世纪的《海国图志》"，中国人了解外部世界的全景式"窗口"。

　　这项凝聚着近千学人、出版人心血与期盼的工程，前后历时十多年，作为此项工作的组织实施者，我们为这皇皇 144 卷《列国志》的出版深感欣慰。与此同时，我们也深刻认识到当今国际形势风云变幻，国家发展日新月异，人们了解世界各国最新动态的需要也更为迫切。鉴于此，为使《列国志》丛书能够不断补充最新资料，更好地服务于社会各界，我们决定启动新版《列国志》编撰出版工作。

　　与已出版的 144 卷《列国志》相比，新版《列国志》无论是形式还是内容都有新的调整。国际组织卷次将单独作为一个系列编撰出版，原来合并出版的国家将独立成书，而之前尚未出版的国家都将增补齐全。新版《列国志》的封面设计、版面设计更加新颖，力求带给读者更好的阅读享受。内容上的调整主要体现在数据的更新、最新情况的增补以及章节设置的变化等方面，目的在于进一步加强该套丛书将基础研究和应用对策研究相结合，将基础研究成果应用于实践的特色。例如，增加了各国有关资源开发、环境治理的内容；特设"社会"一章，介绍各国的国民生活情况、社会管理经验以及存在的社会问题，等等；增设"大事纪年"，方便读者在短时间内熟悉各国的发展线索；增设"索引"，便于读者根据人名、地名、关键词查找所需相关信息。

顺应时代发展的要求，新版《列国志》将以纸质书为基础，全面整合国别国际问题研究资源，构建列国志数据库。这是《列国志》在新时期发展的一个重大突破，由此形成的国别国际问题研究与知识服务平台，必将更好地服务于中央和地方政府部门应对日益繁杂的国际事务的决策需要，促进国别国际问题研究领域的学术交流，拓宽中国民众的国际视野。

新版《列国志》的编撰出版工作得到了各方的支持：国家主管部门高度重视，将其列入"'十二五'国家重点图书出版规划项目"；中国社会科学院将其列为创新工程学术出版资助项目，王伟光院长亲自担任编辑委员会主任，指导相关工作的开展；国内各高校和研究机构鼎力相助，国别国际问题研究领域的知名学者相继加入编辑委员会，提供优质的学术咨询与指导。相信在各方的通力合作之下，新版《列国志》必将更上一层楼，以崭新的面貌呈现给读者，在中国改革开放的新征程中更好地发挥其作为"知识向导"、"资政参考"和"文化桥梁"的作用！

新版《列国志》编辑委员会
2013 年 9 月

前　言

　　自 1840 年前后中国被迫开关、步入世界以来，对外国舆地政情的了解即应时而起。还在第一次鸦片战争期间，受林则徐之托，1842 年魏源编辑刊刻了近代中国首部介绍当时世界主要国家舆地政情的大型志书《海国图志》。林、魏之目的是为长期生活在闭关锁国之中、对外部世界知之甚少的国人"睁眼看世界"，提供一部基本的参考资料，尤其是让当时中国的各级统治者知道"天朝上国"之外的天地，学习西方的科学技术，"师夷之长技以制夷"。这部著作，在当时乃至其后相当长一段时间内，产生过巨大影响，对国人了解外部世界起到了积极的作用。

　　自那时起中国认识世界、融入世界的步伐就再也没有停止过。中华人民共和国成立以后，尤其是 1978 年改革开放以来，中国更以主动的自信自强的积极姿态，加速融入世界的步伐。与之相适应，不同时期先后出版过相当数量的不同层次的有关国际问题、列国政情、异域风俗等方面的著作，数量之多，可谓汗牛充栋。它们对时人了解外部世界起到了积极的作用。

　　当今世界，资本与现代科技正以前所未有的速度与广度在国家间流动和传播，"全球化"浪潮席卷世界各地，极大地影响着世界历史进程，对中国的发展也产生极其深刻的影响。面临不同以往的"大变局"，中国已经并将继续以更开放的姿态、更快的步伐全面步入世界，迎接时代的挑战。不同的是，我们所面临的已不是林则徐、魏源时代要不要"睁眼看世界"、要不要"开放"的问题，而是在新的历史条件下，在新的世界发展大势下，如何更好地步入世界，如何在融入世界的进程中更好地维护民族国家的主权与独立，积极参与国际事务，为维护世界和平，促进世界与人类共同发展做出贡献。这就要求我们对外部世界有比以往更深切、全面的了解，我们只有更全面、更深入地了解世界，才能在更高的层次上融入世界，也才能在融入世界的进程中不迷失方向，保持自我。

与此时代要求相比，已有的种种有关介绍、论述各国史地政情的著述，无论就规模还是内容来看，已远远不能适应我们了解外部世界的要求。人们期盼有更新、更系统、更权威的著作问世。

中国社会科学院作为国家哲学社会科学的最高研究机构和国际问题综合研究中心，有11个专门研究国际问题和外国问题的研究所，学科门类齐全，研究力量雄厚，有能力也有责任担当这一重任。早在20世纪90年代初，中国社会科学院的领导和中国社会科学出版社就提出编撰"简明国际百科全书"的设想。1993年3月11日，时任中国社会科学院院长胡绳先生在科研局的一份报告上批示："我想，国际片各所可考虑出一套列国志，体例类似几年前出的《简明中国百科全书》，以一国（美、日、英、法等）或几个国家（北欧各国、印支各国）为一册，请考虑可行否。"

中国社会科学院科研局根据胡绳院长的批示，在调查研究的基础上，于1994年2月28日发出《关于编纂〈简明国际百科全书〉和〈列国志〉立项的通报》。《列国志》和《简明国际百科全书》一起被列为中国社会科学院重点项目。按照当时的计划，首先编写《简明国际百科全书》，待这一项目完成后，再着手编写《列国志》。

1998 年，率先完成《简明国际百科全书》有关卷编写任务的研究所开始了《列国志》的编写工作。随后，其他研究所也陆续启动这一项目。为了保证《列国志》这套大型丛书的高质量，科研局和社会科学文献出版社于 1999 年 1 月 27 日召开国际学科片各研究所及世界历史研究所负责人会议，讨论了这套大型丛书的编写大纲及基本要求。根据会议精神，科研局随后印发了《关于〈列国志〉编写工作有关事项的通知》，陆续为启动项目拨付研究经费。

为了加强对《列国志》项目编撰出版工作的组织协调，根据时任中国社会科学院院长李铁映同志的提议，2002 年 8 月，成立了由分管国际学科片的陈佳贵副院长为主任的《列国志》编辑委员会。编委会成员包括国际片各研究所、科研局、研究生院及社会科学文献出版社等部门的主要领导及有关同志。科研局和社会科学文献出版社组成《列国志》项目工作组，社会科学文献出版社成立了《列国志》工作室。同年，《列国志》项目被批准为中国社会科学院重大课题，新闻出版总署将《列国志》项目列入国家重点图书出版计划。

在《列国志》编辑委员会的领导下，《列国志》各承担单位尤其是各位学者加快了编撰进度。作为一项大型研究项目和大型丛书，编委会对《列国志》提出的基本要求是：资料翔实、准确、最新，文笔流畅，学术性和可读性兼备。《列国志》之所以强调学术性，是因为这套丛书不是一般的"手册""概览"，而是在尽可能吸收前人成果的基础上，体现专家学者们的研究所得和个人见解。正因为如此，《列国志》在强调基本要求的同时，本着文责自负的原则，没有对各卷的具体内容及学术观点强行统一。应当指出，参加这一浩繁工程的，除了中国社会科学院的专业科研人员以外，还有院外的一些在该领域颇有研究的专家学者。

现在凝聚着数百位专家学者心血，共计141卷，涵盖了当今世界151个国家和地区以及数十个主要国际组织的《列国志》丛书，将陆续出版与广大读者见面。我们希望这样一套大型丛书，能为各级干部了解、认识当代世界各国及主要国际组织的情况，了解世界发展趋势，把握时代发展脉络，提供有益的帮助；希望它能成为我国外交外事工作者、国际经贸企业及日渐增多的广大出国公民和旅游者走向世界的忠实"向导"，引领其步入更广阔的世界；希望它在帮助中国人民认识世界的同时，也能够架起世界各国人民认识中国的一座"桥梁"，一座中国走向世界、世界走向中国的"桥梁"。

《列国志》编辑委员会
2003年6月

CONTENTS

目 录

CONTENTS

目 录

CONTENTS

目 录

CONTENTS
目　录

CONTENTS
目 录

第一章

概　览

生于埃及的古希腊地理学家克罗狄斯·托勒密用古希腊语"红色之海"来称呼非洲之角的红海南岸一带，其拉丁文写作"Erythraeum Mare"。19世纪70年代，德文地理书称之为"Erythraà"。1890年元旦，意大利人正式用"厄立特里亚"命名其第一块殖民地。1997年《厄立特里亚宪法》确定其国名为厄立特里亚国。

第一节　国土与人口

一　地理位置

厄立特里亚（简称"厄特"）位于非洲东北隅，地跨北纬12°22′~18°02′、东经36°26′~43°13′。西北和西部靠苏丹，南邻埃塞俄比亚，东南接吉布提，东面和北面分别与也门和沙特阿拉伯隔红海相望。从地图上看，厄立特里亚形同一把钥匙伸向红海南端入口，或似长颈漏斗横置非洲之角西北翼，亦有学者形容厄特地形像座鞍桥。

厄特地处红海西南海岸，从北端与苏丹交界的卡萨尔角到东南同吉布提交界的杜米拉角的海岸线逾1350公里，加上红海南部达赫拉克群岛（210座岛屿）等近360个岛屿的1950公里海岸线，则总长3300公里，在红海沿岸诸国中首屈一指。根据联合国相关数据，厄特陆地边界总长1630公里，其中和吉布提边界长113公里，与埃塞俄比亚边界长912公

1

里，同苏丹边界长 605 公里。①

厄立特里亚地缘战略位置重要。阿萨布港市及东南端拉海塔村镇濒临曼德海峡（阿拉伯语原文意为"泪门"，喻沉船多），亦为红海最窄的航段，宽不足 30 公里，像个扎紧的布袋口，扼守自地中海经红海进入印度洋的欧、亚、非航道咽喉，每年 1.65 万艘远洋货轮通过此处，其中 1/4 为油轮。②

二　国土面积

厄立特里亚国土面积 124320 平方公里，③ 其中达赫拉克群岛等 354 个大小离岸岛屿，长度或宽度均超 50 米，其陆地面积合计近 1335 平方公里，周边海岸线约 1950 公里。群岛周围有大片珊瑚礁。海域面积 6 万平方公里。水下 200 米内的大陆架宽度，在北端萨赫尔海岸宽 15 公里，南端宽约 30 公里，最宽处约 120 公里（达赫拉克群岛一带），总面积 5.6 万平方公里，其中 25% 为高台（群岛带），19% 离水面不足 30 米。

厄特使用东非时区（东三区），比世界标准时间早 3 个小时，比北京时间晚 5 个小时。每天日照时长为 11~13 个小时。

三　地形与气候

（一）地形

从阿拉伯半岛直达非洲南部的 7000 公里长的东非大裂谷越过红海，

---

① 厄特政府并不认同上述数据，并根据 2000 年《阿尔及尔协定》设立的埃塞-厄特边界委员会 2007 年最终裁决坚持相关边界未定。按厄特官方说法，厄特陆上边界总长 1840 公里，其中和吉布提边界长 125 公里，与埃塞俄比亚边界长 1033 公里，与苏丹边界长 682 公里。

② 红海—苏伊士运河一路承担了约 8% 的全球贸易总量，比绕道好望角节省 43% 的路程，节省 8900 公里的航程和 10 天的时间。2000 年，每天有 320 万~330 万桶石油由此通过。

③ 世界银行数据为 117600 平方公里（含水域 16600 平方公里），在世界诸国中从大到小排第 99 位；见 Surface area（sq. km）| Data http: //data. worldbank. org/indicator/AG. SRF. TOTL. K2? locations＝ER&view＝chart；另一说，总面积约为 125320 平方公里，参见 Mussie Tesfagiorgis G.，*Eritrea*（*Africa in Focus Series*），American Bibliographic Company-CLIO Press, 2010, p. 1。

贯穿厄立特里亚，在其东南部的达纳基尔洼地分东西两支，同时这里也是东非大裂谷与红海裂谷、印度洋/亚丁湾裂谷会合之处。复杂的裂谷体系促成厄特地势多样、起伏上下的地貌，总体看中间高、东西低，主要分 4 个自然地理区域：东部陡坡（亦称绿带）、红海沿岸平原、北部高原和中部高原、西部低地。

西北崇山峻岭，位于撒哈拉沙漠边缘地带东翼；西南低地绵延起伏，东部陡降通向红海沙漠；东南大片干热草原与半荒漠广布，沿海有狭长平原，海滨多珊瑚礁。沙漠接近或低于海平面，面积近 1200 平方公里，常被形容为地球上的"月海"。

厄特地势从中部高原两侧向西部低地和东部陡坡及沿海平原逐次下降。海拔 1600～3000 米的高原连成一片，占国土面积的 1/3，70% 为寒武纪结晶或沉积的玄武岩台地。西部低地丘陵平均海拔 1000 米，东部陡坡海拔 500 米；沿海平原亦占 1/3 的国土面积，海拔不到 500 米。厄特境内最高峰为中部高原的索伊拉峰，海拔 3018 米（非洲第 16 高峰，世界排第 65 位）[1]；最低点为达纳基尔的科巴尔凹陷[2]，低于海平面约 120 米。

厄特全境陆地面积的 9% 为大小山脉，海拔 2400～3000 米，坡度较缓，大多自北向南平行成群，集中于中部地区，夹在东边沿海平原和西面加什-巴尔卡平原之间。

不同的地理环境对人类社会发展具有长期影响，使得当地居民生产和生活方式相异，厄特地貌细分则有 6 种形态。

1. 中部高原

亦称哈马西恩高原，位于内陆中部地带，是东非屋脊的北端，海拔 1800～3000 米，东南面悬崖峭壁，峡谷陡坡，向北逐渐收窄。半山腰的京

---

① 国际上大多数正式出版物以及厄立特里亚报刊书籍均采用 3000 米以上海拔高度，故采用现有所见最多的说法。

② 旧说为邻近的库鲁里湖，北纬 14°23′、东经 40°21′，低于海平面 75 米。厄立特里亚新闻界用新说，科巴尔的地理坐标表明地处厄立特里亚境内。Eritrea's unique natural features，http：//www.shabait.com/about - eritrea/erina/16305 - eritreas - unique - natural - features.

达镇海拔约 1200 米，是提格雷尼亚人的发祥地，也是高原与低地之间的"分水岭"，雨水充沛，农产丰富。此处海拔高度以上的居民多信奉正教和天主教，以下的则多为穆斯林。两边的人相貌衣着略有差异，语言不同，生活方式大相径庭。

2. 北部高原

亦称安塞巴（Anseba）高原，由中部高原向北部和西北部延伸并逐渐倾斜，海拔高度相近，但起伏更大，沟壑纵横。居民以半农半牧为生。在厄特独立战争的中后期，此处为厄立特里亚人民解放阵线（EPLF，以下简称"厄人阵"）的主要根据地。

3. 半高原

中部高原与北部高原和西部低地之间的过渡地带，屏风九叠，以第二大城市克伦为中心。居民生产和生活方式为游牧和农耕混合并存。

4. 西南低地

此处靠近苏丹边境的大片河谷，地势平坦，土壤肥沃，塞提特河等河渠较多，适宜定居农耕，历来是厄特的粮仓。

5. 西北低地

降水有限，干漠成片，连接苏丹东部平原。植被种类少，多为低矮小叶、硬叶有刺灌木和稀疏草丛，多呈半荒漠景象。河谷地带有少量棕榈和金合欢树。这里人烟稀少，居民以游牧为主。

6. 红海沿岸平原

从北端与苏丹交界处到东南同吉布提接壤的狭长地带绵延 1000 公里，北窄（16～80 公里）南宽，中段扩展为达纳基勒平原。气候酷热干燥，是世界火炉之一，日间温度常达 50℃。此地多沙少土，盐碱遍地，几乎寸草难生，人迹罕至，人们多从事渔捞和采盐等季节性活动。继续东南行，与红海平行分布着一串 7 座火山，构成厄特与埃塞俄比亚的边界，其中最高的纳博诺火山海拔 2218 米。

厄特北面的红海，隔开亚洲和非洲两块大陆，连接印度洋和地中海，从南端也门的亚丁湾到北边埃及的苏伊士湾和约旦的亚喀巴湾绵延约 2350 公里，是世界上最窄但跨纬度最多的海，最宽处在厄特的马萨瓦与沙特阿拉伯南海岸之间，也仅 362 公里。红海南侧厄特段年平均气温为 28℃～30℃，蒸发率高，因此红海是世界盐分含量最高的水体之一。红海潮汐落差为 50～120 厘米，海水清澈蔚蓝。靠厄特一侧，岛礁沙洲集群簇生，星罗棋布，似串串珍珠撒落沧溟。近 360 个海岛仅 10 处共有不足 3000 人居住。其中马萨瓦以东的达赫拉克群岛面积最大，占厄特海岸大陆架的 25%，深达海平面下 35 米。厄立特里亚水域的宽度各不相同，最宽（120 公里）的是大达赫拉克岛一带，最窄的是达赫拉克群岛的北部（15 公里）和南部（30 公里）。群岛周围都有大片的珊瑚礁、海草和沙质海底。

厄立特里亚海岸线的特点是沙质沙漠和大片盐沼，被沙土"洼地"冲破。沿着海岸，有相当长的沙滩。一些红树林位于马萨瓦一带的中部，以及阿萨布的南部，尤其是在群岛上。

厄特内陆仅有四条河流，均流入苏丹。西南的塞提特河是境内唯一常流河，全长约 180 公里[①]，不能通航。它是厄特与埃塞俄比亚的西段界河，上游是埃塞俄比亚的特克泽河，沿西部边界流入苏丹为阿特巴拉河，最终汇入尼罗河。

其余都是季节河，如北部的安塞巴河、西北部的巴尔卡河和西南部的梅雷布河（亦称加什河，三者都起源于中部高原西沿的阿斯马拉），均流向西北。

安塞巴河是厄特北部重要水脉，取名于萨巴泉，与示巴女王的传说有关。安塞巴河起源于阿斯马拉西北远郊，奔北下行，经克伦市，傍萨赫尔山区西麓而流，在厄特与苏丹交界处交巴尔卡河，全长 346 公里。这条河连接中部高原与萨赫尔山区，流域面积达 12100 平方公里，土地肥沃，上千年来一直是农耕宝地，意大利殖民时期在此开发大片农场。

巴尔卡（阿拉伯语"祝福"之意）河源自阿斯马拉，向西北于厄特和苏丹交界处与安塞巴河汇合，雨季期间可长达 640 公里，流域面积逾 66000 平方公里。

---

① 一说 600 公里，含其在埃塞境内的上游，见 Mussie Tesfagiorgis G., *Eritrea（Africa in Focus Series）*, American Bibliographic Company-CLIO Press, 2010, p. 12。

梅雷布河是厄特最大的季节河，7～9月丰水期长达440公里，流域面积为23455平方公里。历史上，厄特曾被称为梅雷布·麦拉什，意为梅雷布河北边。该河发源于阿斯马拉西南15公里处，南下到与埃塞交界处，转向西流而成为两国中段界河，穿过加什-巴尔卡平原，从此处起亦称加什河，最后消失在苏丹卡萨拉州。

哈达斯河、沃基洛河等季节河都顺着高原东坡经马萨瓦一带流入红海，其中瓦迪拉巴河颇具特色，仅在夏天小雨季期间有5～10次汇流成河，流水潺潺，不过几个小时便断流干涸。

厄立特里亚生态系统多种形式并存。高原凉爽，土质较好，亚热带山地雨林的植被种类颇多，分布于海拔1100～1800米地带。阿斯马拉东北70公里费尔菲尔有著名的北海岸绿色地带，独享高原和海岸两边的雨露，保留有全境最后一片热带雨林。西部低地热带稀树草原和草地为多。沿海平原干热，属半沙漠生态圈，东南延伸至砾石沙漠，沙丘周边草木稀疏，荆棘丛生。

（二）气候

除东部山麓全年有雨之外，厄立特里亚全年可分四个季节：从11月至次年3月为冬天旱季，4～6月是春季，7～9月是夏季雨季，10～11月为秋季。

厄特具有立体气候特征，随海拔高低而垂直分布，既有地球上最热的科巴尔凹陷，也有非洲之角降水最多（年降水量1100～1150毫米）的费尔菲尔地区，堪称整个非洲的缩影。海岸与高山地区气温悬殊，春天高原不胜寒，山底却已百花盛开。全国年平均降水量380～525毫米，21世纪以来减少到300毫米左右；各地雨季的时间和雨量差别很大。

每年夏天的大雨季，除东部低地和沿海平原（3～9月每月降水量均不到10毫米）外，普遍降水较多。如首都阿斯马拉6月和9月均有30毫米的降水，7月和8月各约150毫米。在此之前，南部和北部高原地区和西部、西南以及西北低地通常会有一段时间的小雨季，首都4月和5月各有约70毫米降水。中部高原大部分地区在3～4月则春雨贵如油。

厄特大部分地区年降水量小于500毫米。高原年均降水量为500～700毫米，低地大部分年降水量为100～400毫米，只有东部陡坡因其地理位置独特和海拔较高，才有常年降水，年均约1000毫米以上。正常年份，高原雨季的中午和下午多见雷雨和暴雨，最大降水量集中于 7~8 月。

厄特高原地区气候温和，东、西部平原炎热。特别是从高原到海边一路寒燠并时，驱车 115 公里即可从清凉爽快的阿斯马拉经温暖潮湿的山腰京达（海拔 1200 米）下到炙热难耐的马萨瓦（海拔 5 米），即当地常说的"十里不同天，一路度三季"。

中部高原属于非洲最高地带，温带气候宜人，年平均气温为 17℃，年平均降水量为 500~700 毫米。东部大部分地区雨量不足，唯有中部高原面向东部低地的东缘陡坡，属亚热带气候。凉季（12 月至次年 2 月）平均气温最低，为 10℃，夜间最低可达 0℃；热季（5~6 月）平均气温最高，为 25℃，午间最高可逾 30℃。阿斯马拉市区属于丘陵地带，海拔 2340 米，年平均气温 16.9℃，年平均降水量 508 毫米。

东部和西部低地是热带气候，炎热干燥，年平均气温分别为 30℃（东）和 28℃（西），最高可逾 40℃。年均降水量为 200~300 毫米。红海沿岸多沙漠，每年只有 12 月至次年 2 月为小雨季。年平均气温 28℃~30℃；3~10 月，白天气温可达 40℃~45℃或更高。马萨瓦年平均气温 30℃，最高纪录是 52℃；年平均降水量为 190~205 毫米。东南部海港阿萨布年均降水量 50 毫米，北红海省的阿尔吉柯（Arkiko）镇仅 2 毫米。达纳基勒洼地是世界上极热的地方之一，曾出现全球最高的气温。

四 行 政 区 划

厄立特里亚中央以下行政区划分为三级——省、县（区）、乡，村不在建制内。[①] 1993 年独立后，厄立特里亚一度保留殖民地时期 9 个省加首都阿斯马拉市的行政架构。1995 年 5 月 19 日，厄立特里亚国民议会第六次会议根据河流流域、生态和资源基础等条件，将全国重新划分为 6 个省，各自下辖若干县，全国共计 55 个县 651 个村级单位，削减 70% 的行政机构。

---

① 书前附厄立特里亚地图拉页将从当地语言翻译的英文解释性用词"Administration Zone"直译为"区"。在不违背厄特官用词原意的前提下，本书正文均以中国官方现行用语为准，采用意译的"省"。另外，部分地名也按当地语言发音和中国有关习惯用法有所调整，或存在与地图不一致之处。

表1-1 厄立特里亚各省一览（2010年）

省名称	面积 （平方公里）	人口 （万人）	首府	辖区
中央省	1041.5	120	阿斯马拉	一市七县：Asmara City、Berikh、Ghala Nefhi、Semienawi Mibraq（东北）、Serejaka、Debubawi Mibraq（东南）、Semienawi Mi'erab（西北）、Debubawi Mi'erab（西南）
安塞巴省	21500	40.08	克伦	十县：Adi Tekelezan、Asmat、Elabered、Geleb、Hagaz、Halhal、Habero、Keren、Kerkebe、Sela
加什-巴尔卡省	37000	71.69	巴伦图	十四县：Agordat/Akurdet、Barentu、Dghe、Forto、Gogne、Haykota、Logo Anseba、Mensura、Mogolo、Molki、Omhajer（Guluj）、Shambuko、Tesseney、Upper Gash
南方省	10000	80	门德费拉	十一县：Adi Keyh、Adi Quala、Areza、Debarwa、Dekemhare、Kudo Be'ur、Mai-Mene、Mendefera、Segeneiti、Senafe、Tsorona
北红海省	34236	35	马萨瓦	十一县：Afabet、Dahlak、Ghelalo、Foro、Ghinda、Hegigo（Dekono）、Irafayle、Karura、Massawa、Nakfa、She'eb Shebbah、
南红海省	23384	6.6626	阿萨布	四县：Are'eta、Assab、Central Denkalya、Southern Denkalya

资料来源：面积与人口均系2014年前后中国驻厄特使馆实地调查各省提供的旧日书面简介，中央省人口系用全国总人口减去其他各省人口估算。

1. 中央省

深处腹地，西北交安塞巴省，东北接北红海省，南邻南方省，西连加什-巴尔卡省，含阿斯马拉市和周围30公里内原哈马西恩省的7个县。它是面积最小的省，因包括首都在内，人口密度最大，居民总数已逾百万人。当地建筑大多带有意大利殖民痕迹。

2. 安塞巴省

地处西部的内陆省份，含原塞恩希特、哈马西恩两省的10个县。名字来自安塞巴河，首府克伦。南边是加什-巴尔卡省，东南方为中央省，

东面和北面邻北红海省，西部与苏丹接壤。这里多山，虽然有 3 条季节河，仍属较贫穷地区。

3. 加什-巴尔卡省

面积最大的省，面积 3.7 万平方公里。由于安置了大量归国难民，人口现已超过 210 万。地处西南，北邻安塞巴省，东毗中央省和南方省，西与苏丹交界，南同埃塞俄比亚接壤。含原巴尔卡、加什-塞提特、塞拉耶、哈马西恩四省的 14 个县，首府为巴伦图。这里既有绵延不断的山脉，又有广阔无垠的平原。气候干热，气温在 21℃～41℃，年降水量为 200～400 毫米，且无规律，年年雨季不同。

农业资源丰富，享有农牧产品基地的美誉。农田水利基础设施相对发达，塞提特河、加什河、巴尔卡河 3 条河上有大坝 10 座、小堤上百，围成 32 个水库，渠道、滴灌农田几十万公顷。大片草地放养全国近半数牲畜。近十来年，这里发现过大象的踪迹，还有扭角大羚羊、瞪羚等，以及大量鸟类，加什（以南）和塞提特（以北）两河之间是大片野生动植物保护区。

4. 南方省

地处北纬 14°25′～15°15′、东经 38°15′～39°40′，含原塞拉耶、阿克勒古宰、哈马西恩三省的 11 个县，东西北南分别毗邻北红海、加什-巴尔卡、中央三省和邻国埃塞俄比亚。位于中部高原东北端，海拔 1300～3020 米，高原、半高原和半低地阶梯分布，东南部有第一峰索伊拉峰。该省自然条件较好，相对富庶，因而人口聚集最多，有上千个村庄，首府门德费拉。

厄特政府网站称该省水坝（145 座）、池塘（255 个）数量居全国第一位，大多是独立后建成的。全省畜牧业发展很快，2012 年有牛 24 万头（1.2 万头奶牛），骡马驴 7.8 万匹，骆驼 8000 头，羊 44 万只，家禽近 50 万只。野生动物则有花豹、黑背豺、灵猫、豪猪、巨蟒和非洲食蚁兽等。

5. 北红海省

从中部法蒂玛至北端卡萨尔角，海岸线绵延 600 公里，宽 450 公里，含原塞姆哈尔、萨赫尔、阿克勒古宰、哈马西恩四省的 11 个县。该省以其蓝色环境著称，渔村星散点缀，人口已达 100 万，居全国第二位。

首府马萨瓦是厄立特里亚第三大城市，2012 年人口超过 5 万。气候炎热，年降水量不到 190 毫米，年平均温度接近 30℃。位于祖拉湾北端，自阿克苏姆帝国以来上千年都是重要海港，乃兵家必争之地。1885～1900 年曾是意大利厄立特里亚殖民地的首府。第二次世界大战期间得以大发展，成为非洲沿海最佳海军基地。

6. 南红海省

从南端杜米拉角北至提约镇，长逾 500 公里、宽不过 50 公里的狭长地带，含原登卡利亚省 4 县，占达纳基勒沙漠的大部分。平原地带占 49%；山丘占 44%，如拉姆鲁山高达 2248 米；火山地带占 7%。除了沿海一线自公元初年有阿拉伯半岛南端商人定居以外，其他地方气候极干热，不宜居住，人口最少。86% 的居民以游牧农耕为生，其他人以捕鱼为生。

首府阿萨布年降水量 40 毫米左右，日夜炎热，平均气温 31℃。14 世纪起由阿法尔人素丹王统治，是内地高原的主要出海贸易通道。1869 年被意大利航运公司买下，12 年后由意大利殖民者接管，1952 年被划给埃塞俄比亚作为主要港口。厄特独立后阿萨布一度发展繁荣，但在 1998 年厄埃两国边界战争后萧条。2010 年，政府试图建立自由贸易港，居民超过 10 万人。

五 国家象征

1. 国旗

国旗于 1995 年 12 月 5 日确定，根据原厄人阵的旗帜设计（3 个绿、红、蓝三角形），并借鉴 1952～1962 年厄特与埃塞联邦时期的自治体旗帜图案（天蓝底中间一个绿色橄榄枝花环）。

长方形旗面的长宽之比为 3∶2，由绿、红、蓝 3 个三角形组成。中间红色等腰三角形底边靠左侧旗杆部位，其间有一圈金色花环，包着一棵金色橄榄枝，右上角为绿色直角三角形，右下角为海蓝色直角三角形。红色象征为独立斗争而流淌的鲜血，金色象征矿产资源，橄榄枝象征和平，绿色象征农牧业，蓝色象征海洋资源。

2. 国徽

国徽于 1993 年 5 月 24 日厄立特里亚独立之日启用。白底圆面，有一头黄褐色单峰骆驼立于沙漠中，圆周饰以黄褐色月桂枝叶，底部蓝色三折饰带上分别用提格雷尼亚文、英文和阿拉伯文三种国语标识"厄立特里亚国"。骆驼是厄特独立战争中出力最大的运输工具，象征厄特民族坚忍的意志。

3. 国歌

1993 年独立后不久，厄特启用国歌《厄立特里亚，厄立特里亚，厄立特里亚》，厄人阵文工团风琴手伊萨克·亚伯拉罕·梅哈热兹希和战友阿容·特科勒·特斯法岑于 1985 年作曲，次年所罗门·彻哈耶·伯拉吉填词，并于 1993 年厄特独立时修改定型。其中文译文为：

厄立特里亚，厄立特里亚，厄立特里亚，
敌人彻底毁灭，
牺牲换得解放。
目标坚定不移，
历经百般磨炼，
厄立特里亚，被压迫人民的骄傲
真理终将获胜。
（副歌）
厄立特里亚，厄立特里亚，
自立于世界民族之林。
献身赢得解放，
重建绿色家园，
我们不断进步，
矢志为国增光。
（副歌）
厄立特里亚，厄立特里亚，
自立于世界民族之林。

第二节　人口、民族、语言与宗教

四五千年来，厄立特里亚大量人口不断迁徙聚散，族群交流与融合，镶嵌形成今日五彩缤纷的民族与文化版图。

一　人口

1931 年的首次人口普查计得 596013 名厄特人，其中穆斯林占 52%、基督徒占 47%。1952 年增至 103.1 万人，另约有 3200 名外国人。

厄特独立后，国家统计局在 1995 年、2002 年和 2010 年进行过 3 次人口普查，最后一次抽样调查推算的常住人口总数为 320 万，人口年增长率约为 29.1‰。2016 年劳动部调查数据与此接近。其中农村居民占 65%，比 1991 年减少了 15 个百分点；主要城市人口增长较快。厄特人口分布不均，一半以上人口集中于占国土总面积一成不到的高原地区。2017 年，厄特政府与联合国开发计划署合作，估计全国总人口为 365 万；过去 30 年间，厄特人口翻了一番。含旅居海外的百余万人。进入 21 世纪以来，人口总量从年均增长 4.2% 下降到 2.9%。人口结构年轻，约 70% 的人口在 35 岁以下，43% 的人口在 14 岁以下。

联合国经济与社会事务部人口司的数据最接近厄特官方说法，2020 年厄立特里亚人口达 354.6 万（1993 年 223.9 万）；24 岁及以下的人口逾 59%，人口密度为每平方公里约 35 人（30 年前约 22 人），城镇人口占 40.1%。旅居厄特的国际移民从独立前夕的近 1.2 万人增至 2015 年的 1.6 万人，约占总人口的 3‰。

厄特独立战争 30 年间，约 75 万厄立特里亚人流亡境外，主要在苏丹、埃塞俄比亚等邻国避难，少数移居欧美、中东地区。据联合国难民署估算，1992 年厄特境外难民 50.3 万，独立后一度大量侨民归国，1995 年境外难民减到 28.7 万，但 1998～2000 年与埃塞俄比亚发生边界战争后，又有不少人离境逃难，2000 年达 37.7 万。2002 年恢复遣返安置逾 22 万人，此后每年又有几万人离境，加上其他时期和其他原因的移民，2019

年在境外的厄特侨民及后裔逾 75 万（其中难民 52.2 万），旅居埃塞和苏丹的均有 20 万人左右，在德国和瑞典各 5 万多，在美国约 4 万，厄侨达 1 万~3 万人的有荷兰、意大利、乌干达、加拿大、英国、阿联酋、挪威和瑞士等国。[①]

二 民 族

厄立特里亚经过几千年的人口不断迁徙、杂居、通婚和交融，形成一个多民族国家，从历史渊源特别是语言等文化（并非种族）因素可分为尼罗-撒哈拉、库什和闪语三大族系九个民族：尼罗-撒哈拉系有库纳马和纳拉两族；库什系分阿法尔、比伦、希达雷卜和萨霍四支；闪语系人数最多，占总人口八成，含拉沙伊达、提格莱和提格雷尼亚三族。[②] 每个民族都保有各自的社会文化特性。

厄立特里亚最早的居民是俾格米人。公元前 2000 年，尼罗特人率先从尼罗河上游苏丹东南部迁徙至厄立特里亚，并与俾格米人通婚，形成现在的纳拉族和库纳马族，此后进入中部高原。

原在北苏丹游牧的库什语系贝贾人（公元前 2700 年古埃及史书中记载）随后跟进，先到达厄特的西北部高原和西部巴尔卡低地，逐渐遍及沿海平原，直至阿比西尼亚东部和索马里。他们亦与早期居民通婚，产生了希达雷卜族、比伦族、阿法尔族和萨霍族四个民族。

闪语族赛伯伊人于公元前 1000 年到公元 700 年间从阿拉伯半岛高原南渡红海到达赫拉克群岛及沿海地带，后转而定居于厄特中部高原，与先前的库什人联姻，形成当今的两大主体民族提格雷尼亚族和提格莱族，16~19 世纪阿拉伯人称他们以及其南边的（埃塞）提格雷人为阿比西尼亚人。19 世纪 60 年代从沙特阿拉伯来的贝都因人则是如今的拉沙伊达族。

---

① https://countryeconomy.com/demography/migration/emigration/eritrea.
② 厄特的提格雷尼亚族与埃塞的提格雷族属同一族系，均操闪语系的提格雷尼亚语。厄特的提格莱族则用提格莱语，从属于另外的闪含语系（亦译作"亚非语系"），使用阿拉伯文字。

赛伯伊人对厄特的军事、政治、经济和社会文化影响深远。他们引进家畜（骆驼、马、羊）、灌溉农业和新作物、石砌建房和手工艺（陶器、木工、纺织）技术、书写文字，并从事海洋贸易和采矿。他们的社会聚合力较强，开启了村落定居的生活方式和部落首领制度，并逐步形成城邦或酋邦，最终兴起阿克苏姆帝国。

现代厄立特里亚的边界系欧洲殖民列强（意大利和英国）在19世纪末所划定，国家和社会的认同感与归属感不强。当地早期不同族系先祖虽然均来自红海盆地两翼，但随着不断迁徙和杂居，血脉难辨，各种语言和宗教聚合成独特的文化马赛克。主体民族提格雷尼亚族聚居于人口密集的中部高原，多为务农谋生的基督徒，也有少数穆斯林。多数穆斯林和少数基督徒以畜牧为生，主要散布于人烟稀少的北部高原、西部低地和沿海平原。战争和现代社会转型导致农村人口大规模迁移进城，但多数族群的地理分布仍很稳定。过去20年间，提格雷尼亚人或从人口稠密的高原迁离，或从苏丹等地难民营回国后重新在低地地区安家。由于意大利的殖民政策，这些民族和宗教差异渗入城市，特别是高原城镇，厄特30年独立战争在一定程度上打破了这种分界。

1. 提格雷尼亚族

属厄特人数最多的民族，占总人口的50%，与本国的提格莱和埃塞北部高原的提格雷等民族相近，尤与埃塞提格雷族同文同种，仅在服饰等方面略有差异。自称为传说中示巴女王和所罗门王之子孟尼利克一世的后裔。

提格雷尼亚人遍及厄特南部、中部各主要城镇，但主要定居在中部高原，操南闪语族的提格雷尼亚语。公元前1000年，该族祖先来到厄特中部高原。公元6世纪拜占庭人科斯马斯在著作中提到提格莱特部落。8~10世纪，他们定居于今日的中央省、南方省，以及安塞巴省、加什-巴尔卡省东缘和北红海省西缘，大多是村社小农，从事牛耕或季节性放牧，喜欢居住于山顶，血亲家族聚居为村，土地山林归个体或家族、村社群体所有，传统以集体换工（同村聚集轮流为一家生产或办事）劳动为主。村民以宗教形式逐月组织社会活动，讨论相关事宜，牧师和长老调解家庭或邻里纠纷。外来户须长期定居并对村集体有所贡献，方可分享土地等资源。

大多数提格雷尼亚人信奉东正教，少数人为天主教（主要在厄特南部）或福音派新教徒；另有7%是虔诚的穆斯林，自称杰伯蒂人，要求自成一族，占全国总人口约5%，迄未得到承认。他们是9世纪阿拉伯半岛商贩、工匠（以织工为主）的后裔，操阿拉伯语和提格雷尼亚语。

妇女发式多样，如未婚女性多向一侧往后编辫子，已婚女性则向后编几股或多股细辫。信奉基督教的妇女通常在额头纹上十字架标志，出席礼拜或婚礼等仪式时，在腿上和手上涂抹红棕色图饰；一般婚后耳朵穿孔、戴玫瑰图形的金银耳饰和挂在脖颈的硬币图案金饰。

2. 提格莱族

提格莱族占总人口的31.4%。大多数提格莱人散布在从祖拉湾北上至苏丹边界的西部低地、中部山区、东部高原山麓和沿海平原，说提格莱语，放牧骆驼、羊群，或半牧农耕为生。他们与提格雷尼亚人有姻亲关系，但99%的提格莱人信奉逊尼派伊斯兰教，并自称阿拉伯宗室后裔。早在7世纪，红海诸岛上的提格莱人即皈依伊斯兰教，内地的则晚至19世纪才转变信仰。

极少数人信奉基督教，自称门赛（Mensae）。原词有"农奴"之意，16世纪出现的徭役一直到20世纪70年代才被废除。除门赛人外，还可分为三大氏族。自苏丹迁来的游牧民族贝贾人后裔，半农半牧或打鱼。亦有说阿拉伯语自称贝尼阿么尔人（Beni Amer）或卡萨人（Khasa），分布在从西部、北部低地到东部沿海平原的弧形地带（安塞巴省、加什-巴尔卡省和北红海省）。北部高原原萨赫尔省山区居住的拜特阿斯赫德①部落群，细分有四个分支，克伦以北地区则是 Maria 部落（分"红色"Maria Keyyah 与"黑色"Maria Tselam 两个支系）。原塞姆哈尔省东部低地马萨瓦及其周边地区聚集着拜特阿布雷赫和拜特沙坎两大支系。

七八岁的提格莱女孩梳辫，两侧用两股头发编扎，其余部分剪平，或

---

① 原系提格雷尼亚人分支，17世纪从中部高原西迁。详见 People's Front for Democracy and Justice, *History of Eritrea: From Ancient Times to Independence*, Asmara, Eritrea, 2015, p. 10。

将头发从前往后编织。十四五岁少女则将一头秀发分成三股，两侧头发向两旁梳辫子，脑后头发向下编辫子。妇女婚后不留辫子，分不同的层次，从中间向前额或脑后梳成长发。妇女常于耳鼻处穿孔戴饰品。

厄特独立前，提格莱人深受埃塞皇室和军政权的迫害，大量逃难至苏丹和中东，以及流亡北美和大洋洲。

3. 阿法尔族

阿法尔族占厄特总人口的5%。自古分布于厄特东南部红海沿岸及近海岛屿，与埃塞和吉布提三国交界的达纳基勒洼地及周边地带。阿拉伯人自13世纪起称他们为达纳基勒人。阿法尔族自19世纪分为7大部落和一些小宗族，主要居住在东南沿海荒漠登科尔地区①和多座离岛（两三千人）。另有数万名阿法尔难民流亡阿拉伯半岛。阿法尔人传统上放牧牛羊和骆驼，现代定居于布瑞半岛、阿萨布、提约等沿海村镇的一部分人从事捕鱼、海上贸易和采集滩盐，而深入内地丘陵和达纳基勒洼地的阿法尔人除了放牧之外，还从事季节性农耕、采盐和近海贸易。他们在荒漠里逐水草游牧，用草席覆盖在木棍架上搭篷包，一头骆驼就能运载迁居。

阿法尔语属闪含语系库什语族东部支系，族人大多信奉伊斯兰教，性猛尚武，男子佩传统弯刀（jile）。16世纪初即追随阿拉伯人与东非高原基督徒竞争，意大利殖民统治对阿法尔社会影响不大。过去分为"红"贵族和"白"平民两类氏族，后者是原住民，前者迁徙到此地反而后来居上，当前两者社会差别淡化。历史上受提格莱、高原提格雷尼亚人以及西面穆斯林掠袭，并须进贡。

4. 萨霍族

萨霍族为非洲之角民族，占厄特总人口的5%。除几万人定居苏丹、沙特、吉布提和埃塞之外，二十几万萨霍人集中在厄特南、北红海省沿岸平原和高原的东南山麓，9~12世纪从祖拉湾进入原阿克勒古宰省，吸纳

---

① 登科尔地区北起布瑞半岛，南至阿萨布以下，原为登卡利亚省，1995年后分属北红海、南红海两个省。此处是意大利首先殖民的地带，但在地理、族群认同和商业上一直"独立"于内地。

阿克苏姆帝国遗族，15 世纪进入东部高原。主要逐季放牧牛羊，亦有半农半牧，尤擅长养蜂，少数经商。草场为村社所有，成员分享放牧资源。绝大部分萨霍族人信奉伊斯兰教，极少数人分散在南方省腹地从事农耕，受高原人的影响而皈依科普特正教。

萨霍语近似阿法尔语，也属闪含语系东库什语。

萨霍人有严格的同宗部落社会体系（现分为 11 个部落），权力分散、平等民主，各自细分为以父系家祖命名的 3~6 个氏族，但大小族长不能世袭，须经选举接替。伊达（Idda）部落的历史最长，其名意为"土地之主"。妇女耳鼻穿孔，佩戴金饰。

5. 希达雷卜族

希达雷卜族属于苏丹尼罗河谷至红海沿岸贝贾族的一个支系，自称古埃及战争狮子女神塞克麦特（Sekhmet）后裔。通常亦含另一贝贾支系，即 14 世纪以后与提格莱族通婚的后裔贝尼阿么尔人。目前 200 多万人，主体在苏丹东部和埃及东南部，以游牧为生，在厄特西北的十来万人则散布于苏丹、厄特两国边境地区从西部巴尔卡河谷到西北萨赫尔山谷的宽阔弧形地带，以畜牧农耕为主，牧场为部落公有。

该族分若干部落，有些部落与东边的拉沙伊达族通婚。大多数人使用贝贾阿拉伯语。贝尼阿么尔人社会等级分明，饲养骆驼等畜牧技能出众，其中若干部落说提格莱语。青壮年男子喜欢留蓬松卷曲短发。宗教和文化上与贝贾逊尼派穆斯林相同，但不接受其"正统教义"。

6. 比伦族

比伦族亦称博高人或北方阿高人，聚集在中部高原北缘的克伦市及其周围。定居农耕或半农半牧。据称他们与 10 世纪和 13 世纪两度移民北上的阿比西尼亚中部（今埃塞俄比亚北部）阿高人有血缘关系。另有说法是阿高移民后裔的两个部落塔尔奇和塔瓦奇于 16 世纪控制了该地，以致原住民提格莱族、贝贾族和纳拉族都改用属闪含语系库什语族中部支系的比伦语。

该族于 14 世纪初至 19 世纪中叶信奉正教，因屡遭邻近提格雷尼亚族和埃及人袭扰掠夺奴隶和牛群，许多人改变信仰，如塔尔奇部落皈依罗马天主教、塔瓦奇部落归顺伊斯兰教。1872 年埃及占领当地后，力推伊斯兰化。

1888年意大利殖民此地，塔尔奇部落里基督徒和穆斯林各占一半，塔瓦奇部落几乎全是穆斯林。这一信仰分野持续良久，并影响到后来在独立问题上的政治立场，基督徒支持与埃塞统一，穆斯林则主张厄特独立。

比伦部落和氏族头人不得世袭，殖民地时期比伦人亦抵制权力集中。20世纪，许多比伦人跻身商界和现代教育领域；六七十年代，比伦穆斯林流亡苏丹，基督徒则移居克伦和阿斯马拉，最终亦多逃难境外。多数人于独立后回国，恢复经商和教育地位。目前约有十万人，其中基督徒占30%，穆斯林占70%，除用比伦语之外，也说提格莱语和提格雷尼亚语，年轻人则借用阿拉伯语字词。

7. 库纳马族

库纳马族属尼罗特人种，是厄特最早的居民，却是少数民族。他们同纳拉族一道，早在史前时期就从尼罗河流域迁移到厄特西南部，并涉足中部高原。16~19世纪，高原人和埃及人抓库纳马人做奴隶，因此称他们为巴扎人，带有贬义。

该族现有十来万人（1970年埃塞当局估计为4万人），除了20世纪40年代被赶到埃塞提格雷省的上万人，80%分布于巴伦图镇周围，以及加什与塞提特两河之间同埃塞交界的偏远地带。

库纳马族分为四大氏族部落——庶瓦、卡拉瓦、古尔玛和塞尔玛，依次用戴胜鸟、月亮、象鼻和牛角作为族系标识，每家都挂在棚舍入口的墙上。

西部河谷平原土地肥沃，是厄特粮仓，库纳马人从狩猎和采摘转为半农半牧和定居农耕，土地为部落所有，殖民地时期大多被侵占。该族男女能歌善舞，以其村社理事会平等议事和赋予妇女财产权及较高社会地位而独树一帜。

传统上库纳马族信奉本族创世神安纳和祖先崇拜，后来一些人皈依伊斯兰教，极少数人信奉基督教。

未婚和已婚女性发型不同，通常发辫掺编细珠，佩戴铁手镯和珠链。男子必须经过野外生存考验的成年礼，通过后入河沐浴，此后多蓄长胡，并常在胡子上编挂细珠。

8. 纳拉族

纳拉族主要定居在厄特西南角与苏丹和埃塞三国交界处，以及巴伦图以北的西部坡地和巴尔卡平原聚居村落，以务农和畜牧为生。土地为部落所有，耕地分配到户，各家有使用、出租和继承权，但不得买卖；林地、牧场和水源为村社共有。

他们属于尼罗特人另一支系，族名原意为"氏族"（一说为"天"）。父系血亲社会，邻近其他族群常抓纳拉人为奴隶，10世纪西部低地的贝贾王国称纳拉人为巴尔亚，即有"奴隶"之贬义。17世纪埃及人带入伊斯兰教，到19世纪绝大多数纳拉人成为穆斯林。意大利殖民当局废止奴隶制后承认纳拉人的部落制，当时只有西边的莫加雷布和东面的希吉尔两个部落，后又增加科伊塔和桑托拉两部落。厄特独立战争中，纳拉人主要支持厄立特里亚解放阵线（以下简称"厄解阵"）[①]。1967年两大解放组织发生内战之后，他们大量逃难境外。国家独立后，纳拉人大多返回故土，定居厄特-苏丹边境从事农耕，2006年时已逾8万人，约占厄特总人口的1.5%。女性通常在鼻子两翼穿孔，左侧说明未婚，右侧为已婚。

9. 拉沙伊达族

"拉沙伊达"一词为阿拉伯语"难民"之意，目前该族约有1万人，占厄特总人口的不足1%。13个部落分布在从马萨瓦到苏丹边界的北部沿海地带，少数人流落苏丹东北部以及阿拉伯半岛。19世纪40年代，他们为躲避战乱，从今沙特阿拉伯的汉志南部逃难到非洲之角，自称是7世纪贝都因勇士拉希德·阿扎乌尔的后裔，保持血亲家族内婚制。

他们信奉逊尼派伊斯兰教，讲阿拉伯语，保留同族婚嫁、男性佩腰刀、女性从头到脚套上刺绣黑罩袍并蒙黑面纱等古老传统文化习俗，以放牧骆驼和经商为主。骆驼既是重要交通工具，也是财富来源，赛驼更是驰

[①] 厄解阵（Eritrean Liberation Front，ELF），主张"独立"、"民族统一"和"民主政权"等，由原来的穆斯林组织变为厄特民族组织，发起反对埃塞统治的武装斗争。1970年，部分人脱离厄解阵，另组厄人阵，余众于1981年后流亡苏丹。多次分裂，其中一派厄解阵革命委员会（ELF-Revolutionary Council）自1991年起便与厄人阵谈判要求回国，遭到拒绝，现仍在厄邻国和欧洲进行反对现政权活动。

名于苏丹和阿拉伯半岛。

10. 意大利裔厄立特里亚人

除上述九个民族外，目前厄特还有近千名出生于当地的意大利人及其与当地人同居生育的混血后裔。19 世纪中叶，意大利传教士涉足厄特；1892 年，意大利殖民官员和平民达 585 人，主要驻扎在马萨瓦；1900 年后，有三分之二的意裔定居高原。1905 年他们近 4000 人，到 1931 年增加了 700 人；1935 年，大批意籍工人、行政人员和企业主涌入厄特，1939 年当地人口普查时意大利人达到 7.5 万，大多集中在号称意属非洲"小罗马"的阿斯马拉（5.3 万），占当时全城人口的一半多。许多新移民中的单身汉与厄特妇女生活，产生一批混血子女。意大利战败后，许多意大利人从埃塞撤回厄特，意裔人数一度增加；但在 1943～1944 年，逾万意大利人和两万意籍战俘遣返回祖籍国或移民别处，到 1945 年，厄特剩余约 4 万意大利人。1949 年英国人统计意裔已减少到 1.7 万人，主要从事商业、工业和农业。埃塞兼并厄特时，剩下几家意裔工业和农业大亨凭借其与埃塞皇帝的私人关系控制厄特经济，还有一批年老的小企业主及其混血后代，总共 1 万人，集中在阿斯马拉。20 世纪 70 年代，最后一批意大利人离开，1993 年独立时只留下不到 100 位老人。意大利为厄特留下不少文化遗产，如提格雷尼亚语里的意大利语词、意大利面食和卡布奇诺咖啡、罗马时尚、休闲方式（酒吧、足球、自行车赛），以及欧式城市建筑。

三 语言

厄立特里亚是一个由多民族组成、语言文化丰富的国家，多语并存是其一大特点。政府为了保存历史文化传统，发扬祖先的集体智慧，主张传承各种民族语言。厄特宪法没有设定官方语言，而是强调各民族语言一律平等，均可用于教育、媒体和日常生活。政府期望通过保护和强化母语教育加强民族团结、保存文化遗产。全国主要使用提格雷尼亚语，[①] 该语实

---

① 在厄立特里亚，逾半数人口使用提格雷尼亚语。非洲之角共有 600 万人口和移居世界其他地区的 300 万人以此为母语。

际上是政府工作语言，同时通用英语和阿拉伯语。

独立后厄特政府倡导"母语教育"，即各地方各民族学前和小学教学使用当地本族语言，以保持九个民族各自的文化传统，实现"一个国家，一个民族（nation），多种语言"。同时，国家要求从小学起教授提格雷尼亚语、阿拉伯语和英语，初中以上则以英文为教学语言。

厄特各民族都有自己的语言或方言，总计 9 种，其中外来移民语言 4种。按亚非语族分大致有三组：闪米特语（占总人口 48% 的人讲提格雷尼亚语，35% 的人讲提格莱语，1% 的人讲拉沙伊达语）、库什特语（4%的阿法尔人、3% 的萨霍人、2% 的比伦人和 2% 的希达雷卜人）和尼罗特语（3% 的库纳马人和 2% 的纳拉人）。阿拉伯语也是民族语言之一，至少从 11 世纪开始，阿语就是拉沙伊达人的母语，沿海和西部低地其他穆斯林和一些基督教徒也使用阿语。

城镇居民以及中央省和南方省一带的高原定居农民和农牧民大多使用提格雷尼亚语，大部分穆斯林则使用提格莱语，两者合计占总人口的四分之三。由于厄特历史上长期受到阿拉伯世界、意大利和英国的影响，外来的阿拉伯语、英语同提格雷尼亚语一样为多数厄特人通用。英语被广泛使用于外交场合与经济活动之中，阿拉伯语在小学课程里相当普及，从中学起课程全部用英语讲授。意大利语在城镇特别是首都比较流行，二十岁以上的人都会说。

提格雷尼亚语通用于厄特和埃塞北部提格雷州（被称为提格雷语）。[①]它在厄特－埃塞联邦时期与阿拉伯语同为厄特自治体的官方语言。1962 年埃塞兼并厄特后，确立阿姆哈拉语为唯一官方语言。1993 年，厄特独立后，提格雷尼亚语恢复为工作语言。这是一种以辅音字母为主体、元音以附加符号形式标出的表音文字，有 32 个字母。一说源自古吉兹语[②]，至今仍用公元前 8 世纪诞生的元音附标文字（又称音节音位文字），从左到

---

① 两者语法、词汇和读音略有不同。
② 阿克苏姆时期的通用文字（公元前 3~7 世纪），13~17 世纪成为科普特正教和天主教会书面语，沿用至今。

右书写，隶属亚非语系南闪语分支。每个文字代表一个辅音+元音音节，组合多而复杂，但发音简单直接。另一说法为厄特实际上是早期闪米特和库什语言的摇篮。

据意大利东非史学家孔蒂·罗西尼（Carlo Conti Rossini，1872—1948）考证，最早的提格雷尼亚语文件是 13 世纪的一份土地证，但在 20 世纪五六十年代失传。现仅存有 15 世纪的一部习惯法文典。

1890 年，瑞典基督教福音教会开办提语学校，1917 年开发相关教材，并翻译《圣经》和收集当地民间传说及整理口述历史。意大利殖民者为削弱埃塞阿姆哈拉语言的影响，继续发展提格雷尼亚语。1903 年，厄特学者哈苟斯·特克斯特出版首部提格雷尼亚语、意大利语和阿拉伯语三语词典；1918 年，意大利人弗朗西斯·达巴萨诺的提-意语词典问世。20 世纪 20 年代，本土语言学家雅克布·格布雷耶瑟斯（1881—1961）出版提格雷尼亚语语法和宗教著作。1944 年，"厄立特里亚独立之父"沃尔德阿布·沃尔德-马里亚姆（1905—1995）等学者创建提格雷尼亚语言委员会，构建现代规范化提格雷尼亚书面语言文字，提语学校和报业蓬勃发展。

提格莱语与提格雷尼亚语相似，但并不能相互沟通。西部和北部居民中 65% 的人同时使用提格莱语和阿拉伯语，1997 年使用提格莱语的有 80 万人。19 世纪末科普特正教牧师塔瓦尔达·马丁（1860—1930）和瑞典传教士达维特·阿马纽尔（1862—1944）用古吉兹语文字首次将《圣经·新约》翻译为提格莱语。西部穆斯林为保持与正教会的距离，多用阿拉伯语或拉丁文字书写提格莱语。

四　宗教

厄特主要有基督教（其中正教徒过半，其他信奉天主教、新教等）和伊斯兰教两大宗教，2010 年人口普查时分别占人口的 57.5% 和 40.1%，1.1% 的人口信奉传统拜物教、（波斯）巴哈伊教（旧译"大同教"）、印度教等，另有 1.3% 的人不信教。独立后，基督徒先减后增，穆斯林则相反，二者各增、减 9 个百分点。2002 年，厄特政府正式承认厄立特里亚单一主神正教会（科普特教会）、厄立特里亚天主教会、福音派路德宗教会和伊斯兰教。

中部高原的提格雷尼亚人 90% 是基督徒，一些比伦人和萨霍人信奉基督教。非洲之角古国皈依基督教其实早于欧洲各地。公元初年，兴盛的阿克苏姆帝国不少部分在今厄特境内，起初信奉古犹太教，早在公元前便在这里竖起若干方尖立柱。公元 4 世纪中叶，叙利亚的希腊修士圣弗鲁门提乌斯（300？—383？）及其兄弟在前往印度行商途中于红海翻船，漂流到厄特海岸遇救并被带进王宫，成了王储埃扎纳的老师。埃扎纳继位（公元 320—360 年在位）后接受洗礼皈依基督教，派弗鲁门提乌斯出使亚历山大请科普特教宗为阿克苏姆指派一个主教。科普特教宗则委任弗鲁门提乌斯为大主教，此后埃及科普特教会总是委派埃及人做厄特的大主教，一直延续到 1959 年。

16 世纪，葡萄牙和西班牙传教士在高原的东半部原阿克勒古宰省建立东方礼天主教会，保留正教的大部分礼仪，弥撒仍使用古吉兹语，只是听命于梵蒂冈教皇，而不是阿克苏姆的大主教。

19 世纪末，意大利殖民者和瑞典传教士分别带来罗马天主教和新教路德宗。前者严格限制后者的活动。罗马教会主要关注意大利人，也想培养厄特人中的精英服务于殖民当局。厄特独立后天主教完全融入当地文化，除继续使用意大利语和拉丁语做弥撒外，亦用提格雷尼亚语等本地语言，教徒多为意大利人及后裔。路德宗教会则致力于将《圣经》翻译为本地语言。

厄立特里亚（及埃塞俄比亚）教会与埃及科普特教会关系深远，1959 年之前的主教都由埃及教会任命。1993 年厄特正教会与埃塞正教会分离，重新追随埃及亚历山大科普特教会牧首。

虔诚礼拜和守斋（每周三、周五，加上 40 天大斋戒①等，一年近 200天）在提格雷尼亚科普特教徒生活中占有中心地位，做弥撒都使用古吉兹语。

厄特也是伊斯兰教传入非洲比较早的地方。北部高原、东部沿海平原

① 即四旬斋。

和西部低地一带的提格莱、希达雷卜、萨霍、纳拉、阿法尔、拉沙伊达、比伦等族多数人信奉伊斯兰教，少数提格雷尼亚族的杰伯蒂人也是穆斯林。

公元 615 年，第三任正统哈里发奥斯曼·伊本·阿凡（574—656）组织麦加的穆斯林逃避迫害，南迁非洲红海南端沿岸。他们带来逊尼派伊斯兰教，并在马萨瓦修建圣祠和清真寺，后于公元 702 年征服达赫拉克诸岛，信众以红海沿岸阿拉伯移民为主，逐步南上高坡。直到 10 世纪，北非伊斯兰的法蒂玛王朝（909—1171）征服埃及和此后红海贸易复兴，推动伊斯兰教在阿法尔人和萨霍人中传播；13 世纪扩展到贝贾人及其与阿拉伯人的混血群体，高原提格雷尼亚族中的杰伯蒂人也皈依此教。16 世纪奥斯曼帝国占领沿海地带，提格莱人亦转向伊斯兰教。19 世纪中后段埃及统治时期，除高原提格雷尼亚人以及西南的库纳马人和一些比伦人外，其他 6 族都已信奉伊斯兰教。在意大利和英国的统治下，伊斯兰学校普及阿拉伯语课程，穆斯林数量从 1905 年的 17.5 万人增至 1948 年的 52.8 万人，与基督徒人数相当，至 1952 年一直略多于后者。埃塞接管厄特后，伊斯兰教在厄特自治区的地位下降，埃方着力镇压支持厄解阵的穆斯林群体，20 世纪六七十年代，厄特逃亡人口中穆斯林居多。1991 年解放后，厄特临时政府重建穆夫提（教法解说者）、伊斯兰法院和伊斯兰理事会等伊斯兰教机构。

厄特政府包容多种宗教，不立国教。几乎所有城镇都是基督教堂与清真寺比肩而立，宗教信仰不同的人可以通婚，人们可自行选择信仰。阿斯马拉东正教教堂、天主教钟楼和清真寺宣礼塔三者遥相呼应，和谐之城的确名副其实。

第三节　自然资源

一　矿产资源

厄立特里亚在地质构造上属于阿拉伯-努比亚地盾区，前寒武纪变质基底大面积裸露，厄特国土面积的 60% 被元古代绿岩带覆盖，并与中生代和新生代山岩混搭，地质成矿条件优良，理论上有金属、非金属和化石矿物质。

厄特独立后，加拿大和澳大利亚等国公司纷纷来此勘探矿产资源，发现金、银、铜、锌、铅、铬、铁、镍、锰等金属矿产，特别是前四种金属的混成矿带。目前已探明或正在勘探的富矿区都位于碧沙和阿斯马拉两个成矿带，前者位于西南部的加什-巴尔卡省，沿东北至西南方向贯穿整个西部，后者从阿斯马拉以北，向西南一直延伸至南部国界。2007 年后，厄特又陆续在中央省、南方省和加什-巴尔卡省发现一批有色金属矿藏构造。

此外，厄特还有煤、重晶石、长石、钾碱、岩盐、硅砂等非金属矿藏，以及石膏、石棉、页岩、大理石、花岗岩、高岭土、石灰岩等工业和建筑材料，大量珊瑚石则可为水泥业提供原料。

近百年来，断断续续的地质勘测结果表明，厄特的红海近海及沿岸和西部地区可能有石油和天然气资源，迄今尚未探明储量。1969 年美孚公司在马萨瓦附近曾钻井引起天然气喷发。

二 动植物

厄特有 112 种哺乳动物和 566 种鸟类。2018 年，15 种哺乳动物（不含鲸类）、29 种鱼类、21 种鸟类和 6 种植物属于濒危种群。

野生动物中食肉类的有狮子、花豹和非洲鬣狗，植食类的有大象、斑马、野驴、大小羚羊，杂食动物则有狒狒和各种猴子。过去还有非洲野牛、猎豹、长颈鹿、河马，由于森林消失和长年战事，多数野生动物已难觅踪迹。如今常见的有黑背豺、苍狐、猫鼬、猞猁、非洲野猫、麝猫和疣猪，体格高大的努比亚山羊、野驴、索氏瞪羚、阿比西尼亚野兔、长尾黑颚猴、疣猴和阿拉伯狒狒。西北山区时有狮子、大捻角羚和狷羚。南部地带则有喀氏小羚和濒临绝种的小鹿瞪羚，以及非洲水羚、东非条纹羚、麂羚、霓羚、长角羚，亦见鳄鱼。西南地区近年又见大象的踪迹。

达赫拉克群岛诺克拉岛的独有彻氏锯鳞蝰，成年后体长达 54~62 厘米；还有一种特有的蛙。目前世界上只在厄特这个岛上发现过这两种动物。

厄特中部高原海拔 900～2600 米一带仅存的热带森林有非洲之角特产白颊冠蕉鹃、绿颊咬鹃和阿比西尼亚鹟鸰，以及鹰、犀鸟、伯劳、黄鹂、织巢鸟、金丝雀、极乐鸟、猫声鸟、猫头鹰、热带钟鹊、红冠蕉鹃、黑锯翅燕、鸸鹋等多种鸟类，是东非观鸟胜地之一。阿斯马拉附近则有蓝翅雁、鲁氏秧鸡等，沿海和西部低地常见非洲鸵鸟，以及非洲火雀、薮鸲和榛鸡等。红海离岛也有上百种鸟类，包括海鸥、燕鸥、鲣鸟、阿拉伯鸻、鹗（鱼鹰）等各种海鸟。厄特地处阿拉伯半岛和非洲大陆之间候鸟季节迁徙途中，春秋两季成百上千种禽鸟飞越红海歇脚觅食。

东部低地以刺槐、骆驼刺等各种灌木和半沙漠植被为主，沿海城镇街道两侧多见肉桂树和火焰树。沿海和达赫拉克群岛至少有四种沼泽红树，例如海榄雌、红茄苳、角果木和木榄属等。

中部高原有刺槐、杜松、油橄榄和非洲无花果树、阿拉伯胶树，漫山遍野多有各类仙人掌、仙人柱、仙人镜和芦荟，以及种植的咖啡、剑麻和果树，路边和陡坡常见东非金莲和啤酒花。

西部山区散布猴面包树、无叶柽柳和灌木丛，南下西部低地则常现埃及姜果棕榈、伞状刺槐、酸角树、乳香树、金合欢树、无花果树、烛台大戟等。最大的猴面包树树冠直径 60 米，因而荣登厄特纸币图像。

2001 年中部高原新建北海岸森林国家公园，占地 13 万公顷，从北到南约 20 公里山脉，自海拔 900 米上到 2400 米处，荒山秃岭中凸显一片绿洲，广袤陡坡凉爽湿润，松柏森森，花草茸茸，常年葱葱，10 月至次年 2 月期间尤为茂盛。

1959 年前后厄特设立了三个野生动植物保护区——纳克法保护区、尤伯保护区和加什-塞提特保护区，均在西部地区。加什-塞提特保护区占地 709 平方公里，地处厄特与苏丹和埃塞俄比亚三国交界地带，历史上是库纳马族的地盘。

三 地热资源

厄特可再生热能丰富，主要集中在马萨瓦至阿萨布的沿海地带。沿大裂谷两侧有 7 座火山，地质活动频繁，火山温泉遍布沟壑。但自 19 世纪下半叶以来，只有位于南端临近埃塞俄比亚边界的纳博偌火山（海拔 2218 米）历史上首次在 2011 年 6 月 12 日开始喷发，持续近一个月，熔岩流宽 1 公里、长 20 公里。地质勘查发现达纳基勒洼地及其周边地表下面岩浆厚达 5~10 千米，温泉热水温度高达 49℃~60℃，含硫、盐、铁等元素，有助于治疗风湿病等。主要矿泉点在阿斯马拉至马萨瓦路上的阿夸阿和麦维。马萨瓦以南 120 公里的阿立德和纳布若－杜比一带有十来个地热资源区，气体温度高达 190℃~350℃，断面多达七八十处，可用于发电。

四　海洋资源

厄特拥有约 1350 公里的大陆海岸线，以及围绕 360 个岛屿的数百条岸线，所属水域占红海总面积的一成以上。可分为中红海区、南红海区和西亚丁湾三个生物区，海域有全球已知的约 1400 种海洋生物的 17%，约 250 种珊瑚物种的 20%。

众多岛屿周边碧波粼粼，白色沙滩迷人，是世界上尚存少数没有被污染的浮潜天堂和水族乐园。除了丰富多彩的水下生物，在这里游客还可潜水探访古代沉船，寻觅早期人类与海洋相遇的考古证据。

厄特海洋和沿海生态系统的特点是多种多样：珊瑚礁、红树林、大叶藻、海草床、沙滩和湿地一应俱全，对渔业和旅游业都很重要。潮间带和近岸区各类海洋及陆地物种繁衍生息。当地除前述鸟类和哺乳动物外，红海水域拥有几乎所有已知鱼种，如石斑、鳕鱼、笛鲷、凤尾鱼、沙丁鱼等，金枪鱼体长可达数米，离马萨瓦海岸几百米即可遇见。鱼类总计约上千种，其中 17% 的鱼种为当地仅有，一些特有亚种分布率高达 90%。其他水产如龙虾、海蟹、大虾和牡蛎等贝类应有尽有，亦盛产无刺芋参科海参。珊瑚主要分布在海面的礁斑及 15~18 米的浅海。

红海海域及其沿岸生物种类繁多，有玳瑁、棱皮龟、罕见的丽龟和现存最古老的蠵龟等多种大海龟。达赫拉克群岛周围常见真海豚、白海豚、瓶鼻海豚、长吻原海豚，黑边鳍真鲨（鲨鲛）、白边鳍真鲨、尖吻

鲭鲨、铰口鲨、双髻鲨、鲸鲨、虎鲨各类鲨鱼四处巡游。群岛和北部海域还有濒危物种儒艮（美人鱼/海牛）四五千头，时不时误入渔网。

五 旅游资源

厄立特里亚历经多年战乱，进入 21 世纪数年后才开放和开发旅游业，再加上一些地方交通不便，旅游景点特别是一些古迹和宗教圣地地处偏远，开发潜力一时难以显现。目前主要集中于阿斯马拉、克伦、阿萨布、马萨瓦和纳克法等城市和集镇。

（一）阿斯马拉

阿斯马拉是厄特首都和最大城市，也是全国政治、文化和经济中心。阿斯马拉城位于中部高原北端，大致在国土正中，海拔 2300～2400 米，是世界第六高的首都，素有"云上之城"的美称，也有"非洲现代之珠"的嘉誉。城区面积 45 平方公里，"冬无严寒、夏无酷暑"，被称作"高原春城"，气候宜人，年平均气温 16℃，人口逾 70 万（2018 年）。阿斯马拉东北角是云遮雾罩的断崖，雄鹰展翅也难飞上来。此处远离繁华和喧嚣，是非洲最美丽、最干净和最安全的城市之一。

阿斯马拉以多元宗教共存著称，13 个区共有 40 多个基督教堂和 11 个清真寺，四大标志性建筑为天主教的玫瑰圣母教堂和基丹·梅雷特教堂、东正教的马里亚姆大教堂以及伊斯兰教的大清真寺。站在东正教大教堂平台上，"三教和谐"的景象就在眼前。

阿斯马拉的提格雷尼亚语发音为"阿斯么拉"，有"丰收"之意。1998 年的考古发掘证明，阿斯么拉村庄早在公元前 800～前 400 年间（阿克苏姆王国之前）便具雏形，原住民数百人。10～11 世纪，阿克勒古宰一带四个游牧部落陆续从东南迁徙至此，多为提格雷尼亚人和提格莱人，聚居于群山中的四个村落。各村之间不断相互械斗仇杀，1507 年，各部落妇女呼吁和平，合组新村。此处现为市内一个区，每年 11 月仍在当地教堂举行仪式纪念。不过，1411 年一份意大利文行程中已载有这个地名，并逐渐代指阿斯马拉全城，原住民至今并不接受意大利殖民后改定的发音。

14～18 世纪的近海王国一度设都于此，1519 年即为马萨瓦与高原之间商贸及朝圣之路交会处的集市中心和商队驿站。19 世纪下半叶，高原两大氏族查泽噶[①]和哈泽噶竞相控制中部高原；1879 年，邻国提格雷的阿鲁拉公爵自称驻节总督，并迁居阿斯马拉，辖制约 2000 名当地人。

1889 年 8 月 3 日，意大利殖民者占领此地，在周围山丘遍建碉堡，在麦贝拉河（现已覆盖成主街）以南开发军营和欧洲人住宅区。1890 年，阿斯马拉成为新立殖民地的中央指挥区。1897 年，费迪南多·马蒂尼[②]出任首位文职总督，将此处定为新首府。1900 年正式迁都，当时居民增至 5500 名厄特人和 910 名欧洲人。5 年后，8597 名市民中有 1556 名白人，建起总督府、法院、血清疫苗研究所、电厂和食品饮料厂、第一所意大利学校和犹太教堂，以及百来座私宅院落。1910 年，全市人口即达 36853 人，成千上万的厄特人涌入城里打工，形成工人阶级。

1913 年，时任殖民地公共工程总监奥多尔多·卡瓦格纳里[③]公布阿斯马拉城市规划，提出按种族分置区域的原则，设计原住民区、欧洲人区、混合区与工业区 4 个区。麦贝拉河及商业区以北是原住民区，即阿斯么拉旧村。欧洲区在市中心新城南部，东边是厄特士兵聚居区及其军队医院和服务社。旁边是西北片原商队驿站一带的工业区。工业区与欧洲区之间设混合区，辟为各类市场，从东到西贯穿市区，除厄特商贩外，希腊人、犹太人和阿拉伯商人也聚集于此。墨索里尼法西斯时期的种族隔离法令更加苛刻，厄特人未经准许不得跨过主街进入欧洲区，被迫在单开的商店和影院购物、观影，乘坐专门的交通车，到指定的教堂祷告。

1935 年，意大利入侵埃塞，阿斯马拉成为 35 万殖民军的运输补给中

---

① Tsazega/Tseazzega，是位于厄特中部高原过去哈马西恩省的一个村镇，在阿斯马拉西北 9 公里处。这里是提格雷尼亚族发祥地之一，19 世纪前 80 年为哈马西恩省首府。

② 费迪南多·马蒂尼（Ferdinando Martini，1841—1928），意大利记者、作家、政治家。1876 年起当选议员，曾任殖民地部长和教育部长。1897～1907 年任厄立特里亚首位文职总督。1923 年任参议员。1925 年参与签署"法西斯知识分子宣言"。

③ 奥多尔多·卡瓦格纳里（Odoardo Cavagnari），意大利工程师，1913～1916 年制定阿斯马拉和马萨瓦两城市的总体规划，曾设计车马店（Caravanserralio，1914）、阿斯马拉剧院（1920）等多栋著名建筑。

心，数万意大利人迁移厄特。除搭建全球最长索道缆车从马萨瓦凌空运输物资外，意大利还开辟往返罗马的首条民航航线，新建国际机场。酒吧、咖啡馆、餐馆激增，电影院、剧院和博物馆数量翻番，通往全国各地的主干公路亦铺沥青。阿市汽车逾 5 万辆，城内道路升级拓宽，红绿灯数目超过罗马。据 1937 年普查，首都人口达到 101724 人，常住欧洲裔 3236 人；而到 1941 年意大利撤军时，当地意裔居民已达 5.5 万（厄特全境 7.5 万），二战后大多遣返。同时，法西斯严格实行种族隔离新政策，12 万厄特人被驱离城内南部和东部地区。

1941~1952 年英国军管阿斯马拉，用苏丹籍殖民军维持治安，引发当地拥戴埃塞皇室的基督徒民间武装与穆斯林两大社会群体相互仇杀，本土民族自治运动兴起。英方没有增建楼宇和基础设施，而是在此秘密关押犹太复国主义者，包括日后成为以色列总理的沙米尔。1943 年，美国陆军第二通信营接管原意大利海军广播台，扩建为卡纽军事通信基地，当年 10 月，美军在此截获日本驻德国大使发回东京的密电，力助盟军司令艾森豪威尔重新部署诺曼底登陆战役。冷战时期，美军在阿市一带又设 18 处军事及附属设施，包括占地 10 平方公里的若干天线阵（最大直径 46 米）在内，总共占地近 14 平方公里。市郊散布多座美国学校、医院，服务社和俱乐部等设施一应俱全，18 洞的高尔夫球场都不止一处。

此后 10 年埃厄联邦期间，埃塞搬迁或关闭大量企业。1962 年厄特被并入埃塞，首府阿市 15 万人口中只剩不到 1 万意大利人，但意大利人仍掌有大部分工厂，商业则由其他欧洲人、也门人和一些厄特穆斯林控制，大量埃塞官员和少数厄特富人搬进原"欧洲区"别墅。

1974 年，阿市人口约 20 万。持续多年的厄特独立战争和埃塞军政权的屠杀导致剩余的外国人及厄特熟练工人离去，数以万计的青年加入解放组织，到 1977 年，城里只剩 9 万人。1979 年，埃塞军政权重新控制厄特大部分地区，随着农村人逃难进城和埃塞鼓励提格雷省穷人北上移民，阿斯马拉人口膨胀到 30 万，分布于 9 区 36 社区（kebelle）。埃军在市内和城郊安营扎寨。

1991 年 5 月 24 日，厄人阵部队开进阿斯马拉。1993 年厄立特里亚独立后立都于此。市政府整修市容和基础设施，新建森堡等几处公寓楼和别墅群。

独立初期，阿斯马拉一度回归全国工商业和交通中心，制革、纺织、食品、卷烟、化工、水泥、机器制造、化工日用品等企业一度复兴。目前，农产加工和轻工企业私有化之后大多转移外地，阿斯马拉保留运输、媒体、电信等产业中心地位。

阿斯马拉堪称百年建筑史的博览园，整座城市沿丘陵而建，小而精致。主街哈尔讷特（Godena Harnet，意为"解放大道"）由东至西横贯全城，两侧棕榈树高耸，便道旁布满咖啡店、点心铺、小酒馆。意大利人曾在这里统治近半个世纪，留下4300余座各式建筑，老街古屋中随便拎出一栋都有故事，不乏名人故居。后街小巷里藏着时装店，庭院、门廊、阳台雕刻华丽，院墙栅栏上下花叶蔓爬，姹紫嫣红，建筑陈旧但不脏乱，街头鲜见拦路乞丐。

从阿斯马拉出发的窄轨铁路和山间公路东出马萨瓦港，西通阿戈尔达。干线公路通埃塞首都亚的斯亚贝巴。城东南有阿斯马拉国际机场。城内公交系统较发达。一般公交车票价均为1个纳克法，小公共加半。从阿斯马拉往返其他城镇有长途公交车。

市中心高耸夺目的天主教大教堂始建于1922年，1925年增添的哥特式钟塔高52米，可登楼俯瞰全城风景。

阿斯马拉皇宫是座金黄间以白色的传统建筑，原为意大利总督官邸，后为埃塞海尔·塞拉西皇帝行宫，现为厄特总统府。入口处上方是厄立特里亚的盾形纹章，宫门前至今还摆放着两尊古老的意大利火炮。右边有座带八角城楼的小教堂，循例呈八边形。市内还有1937年建立的大清真寺以及属于科普特教派的圣玛丽亚姆主教会堂等。

20世纪头40年里，阿斯马拉市中心涌现出几百座现代派建筑，成为当时非洲最现代化的都市。装饰艺术派的罗马电影院建于1937年，其正面覆盖着大理石，状似海绵。其他如"立体派"的非洲养老金大厦、未来派的菲亚特加油站、新罗马式天主教大教堂和新古典派原殖民总督府、新巴洛克式阿斯马拉大学培训中心（1915）、威尼斯式银行大厦（1905），以及兼容并蓄的东正教大教堂和大戏院（1918）、歌剧院等。各种造型别具一格，舰船状的纺织厂、火车状的商业楼，令人目不暇接。

南郊公路旁有座建于两次世界大战间隔期的现代派加油站，圆形的外观配有舷窗状的窗洞，酷似潜水艇。更出名的则是坐落在瑟马塔特大街上的菲亚特加油站，由意大利人朱塞佩·佩塔齐于1938年设计，形似飞机起飞。当时规划官员坚持两侧"机翼"下须有支柱，据说设计师拔枪威胁强行拆除支撑物，因而成就了这个"非洲未来派建筑的经典代表"①。

少数建筑借鉴当地技术，如东正教大教堂院门外的一座小教堂，采用厄特高原常见的锥形屋顶，以及墙上突出的猴头木柱和悬挂立面上的混凝土横梁。

2000年，厄特政府启动保护阿斯马拉独特建筑遗产的机制和提名阿斯马拉作为世界文化遗产的程序。2001年，阿斯马拉市政府设立"历史周界"，中止在界内建新建筑，以维护城市的历史和文化完整。2017年7月8日，世界遗产委员会第41届会议决定将"阿斯马拉：非洲的现代派城市"列入世界遗产名录。

从阿斯马拉到红海沿岸，是融人文景观和自然风光为一体的黄金旅游线。驱车东出市区，郊区水库旁不远处可见恢复不久的高原铁路、动物园和二战英联邦阵亡士兵公墓。当地人常喜在傍晚来到东北郊的杜尔弗崖畔观赏层峦叠嶂，特别是每年头三个月，这里云海翻涌，后浪推前浪，又如鸭绒被铺盖天际，笼罩着群峰若隐若现。脚下的公路沿悬崖盘旋百十公里，从山巅直下2400米直达大海。

出首都东北几十公里，到东部陡坡900~2000米区间，植被茂盛，吸引大量鸟类栖息，这里是东非观鸟胜地之一。狒狒、长尾猴和雄鹿出没丛林，时有豹子、各种羚羊现身，更多的是山羊在悬崖峭壁间觅食，骆驼在远方徘徊，偶尔还能看见一两只野狐在草丛间跳跃。

（二）克伦

厄特独立后，克伦跃升为第二大城市，截至2020年人口达14万。先

---

① 2001年发现的原始图纸显示确有15根混凝土支柱。Edward Denison, *Eritrea：The Bradt Travel Guide*, the Fourth Edition, 2007, Bradt. p.112.

后为原塞恩希特省和安塞巴省的首府，地名意为"山"。地处阿斯马拉西北约 91 公里的盆地，四周群山环绕，连接比伦人聚居地，也是古代商路西接低地、东上高原和北通红海三个方向的交会点。居民多为比伦族和提格莱族，也有希达雷卜族和提格雷尼亚族的杰伯蒂人。

1851 年，意大利传教士乔瓦尼·斯特拉（1821—1869）造访该地，4 年后返回购地建农场，并娶比伦女子成家。埃及人和提格雷人经常袭掠此地。1872 年，时任马萨瓦总督沃纳·芒津格①派军进驻克伦，辟烟草种植园。1885 年埃及人撤退，城堡复陷于提格雷人手中。1889 年 6 月，意大利军队攻占克伦，并在周围开发农庄，克伦成为当地行政和商市中心，40 年后，这里人口近 3000 人，其中意大利人逾 200 人。

克伦系东进阿斯马拉的战略门户，1941 年 2 月 3 日至 3 月 26 日，英国军队恶战 53 天破城。此后，克伦成为穆斯林联盟等争取厄特独立的政治势力活动中心。埃塞政权残酷镇压厄特民族解放组织，经常将战俘尸体悬挂街头。1977 年中至 1978 年末，这里曾是厄人阵解放区首府，埃塞军政权将克伦变为进剿北方山区的大本营和补给中心。

1991 年解放后，许多人从苏丹返回克伦，人口增至 5.4 万，其中穆斯林居多。周边民居用石头砌成，内衬茅草捆绑的高粱玉米秸秆。

克伦海拔 1390 米，既是厄特的屋顶花园，也是中西部主要的农业和奶业中心，附近众多小农场盛产各类果蔬，以及奶制品和烈性辣椒。

城东北郊有个"大树教堂"——圣玛里娅·迪里教堂，实为一株 500 年古树，直径 6 米、高 23 米，中心形成空洞，可容数人。内设黑色铜铸圣母像，落成于 1881 年。每逢 5 月 29 日，成千上万的人前来朝拜，祈求多子多福。其他还有 19 世纪的埃及要塞和奥斯曼清真寺、20 世纪 20 年代的火车站、英军和意军阵亡官兵墓地等。附近的 6 世纪德布瑞·西纳修

---

① 沃纳·芒津格（Werner Munzinger，1832—1875），瑞士人，殖民者。1853 年作为开罗某商业公司代表来到马萨瓦，次年转到克伦研究当地语言和风俗，亦娶比伦女子成家。1861 年后他为法、英和埃及的远征队做向导，1868 年替英国罗伯特·内皮尔（Robert Napier）将军远征阿比西尼亚做侦察工作。1871 年任埃及驻马萨瓦总督，他改造马萨瓦和克伦，开启外强殖民厄特的进程。1875 年他率埃及军队进军登卡利亚时被阿法尔人击毙。

道院也因其 2000 年以上的巨岩凿洞建筑而闻名。

(三) 红海双港

厄立特里亚在红海南岸拥有两座战略地位重要的海港城市。

1. 马萨瓦

"红海明珠"马萨瓦先后是塞姆哈尔省和北红海省的首府,位于达赫拉克群岛旁边祖拉湾北端的海岸中段,是红海最大的天然深水港和厄特第三大城市。人口约有 5.4 万,大多是穆斯林。因其得天独厚的地理条件,从目前在北红海省考古出土的史前至现代的文物及历史遗迹中可以判断,自远古时期就有人类生活在这里。同时,这里也是人类不同文明交汇并融合之处。

赫尔吉戈湾北岸的马萨瓦岛原是个沿海小村,其南面 50 公里外即祖拉湾是阿克苏姆帝国(起初被称为祖拉王国)的阿杜利斯商贸港。阿克苏姆帝国衰落后,8 世纪前半叶,倭马亚王朝占领马萨瓦及离岸更近的图莱德岛。9 ~ 14 世纪,贝贾人扩张到此,并与达赫拉克群岛上的素丹国在此后几个世纪里交替统治马萨瓦。2 ~ 15 世纪,贝贾和提格莱混血后裔贝鲁人掌控马萨瓦、图莱德两岛粮食、饮水、商队和通内地商路,一说曾定期向提格雷王进贡。其间,伊斯兰教创始人穆罕默德的弟子逃脱麦加当局的迫害,到红海南岸中部传播伊斯兰教信仰,并推行伊斯兰法。

1557 年,奥斯曼帝国占领两岛,与贝鲁人交替掌权。19 世纪初,埃及人进占马萨瓦。在大陆一侧建造城堡,方便商贾定居,新教和天主教传教士开设学校等。1872 年,埃及方面任命瑞士人沃纳·芒津格为总督,两年后他筑起连接大陆到两岛的堤道,1876 年又于图莱德岛修建总督府。埃及人最终未能征服厄特高原,但马萨瓦竖起几片多层石头建筑群。

1885 年意大利占领马萨瓦后,设此为殖民地首府,增建码头、兵营、医院、商店和旅馆,翻新总督府,加盖土耳其风格的穹顶和柱廊。到 1893 年,该城有 14200 名厄特人和阿拉伯人、2200 名意大利人。1921 年的地震摧毁了大部分市区,直到 1928 年意大利为入侵埃塞备战,才恢复港口运营。第二次世界大战初,纳粹德国从马萨瓦登陆进攻北非。

1935 年战事促成厄特陆上运输发展,71 公里长的缆车索道将数十万吨物资从马萨瓦"空运"到阿斯马拉。到 1940 年，半岛的海军基地成为从北非亚历山大港到南非开普敦之间非洲东海岸最好的海军设施，浮动干船坞、塔吊、仓库、军营和机场，一应俱全。1941 年，英空军轰炸港口，击沉大部分意海军舰艇。英、美一度将马萨瓦作为盟国海军基地，战后英国则大拆抛售马萨瓦的基础设施。1952 年埃塞接管港口，实行身份证制度，为厄特高原和埃塞的基督徒保留工作，调兵镇压穆斯林码头工人和市民的斗争。埃塞海军在美国援助下扩建半岛基地，到 1962 年，仅埃塞移民即逾 2 万人。20 世纪六七十年代，埃塞当局的军事镇压和地域歧视导致穆斯林大量流亡，马萨瓦成为埃塞主要兵营，苏联军舰常年停泊。

厄特独立战争期间，马萨瓦蒙受重创。厄特独立后曾启动全面重建，1998~2000 年厄埃边界战争期间，马萨瓦再遭空袭，战后因阿萨布孤立闲置，马港复为厄特对外贸易主要门户，航运量却未能完全恢复。2004 年后，铁路列车重新自海港开到阿斯马拉。

近十年来，赫尔吉戈湾发电厂增容，2013 年马萨瓦机场改造升级为全国第二大国际机场；5000 公顷的自贸区竣工，中国、意大利、以色列、印度、阿联酋等国企业进驻生产建筑材料和消费品。伊萨亚斯总统在马萨瓦市设办公室，每年来此办公半年。

马萨瓦有三个区：马萨瓦、图莱德半岛和巴敕（Batse）岛。巴敕岛是古时贸易重镇，留有古代的广场、奥斯曼时代房屋，以及宗教建筑。16 世纪奥斯曼的帕夏（总督）宫曾是海尔·塞拉西一世的行宫，几经战火摧残千疮百孔。这座埃及人盖的珊瑚石宫殿建于 1872~1875 年，半球形顶部扣在宽大两层建筑上，雕花木门别有特色，也是上圆下方。

在马萨瓦老港区，还有一座建于公元 615 年的弟子清真寺（又按阿拉伯语读音译作"萨哈巴圣祠"），它是非洲大陆上的首座清真寺。当年先知穆罕默德的女儿一家及追随者 18 人渡红海来此，本地基督徒允许他们在此传教，从这里北上南下并东出，走向全球。目前在港口里面的这幢建筑是后来翻建的，壁龛、尖塔等均系八九世纪发展而成型。

马萨瓦以其街边两侧的拱廊和珊瑚石砌的两三层房屋而闻名，建筑多有格子阳台和木雕门扉及百叶窗。马萨瓦岛中心的谢赫·哈纳菲清真寺已经有 500 余年的历史，21 世纪头十年第二次重建。

2. 阿萨布

阿萨布市位于厄特东南端的同名海湾内，毗邻红海入口处的曼德海峡。它是南红海省首府，距阿斯马拉市约 750 公里。

从史前时期起，阿拉伯半岛南部有人到访此地，并在阿克苏姆时代前已定居在这一段海岸。阿萨布之名亦与萨巴古国有关，时人开辟通往阿比西尼亚中部高原的贸易路线，驼商队横穿登卡利尔干旱平原，贩运象牙、黄金和奴隶。附近留有古埃及法老托勒密二世以其妻子命名的阿尔西诺伊①古城遗址。

1869 年 11 月和 1870 年 3 月，意大利传教士和殖民者朱塞佩·萨佩托先后与两位阿法尔素丹哈桑和易卜拉欣签约，替本国航运公司买下港湾小村和近海一个岛屿的使用权，1882 年 7 月 5 日拱手交给意大利政府作为其第一块非洲殖民地。

1924 年，意大利首相墨索里尼答应埃塞皇帝海尔·塞拉西可以免税使用阿萨布 99 年，1928 年签订《意大利－埃塞俄比亚友好和贸易条约》予以确认。1938 年意大利人扩建阿萨布港，次年修通至埃塞中部的公路。二战后，英国拆除并出售阿萨布的军用机场和港口设施。

1952 年，埃塞将其作为主要入境港，并建立海军兵营。1 年后，埃皇派埃军直接管辖阿萨布，将其扩为埃塞的第一出海口。1962 年埃塞兼并厄特时，阿萨布的人口逾万，57% 是基督徒，44% 的居民讲阿姆哈拉语，阿法尔人被赶至临海北郊的小阿萨布棚户区。1967 年，苏联帮助埃塞在此建立炼油厂，以及盐场、海水淡化厂。1987 年，埃塞建立阿萨布自治区。

厄人阵于 1991 年 5 月 25 日解放阿萨布，遣返埃塞战俘和 4 万平民。1992 年 6 月，厄特与埃塞签署协定，允许阿萨布作为埃塞进出口贸易的

---

① 阿尔西诺伊（Arsinoe Ⅱ of Egypt，公元前 316？—前 270），托勒密一世之女，色雷斯王后（前 300—前 281 年）、埃及王后（前 277—前 270 年），与托勒密二世系同父异母的姐弟。

"自由港"，埃塞海关在此自行征收关税，厄特则征收过境费和港口费以充运营成本。当时经阿萨布吞吐的货物 95% 流向或来自埃塞，数万名埃塞人重回此地就业经商，此地语言、电话均为埃塞体系，从阿萨布通向埃塞中部阿瓦什的柏油路比通往阿斯马拉的硬土路更先进便捷，该段道路在厄特境内长度约 80 公里。

1997 年，厄特关闭与埃塞合作建设的炼油厂；1998 年两国开战后，商业航运中止。战后整个城市长期处于联合国设置的临时安全区，战前近 4 万居民减到 2 万，几乎沦为"死城"。

2015 年底，阿联酋租赁阿萨布作为其参与也门内战的基地，新建 700 米长的军港，次年又扩建机场。2018 年 7 月，厄特与埃塞签署和约，埃塞即与阿联酋签约升级改造阿萨布通埃塞的高速公路。

阿萨布城分三个部分，各具特色。北部是滨海小阿萨布区，市中心及港区称大阿萨布，西部则是原埃塞人聚居的老城区素丹场。中心区除教堂、清真寺和几家旅馆外，还有一座露天影院。

近年来，全市人口复增至 10.4 万，阿法尔族居多，其他有提格雷尼亚族、提格莱族，以及早期拉沙伊达移民后裔。阿法尔人靠捕鱼和放牧为生，妇女大多身材苗条，皮肤黝黑，擅长舞蹈，常见传统礼服是朴素的双层连衣裙，发辫独特。由于历史和地缘渊源，与毗邻数国的文化风情交融。

阿市四周是大片沙漠、盐碱地和火山区，气候干旱酷热，年平均降水量仅 40 毫米，平均气温 31°C，七八月间白天高温接近 50°C。阿萨布湾散布 30 个岛屿，最近的塞纳巴岛是北郊海中突起的陡峭火山锥；城南 90 公里处的哈利布岛漫布红树林，韩国曾于 20 世纪 70 年代在此援建一座造船厂，现为厄特海军基地。

（四）红海旅游

厄特北向红海，岸线漫长，风景如画，海滩纯净。大陆架延伸到马萨瓦以东，最大宽度 120 公里，北部和南部则缩窄到约 20 公里。这片区域散布平坦的珊瑚岛，如大达赫拉克岛和瑙碇岛，也有少数大陆起源的岛屿，如哈瓦吉尔岛和黛汐岛，以及火山岛塞纳巴岛等。诸岛的海岸线合计近1950公里，354个岛屿各具特色，多为鸟类和海龟繁衍之处，另有一些岛则以周边植物命名，如海草岛、海带岛、红树林岛等。珊瑚礁多姿多彩，是世界第二大珊瑚资源集聚地。海底火山喷发形成的浮石也是红海独特景色，五彩斑斓的鱼类穿梭于沉船和浮石之间。

近海岛屿中近1/3是无名荒岛，只有10个岛有人居住。5~9月，群岛气温高达35℃~45℃，11月至次年2月，降水量为175~250毫米。

达赫拉克群岛由两个大岛和120多个小岛组成，加上周边上百处珊瑚礁，构成天然门户，自古以珍珠产业闻名于世。其中四岛有居民两三千人，讲当地独有亚非语系的达赫利克语，以传统捕鱼、放牧羊群和骆驼为生。达赫拉克国家海洋公园建于北红海省，包括部分群岛和附近海域。有三四百种鱼类和海洋动物，成为潜水和旅游的景点。

距马萨瓦58公里的群岛西端有大达赫拉克岛（Dahlak Kebir），面积最大（约643平方公里），居民最多，1500余人聚居9个阿法尔族渔村落，是红海南部主要珍珠捕捞之处。岛上有7世纪伊斯兰文明和15世纪奥斯曼文明遗迹，如公元8世纪留下的360眼水井以及众多礁岩水窖，数百年前的阿拉伯墓碑等。几百年前，这里是阿拉伯人从非洲大陆贩运奴隶到西亚的中转站，近代则为意大利、埃塞和美、苏等国的军事基地。

周围诸岛如珍珠嵌于翡翠，外延更是湛蓝黛青，适合游泳、浮潜、观鸟、钓鱼和采珍珠，海豚成群嬉戏于汽艇两侧，海龟散布游弋水中。

瑙碇岛为第二大岛，面积105平方公里，东北最高点为37米，2009年人口66户373人。

纳库拉岛位于科比尔岛西面，面积6.44平方公里。19世纪最后十年，意大利殖民时期这里是关押厄立特里亚和其他意大利殖民地反殖斗士的集中营。20世纪七八十年代，苏联和埃塞在此建立海军基地，亦因禁政治犯，1990年撤退前摧毁设施，沉没舰艇和浮动船坞，至今散落水面和湾底。

哈里纳岛有繁茂的红树林、各色飞鸟和美丽海滨，退潮时露出连接大陆的通道。第一批阿法尔人于4世纪到此养骆驼，岛名之意为驼粪。当地留有许多古代手工艺品和家用器皿，如储存淡水和乳制品的陶罐，结构与地中海地区特别是希腊和罗马的双耳细颈瓶相似。

岛上还发现一个刻有汉字"万和禅山"的古陶罐，若加考证，或许有助于揭示此地在公元前 3 世纪阿杜利斯文明时期与东亚地区的贸易联系。

从马萨瓦驾船东行两小时可抵黛汐岛，珊瑚礁环绕四周，十来个小湾长滩泊船，岛上矮树疏落，山丘起伏，近年增添了几座仿古别墅。小镇沿岸线分布。

（五）纳克法

纳克法是厄特独立斗争的历史名城，地名来自提格莱语，意为"向上走"。纳克法坐落在北部高原，南距克伦 130 公里，海拔 1600 米，四周有罗拉山脉环绕。这里曾是原萨赫尔省的首府，现为北红海省仅次于马萨瓦的第二大城市，人口约 2.5 万。

意大利殖民当局于 19 世纪 90 年代占领此地。1977 年，厄人阵将此地辟为解放区和总指挥部，在城东北的登登山上凿石垒木，搭砌明壕和暗道，平均高 1.8 米、宽 0.8 米的之字形"地下长城"时入隧道时露山脊，全长 180 公里，一直延伸到峰顶，里面有防空洞、办公室、指挥所、医院、学校、住宅以及生产生活必需品和武器的工厂，约有 1500 个"房间"；现存约三分之一的长度，已被辟为历史旅游景点。

1991 年解放后，纳克法成为萨赫尔省首府，附近新建机场。1994 年2 月，厄人阵第三届全国代表大会在此召开，1995 年省区重组后纳克法成为县区行政和商业中心，原战时工厂改造成技术学校，供国民服务学员翻修废弃军事装备。

纳克法体现了厄特民族的勇气以及顽强、坚韧和自立的精神，厄特人引以为豪，并以其命名本国货币。厄特 6 种纸币上都有厄人阵战士举旗攀上登登山的图像。

（六）阿戈尔达

阿戈尔达是原巴尔卡省首府和商业中心，现属加什-巴尔卡省，克伦至特瑟内公路途经此镇，巴尔卡河流入西部平原。这里毗邻古代商道，且近河流，考古发掘出公元前一两千年尼罗河流域游牧民的陶器。

19世纪90年代初，意大利远征军联手当地人击败苏丹马赫迪起义军，并建立西部殖民统治中心，1928年厄特铁路铺至这里作为终点。到1943年，人口约达4000人，但原住民只能在冬天旱季进郊区扎营游牧。意大利人沿河边开发香蕉等水果和坚果种植园，河岸遍布扇叶茂冠的姜果棕榈。厄特独立战争期间，这里是厄解阵的地盘，埃塞军队几度屠杀当地百姓，迫使大多数人流亡苏丹。

厄特独立后，这里的医院和中学整修一新，厄特农业部新设办事处，许多难民返回家园，和游牧民在郊外棚户区定居。2010年，2.8万居民多在周边果园菜地就业。该城有全国第二大清真寺，建于1963年，还有一个天主教堂。

（七）古迹探访

除了红海东南段马萨瓦周围和首都阿斯马拉郊区的两大考古重点之外，厄特第三大古代遗址区集中于南方省内陆。东非大裂谷边上的这块平坦高原南北长16000米，东西宽400~4000米，总面积3万多平方公里，平均海拔2600~2700米，是"厄立特里亚高原中的高原"，视野宽广，天气晴朗时，可从这里望见最高的索伊拉峰以及北方远处的红海。

1. 克海托

克海托位于阿斯马拉以南125公里、阿迪凯耶县城以南15公里处，坐落在哈达斯山脉和库迈勒山脉之间的高原上。这里夏季多雨、春天多雾，年均气温低于25℃。山高谷深，纵横交错的崎岖小径通向散落坡上的孤立民居。

从阿斯马拉到克海托镇不过百十来公里路，却有上百道急转弯。经过厄特第一峰索伊拉峰，就进入偌大峡谷，沟壑里砂石平地，玄武巨岩峭壁嶙峋，鬼斧神工直切而下，这里居住着萨霍人和提格雷尼亚人。原住民萨霍语中的克海托意为"巨石成堆"，古镇周围散布若干小镇和村落，显出当年红海进内陆商路的兴盛。克海托早于阿克苏姆而兴起，到公元100~700年时，当地社会已经相当繁荣。

高原北部、东部、西部星罗棋布几十处公元前3000~前1000年的岩画古迹，大多在陡壁上或洞穴里，几乎无法接近。克海托、伊亚格、萨若、阿迪阿鲁提等四五处半山腰有开放式岩洞，大多十几米长、三四米深，留下多幅远古岩画。其中伊亚格内壁岩画面积大约 60 平方米，有约 90 个骆驼、牛、羚羊、豹子、大象和牧人等形象，形态各异，色彩纷呈，有赭石色、浅褐色、白色、黑色与红色，描绘人类的狩猎、放牧和家居生活。

考古界认为克海托是鲜为人知的非洲重要古城镇中心，留下十几处阿克苏姆帝国前的建筑遗存，结构、规模迥异，包括六处廊柱结构建筑或神庙寺院。其中马利亚姆·瓦吉诺古殿遗址土台上至今还耸立着 4 根石柱，柱顶呈阶梯状，可知当时柱顶上放置横梁支撑屋顶。四周墙壁已无踪影，但在建筑东面依稀可辨门槛遗迹，地面是 4 厘米厚石板。附近有几堵古水坝的痕迹，其中萨非拉水坝建于公元前 15 世纪，坝体上的古吉兹语铭文犹存。矩形巨石堆砌的大堤和水槽经年累月，最大石块有 0.5 立方米，如今仍为当地人提供饮水。20 世纪初，德国人在此发掘出古埃及墓葬，29 具木乃伊收藏在德国博物馆。

亚历山大时代地理学家克罗狄斯·托勒密称克海托是从阿杜利斯到阿克苏姆的首个重要聚居区，另一本古籍《厄立特里亚海周航记》亦有记载。2011 年，厄立特里亚教育部向联合国教科文组织申请将这个远古花园城市列入世界文化遗产名录。

2. 迈塔拉

阿斯马拉东南 136 公里处瑟纳费市西郊有个迈塔拉村，公元前 700 年到公元 700 年间曾是通商驿站之一，既是后来阿克苏姆帝国的中心地带，也是阿克苏姆文化遗存的第二大聚集地。考古遗址面积约 20 公顷，2 米厚。20 世纪 60 年代法国人在此挖掘十年，发现几个文化地层，至少有两个不同时代的城镇废墟，间隔千年以上。上层为阿克苏姆时期，约为公元 4~8 世纪的一个石筑小城堡，分宅院和三座修道院的建筑群和平民居住区，社会分层明显。这个有城墙的村镇残留台阶、土质炉灶、椭圆石磨、土陶花瓶和十字架，还有一盏阿克苏姆时代之前的青铜灯，高 41 厘米，重 6.5 公斤，刻有狐狸捕食山羊的圆形浮雕（现存埃塞俄比亚的亚的斯亚贝巴博物馆）。村中间一棵古树有 12 个枝杈，将废墟大致分为东、西两部分，前者是上层人士的"别墅"和教堂，后者是平民与中层人士的住房。

地面残留一座 5 米高的方尖碑①，顶部雕刻基督纪元前南阿拉伯神祇的标志：一轮太阳高悬在一牙新月之上。石碑中段有公元 3 世纪的古吉兹语铭文，其内容据说是当时阿克苏姆国王纪念征伐当地的父辈业绩。废墟中央遗存一座大理石构造，有段凿出的石阶通往下方走廊，据说这条地下秘道直达西南方埃塞俄比亚的阿克苏姆。

底下两层的时间更早，建筑多为当地特有的"猴头"（monkey head）传统建筑工艺②，单开木门窗，桁架直棂榫卯连接，不用钉子。内层高达两米多，与阿杜利斯的建筑无大差异，文字痕迹也与公元前 1000 年阿拉伯半岛南端和红海地区的相似处甚多。一层建筑废墟多见石板和各种陶片，再下一层则是红褐色的打磨雕刻器皿、外面橘红里面黑色的双耳陶罐、黑色抛光器皿和黑顶器皿。

21 世纪头十年，考古学家在迈塔拉以北 8 公里的克斯克赛发现一批公元前 500 年的方尖碑，有的高达 14 米，有的刻有古吉兹语铭文。

---

① 古代时曾倾倒，后由意大利人复立。21 世纪初被埃塞俄比亚军队再度推倒损毁，近年厄特在联合国教科文组织的资助下再度修复。所刻古吉兹语铭文据说是迄今发现最早的这种文字碑文。

② 这种建房技术，用黏土掺入碎石砌筑，墙以纵横排列较密的长方原木和短圆橄榄枝结构加固，枝条光滑圆头突出，看上去像一排排猴头。从北部沿海的阿杜利斯直到南边高原的克海托、迈塔拉，到处可见这种石屋（hidmo）建筑，在乡村地区该类建筑更是保留至今。

第二章

历　史

厄立特里亚处于历史悠久和文化多元的红海地区中心，几千年来一直是征杀伐掠之地，也是东北非及其与地中海东北盆地、小亚细亚、阿拉伯半岛和波斯之间游牧文化与农耕文明交锋、对峙与融合之地，更是民族纷争、文明交融和商贸往来之处，见证了人类在此地区及其周边来回迁徙，不排斥外来文明，又坚持自身文化。基督教在公元 2 世纪初、伊斯兰教在 7 世纪初传到这里。在历史长河中，厄特时不时成为红海地区某个王国的一部分，其沿海地带经常被外国控制或占领。几十个世纪的交往留下古埃及、古希腊、阿拉伯、奥斯曼、意大利、英国等域外国家文化的印记和影响，厄特民族则一直渴望独立自主。

1869 年苏伊士运河开通后，厄特的战略地位上升。进出红海是内陆国埃塞俄比亚于 1962 年吞并此地的主要原因。从 1952 年厄特与埃塞联邦起到 1977 年埃塞俄比亚政权更迭止，美国一直占用阿斯马拉通信基地和马萨瓦军港。苏联随即在达赫拉克群岛建立海军基地，直到 1991 年厄特战胜埃塞才撤出。

厄特独立以来，力争自给自足。当地学者借助考古学、地质学、生物学等新发现，通过历史考据重新叙述历史，整理一些传说，特别是过去与文学和宗教相关的创世神话，以期证明每个民族都有独一无二和不可替代的文化。

第一节　史前时代

非洲之角是非洲大陆古老文明的摇篮之一。考古发掘证实，在厄特发现的最早原始人类遗迹距今约 200 万年。从厄特北部与苏丹接壤的卡洛拉，到南方沿海的贝鲁尔，共有 51 处确认的史前考古遗址，全境则有两万多个待发掘的考古点。

阿克苏姆文明之前的历史阶段，当地史家称从红海盆地到青尼罗河谷一带，即当今厄特和埃塞的提格雷地区为"哈贝沙特（意为'混血人之地'）王国"，域外人则称之为"阿比西尼亚王国"。

一 人类进化

近 30 年在祖拉湾等地的考古发现证实，厄特红海沿岸是非洲早期人类摇篮之一，原住民最早使用工具开发海洋资源；中部和西北地区的远古岩画则证实，此地早在旧石器时代末期就有狩猎和采集活动。

1995~1997 年，意大利佛罗伦萨大学埃塞籍教授厄内斯托·阿巴特在马萨瓦东南 110 公里达纳基勒洼地的布亚村发现迄今最完整的早期人类头骨化石，距今约 120 万年（现收藏于厄立特里亚国家博物馆），"反映直立人到现代人类的进化过渡，将智人形态进化时间往前推了 30 万年"。此地是非洲大裂谷的北端，在远古时代有湖有河，发掘现场同时出土许多大象、犀牛、河马、鳄鱼、鬣狗、长颈鹿、原始马和原始猪的骨骼化石，说明远古人类已经掌握围猎动物的技能。根据 2010 年以来的考古新发现，东北非红海沿岸出现早期人类活动踪迹距今已有 120 万~140 万年。

1999 年在祖拉湾东缘沿岸的阿布杜尔的考古发掘得知，1 万~12.5 万年前（旧石器时代至新石器时代）人类已经占据厄特沿海地带并用石器工具捕捞加工蛤蜊、牡蛎等食用。此前在西部巴尔卡河谷发现的石质工具则证明公元前 8000 年左右就有人类在当地定居狩猎，农牧生产的遗迹可追溯到公元前 5000 年。① 公元前 3000~前 2000 年，大麦、小麦、苔麸、埃塞蕉等 30 余种食用作物从埃及经苏丹传播到厄特和（埃塞）提格雷地

---

① Dan Connell & Tom Killion, *Historical Dictionary of Eritrea*, 2nd Edition, Scarecrow Press, 2011, p. 4.

区，此间亦发现犁铧、磨石和陶器遗迹。① 考古人员在原阿克勒古宰和萨赫尔两省多处岩洞发现的壁画上溯至公元前 6000 年，而在南部克海托地区几处都发现公元前 2000 年的符号语言、牛、羊、象、狮以及拟人岩画和雕刻，留下农业种植、动物驯化、定居生活以及贸易交往的痕迹。因此，厄立特里亚堪称"非洲最古老的新国家"。

厄特的远古居民主要有四五千年前来自南方尼罗河谷的尼罗特人，他们先后落脚今厄特西南丘陵及低地和西北高原，即纳拉族和库纳马族的先祖。此后 500 年，埃及南部和苏丹北部努比亚低地的库什系贝贾人游牧部落进入厄特西部巴尔卡河谷及北部高原，并向南迁移，驱赶或融合尼罗特人后，占据沿海荒漠，形成若干个小王国，势力远及东南端达纳基勒洼地（今厄特、埃塞与吉布提三国交界处）。他们与尼罗特人通婚，繁衍形成阿法尔、比伦、萨霍和希达雷卜诸族。公元前 1000 年，第三批先民，即阿拉伯半岛南麓高原的赛伯伊人越过红海抵达南岸在阿杜利斯建商埠，并进入高原，公元前 500 年左右开发克海托、迈塔拉、特孔达和克斯克塞等数个酋邦。他们带来比较先进的文化（尊号穆卡里卜的神王和领主集权的制度）、农耕技术（灌溉与梯田）以及文字，凭借与外部文明世界通商的经验"统治"前两批移民，并与他们联姻，形成提格雷尼亚和提格莱两族。

二　邦特古国

按古籍考证，邦特古国位于红海南岸，以阿杜利斯为中心。一说为厄特北部和苏丹东部沿海，按阿拉伯人的说法，则还包括今埃塞俄比亚东部、吉布提和索马里北部。它首次见诸古籍约在公元前 2500 年，消亡于公元前 1000 年。史载沿海平原常见花豹、猎豹、犀牛、猴子、狒狒、长颈鹿等野兽，并以出产黄金、没药、乳香、象牙、犀牛角、海龟壳、河马

---

① 提格雷地区发现公元前 4000 年的几粒龙爪稷（*Eleusine coracana*，非洲黍）种子和一颗骆驼牙齿化石。Fr. Tewelde Beyene, *Introduction to the History of Eritrea ： Lecture Outlines*, Asmara, 2012, p. 17.

皮、鸵鸟毛、黑檀木、黑曜石著称，主要出口古埃及和阿拉伯半岛，远至希腊。邦特贵族也曾造访埃及法老宫廷。古希腊历史学家希罗多德曾提及邦特古国在远古世界商贸中的重要地位。

古埃及人视邦特为"诸神之地"。公元前 2920～前 2649 年，多代法老几度攻打邦特获取神物，或走陆路沿尼罗河向南经苏丹入邦特，或渡红海南下当今的马萨瓦。第十八王朝哈特谢普苏特（Hatshepsut）女法老（约前 1501～前 1470 年①）曾远征邦特，并把异国风情见闻刻在南埃及底比斯的停灵神殿墙上。邦特人当时已拥有两头圆形的木船远航埃及经商，一直持续到公元前 4 世纪末统治埃及的托勒密王朝时代。

埃及和厄特出土的古埃及第五王朝（公元前 2400 年）浮雕画描绘了来自邦特古国的鸵鸟、羚羊，奴隶抬着象牙、乌木和成箱的黄金与乳香。画中的邦特人肤色微红，男性留长发束头带，佩戴鱼骨首饰，穿亚麻短裙，与肤色黝黑的努比亚人不同。至今厄特沿海民族仍旧如此打扮。住所是波浪形尖顶圆草棚，搭建在桩柱上，需用梯子登攀入门。

然而，据新近阿斯马拉西郊森堡遗址的考古发现，这一带的中部高原才是邦特古国的中心所在。

三　高原古国

阿斯马拉西郊森堡遗址出土的文物证明，公元前 800～前 350 年，中部高原曾有非洲之角最早的游牧和农耕文明，史称阿克苏姆之前文化或奥纳文化。当地居民于公元前 100 年南下定居克海托、克斯克赛等地。

公元前 10～前 5 世纪，厄特高原及其以南地区出现城镇和乡村文明，除了农耕、游牧之外，还有开采黄金等采矿和商贸活动。考古证明，公元前 8 世纪，这一带曾出现达厄迈特王国，是阿比西尼亚或哈贝沙文化的发祥地。该国衰亡后续有若干酋邦，直至公元 1 世纪阿克苏姆帝国统辖整个非洲之角高原。

---

① 一说为公元前 1520～前 1484 年。参见 Fr. Tewelde Beyene, *Introduction to the History of Eritrea : Lecture Outlines*, Asmara, 2012, p. 22。

达厄迈特王国时期已经发展形成灌溉体系，使用铁制工具和武器，犁耕种植谷类。一些历史学家认为，虽然达厄迈特深受当时主宰红海的赛伯伊人影响，但仍是当地独立的国家，有些则认为两者结成了酋邦联盟。不过最新研究披露，古吉兹语并非来自赛伯伊文，早在公元前 2000 年就已出现于厄特和埃塞北部。此处作为阿克苏姆文明的发源地之一，自有独特的文化特征，是厄特中部高原（塞拉耶、哈马西恩、阿克勒古宰等地）与埃塞提格雷地区西部（希雷、阿克苏姆、耶哈等地）的分界线。

阿克苏姆衰亡后的漫长岁月里，直至厄特独立，这个地区历经沧桑，改朝换代，没有形成统一的国家，只是酋邦联盟。当地居民逐渐形成自尊自爱、不屈不挠的鲜明个性和独立意识。

四 阿杜利斯酋邦

厄特沿海曾是古代东西方之间远洋贸易的中转站，经红海商道北端通过埃及的"法老运河"，顺尼罗河入地中海西去欧洲；南下印度洋，则东到南亚和西太平洋沿岸。这条当时贯通东西方水路的唯一干线，带动红海沿岸经济和社会的发展，使该区域涌现不少商镇和港口。马萨瓦东南 62 公里祖拉湾西岸的阿杜利斯，临近曼德海峡，控制红海航道，在公元前 500 年即有较发达的人类文明。

阿杜利斯遗址底层发掘出陶器，表明早在公元前 2000 年，当地人就与南阿拉伯有贸易往来。公元前 9 世纪至公元 7 世纪近 1600 年间，阿杜利斯是红海的一个主要贸易港，公元前 4 世纪后又成为非洲与远东之间的商贸中心。自公元前 6 世纪始，罗马人、阿拉伯和埃及人先后定居于此。

老普林尼的《自然史》[①] 率先记述阿杜利斯，但误认为其系逃离埃及的奴隶所建，故用古希腊文"农奴"（亦有译作"自由人"）一词作地名。当地萨霍人用 "Ado Lai"，则是"白浪"之意。老普林尼说此地为

---

① Gaius Plinius Secundus（AD 23/24~79），*Naturalis Historia*，AD 77-79. 又译《博物志》。

内陆出口集散地，而《厄立特里亚海迴航记》①和希腊商贾科斯马斯在其《基督教世界风土志》②都提到，古希腊、埃及、拜占庭、波斯、印度和锡兰等地的商人常造访阿杜利斯做买卖，运进铁器、棉布、玻璃器皿、酒、油和装饰品等，输出黄金、黑曜石、象牙、没药、肉桂、香料、犀角、玳瑁、兽皮和奴隶等。

科斯马斯记录过两段石碑铭文，一则内容是古埃及托勒密三世③在当地捉大象作战骑；另一则是阿杜利斯国王执政 27 年时立的纪念碑（Monumentum Adulitanum），用古吉兹文记载其南征阿克勒古宰、阿伽梅④和北伐红海彼岸赛伯伊国⑤的经历。

19 世纪中叶至 20 世纪 60 年代，欧洲人率先在马萨瓦东南方向 56 公里处考古发掘阿杜利斯遗址（800 米长），在东北部发现两座拜占庭神庙等废墟，西南端疑似首个居民点，后来扩展到中部，遗有地中海陶罐、阿克苏姆铸币。此后，阿杜利斯不断出土记载厄特悠久历史的文物。21 世纪初，厄特国家博物馆重新发掘阿杜利斯，新发现 180 平方米的石砌古庙，墙体设计反映贸易带来的外部世界影响，还有陶器、烧炭和骨骼化石，以及赛伯伊文字、小型方尖碑、弧形大理石柱和石砖人物古画等文物，均为阿克苏姆之前遗存。

希腊历史学家阿迦太·凯泽基的著作《阿祖利》称，阿杜利斯原是个小村庄，居民穿兽皮，手执棍、矛以狩猎为生。古埃及人将此开发为红海的一个主要港口，收购大象等动物和矿物，出售尼罗河的珠宝。此地落入古希腊人手中后服务于欧洲和古罗马的贸易，公元 3～6 世纪成为阿克苏姆帝国与南欧、非洲、西亚、中亚和南亚海上贸易的重镇。公元 100

① Arrian（Lucius Flavius Arrianus, AD 86-160），*Periplus of the Erythraean Sea（Periplus Maris Erythraei）*, AD 59-62.

② Cosmas Indicopleutès, *The Christian Topography of Cosmas, an Egyptian Monk*, Translated from the Greek, and Edited with Notes and Introduction, Cambridge University Press, 2010 (1897). 作者公元 6 世纪游历印度洋，后来归隐埃及亚历山大。

③ Ptolemy Euergetes，公元前 246 年至前 221 年在位。

④ Agame，在今埃塞提格雷州境内。

⑤ Sabaean，地处今日也门的示巴古国（前 750～前 115）。详见下文。

年，阿杜利斯使者造访中国东汉洛阳，留下中非交往最早的文字记载。[①]
现在马萨瓦博物馆内展出一陶罐，上有"万和禅山"四个汉字。

公元 4 世纪初，一位基督徒商人海上遇险流落至阿杜利斯，转行传
教，现在此地已发掘出土三座早期基督教堂遗址。

一些历史学家称，阿杜利斯酋邦先于阿克苏姆帝国，约在公元前 9 世
纪到公元 5 世纪，曾向邦特古国进贡。国王集权，臣民从商，远至印度。
古希腊和腓尼基的商船在公元前 7 世纪即到访此地。

阿杜利斯人被称为"沿海人"，常与外商接触，颇受古希腊、罗马、腓
尼基和埃及等外界影响。基督教和伊斯兰教先后于公元 320 年和 615 年传入
此地。近 14 个世纪前修建的萨哈巴清真寺犹存，还有 500 年前的沙非和哈
纳菲清真寺，建筑工艺等得自奥斯曼和古埃及的真传，沿用到 19 世纪。

阿拉伯帝国兴起之后，阿杜利斯在公元 720 年前后沦陷，致使阿克苏
姆失去对贸易通道的控制，与拜占庭帝国等盟友失去联系，走向衰落。此
后，这里成为阿拉伯人记述中的"流放之地"。公元 8 世纪，阿杜利斯因
港口淤塞、连年洪水和地震等天灾而消亡，白沙黑砾埋城。

阿杜利斯人的后代主要是今日厄特的提格雷尼亚族、萨霍族和阿法尔
族等民族，以及埃塞的提格雷族。阿杜利斯在东非文明进程中发挥过重要
作用，占有一席之地。由于其在地区和国际上的贡献，厄特政府向联合国
教科文组织申请将阿杜利斯古城遗址列入世界文化遗产名录。

第二节　远古简史

公历元年前后，阿克苏姆帝国（公元 1~9 世纪）兴起，其后期中心
在今埃塞提格雷州的阿克苏姆城。它在 4~6 世纪处于鼎盛期，领土广至
厄特、埃塞北部、也门西部、沙特南部和苏丹等地，系当时非洲政治、经
济和文化中心之一。考古发现证明，从厄特北部到埃塞提格雷的阿拉吉山

[①] 参见《后汉书·和帝本纪》。厄特新闻部网站载文称，约公元 220~589 年，阿杜利斯向
古代中国出口河马、龟壳和象牙。

（提州首府默克莱以南）、从厄特西南边界的塞提特河延伸到厄特东部海岸一带，地区文化同质性很强，从非洲之角和南阿拉伯遗留的碑文、硬币及当时外国文献均可看出阿克苏姆在红海两岸的中心地位。

据《圣经·旧约》《列王记》的记载和阿比西尼亚的传说，公元前950年，古国示巴女王①横跨红海，慕名往见古犹太国所罗门王（公元前971~前931年在位），回国在今厄特哈马西恩的麦贝拉河（今阿斯马拉主街）畔产子，其子即日后高原所罗门系王朝的始祖孟尼利克一世。

红海南岸历来是阿拉伯半岛诸族迁徙东部非洲的必经通道。公元前1000年左右，阿拉伯半岛南部移民渡海定居厄特一带，示巴等氏族经济和文化较发达，同当地原住民库什人等融合，带动当地文明的发展，逐渐形成阿克苏姆文明。

公元初年前后，厄特高原克海托和红海沿岸阿杜利斯等地因参与跨海跨洲贸易，深受古代阿拉伯和埃及文明的影响，当地散布若干部落联盟或酋邦国家，各有诸侯（源自阿语 Nejas，意为"收税者"）统领，政治组织形式相对成熟。当地居民共用同种文字、文化和多神教。这些地方先后被阿克苏姆国武力征服，被迫向其"王中之王"进贡服役。这段由酋邦过渡到城邦以至帝国的历史漫长复杂，史称阿克苏姆初期。

阿克苏姆公元1世纪建国，2世纪统辖厄特一带，占据"北纬13~17度、东经38~40度之间的长300公里、宽160公里的竖向矩形地带"。②公元200年前后，伽达拉特王与今也门东部马里卜的示巴古国结盟，首次与阿拉伯人平起平坐。希腊人和埃及人也开始在厄特沿海和高原建立狩猎和贸易站点，古代埃及、麦罗埃、犹太王国、阿拉伯南部、波斯、拜占庭

---

① Makeda, the Queen of Sheba（希伯来语：מלכתשבא；阿拉伯语：ملكسبا），《圣经》及《古兰经》均提到过的人物。她与所罗门王的故事经犹太、伊斯兰和阿比西尼亚的各种文献演绎成不同的传说。

② 首次见诸《厄立特里亚海迴航记》。Mussie Tesfagiorgis G., *Eritrea*（*Africa in Focus*），ABC-CLIO, LLC 2011, p. 31; F. Anfray, *Les Anciens Ethiopiens*, Paris, 1990, p. 114. 厄特大学当前的历史教学大纲（Tewelde Beyene, *Introduction to the History of Eritrea: Lecture Outlines*, Asmara, 2012）使用哈贝沙（Habesha）的概念，指"厄立特里亚与提格雷文化"的地理概念。

（古希腊）、罗马和印度商贾纷至沓来。

公元3世纪初，国王阿菲拉斯用兵北越红海，西占尼罗河谷，几乎把红海变成阿克苏姆帝国的内湖，控制了通过红海的东西方贸易要道，成为红海强国之一。它首先控制整个红海地区贸易，西连地中海，东接印度洋。当时的商贸动脉沿着从阿杜利斯港口经阿克勒古宰高原到提格雷的贸易通道，主要集中于克海托、克斯克赛、迈塔拉等四五个城镇。红海过境贸易成为阿克苏姆生存和发展的生命线。

王国领土不断扩大，并形成金字塔形的国家和军队组织体制、广域开放的商贸网络和独特的原生社会经济文明。从公元3世纪起，阿克苏姆国王坐镇顶端，直辖阿克苏姆城邦领地，并向边远地区许多大小藩属征收贡赋。大藩王下又有很多小藩主，最小的也管理着百余人。"王中之王"用庞大的军队维护统一与对外扩张。国王借当地盛产大象建有骑军，以红海港口为基地建立海军，武力称霸。

国王恩杜比斯（约270~300年在位）登基后制定法令，在热带非洲率先鼓铸金属货币。公元3~8世纪的约500年间，阿克苏姆铸造大量硬币，考古学家在今日厄特、埃塞北部、埃及、苏丹的麦罗埃、也门和沙特的汉志地区等地发掘出阿克苏姆时代的金、银和青铜三类铸币，[①] 其重量、成色和造型、铸造技术以及铭文，与同期地中海沿岸国家和拜占庭的硬币基本相同。出土的铸币多有阿拉伯半岛的圆盘和新月图案，刻有国王名和地域等信息。历代国王都在币上铸上自己的头像，常常饰以麦穗、日月或十字架，有的国王手持宝剑，用古希腊和古吉兹文字标明国王的名字，以及"阿克苏姆王中王"或"阿克苏姆国王"等头衔。

埃扎纳皇帝（约325~360年在位）327年皈依科普特正教，并将其定为国教，整合各部落的信仰，教会在国家的政治、经济、文化生活中举足轻重。他废除只有纯子音字母的南阿拉伯赛伯伊文字，统一用能标识母音的古吉兹文字翻译《圣经》。他先后南上高原征服提格雷和西渡尼罗河剿灭库施王国，势力横跨红海两岸，扼守曼德海峡。1974年，法国考古

---

① 20世纪90年代在印度发现公元320~350年间阿克苏姆国铸币。

学家弗朗西斯·安弗里研究后提出，阿克苏姆文明可分为两个文化区：西部以埃塞的阿克苏姆以及提格雷北部一带为主，东部则以厄特的阿克勒古宰省为主。前者在帝国早期是最繁荣强大的，到6~8世纪则是后者居上，成为财富和城镇化集中的地区，即阿克苏姆文明在厄特达到鼎盛期，帝国统治红海及其南岸。

520~525年，卡勒卜皇帝动员数万大军率领200多艘战船，自阿杜利斯跨海东征，灭掉犹太人希姆亚里特国，征服也门，并与拜占庭帝国结成商业和政治联盟。702年，阿克苏姆国王再度北上阿拉伯半岛，一度占领吉达（今沙特）。

此时，阿克苏姆帝国堪称盛世，成为非洲的经济、文化和政治中心。其疆域西起埃及南部和苏丹北部，东到索马里西北的亚丁湾，北占阿拉伯半岛南部，南以厄特与阿比西尼亚交界的高原地带为核心腹地，都城先后设于今埃塞提格雷州的耶哈和阿克苏姆。国王建造雄伟的石砌王宫和神殿，自称"王中之王"。当时有罗马学者将其与中国、罗马和波斯并列为世界四强。

阿克苏姆是远古的过境贸易大国，进出红海沿岸数十个大小港口的船只数量惊人，港口货物吞吐量巨大。阿国本土生产的出口产品种类有限，主要是小麦等谷类和葡萄，以及牛、羊等农畜产品，并输出象牙、香料和黄金。进口物资有非洲内地的黄金、宝石，边远地区贩运来的奴隶，埃及的谷物、染料和布匹、丝绸，阿拉伯半岛的白银和皮张，波斯的衣料、服装，意大利和叙利亚的酒类和橄榄油，希腊的食用油、酒类，印度的小麦、大米、芝麻油和甘蔗，以及金属和玻璃制品。许多货物集中在红海沿岸，然后转运再出口。老普林尼在其《自然史》中提到从厄特港口输出象牙、犀牛角、河马皮、猴子和奴隶。其他著作还谈到阿克苏姆出口香料、黄金砂、绿宝石和活牲畜等。

控制红海的过境贸易，是阿克苏姆帝国繁荣以及王权存在的物质基础。过境贸易的繁荣，引来许多外国商人云集阿克苏姆的城镇和港口，对粮食和手工业品的需求激涨，进一步推动当地农业、酿酒、陶瓷、造船等手工业和商业的发展。国王及王室垄断外贸，通过和外商打交道的承包人，对过境商品征收高税，大量敛财。他们也因此得以维持庞大的军队，对内强化奴隶制集权统治，对外不断发动战争，扩张领土，掠夺俘虏，拓展商路，取得更多的税收岁入。

阿克苏姆农作物以小麦、大麦、黑麦、芝麻为主，还有葡萄等。当地人应用农田水利、牛耕和铁器工具等先进技术，提高生产能力。山间坡地梯田连片，接引山溪灌溉；平原围堤筑坝贮存雨水，开凿渡槽引水浇地。农产品数量相当可观，不但能满足国内消费，还可供出口。

阿克苏姆人畜养牛、羊、驴、骡等，并捕猎驯养大象，专供宫廷和军用；王室设"掌牧官"。国王和各级统治者都拥有大批畜群，以占有畜群作为财富的象征。考古发现阿克苏姆时期的铭文记载，埃扎纳皇帝赐给贝贾四个部落共 2.5 万头牛，以奖励他们重新定居。历代统治者对外发动战争，掠夺大量畜群。埃扎纳皇帝两度征伐阿凡和努比亚，所获战利品中共有牛 3.25 万头、羊 5.1 万只以及数百驮畜。

当时，手工制铁和制陶业发达。铁制农牧工具普及，并且生产冷兵器。考古发掘出大量罐、碗、壶、锅、盆和杯子等赤陶器皿，多有刻、画或模子压印的几何图案。公元 6 世纪 20 年代，当地建造过远征也门的大小船只 170 艘。当时的建筑技术先进，阿杜利斯、迈塔拉和安扎等地宫殿、庙宇、城堡，大多雄伟庄严。阿克苏姆尤其以巨石高碑闻名于世。石碑分两种，一种是加工粗糙的方尖碑，相对集中一隅，另一种是四面平滑的圆顶碑，碑身有装饰性雕刻。石碑一般高 3~4 米，最高的达 33 米，上百吨重，从花岗岩山上直接开凿雕刻。

阿克苏姆在古代国际政治中起着重要的作用。东罗马帝国为对抗波斯，曾与阿克苏姆结好。东罗马皇帝查士丁尼一世不仅积极支持卡勒卜征服也门，还两次遣使去阿克苏姆，要求阿克苏姆商人多收购从中国运到印度的生丝，转卖给东罗马，以打击控制生丝贸易的波斯。

由于跨海远征耗费大量人力和物力，阿克苏姆的自然资源被开发殆尽。东北方贝贾部落联盟陆续独立建国，边远地区叛乱频繁。577~590年，波斯占领也门南阿拉伯半岛，并夺占阿克苏姆的部分沿海地盘和通商城市。同时，贝贾人入侵厄特西北部，扰乱阿克苏姆的对外贸易。

7 世纪 30 年代，阿拉伯帝国在红海西端崛起，先知穆罕默德家族子弟因不堪忍受麦加古莱什贵族的迫害，于 615 年和 617 年分两批前往非洲之角避难。阿克苏姆国王阿尔玛赫大度接纳并对其提供帮助，厄特沿海一带的穆斯林人口不断壮大，并带来伊斯兰教文化。

640~642 年阿拉伯人征服埃及，702 年又派海军远征阿杜利斯，重占红海两岸及达赫拉克群岛，控制东西方之间的红海贸易。同时，拜占庭帝国包围四周，波斯帝国继而征服并短期统治阿拉伯半岛，商路向东移动，东来的船只进入波斯湾，向北通过陆上交通到达地中海，最终导致红海过境贸易衰落。

阿克苏姆帝国不再能控制苏丹北部，丧失在红海地区的主宰地位，不能通过海路同外界联系，备受孤立。贝贾人游牧民也在 8~9 世纪南上厄特高原并占领大部分地方，迫使阿克苏姆帝国南移，并于 9 世纪后消亡。厄特在这个阶段找不到使用阿克苏姆货币的证据，现存阿拉伯文纪事也不再提及阿克苏姆，雅库比①曾叙述过红海南岸的哈贝沙王国，与当时设都阿克苏姆的政权并无政治关系。但是，厄特高原地带保存下来了古吉兹文字和受拜占庭影响的艺术等阿克苏姆文化遗产，不少基督教修道院及其教区至今还在修行传教。

第三节　中古简史

阿克苏姆帝国衰亡后，厄特与提格雷"分家"，政治中心的南移为阿比西尼亚诸王国的兴替打下基础，但它们均未能承续阿克苏姆法统。从那以后一直到意大利殖民者侵占非洲之角的七八百年间，厄特酋邦纷争，支离破碎，厄特既曾在奥斯曼帝国的统治之下，又曾沦为埃及（奥斯曼）和阿比西尼亚争夺势力范围的战场，阿比西尼亚欲占北部出海口却被迫止

---

① 雅库比（Ahmad al-Ya'qubi，?—987），古阿拉伯地理学和历史学学者，曾出游印度、埃及和马格里布等地。于公元 891 年完成《列国志》，另著有记载 872 年以前世界史的《雅库比历史》。

步中部高原且无力对其有效控制,[①] 奥斯曼人领有西部的巴尔卡低地、塞恩希特和红海沿岸平原。

1541 年,葡萄牙人与阿比西尼亚结成军事和政治联盟,短暂驻足马萨瓦;1557 年奥斯曼素丹苏莱曼一世攻克马萨瓦,将起自近旁的阿尔吉柯村北至苏丹的斯瓦金岛一线东北沿海平原,连同红海北岸一带,合并设哈贝沙行省[②],而且不时进犯中部高原,一度攻占阿克苏姆及以前时期的中部高原商贸重镇迪巴尔瓦[③]。20 年后奥斯曼被迫北下撤出高原,而后 300 年仅"委托"地方首领"征税"。厄特学者认为,这是厄特沦为"殖民地"和出现本土政治实体的历史开端。[④]

19 世纪,奥斯曼行省当局再度南上扩张,1823 年打败统治厄特北部和西部的东苏丹芳基王国(1504~1821),并先后于 1846~1848 年租占马萨瓦、1866 年攻占克伦和阿斯马拉。19 世纪 80 年代,奥斯曼行省在苏丹的统治被"马赫迪起义"推翻,对厄特的控制也日渐式微。欧洲殖民者乘虚插足东非,中止阿比西尼亚与奥斯曼之间的地缘政治角斗。

一 王国之争

阿克苏姆帝国后期经常受到周围游牧部落的侵袭,北方贝贾人一度臣服,然而屡经几次分裂之后,形成多股势力,时时深入阿克苏姆境内骚扰。公元 7 世纪,阿拉伯人入主埃及,东埃及和北苏丹的贝贾人则借助其在厄特北部高原和巴尔卡低地的族裔向东侵占厄特中部高原。阿法尔人依旧把持南部沿海的狭长地带,尼罗特人则留在加什-塞提特盆地。阿克苏姆帝国因海洋贸易断绝,遂放弃厄特高原,南下梅雷布河以南的提格雷腹

① 9 世纪下半叶和 12 世纪上半叶(扎格威王朝),阿比西尼亚两度短暂攻占厄特。Fr. Tewelde Beyene, *Introduction to the History of Eritrea: Lecture Outlines*, Asmara(2012)pp. 35-38.

② 包括沙特、也门、苏丹、厄特和索马里红海盆地一带,都府在吉达。参见 National Archives(Great Britain)Islam: 1916-1917. Archive Editions, 2004. p. 328。

③ Debarwa, 地处阿斯马拉以南 28 公里。今为南方省迪巴尔瓦分区的首府,人口近万。

④ Fr. Tewelde Beyene, *Introduction to the History of Eritrea: Lecture Outlines*, Asmara, 2012, p. 40.

地，其间虽几度杀个回马枪，但基本上日渐衰亡。

7～19 世纪的 1300 年间，厄特不再是哈贝沙主导的文明中心，沦为阿比西尼亚、苏丹和也门等外部势力争夺的边缘地带，诸侯割据。

苏丹东部贝贾王国和奥斯曼帝国先后在厄特沿海平原、北部高原和西部低地断断续续建立过地方政权，疆土时大时小，均未能控制全境，同样未能从领地、政治体制或王室血统上继承阿克苏姆帝国。

二　贝贾五国

早在公元 4 世纪，苏丹东部库施地区的贝贾人便开始蚕食厄特西北高地和红海沿岸一带，先后建立五个王国邦联体，鼎盛时期包括从埃及南部到厄特北方和中部高原地区。他们与原住民交融，许多人皈依基督教，接受相关文化，除从事游牧外，还开采和买卖黄金、宝石。

巴奇林王国的疆域从北部高原南翼罗拉山脉到巴尔卡低地，此处的贝贾人已弃牧就农。当地保留下若干古代城镇，如今还有不少岩画、两座狮子石雕和一段方尖碑残骸。

巴津王国大致在现在的加什-巴尔卡省一带，是纳拉族和库纳马族祖先的发祥地，基本由传统长老集体统治。

贾林王国从马萨瓦西至巴尔卡河、南到今吉布提与索马里交界的宰拉，囊括达赫拉克群岛。国民骁勇，且擅做买卖。

还有萨赫尔一带的纳基斯王国和夸塔王国。

公元 7 世纪，达赫拉克群岛出现独立的伊斯兰王国，不久先后被也门、近海王国、奥斯曼等势力吞并。8～12 世纪，当地人延续阿杜利斯文明，但多用阿拉伯文，并在东非传播伊斯兰教。

12～14 世纪，贝贾人的一个分支贝娄王国（Bellou/Belew Kingdom）在厄特西部和苏丹东部的低地兴起，两百年后取代巴奇林、巴津和贾林等三个王国，主宰西部低地的大部分地区。这个贝贾和南阿拉伯血缘族群原是早期也门移民，贝娄是贝贾语"说外语者"的派生词。14 世纪统治巴尔卡西北的提格莱人，则于 15 世纪皈依伊斯兰教，16 世纪败于芳基王国和奥斯曼帝国。

此后苏丹贝贾人的芳基王国进占厄特巴尔卡一带，统治当地的提格莱、希达雷卜、纳拉和库纳马诸族。

三 近海王国

14~18 世纪，阿比西尼亚北部的阿高人为躲避动乱，向北方迁徙，并定居厄特中部克伦的周边地区，自称为首批返回祖籍地的阿克苏姆传人（今比伦人的祖先）。随行而来的科普特正教会传教士宣导基督教，以抗衡周边地区的伊斯兰氛围。

其他阿高人则融入当地社会与文化，以中部高原为核心建立"近海之地"王国，立都阿克苏姆时代的商贸重镇迪巴尔瓦。约 600 年后，第二波阿高人北渡，来到日后的哈马西恩[①]、塞拉耶、阿克勒古宰三省。此时近海王国的地域北及红海南岸，南以梅雷布河[②]为界。阿比西尼亚皇帝札拉·雅各布（1434—1468）授权近海之王率长老会统管此地，但必须向阿比西尼亚进贡。除比伦人继承祖先的语言外，其他移民与当地人通婚联姻，原先的母语逐渐消失。

1770 年，苏格兰人詹姆斯·布鲁斯[③]深入厄特内陆，认为此地独立于阿比西尼亚。统治后者的国王及诸侯经常打过梅雷布河来收缴贡品或抢掠民财，屠杀庶民；哈马西恩等地的领主则带兵抵抗。

迪巴尔瓦镇海拔 2000 米，梅雷布河流经城东端，邻近著名的北海岸绿带森林。当地人说这里是俄国诗人普希金曾外祖父汉尼拔[④]的故乡，如

---

① 1630 年葡萄牙人绘制的地图称之为"哈马西恩共和国"，此后该地成为提格雷尼亚文化和厄特政治的中心。Dan Connell & Tom Killion，*Historical Dictionary of Eritrea*，2nd edition，Scarecrow Press，2011，pp. 287-288.

② 此季节河即今厄立特里亚与埃塞俄比亚边界的中段线。

③ 詹姆斯·布鲁斯（James Bruce，1730—1794），英国皇家学会会员、驻阿尔及尔总领事，1768~1772 年，他沿尼罗河、经红海到马萨瓦，续南上今埃塞北部，确认青尼罗河发源于塔纳湖，著有五卷本《尼罗河探源行记》（*Travels to Discover the Source of the Nile*，1790）。

④ 亚伯拉罕·汉尼拔（Abraham Hanibbal，1697—1781），俄罗斯帝国上将，军事工程师，人称"彼得大帝的黑人"。传说奥斯曼帝国 1703 年进犯此地时打死身为当地首领的其父，掠走年幼的汉尼拔，经伊斯坦布尔辗转到莫斯科。

今迪镇西北角有座汉尼拔旅馆。当地自公元前 1800 年起历经 80 代领主，一些领主曾拥兵多达 1.7 万人。近海之王善用地缘政治，或联手南面的阿比西尼亚对抗东面的阿达尔素丹国（今索马里一带），或联合阿达尔和奥斯曼对阵阿比西尼亚，1578 年一度攻入提格雷。

1529～1543 年，阿比西尼亚和阿达尔爆发战争，[①] 厄特的阿高人站在阿比西尼亚一边，克里斯托弗·达·伽马[②]的葡萄牙火枪队以及近海王国首领伊萨克[③]助阵，最后击毙阿达尔素丹艾哈。

1560 年，伊萨克再度起兵反抗阿比西尼亚，掉转头求助奥斯曼帝国，但首战即败并阵亡。阿比西尼亚一再入侵厄特高原。

四 外强逐鹿

16 世纪到 19 世纪，厄特民族逐渐形成。同时，他们面临各方外部势力，如西边埃及的入侵者及后来的苏丹马赫迪义军、南边提格雷诸侯的掠抢和杀戮。

这段时期，萨赫勒和塞恩希特两地由当地长老统治，高原各部落领主以迪巴尔瓦为中心统治整个地区，他们与东南的阿法尔和提格莱领主一样，统掌当地农牧经济，向庶民征税。其他地方各族迁徙、通婚、相互争斗。高原领主与阿比西尼亚诸王不断相持拉锯，沿海一带在奥斯曼帝国统治之下，巴尔卡尚在芳基王国手中。萨霍社会仍处于村社部落阶段。

17 世纪，厄特高原的政治权力中心从迪巴尔瓦转到查泽噶，当地领主统治了整个高原（一度包括南边的提格雷）。其旁边小村哈泽噶领主则

① Patrick Gikes, "Wars in the Horn of Africa and the Dismantling of the Somali State", *Caderno de Estudos Africanos.*, Vol. 2, 2002, pp. 89–102.
② 克里斯托弗·达·伽马（Cristóvão da Gama, 1516—1542），葡萄牙航海家瓦斯科·达·伽马（Vasco da Gama, 约 1469—1524）之子，1541 年随其兄、时任葡属印度总督斯蒂芬·达·伽马（Estêvão da Gama, 约 1505—1576）的舰队进犯非洲之角。1542 年 8 月被阿达尔素丹击败并处死。
③ 伊萨克（Bahri Negassi Yes'haq），16 世纪中叶抵抗奥斯曼人入侵，后又与两任阿比西尼亚皇帝交战，1578 年战死。

通过与提格雷王的合作不断与查泽噶争夺统治权。提格雷王借机插足厄特高原，并在 1770 年废黜查泽噶领主，另立首领统治厄特中部高原提格雷尼亚族东正教徒，但也未能涉及北部高原和低地（中部海岸除外）大部分族群。随着 17 世纪至 19 世纪中期高原部落共和体制的衰落，其腹地哈马西恩（今阿斯马拉一带）成为厄特高原传统文化、经济和政治中心，村社长老集体实行地方自治，执行古代封建传统法律。

此前，阿达尔素丹已经控制厄特东南沿海平原，1415～1555 年，其疆域一度包括后来的阿达尔素丹国（含今吉布提、索马里北部和埃塞东北部），16 世纪后仍统治厄特东南角与埃塞、吉布提交界处的大片地区，19 世纪上半叶才败于埃及的穆罕默德·阿里[①]王朝（Muhammad Ali dynasty，1805—1952）。

16 世纪，奥斯曼人征服埃及后，又与葡萄牙争夺红海得手，并开启非洲域外势力瓜分和拓殖非洲东北角的先河。当地诸王国也参与其中，各自借力外部强国或保全自身或争地扩张。1555 年，奥斯曼人占领马萨瓦等北方沿海大部分地区，建立哈贝沙行省；1557 年又南上厄特中部高原攻打近海王国，不久败退。16 世纪 60～90 年代，奥斯曼人几度重返高原打到提格雷边界，均未站住脚。此后 300 余年，厄特沿海低地先后沦为奥斯曼和埃及的殖民地，中部高原依附提格雷诸王。17 世纪大部分时间，马萨瓦及其南北沿海地带由奥斯曼任命的当地首领看管，奥方仅留少量驻军。18 世纪，奥斯曼帝国衰落，马萨瓦衰败，商业停滞。近海王国亦遭外侮和内乱，提格雷尼亚诸部落相互争战百余年。

19 世纪上半叶，埃及控制马萨瓦一带，英、法等国禁止奥斯曼素丹在马萨瓦进行奴隶贸易。1823 年，埃及穆罕默德·阿里王朝东进克伦建要塞；1846 年买下马萨瓦，控制奥斯曼哈贝沙行省；1854 年占厄特西南部库纳马家园；1871 年殖民厄特西部。大多数厄特人分辨不清奥斯曼和埃及人，一概称之为"突厥人"；高原居民也不满其统治的混乱和不公。

---

① 穆罕默德·阿里（Muhammad Ali Pasha, 1769—1849），现代埃及创始人。

意大利占领厄特后，奥斯曼人仍旧不舍，直到 1923 年《洛桑条约》① 才放弃厄特及其近海岛屿。

19 世纪中叶，阿比西尼亚历经各路纷争割据（1769—1855），边界从未确定。红海沿岸地域多属奥斯曼行省，西部屡遭埃及、苏丹的不断侵蚀。1855 年，贡达尔王卡萨称帝提沃德罗斯二世②，初步整合阿比西尼亚北部和中部。

1875 年，埃及人进犯厄特高原，占领中西部的塞拉耶省。高原的哈泽噶领主沃尔德-迈克尔·所罗门公爵（末任近海王和哈马西恩领主）③ 先是联手提格雷王卡萨·默尔察（即后来的约翰尼斯四世④）连续两年挫败埃及人多次进攻，后者借机进占中部高原，沃尔德-迈克尔·所罗门公爵随即反水，联合北部高原的比伦人和埃及人起兵抵抗提格雷王。

1879 年，提格雷的阿卢拉公爵⑤诱捕沃尔德-迈克尔，其自称近海王国领主并管辖厄特高原。阿卢拉还与提格雷乌贝公爵⑥先后西征萨赫尔和塞恩希特两地，并于 1885 年初迁都阿斯马拉。他也联手提格雷其他 6 个公爵多次入侵阿法尔和萨霍两族的领地，遭到萨霍首领阿布白克·纳赛尔的顽强抵抗。

① Treaty of Lausanne，全称《协约和参战各国对土耳其和约》。1923 年 7 月 24 日，以英国、法国、意大利、日本、希腊、罗马尼亚、塞尔维亚-克罗地亚-斯洛文尼亚国 7 个协约国为一方，以土耳其为另一方在瑞士洛桑缔结，次年 8 月 6 日生效。条约确立了现代土耳其的疆域，土耳其放弃了其在阿拉伯地区的领土和塞浦路斯。
② Téwodros Ⅱ（1818—April 13, 1868），原名卡萨·海卢（Kassa Hailu）。称帝，后败于英国殖民军而自尽。
③ 沃尔德-迈克尔·所罗门公爵（Ras Wolde-Michael Solomon of Hazzega），被厄特人尊为民族英雄，因受阿卢拉公爵的诱骗与约翰尼斯四世谈和而被捕，1906 年客死流放地阿克苏姆。
④ 约翰尼斯四世（Yohannes Ⅳ, 1837—1889），原名卡萨·默尔察（Lij Kassay Mercha），提格雷王（1867—1871），1872 年加冕阿比西尼亚皇帝，玉玺刻有"王中之王"。现代埃塞帝国创建人之一。
⑤ 阿卢拉公爵（Rás Alula Engida, 1827—1897），提格雷将军之一，1896 年参加击败意大利殖民军的阿杜瓦战役，19 世纪下半叶一度统治厄立特里亚高原地区。
⑥ 乌贝公爵（Ras Wube Haile Mariam, 1800—1867），1831~1855 年统治埃塞北部和厄特中部高原一带，创立"军政权"，挑动当地各民族争斗，掠夺库纳马和比伦人做奴隶。阵亡于同阿比西尼亚提沃德罗斯二世争夺帝位之战。

1884 年 4 月，英国为借力阿比西尼亚扑灭苏丹马赫迪义军，派海军上将威廉·休伊特[①]到阿斯马拉撮合埃及与阿卢拉公爵谈判，6 月 3 日到阿杜瓦与约翰尼斯四世签订《阿杜瓦条约》（英国人称"休伊特条约"），约定埃及撤出马萨瓦等所有厄特领土，阿比西尼亚帮埃及剿灭马赫迪起义军，并控制厄特中部地区。约翰尼斯四世索要入海门户马萨瓦，英国只答应保证其使用港口进行自由货物（包括武器）贸易之权。但英方转而将其让与意大利，以牵制立足吉布提的法国。

1889 年 3 月，约翰尼斯四世死于追剿马赫迪义军的枪伤，孟尼利克二世[②]夺得帝位，重新统一并开创现代埃塞俄比亚。意大利趁机攻占厄特高原，并将其纳入意属厄立特里亚殖民地，并迁都阿斯马拉。

第四节　近代简史

苏伊士运河开通后，红海及其周边地区的战略价值凸显。意大利殖民者在欧洲瓜分非洲中拿到最后一杯羹，攫取对阿斯马拉及沿海地区的统治权，1889 年建成中央集权的厄立特里亚殖民地。第二次世界大战结束后，厄立特里亚人渴望像其他殖民地一样争取建国的机会。列强则均认为，独立的厄立特里亚不符合它们各自的地缘战略利益，遂强行剥夺了厄特人民的民族自决权。

一　意大利殖民统治（1890~1941 年）

意大利王国于 1861 年完成统一后，为减轻国内人口激增的压力，开始向非洲之角拓殖移民，目标是巩固厄立特里亚领地，开发资源和拓展市场，并以厄特为跳板攫取东北非。

---

① 威廉·休伊特（Sir William Nathan Wrighte Hewett, 1834—1888），海军中将，曾领兵镇压阿散蒂（今加纳）、苏丹等地非洲民族抵抗运动。

② 孟尼利克二世（Emperor Menelik Ⅱ, 1844—1913），绍阿王（1866—1889）、埃塞皇帝（1889~1913）。1898 年完成领土扩张和创建现代帝国。曾领军击退意大利首次入侵，在阿杜瓦战役大败意军。

1869 年 11 月，意大利天主教牧师朱塞佩·萨佩托①受政府委托替鲁巴蒂诺航运公司以 6000 银币（次年追加 2000 银币）从当地两名素丹手中买下阿萨布湾，设贸易站。1882 年 7 月意政府接手，增购周边土地并建立"特权区"。1885 年 5 月 21 日，绍阿王孟尼利克与意大利国王代表在阿比西尼亚中部的安科贝尔签署友好贸易条约，② 双方同意通商建交。此前，当年 2 月 5 日，英国鼓励意陆军萨莱塔上校③率领 1000 人远征队兵不血刃接管埃及所辖马萨瓦港。鉴于大量士兵不适应当地气候而死于疾病，意军南上高原，先后扩张到克伦、塞拉耶和阿克勒古宰等地。当地一些部落首领不满提格雷的扩张，借力意大利征讨边省总督阿卢拉。

1887 年 1 月 26 日，阿卢拉率 1.5 万士兵在距红海南岸 30 公里的多加利伏击并几乎全歼 550 名意军。④ 但约翰尼斯疲于对付苏丹的马赫迪义军，无力乘胜驱赶意军，意大利趁机扩张。1888 年，意方先后占领阿斯马拉、塞拉耶、阿克勒古宰省等厄特高原和西部低地，东边到达索马里地界。意大利人在高原地区联合当地教主和地主压迫百姓；在低地则与传统

① 朱塞佩·萨佩托（Giuseppe Sapeto，1811—1895），意大利传教士。1837 年起曾定居阿杜瓦 10 年，写书介绍厄特等地。1858 年重返非洲之角做翻译，后到巴黎东方手稿馆任馆长。1881 年回意大利教阿拉伯语。

② Sir E. Hertslet, *The Map of Africa by Treaty*, *Volume* Ⅱ, *Nos 95 to 259*, *Abyssinia to Great Britain and France*（Routledge, UK, 1967 New Impression of the Third Edition<1909>, 2006 年电子版第 448～449 页载有 No. 113. TREATY between Shoa and Italy. Ankober, 21st May 1883, https：//books. google. com. hk/books？id = JvZKJFRrJZYC&printsec = frontcover&hl # v = onepage&q = Ankober&f = false）。David H. Shinn & Thoms P. Ofcansky, *Historial Dictionary of Ethiopia*（Second Edition, Scarecrow Press, USA, 2013, pp. 45－46），Antonelli, Pietro（1853—1901）条目下则称，此意大利探险家、外交家和政治家曾与孟尼利克签署多个条约，其中上述条约录为"10-year treaty of friendship and commerce"。

③ 坦克雷迪·萨莱塔（Tancredi Saletta，1840—1909），意独立战争老兵。1885 年 11 月从厄特回国。1887 年 4 月，萨莱塔少将在多加利战役意军惨败后重返厄特指挥意殖民军，11 月回国。1892 年晋升中将，1896 年任陆军参谋长，1900 年任参议员，1908 年离职并退役。

④ Haggai Erlich, *Ras Alula and the Scramble for Africa*, Red Sea Press, 1996, p. 105f; Dan Connell & Tom Killion, *Historical Dictionary of Eritrea*, Second Edition, Scarecrow Press, 2010, p. 182; David H. Shinn & Thoms P. Ofcansky, *Historial Dictionary of Ethiopia*, Second Edition, Scarecrow Press, 2013, pp. 66－67.

头人勾结，欺压民众，尤其是提格莱人。

1890～1908 年，意大利与周边国家通过谈判达成一系列协议，划定了厄立特里亚的边界；遗留的问题在厄特独立后屡生纠纷。

1889 年 5 月 2 日，阿比西尼亚新帝孟尼利克二世（阿姆哈拉族）与意大利大使彼得罗·安东内利伯爵签订《乌查利条约》，确认厄特中部高原等大片地区为意属厄立特里亚殖民地，包括高原东部边缘和阿斯马拉，条约第 3 条诸款涉及两国之间的边界走向，以换取意大利承认埃塞的独立并通过厄特进口武器。另外，意方继续南扩至梅雷布—贝莱萨—迈穆纳一线。1889 年 10 月 1 日和 1891 年 12 月 8 日，彼得罗又分别与海尔·塞拉西一世之父马康南公爵和提格雷公爵签约确定此段边界。孟尼利克二世事后发现，《乌查利条约》的阿姆哈拉文和意大利文两个文本第 17 款用字不同，前者对厄特的地域定为意大利人"当前占有"，而后者则称"实际占有"，随即否认整个条约。不过，此事并非涉及边界问题，且他完全可以在打赢阿杜瓦战役之后控制厄特，却在 1896 年 10 月又与意大利签署《亚的斯亚贝巴条约》，再次正式承认后者对厄特的"主权"，旨在尽早结束与意方的战事。1908 年 5 月 16 日，埃意又在红海东南海岸深入内陆约 60 公里处划定登卡利亚段边界。

1891 年、1898～1899 年和 1901 年意大利与英国和埃及签订一系列协议，又于 1902 年 5 月 15 日在亚的斯亚贝巴签署英国、埃塞和意大利之间的三方条约，划定与英埃苏丹的边界。1900～1901 年，意大利与法国签署两个议定书，确定同法属吉布提领地边界。

1890 年 1 月，意大利国王将阿萨布、马萨瓦、克伦和阿斯马拉四地统建成其第一块海外领地，起名"厄立特里亚"，并迁都阿斯马拉。1894 年，意方打败马赫迪义军，最终基本确定了厄特的国界和领土。

1888～1892 年，非洲之角旱魃为虐，饥馑荐臻，瘟疫流行，高原农户纷纷逃往北方和沿海，或迁居苏丹、埃塞等邻国。厄特人多年深受埃及人、提格雷公爵的暴政之苦，心态矛盾，一度想借力意大利，制止强邻的侵扰。加之缺少领袖和缺乏团结，因此起初抵御意大利殖民并不得力。

此后不久，厄特人看到意大利只顾自身移民拓殖和掠夺资源，不管当地人死活，随即群起抵抗。意殖民者残酷镇压厄特人的反抗，仅 1889~1890 年，就秘密杀害当地 12 位部落首领，屠民近千人。由于殖民者的残暴镇压以及饥荒、疾病等天灾，1900 年厄特总人口仅为 1870 年的 1/5。

意大利在殖民厄特的第一阶段（1885~1896 年），集中巩固政权和拓殖农业，以解决意南部土地短缺和失业问题。1893~1896 年，意当局鼓励意国内无地者移民厄特，没收当地耕地后无偿转给意大利人，并提供补贴建经济作物园，种果蔬、养奶牛，发展服务业。许多厄特农牧民沦为意大利人的种植园、建筑业或制造厂的雇工。

殖民当局采取直接和间接两种统治方式，改革厄特原有地方自治体制，任命酋长或头人并发薪；在高原拉拢宗教领袖和地主协助其统治，在低地则借部落首领压制民众，严控提格莱族的反抗。同时，他们在达赫拉克群岛的纳库拉岛设牢监禁数百名各族地方首领和社会名流，[①]并废黜有名望的酋长，另立效忠意方的头人，挑动族群矛盾，分而治之。

1840 年生于查泽噶的阿伯拉·海鲁在 1891 年发起抗意游击战，次年 3 月击败百余意军并击毙巴蒂尼上尉。他后来退隐提格雷，1896 年加盟绍阿王孟尼利克二世并参战阿杜瓦。1889 年孟尼利克二世在《乌查利条约》中承诺不让厄特反意武装借提格雷为根据地，阿伯拉最后死于流放地邵阿。

巴赫塔·哈戈斯于 1894 年 12 月率众起义，17 日率领 2000 名武士攻打意军时战死疆场，人们至今铭记这位民族英雄的名言："若让白蛇咬，无法可疗伤。" 1901 年阿布贝克·艾哈迈德率萨霍族人抵抗意殖民军，另一个萨霍勇士默哈默德·努里则从纳库拉岛越狱，参加巴赫塔之子领导的反意斗争。

1890 年 1 月，意大利攻占提格雷阿杜瓦，1895 年 4 月占领提格雷全境。1896 年 3 月 1 日，孟尼利克二世率 10 万军队进军阿杜瓦，在城外击溃 1.7 万意军，含 5000 名厄特兵，挫败意大利的首轮征服。

当年 10 月 23 日，意大利和埃塞签订《亚的斯亚贝巴条约》，意大利做出重大让步，废除《乌查利条约》，正式承认埃塞的独立地位。埃塞则

---

① 1899 年 11 月，纳库拉监狱 12 名囚犯在取淡水时制服狱卒，打开牢门放出 107 个难友。

接受以梅雷布河和牟尼河为两国中段边界，意大利得以保全两河以北地区，以及提格雷的一部分领土。随后双方在 1900 年、1902 年和 1908 年的一系列协定中进而划定埃塞与厄特的全部边界。

殖民政府在第二阶段（1896～1932 年）侧重开发和掠夺厄特自然资源以及建设行政和经济基础设施。1897 年 12 月，费迪南多·马蒂尼就任首位文职厄特总督，规划和建设阿斯马拉等主要城市，并将行政首府迁至阿斯马拉，称之为"小罗马"。1901 年和 1902 年，意大利与英国–埃及共管的苏丹划定厄特西部边界。1901 年，意大利人割让卡萨拉给苏丹。1902 年英、埃、意三国签署《亚的斯亚贝巴条约》，最终划定苏丹、厄特和埃塞三国边界，将加什和巴尔卡部分地区归入厄特领土。1900 年和 1901 年签订的两项协定则界定厄特与法国保护国（时称"法属索马里"，现为吉布提）的边界。所有这些边界分割了提格雷尼亚、萨霍、提格莱和阿法尔等几个族群各自的原聚居地。

同时，意大利殖民当局统合厄特全境各部落地盘，1903 年在阿斯马拉、克伦和阿萨布三地之外新设 7 个省（此后几度增减），各辖若干个区，区下面设分区，7 个省会和其他一些城市设市政府。各级均设财政、教育、卫生等部门，主要由意大利的省督管理，改变氏族和部落的管理体系，对当地的司法体制和土地等资源管理，以及教育和卫生领域都影响深远。

意大利在第三阶段（1932～1941 年）扩大在非洲之角的殖民帝国。1935 年，5 万意大利熟练工人和 30 万军人涌入厄特，备战后二度入侵埃塞的后勤基地。战争经济带来短暂繁荣，厄特成为非洲较强工业和商业中心之一。截至 1941 年，近 20% 的厄特人进入城镇，厄特位居非洲城市化水平前列。数以万计的厄特人在新兴城市以及连接马萨瓦和埃塞边境的机场、工厂和军人服务社做工，但更多的是当翻译、书记和佣人等。另有 6 万多人入伍，其中数万人在二战中丧生于东北非。

殖民当局在厄特实行种族隔离政策，城市乡镇划定按种族分别居住和活动的区域。在阿斯马拉，厄特人只限住在露天市场周围的棚户笼屋，欧洲人享受主街南边的"禁区"。公共交通黑白分明，厄特人只能从车后门上下。法西斯政权时期殖民当局又颁布一系列种族主义法律。在首府，厄特人只许在工作时间进出白人专有设施，商业主街商铺一律由意人经营。厄特人去电影院只能走公共过道，不得进入白人的餐馆、酒吧和旅店，在邮局和银行用专设柜台。至 1941 年，意大利定居移民从 5 年前不足 5000 人达到 7.5 万人，享有各种特权。当局禁止意大利人与当地人通婚，意裔父亲不得承认或收养混血儿女，后者也没有继承权、公民权和姓名权。意移民不得造访"土著区"，违者入监。

意方大量投资建设和改造电力、交通运输和通信基础设施，扩大采金和工业生产。他们在厄特的教育和就业方面立法限制本地人的发展。1932 年，法西斯当局严格限制所有厄特人（包括混血人）进城分享教育、工作和社会服务的机会。到 20 世纪 30 年代末，厄特只有 20 所小学，厄特人最多能读 4 年书，仅限学习意大利语和四则运算。40% 的厄特适龄男子被征入伍，另有数万名成年男性到意军辅助设施做工。种族歧视和强迫服役的做法激起厄特人的不满和反抗，不少人逃到埃塞。①

1935 年 10 月，意大利入侵埃塞，次年 5 月攻占亚的斯亚贝巴，厄特的领土扩至提格雷。墨索里尼政府建立了包括厄特、埃塞和索马里北部的意属东非帝国，② 幅员 170 万平方公里，下设 6 个州。1937 年，厄特的意大利人达 6 万人，主要集中于阿斯马拉和德克玛哈瑞。1941 年，意大利在北非战败，埃塞光复，意属东非解体。

意大利统治厄特 51 年，带来较先进的生产方式，形成新的社会阶层，同时瓦解了当地原生经济、社会、文化结构。大多数厄特人进入工厂或种植园里共同工作和生活，不少人加入殖民政府和军队服役。意大利在地理上创建并整合厄立特里亚国家，客观上推动当地政治、经济、社会和文化产生根本性变化，催生了厄特人共同的民族自觉和国家意识。

---

① 另有一说是：1890～1941 年，约 13 万厄特人服役于意殖民军，在索马里、利比亚和埃塞等地作战。参见 Michela Wrong, *I Didn't Do It for You：How the World Betrayed a Small African Nation*, New York：Harper Perennial, 2005, p. 400。

② 1935 年 1 月 15 日厄特和意属索马里兰联合为意大利东非。1935 年 10 月 3 日意大利入侵埃塞，1936 年 5 月 19 日完成吞并。意遂将三地并成意属东非帝国，重组为六个省：厄立特里亚（包括前厄特殖民地和埃塞的提格雷地区）、索马里（前意属索马里殖民地加上埃塞的欧加登地区）、亚的斯亚贝巴、阿姆哈拉、哈拉尔、盖拉-锡达马。

二 英国军事管制（1941~1952 年）

英国长期以来通过派探险家和传教士拓展在厄立特里亚的商业和政治利益，特别是 1869 年苏伊士运河开通后，英国认定厄特是红海的战略要地之一，借任命驻马萨瓦领事等方式抗衡法国在该地区的影响。

19 世纪下半叶，英国在红海东段沿岸不敌法国，不再想直接控制厄特，因而鼓动并率先承认意大利占领和建立厄特殖民地。

1941 年 2 月，英国从苏丹、肯尼亚和也门三面进攻意属东非殖民地，在厄特西部几经鏖战打败意军，3 月下旬攻占克伦，打通从厄特西部进入埃塞之路，4 月上旬先后夺取阿斯马拉和马萨瓦，5 月初攻下亚的斯亚贝巴。当月中旬意军投降，但仍坚持游击战到 1943 年 9 月才签字停战。

1941~1952 年，英国军事管制当局先后由 5 名军官和 1 名文职任行政长官，政府各部门负责人都是军人。英国人首先遣散原意殖民军、民兵和警察部队中的厄特人，由英国军官统领包括意大利民警的新警察队伍，并一度调苏丹籍英殖民军维持治安，1946 年才由英军接手。除拘捕意大利法西斯党员及其同情者与战俘之外，意籍中下层公务员大都留任，英方还任命当地基层官员取代传统酋长，首次雇用大量原厄特籍翻译和教师做基层乃至中层公务员，并保留意大利的种族隔离法律及政治和经济制度。

英国视厄特为"敌占区"而实行军事管制，"看守和维持"盟军在北非和中东作战的主要补给基地，征用当地人力、物力和自然资源。1942~1943 年，英方让美军在距阿斯马拉 32 公里的古拉峡谷建空军基地抢修盟国战机，英军则在京达建军火仓库，于阿斯马拉设基地和维修战车，开发马萨瓦海军基地整修战舰。英军还开辟农场，种植果蔬，供应部队军需，剩余产品在本土销售。英国和美国承包商接管了意大利的军事设施，并修建古拉和阿斯马拉机场、京达医院以及阿斯马拉无线电通信基地。

英国占领厄特初期，当地人视其为解放者，但英军延续种族主义统治，没收土地交予意大利人经营。头四年，厄特经济一度繁荣，维持其地区工业强势地位，当地金属制品、陶瓷、纺织和食品等工业品主导东非和中东市场，许多厄特人重获就业机会。但到 1946 年，厄特产品无力在区域竞争而丧失市场。英军当局要求厄特在岁入上自给自足，并有余力偿还英国部分巨额战争债务，从而加剧厄特战后的经济困境。英国宣扬"厄特穷得无法独立建国"，为证明这一点，英方拆除并转卖当地工矿企业以及基础设施等大量资产和设备，掠走的资产总价值折合现价近 20 亿英镑。①

英国曾提出一分为三肢解厄特的方案：穆斯林居多的西部低地、北方高原和沿海平原西北的三分之一并入苏丹；基督徒为主的中央高原和穆斯林占多数的沿海平原中段（马萨瓦周边）划给提格雷，主权归埃塞皇室，但仍由英国统治；沿海平原南部余下三分之一和阿萨布港完全归埃塞，从而控制从马萨瓦南上阿斯马拉再折向西面的中部发达地段。

1941~1945 年，战争未了，社会动荡。战时和战后经济萧条导致厄特人惧外排外，沿海低地提格莱农牧民率先抵抗，高原农民随之响应，并摧毁许多白人农庄和水坝，随后逃难至低地。1941 年 5 月 5 日意大利东非帝国终结当天，厄特全国各地有名望的 12 位地方长老（穆斯林和基督徒各半），成立爱国会，要求民族自决。1944 年，爱国会分化为两派，易卜拉欣·苏尔坦·阿里领导的部分低地穆斯林联合高原新教教徒沃尔德阿布·沃尔德-马里亚姆新创政治组织"厄特人的厄特"（Ertra N'ertrawyan），呼吁厄特独立或由联合国托管。泰德拉·贝鲁②领导以提格雷尼亚知识分子为主的统一派掌握爱国会领导权，主张厄特无条件并入埃塞。是年底，"爱国会"更名为"厄特爱国会——厄立特里亚与埃塞俄比亚在一起"，或称"爱高原协会"。埃皇海尔·塞拉西一世复位后一面寻求英、美等国

---

① E. Sylvia Pankhurst, *Eritrea on the Eve：The Past and Future of Italy's "First Born" Colony, Ethiopia's Ancient Sea Province*, London：Woodward Green, 1952. 参见〔英〕米凯拉·容《我不是为你打仗——世界背弃一个非洲小国》，云南大学出版社，2010。

② 泰德拉·贝鲁（Tedla Bairu, 1914—1984），统一党领袖和厄特首任行政长官。出生于哈马西恩省。1933 年从佛罗伦萨留学回国在阿杜瓦厄特学校任教，1941~1946 年在英国军管当局原住民事务处任译员、报刊主编。1947 年 1 月接任统一党总书记。1952 年 3 月当选议员，4 月任议长，9 月联邦成立后任为首任厄特行政长官。1956~1967 年任埃塞驻瑞典大使，后侨居斯德哥尔摩，并加入厄解阵。

的支持，另一面插手厄特政治，资助"统一派"私家武装，并鼓励他们刺杀沃尔德阿布等独立派领袖。两派之间还有一些穆斯林和基督教知识分子呼吁超越宗教信仰，主张厄特作为自治单位与埃塞建立联邦。

英国的分治政策和埃塞的干预导致厄特穆斯林和基督徒两大集群继续急剧分化，最终引发 1946 年阿斯马拉社群摩擦和流血冲突，以及 1947 年在穆斯林联盟和统一党之间的厄特政治宗派斗争。1946 年，沃尔德阿布等联合独、统各派势力争取自治失败。次年，上述三股势力形成三个政党：泰德拉的统一党①，苏尔坦的穆斯林联盟②，沃尔德阿布引领的自由进步党③。自由进步党则游说列强同意厄特民族自决。同年，新厄特党成立，主张恢复意大利的统治④。到 1949 年，厄特 9 个政治组织，8 个均以

---

① Unionist Party，爱国会统一派于 1947 年元旦在埃塞首都亚的斯亚贝巴成立，代表厄特社会上层与大多数东正教神职人员，有 45% 的厄特人支持，并得到埃塞政府的直接资助，力主"厄特应无条件与埃塞联合"。Fr. Tewelde Beyene, *Introduction to the History of Eritrea: Lecture Outlines*, Asmara, 2012, p. 73.

② Muslim League，1946 年 12 月 4 日在克伦成立。以西部低地提格莱农奴和爱国会的中部高原穆斯林派为主，主张"反对封建、解放农奴和民族独立"，反对英国肢解厄特，要求由联合国托管并过渡到厄特完全独立，获得 40% 的厄特人支持。1949 年苏尔坦率先创建独立联盟，导致穆盟分裂并于 1950 年 12 月解体，一些领导人以厄特民主阵线成员的身份参加第一届议会选举。Fr. Tewelde Beyene, *Introduction to the History of Eritrea: Lecture Outlines*, Asmara, 2012, p. 73; Dan Connell & Tom Killion, *Hsitorical Dictionary of Eritrea*, Second Ed., 2010 p. 38.

③ Liberal Progressive Party，1947 年 2 月 18 日成立于阿迪凯耶，以"厄特人的厄特"成员为主，很快由沃尔德阿布牵头，起初主张厄特与提格雷结合，后提独立，得到 5% 的厄特人的支持。1949 年，该党加入独立联盟，1950 年 12 月党内分裂并解散，前党魁之子率许多成员加入支持联邦的自由统一党，其余人与沃尔德阿布的厄立特里亚独立党以及独立联盟其他成员组建厄立特里亚民主阵线，并参加第一届议会选举。Fr. Tewelde Beyene, *Introduction to the History of Eritrea: Lecture Outlines*, Asmara, 2012, p. 74; Dan Connell & Tom Killion, *Hsitorical Dictionary of Eritrea*, Second Ed., 2010, p. 348.

④ Mahber Hadas Ertra/Nuova Eritrea Party，系工商界的意裔厄特人协会（Italo-Eritrean Association）和参战老兵协会（War Veterans' Association）于 1947 年 9 月 29 日组建的新厄特亲意党，主张由意大利托管厄特并逐渐实现独立。1949 年 4~5 月与另三家厄特政党应邀出席联合国大会辩论厄特问题的会议；5 月改名为"新厄立特里亚党"，并支持立即独立。6 月加入独立联盟。1952 年参加第一届厄特议会选举未获席位。Fr. Tewelde Beyene, *Introduction to the History of Eritrea: Lecture Outlines*, Asmara, 2012, p. 74.

不同形式争取国家的独立。5 月，7 党结成独立联盟①，明确要求就民族自决举行全民公投，并按 1936 年边界的疆域立即独立②。同年，前意大利殖民军里的厄特士兵成立亲意大利党和意厄混血人的意裔厄特人党，均主张由意大利托管厄特，随后过渡到独立。

英国瓜分厄特未成，支持埃塞的美国遂走向前台主导解决"厄立特里亚问题"。1949 年 4 月 1 日，英文职当局取代军管机构，培育接管经济和行政事务的厄特人，但技术和高层领域仍依赖意大利人。英方增设一些诊所和学校，允许厄特人接受教育。截至 1952 年，全国共有小学 100 所，在校生 13500 人；初中 14 所，在校生 1200 人；高中 2 所，在校生 167人；另派 30 名学生赴海外留学。③

1949~1950 年，埃塞资助的厄特统一党民团武装不断用武力袭击独立联盟人士，厄特人大多质疑英国与埃塞勾结并阻止厄特实现民族自决。1951 年，联合国特派员抵厄特筹备埃厄联邦，英方动用军队和法律手段迅速消灭民团武装，开启厄特地方自治过渡进程，颁令落实首届议会选举、组建工会、实行新闻自由等。1952 年 9 月 15 日，英国降下米字旗，却未交权给厄特人，而是让与埃塞帝国代表。

---

① Independence Bloc，1949 年 5 月，由穆斯林联盟和亲意大利的厄特党派的代表在联合国挫败英意外长肢解厄特计划后组成一个争取厄特独立的统一战线。6 月 26 日返回厄特后，穆盟、自由进步党、新厄立特里亚党、参战老兵协会、意裔厄特人协会、马萨瓦民族党（Hezbi-al-Watani /National Party of Massawa）和独立厄立特里亚党（Independent Eritrea Party）组成独立联盟，呼吁立即独立。许多以前支持统一党的厄特人倒戈，独立联盟势力大增，引发埃塞皇帝的镇压和 1950 年 2 月的阿斯马拉骚乱。当年 12 月联盟解散，大多数原穆盟和自由进步党成员，与一些小党于 1951 年 1 月另组厄特民主阵线，参加第一届厄特议会选举，并组成松散的反对与埃塞统一的"独立联邦党人"，坚持到 1956 年第二届议会选举。Fr. Tewelde Beyene, *Introduction to the History of Eritrea : Lecture Outlines*, Asmara, 2012, p.76; Dan Connell & Tom Killion, *Hsitorical Dictionary of Eritrea*, Second Ed. , 2010, p.326.

② Ruth Iyob, *The Eritrean Struggle for Independence : Domination , Resistance , Nationalism , 1941-1993*, Cambridge University Press, 1997, pp.73-75; John H. Spencer, *Ethiopia at Bay : A Personal Account of the Haile Selassie Years*, Tsehai Pub, 2006, p. 213.

③ Gerald Kenedy Nicholas Trevaskis, *Eritrea : A Colony in Transition—1941-52*, London: Oxford University Press, 1960, pp.33-34.

三　联合国的包办

第二次世界大战结束后不久，盟国讨论处置意大利在非洲殖民地的问题，利比亚、意属索马里等先后获准独立，唯独厄立特里亚与民族自决失之交臂，复杂的厄特问题日趋国际化。

列强出于自身利益考虑各有主张。战后头两年，英、法两国希望厄特地位不致危及它们在非洲之角的殖民地；苏联以为意大利共产党能胜选而执政，故支持由意大利托管厄特；美国希望接手阿斯马拉的战略性军事基地，因此主张埃塞兼并厄特。周边阿拉伯国家为维持它们在厄特的利益而支持其独立。埃塞皇帝海尔·塞拉西则窥视马萨瓦、阿萨布等出海口和扩大国土。

1947年11月12日至1948年1月3日，美国、苏联、英国、法国四强组团赴厄特调查民意，但由于各自在红海地区的战略利益而难以妥协一致，于1948年提出了四个不同的建议：美国提议由埃塞统辖厄特；英国建议将厄特西部割让给苏丹，高原和沿海地区并入埃塞；苏联主张国际托管；法国想让意大利托管。同年，联合国就厄特政治前途问题在当地组织村社和族群选代表投票。在英美等国干预和埃塞做手脚之下，厄特很多支持独立的代表丧失投票权，3336名代表中48%的人同意与埃塞合并，43%赞成独立，9%支持由意大利托管。当年9月15日，四强将厄特问题提交联合国大会讨论。

1949年上半年，英国外交大臣贝文·欧内斯特和意大利外交部长卡罗·斯福尔扎伯爵密商肢解前意属非洲3块殖民地的计划，其中厄特高原和东部沿海地带并入埃塞，英埃治下的苏丹分得西部低地和北部高地。5月17日，联合国政治与安全委员会原同意此案，只因利比亚此前突发暴力抵制运动，遂否决了整个方案。意大利转而支持厄特自治，美国则提出埃厄联邦方案。

1950年2月，第四届联大决定由危地马拉、巴基斯坦、缅甸、南非和挪威代表组团二度赴厄调查民意。由于埃塞方面的离间，厄特爱国会一分为三：部分穆斯林要求厄特西部独立；部分高原地方和宗教领袖，以及逃难埃塞北部的厄特人同意与埃塞结为联邦；另一部分想让意大利"托管"的势力则失去民众支持。① 调查组中的危地马拉和巴基斯坦成员认为，"很多支持与埃塞联合的代表身份实属伪造"，因此他们主张由联合国托管 10 年后允许厄特独立。缅甸、南非建议厄特作为自治体与埃塞结成联邦，挪威则力持厄埃合并。1950 年 7 月，美、英、意三国在华盛顿会晤，认为满足埃塞对厄特的要求，即可在中东创立一个反共堡垒。② 埃塞当月就向朝鲜战场"联合国军"捐赠 10 万比尔，11 月派 1100 名官兵编入美国第七军入朝作战。③

美国出于冷战需要推动建立埃厄联邦，既可防范苏联南下扩张，也为确保继续占用阿斯马拉监听站和在马萨瓦设海军基地。美国时任国务卿杜勒斯 1952 年在联合国安理会直言：从正义的角度来讲，厄立特里亚人民的意愿理应得到考虑。然而，考虑到美国在红海盆地的战略利益，以及安全与世界和平，这个国家（厄特）必须同我们的盟友埃塞俄比亚连在一起。

美国极力推动联合国特别委员会讨论"联邦方案"，并联合英国推动巴西等提出 14 国决议草案，要求厄特与埃塞结成联邦。1950 年 12 月 2 日，第五届联大经过长时间辩论，拒绝苏联东欧集团、巴基斯坦和伊拉克等国关于厄特立即独立的提案，通过了 390A（V）决议，要求 1952 年 9 月 15 日前英国终止托管厄特：

"一、厄立特里亚应在阿比西尼亚皇帝管治下与阿比西尼亚同为联邦之自治单位；

---

① 参见 Eritrea：Report of the United Nations Commission for Eritrea；Report of the Interim Committee of the Genral Asembly on the Report of the United Nations Commission for Eritrea；390（V），Resolutins Adopted by the Genral Asembly During Its Fifth Session，December 1950，https：//undocs. org/en/A/RES/390（V） pp. 20 – 21；http：//www. refworld. org/docid/3b00f08a3f. html；last accessed March 27, 2016。

② Harold G. Marcus, Ethiopia，Great Britain，and the United States，1941 – 1974：The Politics of Empire, University of California Press, 1983, p. 85.

③ William Z. Slany ed., Foreign Relations of the United States，1951，The Near East and Africa, Vol. V, Washington：Government Printing Office, 1982, p. 1241.

　　二、关于内政［，］厄立特里亚政府应享有立法、行政、司法之权。"

　　厄特独立联盟领袖苏尔坦在特委会发言，指出联合国不让厄特人民表达自己的意愿，将联邦政体强加于厄特，14 国草案是美英授意炮制的"一个充满歧义的阴谋"，厄特人民"不能容忍厄立特里亚的名字从世界地图上抹掉"。[①] 不少国家代表发言支持厄特独立，认为联合国要求埃厄两国结成联邦，是纵容英美和埃塞阻挠厄特的民族自决，是出卖厄特。

　　1950 年底，独立联盟更名为厄立特里亚民主阵线，力争厄特民族和解，真心实意地与联合国特派员合作。

四　埃塞厄特联邦

　　厄特人理解联邦是独立与统一之间的权宜性妥协，不过是厄特与埃塞之间划分政治权力，自治政府仍有权确定自治体内部政策，且当时也别无选择，只得接受联大决议。当时的厄特旗模仿联合国旗，以期联合国保障其自治权。旗帜天蓝底色上一圈绿橄榄枝环绕一棵六叶绿色植物，象征着厄特的六个行政区。

　　1951 年 2 月，联合国任命玻利维亚常驻代表爱德华多·安泽·马蒂安佐为特派员赴阿斯马拉，协助制定联邦法和宪法、选举制宪会议、建立政府。4 月 25 日马蒂安佐将《埃厄联邦法》和《厄特宪法》交埃塞皇帝批准。

　　《埃厄联邦法》原则上允许厄立特里亚拥有自治权，自立政府全权处理税收、治安、教育、卫生、农业和商业等公共事务，联邦则控制外交、内外贸易、国防、财政和交通。马蒂安佐并未明确联邦委员会的权责，更没有单独设立联邦政府，实权都在埃塞政府手中。《厄特宪法》规定的政治架构为民选议会、独立司法和行政长官三权分立，对与联邦无关的本地事务享有立法、行政与司法权力。

---

　　①　联大正式记录（G.A.O.R）第五届大会全会，第 536~537 页。

埃塞拒不批准联合国提出的选举法。1952 年 3 月 25～26 日，在联合国的监督下，英国安排阿斯马拉和马萨瓦两地举行直接秘密选举和农村经间接选举产生厄立特里亚自治制宪议会的代表。穆斯林和基督徒代表均分68 个议席，亲埃塞和亲英国两股势力则合占 2/3 多数，统一党 32 席、厄特民主阵线 18 席、（西部）穆斯林联盟 15 席，以及其他 3 席。统一党与穆盟联合主导议会，推选各自党魁泰德拉·贝鲁和阿里·穆萨·雷代①担任行政长官和议长。但 51.5% 的议员仍主张厄特最终应从自治过渡到完全独立。议会随即辩论马蒂安佐起草的宪法草案。厄特只保留国旗和官方语言（提格雷尼亚语和阿拉伯语）等象征性自治权，埃塞政府得以直接控制最终的财政（贸易和海陆交通收入）和军事等实际权力。7 月 10 日，制宪议会接受上述宪法，自身则转为厄立特里亚立法议会。9 月 11 日，埃皇海尔·塞拉西签署两法，9 月 15 日联邦正式成立，英国人和联合国特派员先后离去。

自 20 世纪初起，厄特人特别是高原知识分子备受意大利殖民者的种族歧视，埃塞政府遂鼓励他们移民南下，求学谋职，服务于埃塞的政府、企业和教育高层。1941 年 5 月，意大利战败后，海尔·塞拉西皇帝动员这批流亡人士要求厄特与埃塞实现统一。1946～1950 年，埃皇资助厄特正教会、统一党和民团武装等在厄特搞宣传和恐怖活动，迫使厄特人接受厄埃联邦。多数厄特基督徒认可埃塞的统治就是一种民族自决形式，目的是摆脱欧洲人的种族压迫和统治。

埃塞急于"统治厄特"以便出海，从联邦成立之初即增兵驻军，同时离间当地社会，扩大族群和宗教摩擦，弱化民族认同，始终指称厄特民族运动是穆斯林分离势力。埃皇任命其长婿安达尔盖丘·麦塞伊公爵为皇

---

① 阿里·穆萨·雷代（Ali Mohamed Musa Redai，1913—1974），西部省份穆斯林联盟首领、厄特自治议会首任议长。出生于克伦，在当地上学、经商。1946 年当选穆斯林联盟克伦支部书记，1950 年与易卜拉欣·苏尔坦闹翻，另组西部穆斯林联盟，要求英国托管西部低地、萨赫勒和塞恩希特等地，最终并入苏丹。该党在第一届议会赢得 14 个席位，并与统一党结盟倾向于埃塞。1955 年 7 月辞职后入阁埃塞中央政府。1974 年被厄解阵（ELF）暗杀。

室驻节代表，他和行政长官泰德拉立即着手实行瓦解厄特的自治机制。1953年即"雪藏"仅开会一次的联邦委员会，不许法院享有司法独立；除统一党外，禁止其他政党和工会活动；废除劳动法和限制集会自由，取缔独立媒体，年底又禁止民主阵线的《厄立特里亚之声》并关押其编辑；多次下令行刺、恐吓独立联盟副总书记沃尔德阿布·沃尔德－马里亚姆等名士。

厄埃结成联邦后，厄特低地穆斯林和高原基督徒的民族主义情绪日趋强烈，普遍反对埃塞的吞并活动，不断呼吁联合国信守相关承诺，干预和阻止埃塞单方面破坏联邦协议。1954年厄特议会要求厄行政长官抗议埃塞政府破坏厄特宪法和"违法干涉"。1955年3月，埃塞驻节副代表阿斯法哈①在厄议会宣读声明："不存在内部与外部事务之分，厄特事务关系到整个埃塞和皇帝本人。"自1954年3月起，议会一再要求联合国阻止埃塞吞并厄特，但联合国回复厄方，"任何宣称宪法遭到破坏的申诉须经埃塞俄比亚联邦政府向联合国提出"（实际并无"联邦政府"）。此后三十余年内，联合国再未讨论厄特问题。

1955年6月，由于埃塞操纵厄特统一党在厄境内搞暴力恐怖活动，厄特行政长官泰德拉颁布紧急状态令。7月，埃皇令泰德拉和厄特议长阿里·穆萨辞职，随后以埃塞驻节副代表阿斯法哈和伊德里斯·M.阿德姆②取而

---

① 阿斯法哈·沃尔德－迈克尔（Asfaha Wolde-Micha'el, 1914—2002），出生于原阿克勒古宰省，天主教徒。埃厄联邦第二任厄特行政长官（1955—1962）。1932～1941年为意大利殖民当局翻译，后入埃塞外交部，并任埃塞政府组建的厄特－埃塞联合协会会长（Association for Uniting Eritrea with Ethiopia）。埃厄联邦成立后任埃塞驻节副代表，曾主持镇压1958年厄特大罢工和1962年埃塞兼并厄特等。20世纪70年代任埃塞帝国司法大臣。

② 伊德里斯·M.阿德姆（Idris Mohammed Adem, 1921—2003），阿戈尔达的提格莱族卡萨人。厄特早期民族主义运动领袖，厄解阵创始人。在苏丹上中学，1941年随英军回乡任大酋长的秘书。早期支持英国肢解厄特等分离主张。1952年当选议员，1955年7月26日取代阿里·雷代担任议长。此后日趋激进，力创独立的选举委员会，因此于1956年6月被免职。1957年因请求联合国干预而被埃塞当局软禁。1959年3月流亡苏丹，后转入埃及，动员国内西部的"学运"骨干和穆斯林组建厄解阵，1971～1975年任厄解阵革命委员会主席。

代之，联邦名存实亡。11月，埃塞修宪，第一条便宣称红海岛屿及领海均为埃塞帝国主权所在。行政长官阿斯法哈强迫厄特议会投票支持终止联邦和厄特无条件并入埃塞。1956年6月，伊德里斯·M.阿德姆议长因推动实施选举法被罢免。

1956年9月，阿斯法哈操纵第二届厄特议会选举，赞成合并者占据多数议席。统一党籍副议长迪米特洛斯·格布雷马里亚姆①与阿斯法哈联手，推动议会通过新宪法，并接受埃塞刑法，进一步削弱厄特的自治地位。此后几年间，当局解散本土政党，撤换英籍首席大法官。1957年厄特自治政府改称"厄特行政当局"，"行政长官"改称"首席行政官"，厄特成为"埃塞俄比亚皇帝海尔·塞拉西一世统治下的厄立特里亚行政区"。1958年11月14日，厄特议会被迫废除厄立特里亚国旗和国徽法，为易帜换主开路。

同时，埃塞没收厄特关税份额（占预算近四成），拆迁众多工厂，加征联邦税（双重征税），阻止外资或合资企业在此经营，大批厄特工人失业，成千上万人出走苏丹、中东和埃塞做流动劳工，数万名意裔技工返回欧洲。

1957年，阿斯马拉的大学生游行示威，反对埃塞当局的高压政策。次年，当地工会发起总罢工，要求厄、埃双方政府直接磋商。埃塞取缔当时非洲最大的工会厄立特里亚工会总联合会，埃塞军警多次开枪镇压马萨瓦和阿萨布两地厄特港口工人罢工，造成数百人伤亡。

1958年11月，穆罕默德·赛义德·诺德②等在苏丹港成立"厄立特

---

① 迪米特洛斯·格布雷马里亚姆（Dimetros Gebremariam），即梅莱克·塞拉姆（Melake Selam）神父（1900—1989），统一党领导人，1962年帮助埃塞兼并厄特。出生于原塞拉耶首府阿雷扎附近，在埃塞学习宗教。1922年做厄特殖民官员的秘书，1929年转做科普特教会神职人员，支持改革正教会。1942年加入爱国会，通过教会动员厄特教徒支持并入埃塞。1952年当选议员，次年为副议长，1955年策划推翻行政长官和议长。1958年11月埃塞兼并厄特有功，1963年为阿克苏姆教会领袖，1969年任亚的斯亚贝巴埃塞正教大主教，1975年被军政权监禁11个月。

② 详见本章第七节。厄解运兴亡参见 Redie Bereketeab, *Eritrea: Making of a Nation*, The Red Sea Press, Asmara, Eritrea, 2006, pp. 183-185.

里亚解放运动"，在厄特境内吸收学生、知识分子和城市劳工，并渗透到警察和安全机构，以图从内部推翻政府。这是厄特第一个争取国家独立和民族解放的组织，并率先反对殖民列强人为制造的民族和宗教区别。1965年8月，厄解阵在厄特萨赫尔省摧毁厄解运，余部日后参与创建厄人阵①。

1960年5月9日，联邦政府规定埃塞的阿姆哈拉语为厄特唯一官方语言，禁止厄特学校使用本土语言教学，厉行新闻书刊文艺审查。当年8月选举产生的第三届议会更是屈从于埃塞皇帝。1961~1962年，迪米特洛斯几度召集议会试图讨论解散联邦，议员们则一再决议休会，或出席人数不足法定人数。

1962年底，塞拉西皇帝要求厄特议会表决废止联邦（"已无法律效力"），埃塞皇室驻节代表阿比耶·阿贝贝②将军恐吓利诱议员同意厄特与埃塞完全统一。11月13日，厄特议会就部分议员提出的并入埃塞议案进行投票表决，连续四次未能通过。③埃塞驻厄特部队随即占领阿斯马拉等主要城镇。14日，厄特议员在枪口威逼下开会，阿斯法哈用少数议员才听得懂的阿姆哈拉语宣读海尔·塞拉西皇帝敕令："解散埃厄联邦，厄特回归祖国埃塞的怀抱。"埃塞帝国代表阿比耶·阿贝贝任新的厄特省省长。

第五节　现代简史

20世纪后半叶，美苏两国及其盟友在非洲之角和红海周边争夺，不

---

① 厄特新闻部网站，http：//www.shabait.com/about‒eritrea/history‒a‒culture/2394‒eritrean‒liberation‒front。

② 阿比耶·阿贝贝（Abiye Abebe，1910—1974），埃塞帝国中将，邵阿贵族，塞拉西一世皇帝的女婿。1959年任皇室驻厄特代表，后兼任埃塞内政部长，1962年11月主持兼并厄特，并任首任省长，1964年任埃塞参议院议长，1974年被军政权处决。

③ 一说"从未进行正式表决"，Dan Connell，*Historical Dictionary of Eritrea*，3rd Edition，Rowman & Little Field，2019，p.96。

断变换阵营，挑起地区诸国内部或国家之间的冲突。厄立特里亚由于所处地缘政治区位特殊，成为域外特别是两个超级大国争夺势力范围和打代理人战争的场所，厄特民族在列强竞争中深受其害。

1962年，埃塞正式兼并厄特，变其为埃塞第14个省。1991年厄特人民经长期浴血奋战，解放全境，1993年经过全民公决实现独立，最终成立厄立特里亚国。

经历了60年意大利殖民统治和二战后抵抗殖民的社会运动，厄特人的民族意识逐渐形成，具有鲜明的文化认同感，不接受埃塞的政治传统。他们坚持30年的独立斗争，牺牲8万（厄人阵7万、厄解阵1万）士兵和近20万平民，合计逾同期总人口的10%；70万人流落境外，约占总人口的三分之一。埃塞军队阵亡达15万人，1万多人沦为战俘。

1960年7月，原厄特自治议会第二任议长伊德里斯·穆罕默德·阿德姆等知识分子在埃及开罗成立厄立特里亚解放阵线（厄解阵），团结流落在苏丹、沙特、索马里和埃及的难民，并在厄特国内发展组织，祈望联合国出面干预，未果。

1961年9月1日，厄立特里亚西部阿达尔山区的提格莱部落头领哈米德·伊德里斯·阿瓦特①率11人进攻警局，打响了武装反抗埃塞统治的第一枪，由此创建厄特解放军，成为厄解阵的武装力量，争取民族自治和国家独立。1962年12月19日，马萨瓦警察局的厄解运成员发动兵变，遭遇埃塞驻军追捕后逃亡沙特。

厄解阵成员多为西部和北方乡村的穆斯林，在苏丹的卡萨拉建立基地，其战略主要是在厄特农村地区打游击，孤立驻守城镇的埃军，依靠叙利亚、伊拉克等阿拉伯国家的资金、培训和武器支持尽快转向正规作战，1965年发展到2000人，分4个战区；不久推进至厄特西北部和马萨瓦周边。少数基督徒和许多城市青年学生也纷纷加入厄解阵，不少人曾到海外

---

① 哈米德·伊德里斯·阿瓦特（Hamid Idris Awate，1910—1962），厄特民族英雄。详见本章第七节。

受训，导致内部对战略和意识形态产生争论，加之地方、部落和宗教意识颇深，厄解阵内部山头林立。

1968～1969 年，厄解阵内部意见不合导致分裂。1970 年 6 月，伊萨亚斯、拉马丹等人动员筹建厄立特里亚人民解放阵线（厄人阵①），主张恢复"厄立特里亚民族意识"，其宣言《我们的斗争及其目标》强调克服民族和宗教差异，争取民族自决的同时进行社会改革，主张革命武装斗争，坚持农村包围城市的"持久性人民战争"。1972～1974 年，由于斗争策略和意识形态分歧，厄解阵与厄人阵兵戎相见，时斗时合，后者逐渐取代前者成为武装反抗埃塞统治的主力。

1974 年 9 月，埃塞军人政变推翻皇室后加紧对厄特等地方武装的军事围剿，埃厄进入 1975～1991 年的"全面战争"阶段。厄特两支民族解放组织之间休战，并于 1975 年 1 月联合进攻阿斯马拉，厄特人大多称之为"第一次解放"（1975～1977 年），到 1977 年底两大民族解放组织控制厄特 95% 的地区，以乡村为主；埃塞困守阿斯马拉和马萨瓦等少数要镇。厄人阵（3 万人）解放从纳克法、克伦南至德克马瑞的山麓和沿海平原一带的主要城镇；厄解阵（4 万人）占领中部高原城镇门德费拉和阿迪夸拉，西部的阿戈尔达和特瑟内，以及巴尔卡和加什-塞提特一带农村。1977 年下半年到次年 6 月，苏联东欧国家集团安排埃塞军政权与厄特两大民族解放组织在东柏林举行数轮会谈，厄方拒绝埃塞提出的区域自治方案。

1975～1987 年，厄人阵设三人军事委员会统管部队的作战、后勤和训练。首任主席易卜拉欣·阿法②1985 年阵亡后由阿里·赛义德·阿卜

① 另一说法是以厄人阵 1977 年 1 月 23～31 日在厄特西北部原萨赫尔省山区召开第一次全国代表大会为正式成立日期。参见 Dan Connell and Tom Killion, *Historical Dictionary of Eritrea*, second edition, Lanham Md. : Scarecrow Press, Inc. , 2011, pp. 223-226。

② 易卜拉欣·阿法（Ibrahim Afa, 1945—1985），赫尔吉戈湾贫穷水商之子。初中肄业后加入埃塞海军，成为海军突击队士官，1967 年参加厄解阵，次年赴古巴军训。此后在第 4 战区加入拉马丹领导的人民解放军（PLF），参与创建人革党（EPRP），1971 年转入厄人阵，1975 年任三人军事委员会主席，实为总参谋长。1977 年厄人阵一大当选中央委员、政治局委员。1985 年在萨赫尔山区战斗中阵亡。

杜拉①继任。厄人阵制定了"持久的人民战争"三步走战略：先是打游击战发展农村根据地，然后创建解放区搞战略防御，最后转入正规军逐个解放敌占城镇的"战略进攻"。

1978年，苏联向埃塞大规模空运军火，并携东德和古巴等国派出的数千名军事顾问，直接指挥10万埃塞军队从埃塞内地和红海登陆，多次南北包抄围剿厄人阵和厄解阵，重新占领厄特大部分地区。厄人阵被迫撤退西北坚守纳克法山区。1978~1983年，厄人阵以损失3万人的代价，以1∶4的兵员劣势击退埃塞7轮围剿，毙敌逾15万，独自在境内400公里前线坚持抗战，坚定厄特人的民族自信心。

1980年10月，厄人阵提出在国际监督下就厄特独立或恢复联邦举行二选一的全民公决。

次年，厄人阵重启与厄解阵谈判未果，两家组织内战复燃，与埃塞亦进入战略僵持阶段（1981~1987年）。厄解阵败走苏丹并再度分裂，一些成员与厄人阵和解，重返反抗埃塞的战场。余者流落苏丹等国沦为难民。

1982年初，埃塞发动第六次进剿"红星战役"，持续四个多月，使用凝固汽油弹和化学武器昼夜轰炸，12万兵力多次攻击厄人阵几十公里壕沟掩体网，最终以伤亡3.1万人的败绩撤退。厄人阵得到大多数民众支持，1984~1985年，在北部和西部地区用装甲和机械化部队打"运动战"，再度解放特瑟内和巴伦图等巴尔卡省大部分城镇。

20世纪80年代中期，战争和饥荒导致厄特发生严重的人道危机，埃

---

① 阿里·赛义德·阿卜杜拉（Ali Said Abdella，1949—2005），厄人革党和厄人阵创始成员，前外长。出生于原登卡利亚省的牧羊人家。20世纪60年代中期高中肄业后参加厄解阵地下组织，1967年2月加入第4战区部队，次年先后赴也门、黎巴嫩、叙利亚军训，并参加巴勒斯坦解放组织的特种作战训练。1968年6月因在巴基斯坦卡拉奇炸毁埃塞航空公司飞机入狱半年。1970年初重返厄解阵部队。后转入厄人阵，1976年指挥坚守纳克法根据地。1977年厄人阵一大任中央政治局委员，负责安全部队（halewa sowra），1985年任军委主席，1987年任人革党中央委。1991年任厄特临时政府内务部长，1993年独立后连任。1997年改任贸易和工业部长，2001年9月接任外交部长。2005年8月因心脏病发作去世。

塞阻止并截留国际援粮。到 1985 年，约 36 万厄特难民逃到苏丹，另有几十万人在境内流离失所，幸得厄人阵的救济维系生存。

1985 年 9 月至 1986 年 4 月，厄人阵与埃塞军政权共进行了十次直接谈判，坚持全民公决，会谈最终无果。10 月，埃塞调动 85% 的军队发动"红海战役"，苏联、民主德国、古巴、利比亚和南也门也出兵参战，却再度失利。是年，埃塞先后八次攻势连战皆败北。

1988 年 3 月 17~19 日，厄人阵打破十年拉锯，攻占埃军驻厄特东北部的总部阿法贝特，随即解放厄特北部和西部，开启"第二次解放"战役（1988~1991 年）。同时，厄人阵战略进攻，包括在外线支持埃塞北部提格雷人民解放阵线（TPLF，提人阵）和中南部奥罗莫解放阵线（OLF）作战，两面夹击埃塞军政权。1989 年 2 月调装甲车和重炮帮提人阵解放提格雷省，切断埃塞与厄特中部的陆路通道。

冷战结束前夕，苏联不再与埃塞续签防务合作协议，停止援助和补给。厄人阵等部队转守为攻，收复境内大部分领土。1989 年 9 月和 11 月，美国前总统吉米·卡特撮合厄人阵在美国和肯尼亚与埃塞政府和谈未果。1990 年 2 月，厄人阵突袭攻占马萨瓦，随即包围中部高原的 14 万埃塞驻军，年中解放阿克勒古宰省大部。1991 年 2 月，伊萨亚斯赴美国与埃塞政府谈判。1991 年 4 月厄人阵围困阿萨布，切断埃塞最后一条出海通道。5 月初，厄人阵和埃塞人民革命民主阵线（EPRDF，埃革阵）同意与埃塞政府于当月下旬在伦敦和谈。5 月 19 日，厄人阵向德克马瑞发起最后总攻，在阿斯马拉西南 32 公里的古拉激战三天后解放德镇，24 日进入首都，次日解放阿萨布和巴伦图；27~29 日，伦敦会议遂成为商讨厄人阵和埃革阵在美国安排下接管埃塞政权的过渡方案。

战争给厄特留下一片废墟。阿斯马拉给排水系统瘫痪，柏油路损毁殆尽。马萨瓦港口设施被炸烂，铁路轨道被拆散。厄特工业苟延残喘，城市失业率超过 30%；农田干旱。除 6 万官兵伤残之外，饥荒难民众多，300 万总人口中八成半依赖外部粮援。厄特独立后，阿斯马拉郊区开辟出一个坦克墓地，存放有 30 年独立战争中被击毁击伤的埃塞苏式坦克、步兵战车等军用车辆。

第六节 当代简史

一 独立重新建国

1991 年 5 月 27 日，厄立特里亚人民解放阵线根据先前在根据地的架构成立厄立特里亚临时政府，28 人的国务委员会含 13 个部的部长、陆、海军司令和 6 个省长等，厄人阵总书记伊萨亚斯·阿费沃基任主席，系政府首脑兼武装部队总司令。

此后两年，临时政府初创民主宪政和法治，开展国民教育，改造社会和政治基础，同时通过重建计划逐步恢复国民经济。

临时政府发布公告，建制立法机构、行政和司法部门，精简 30% 的公务员；设地方政府部协调各省，规范中央和地方政府关系并着手下放权力；将原 10 个行政区重新划为 6 个省份，旨在打破"促生狭隘的地域观念"那种"分而治之的殖民安排"，缓解地方矛盾和促进民族和解。

临时政府根据厄人阵的价值观和原则修订一些借用了几十年的埃塞法律。1992 年第 21 号公告确立厄立特里亚国籍法，规定父母一方为厄特籍的人都享有厄立特里亚公民权，此外，所有出生于境外但自 20 世纪 30 年代以后在厄特生活 10 年以上者亦可申请入籍。

1991 年 8 月，厄特临时政府与埃塞过渡政府达成协议，厄方负责在两年内就厄立特里亚国家地位问题举行全民公决。① 次年临时政府组建全民公决委员会，公投仅设一个问题："你是否同意厄立特里亚成为一个独立的主权国家？"1993 年 4 月 23~25 日，全民公决在联合国、非洲统一组织（非统）、阿拉伯联盟（阿盟）、不结盟运动以及美、英、埃及、埃塞等十多个国家的监督下举行，厄特境内 112 万登记选民（占总数的

---

① 就厄立特里亚的政治地位举行全民公决的理念始于 20 世纪 40 年代，联合国未予理会。此后半个世纪里，厄人阵等民族解放组织在与埃塞当局谈判中多次重申此要求，直到 1991 年 5 月在伦敦，埃塞新政权领导人和美国代表才在原则上接受此议。伊萨亚斯回国后即承诺在两年内就厄特独立问题举行全民公投。当年 7 月，埃塞新政府正式支持此举。12 月，埃塞总统通报联合国称，埃塞俄比亚承认厄立特里亚人民有权决定其政治前途。

98.5%）投票，其中 99.8%的人赞成独立；定居埃塞的 5.7 万厄特选民的99%投赞成票，侨居苏丹的 15 万厄特人绝大多数支持祖国独立。4 月 27 日，厄立特里亚正式宣布独立。埃塞过渡政府接受公决结果，承认厄特独立。

1993 年 5 月 19 日，临时政府发布第 37 号公告，建立厄立特里亚过渡政府，规定 4 年后举行大选产生民主政府。[①] 22 日，厄立特里亚国民议会选举伊萨亚斯为首任总统（99 票赞成、5 票反对）。5 月 24 日，厄特举行独立庆典，定国名为厄立特里亚国。5 月 28 日厄特加入联合国，成为第182 个成员国；6 月加入非统组织。厄特独立后即获得埃塞等邻国、埃及、以色列、叙利亚、中国、俄罗斯、美国、意大利及其他欧洲国家的承认。

新政府依靠原解放区的建筑、金属制品、进出口、外汇和住房互助银行等厄人阵自营企业，主导国家重建，侧重投资基础教育和公共卫生。独立后的头 10 年，婴儿夭折数量下降一半，儿童营养不良率下降近三分之二，国民平均预期寿命从 47 岁增至 55 岁。同期，中小学校数量翻番，特别是女生的入学率大幅上升。1995 年，政府用以工代赈的方法发放粮食救济，动员民众参加经济重建，同时要求青年参加国民服务，国内外厄特人积极响应。

厄立特里亚独立后成立了制宪委员会，50 个成员来自社会各界、各民族，以及厄人阵资深领导，近半数是女性。1994 年年中，制宪委专员走遍国内外同厄特人讨论国体、政体，组织民众讨论公民权利，增强国家认同共识，深化多元民族团结。1995 年初，制宪委员会召集多国专家参加国际研讨会听取立宪建议。1996 年首份宪法草案发布，1997 年 5 月 23日，临时国民议会 527 名成员、6 省议会和侨民代表组成制宪会议，正式批准宪法。

二 厄埃边界战争

1998 年，厄立特里亚与埃塞俄比亚之间的经济利益冲突，在非洲之角相互竞争的影响力，以及双方历史遗留的边界争端，导致两国爆发长达

---

① 大选一再推迟，至今尚未举行。

两年的边界战争和 18 年的持续对峙。两年边界战争拉锯三轮，两边阵亡合计七八万人，埃塞遣返 7.5 万厄特侨民，厄特送还 1.7 万埃侨，百万平民流离失所。此后，两国长期敌对，在非洲之角展开舆论战、政治战，不惜诉诸在苏丹和索马里的代理人战争。2018 年年中，埃塞新政府提出和平解决倡议。

厄特独立后未能明确划分与埃塞的边界。双方为解决相关领土纠纷，特设联合边界委员会。1995 年 11 月，厄方新颁地图将部分埃塞领土划入其版图，引发纠纷。1997 年 7 月，厄特发行本国货币纳克法①，停用埃塞货币比尔，宣布双边贸易改用美元结算。埃方予以经济抵制，同日发行新版比尔，并限制边民贸易。两国政府随后谈妥双方汇率，但未能解决偿还债务、贸易结算等方面的分歧。8 月，厄特关闭与埃塞联营的阿萨布炼油厂。埃塞士兵追击阿法尔反对势力，进驻两国交界东、中、西部有争议的布莱、措罗纳-扎兰贝萨和巴德梅②三处村庄。两国领导人几次互致信件、热线电话或面谈协调。11 月，两国政府成立双边委员会，均未解决问题。

1998 年 5 月 6 日，厄特军人在巴德梅与埃塞警察和民兵发生冲突，厄方 4 人阵亡。12 日，厄特两个旅重装深入巴德梅平原，打响首轮战事（1998 年 5 月至 1999 年 1 月）。13 日，埃塞议会宣布进入战争状态，并停止使用厄特港口、中断埃航航班、切断相通微波电信线路等。当时，双边委员会正在埃塞首都举行第二次会晤，结果不欢而散。28 日，厄特动员退伍军人赴边境作战。

---

① 取名于北部萨赫尔山脉中独立战争时期厄人阵根据地一个小镇，以纪念当年反围剿战中牺牲的民族英雄。

② 布莱（Bure），厄特称之为 Ba'da，坐标北纬 12 度 37 分、东经 42 度 12 分；位于两国边界东南段埃塞境内，人迹罕至，有阿瓦什至（厄特）阿萨布公路穿过，东北上行 80 公里至阿萨布。措罗纳-扎兰贝萨（Tsorona-Zalambessa），边界中段厄特南方省措罗纳区同名村庄和埃塞提格雷州东部县小镇，坐标北纬 14 度 31~37 分、东经 39 度 11~23 分，前者在边界战争后沦为废墟，后者原为意大利殖民军兵站，1952 年被埃塞占领。巴德梅（Badme），坐标北纬 14 度 43 分、东经 37 度 48 分，位于边界西段，厄特独立战争时期厄解阵和厄人阵与埃塞提人阵曾交替控制，1991 年前后为提格雷管辖。此后并无大发展，仅为双方划界的一个筹码，系 1998~2000 年两国边界战争的导火索及象征。现居三五千农牧民，多为厄特和提格雷混血后裔。

6月5日和6日，埃塞两次空袭厄特首都阿斯马拉国际机场，厄特于5日和12日进行报复，分别轰炸埃塞提格雷州府马克雷和阿迪格拉特。埃军一度打到人口稠密的厄特中部高原腹地，逼近阿斯马拉不足100公里，以及东线的布莱一带。厄特军队不久夺回大部分争议地带并深入埃塞境内。当月，双方达成临时休战协议，直至次年1月，边界地区时有零星交火，并无大战。埃塞开始驱逐境内厄特人和厄特裔埃塞人。

当时，美国国务院非洲事务助理国务卿苏珊·赖斯和卢旺达副总统保罗·卡加梅穿梭两边调解，提出四点建议和平方案，要求双方各自撤回战前位置，并根据殖民地时期有关条约和适用的国际法划定并标明边界。厄、埃两国起先均接受上述提议，并临时达成互不空袭的协议。1998年6月3日美方在非统会议上公布整个方案后，厄方拒绝，要求所有争议地区实行非军事化并交中立武装监督，双方直接对话，未果。下半年，厄特和埃塞总共动员50多万兵力，花费数亿美元购买苏联东欧的重武器和战机。年底，厄特拒绝非统提出的十一点框架协议。

当年，非统轮值主席阿尔及利亚总统布特弗利卡多次派特使赴厄、埃调解，非统先后提出多项协议促和，联合国安理会通过十项决议和多项主席声明，敦促两国立即停火。

1999年2月初，埃塞打响第二轮较量（1999年2月至2000年4月），埃塞军队先后从西、中、东三处进攻，10个师12万人在近千门火炮、310辆坦克和几十架战机支持下深入厄领土10公里，22日重占巴德梅。双方恢复炮轰和空袭对方重要城镇。厄军不足9万人，且四分之一为女兵，月底被迫接受非统框架协议。埃塞则未停火，双方僵持五个月无大进展，伤亡严重。国际调解努力一年未能打破僵局。1999年8月7日，伊萨亚斯会晤非统轮值主席布特弗利卡，表示无条件地与非统合作并停止战争。

2000年5月，和谈破裂。12日，埃塞再次三线同时突袭，引发第三轮战事（2000年5月至12月）。埃塞军突破西线后推进30公里包抄厄特高原，5月中旬攻占巴伦图、阿戈尔达等加什-巴尔卡省大部分城镇，逼近腹地重镇克伦，在中线占领措罗纳和瑟纳费，在东边威胁阿萨布。5月17日，联合国安理会通过第1298号决议对双方实施武器禁运。24日，厄特宣布撤回到战前防线，同意恢复和谈。埃塞继续轰炸马萨瓦、阿斯马拉等十几个城镇电厂和机场。30 日，两国外长开始在阿尔及尔谈判，但双方军队均坚持以打压谈，截至 6 月 14 日，厄特 5 个师兵力损失过半，近四分之一的领土沦陷。

厄特和埃塞先后于 2000 年 6 月 9 日和 15 日接受非统和平方案与初步停火条件，18 日，两国外长达成协议。非统除重申美国-卢旺达四点方案之外，还要求在厄特境内建立 25 公里宽的临时安全区，部署联合国维和部队在国际仲裁期间监督停火。9 月 15 日，安理会通过 1320 号决议，决定成立特派团，并派遣 4200 名维和士兵。12 月 12 日，厄特总统伊萨亚斯和埃塞总理梅莱斯·泽纳维签署《阿尔及尔协议》，双方同意停止敌对行动，接受联合国维和；成立独立的厄立特里亚-埃塞俄比亚边界委员会，以裁决争议并划定边界；交换战俘和遣返难民，并设厄特-埃塞索赔委员会启动战争损害赔偿程序。据统计，两军在战争中共死亡 7 万~8 万人①。

2001 年 1 月，联合国厄特和埃塞特派团抵达阿斯马拉，法国、意大利、加拿大、荷兰、丹麦、印度、孟加拉国、肯尼亚等约 80 个国家（中国派出 7 名）先后派出 3800 名维和官兵及数百名军事观察员集中驻扎厄特一侧。边界战火平息，双方敌对未消，均未正式承认安全区，都不撤军。

2001 年，继埃塞国内爆发高层政治斗争后，厄特执政党内亦有分歧，政局一度动荡。

2002 年 4 月 13 日，边界委员会依据意大利殖民时期的边界走向，裁决巴德梅属厄特，东线的布莱归埃塞，中段的措罗纳和扎兰贝萨两处保持厄、埃原分别管辖状况；两国应于 2002 年 7 月至 2003 年 11 月完成勘界。埃塞初误以为巴德梅归己，其外长当即在海牙声明接受公正、合法和"有约束力的"最终裁决，并要求厄特"无条件全部接受"；厄特于数小时后宣布同意裁决。事后，埃塞发现巴德梅并未到

① 2001 年 6 月 20 日，伊萨亚斯总统在厄特烈士节称厄特阵亡官兵 1.9 万人，埃塞官方则说打死厄方 6.7 万人。世界银行后来的统计数据为 1999 年厄方阵亡 1.72 万，2000 年阵亡 2.5 万人。国际冲突小组（ICG）估计双方共死亡 7 万~10 万人。

手，要求边界委员会改变裁决，后者依法驳回。埃塞多次坚持要边界委员会"纠正错误"，并于 7 月开始向巴德梅地区大量移民，同时对中部边界多地提出领土要求。

2003 年，埃塞阻止边界委员会实地勘界。9 月，埃塞总理致函联合国秘书长，称"不能接受不公正的非法裁决"，要求联合国另设机制重定边界，并要求与厄特直接商谈。联合国、欧美国家等一面要埃塞守约接受裁决，一面要厄埃双方开展政治对话。厄特坚持边界委员会"具有约束力的最终裁决"，必须先划界，后对话。同年底，厄埃两国断交。2004 年 11 月，埃塞总理梅莱斯表示"原则接受"边界委员会裁决，但必须就勘界事宜先行双边磋商。2006 年 11 月，边界委员会公布厄埃边界地图及界桩坐标，要求双方在 1 年内接受裁决并配合实地勘界。埃塞再度拒绝，厄特则重申由边界委员会实施勘界，拒绝与埃塞双边协商。

2007 年 6 月，埃塞接受裁决，但仍坚持"先谈判，后划界"。11 月 7 日边界委员会邀请双方同月 20 日到海牙当面以地图作业划定边界，日后再由两国自行实地勘界。20 日，厄埃均拒绝与会。当月 30 日，边界委员会根据航拍和坐标完成"虚拟标界"并宣布中止工作。2008 年初，厄特以虚拟划界已解决冲突为由，要求联合国结束每半年一续的特派团并撤出维和部队，"埃塞必须从其非法占领的厄特领土撤军"。4~6 月，联合国维和部队撤离厄特；7 月底，安理会决定特派团到期撤销。埃塞继续向其实际控制的 800 平方公里厄特领土移民。2008 年 10 月，边界委员会解散。厄特政府发起重建国家运动，分批复员年轻士兵转向生产，同时设法安置被埃塞驱逐出境和从苏丹回国的大批难民。

索赔委员会经 5 年工作，指出两国军队均曾犯有"打砸抢烧杀"行径，但指控厄方率先动武夺取巴德梅而引发冲突。2009 年 8 月 16 日，索赔委员会最终裁定厄特和埃塞分别赔偿对方 1.74 亿美元和 1.614 亿美元。厄方当即接受裁决，埃塞先反对后接受。迄今双方均未赔付。

厄特-埃塞边界至今（2021 年底）尚未划定，巴德梅仍在埃塞手中。厄特基础设施损失惨重，经济一蹶不振。阿斯马拉大学经调研估算，边界战争在加什-巴尔卡和南方两省（西线和中线）造成的损失约 5.64 亿美

元，35.6万厄特人逃难境外，境内31万人流离失所。①

2016年，俄罗斯、美国、北欧国家以及沙特和阿联酋等国推动厄埃秘密会谈，未果。2018年埃塞政权变更，伊萨亚斯总统利用提格雷族淡出埃塞决策核心之际派人直接与埃塞方接触以打破僵局。6月5日，埃塞新总理阿比·艾哈迈德·阿里宣布，埃塞全面接受并执行《阿尔及尔协议》和边界委员会裁定。6月下旬，厄特外长访问埃塞。7月8日，阿比总理访问厄特，9日两国签署联合声明，宣布结束战争状态，承诺恢复贸易、运输和通信，重开使馆。一周后，伊萨亚斯总统回访，并重开厄驻埃塞使馆。9月16日，两人又在沙特签署《吉达和平协议》，全面恢复和推进两国在政治、安全、防务、贸易、经济、投资、文化和社会等各领域的合作，共同开发投资项目，建立联合经济特区。

第七节　著名历史人物

一　巴赫塔·哈戈斯

巴赫塔·哈戈斯（Bahta Hagos，1850—1894），厄特早期反抗外来统治的领袖人物，以战术精湛和正义感强而闻名。他出生在塞格内提，后来皈依天主教。1875年，他率家族武装抵抗提格雷阿拉亚公爵的入侵并击毙其子。他为躲避提格雷人的报复转移到邻近低地，与当地武装联手袭击提格雷商队，体现高原和低地的厄特各族联合抵抗外界入侵的传统。1880年，巴赫塔不敌提格雷的阿卢拉公爵，转战厄特北部山区。1885年，巴赫塔到马萨瓦加入意大利阵营，担任分队长，并于1889年随意军打回高原，占领阿克勒古宰。意大利人任命他为酋长。他看不惯意当局没收厄特土地和镇压传统领袖等行径，1894年12月14日带领1600人的部队起义，17日攻打意军时阵亡。其兄弟塞加尔带400人撤退，并参加1896年打败意军的阿杜瓦战役。

---

① 截至2002年，20多万厄特难民从苏丹被遣返回国。

二 易卜拉欣·苏尔坦·阿里

易卜拉欣·苏尔坦·阿里（Ibrahim Sultan Ali, 1909.3—1987.9.1），厄特民族解放运动先驱，厄解阵早期领导人。提格莱农奴之子，就读于克伦的伊斯兰学校和阿斯马拉的意大利技校。1922~1926 年在火车站售票和地方政府做翻译，1926~1943 年先后任意大利殖民当局政治部穆斯林事务处和英国军管当局民事及原住民事务处处长。因不满欧洲人的种族歧视于 1943 年 4 月辞职，到西部特瑟内办奶酪厂。1945 年底到新成立的厄特商会工作，一年后成为领导。1941 年 5 月至 1946 年 3 月 12 日参与创建爱国会和厄立特里亚穆斯林联盟，1943~1945 年发起萨赫尔/巴尔卡农奴解放运动。1949 年 7 月 26 日协助组建独立联盟并当选秘书长，1949 年 9 月 21 日和 1950 年 11 月 1 日应邀代表穆斯林联盟在联合国会议发言，强烈要求厄特独立："厄立特里亚人民的事业是人民独立的正当事业，厄特人民拒绝和反对任何形式的吞并、肢解或回到可恨的殖民统治，无论何种类型、何种形式、来自哪个方向，一律反对。我们国家的独立权利不容否认，否则将在东非产生新的冲突地区，因为厄立特里亚人民永远不能接受埃塞俄比亚的统治。"[1]

1951 年 1 月参与建立厄立特里亚民主阵线并任秘书长。1952 年 5 月 15 日，代表鲁巴特部落（1948~1950 年为酋长）当选第一届厄立特里亚议会议员。1958 年 2 月流亡开罗，1987 年 9 月 1 日病逝于开罗，5 日归葬苏丹的卡萨拉。

三 沃尔德阿布·沃尔德-马里亚姆

沃尔德阿布·沃尔德-马里亚姆（Wolde-Ab Wolde-Mariam, 1905.4.27—1995.5.15），厄特独立运功先驱，曾担任教师、记者，先后参与创建爱国会（1941）、自由进步党、厄特独立党（1949, IEP）和独立

---

[1]　Ibrahim Sultan, "Statement by the Chairman of the Delegation of the Moslem League of Eritrea", Fifth session Ad Hoc Political Committee, UN, 1950-11-21.

联盟及其后身厄特民主阵线。塞拉耶省（今南方省）埃塞提格雷移民后裔，新教教徒。

马里亚姆少年时期在农村劳动，1926~1930年先后到门德费拉和阿斯马拉瑞典福音派教会学校和意大利人办的师范学校学习。1930~1935年在库纳马族地区的教会学校任教，1935~1942年回到阿斯马拉负责全国的福音派教会学校，撰写提格雷尼亚语语法和教科书。1943年与埃塞女子结婚并一度定居亚的斯亚贝巴，因不满埃塞皇室政策而回到厄特。他主办提格雷尼亚语《厄立特里亚周报》和《统一厄特》，呼唤"厄特人的厄特"，反对厄特并入埃塞，1946年组织基督徒和穆斯林社会名士，争取英国托管后逐步实现厄特独立。他6年（1947~1953年）里遭遇7次暗杀。厄埃联邦成立后，他创建工会等群众组织开展独立斗争。1953年遇刺时，左轮枪弹穿过肩部和颈部，使他重伤住院5个月，其间他当选厄特议员，但被当局宣布无效，被迫先后流亡喀土穆和开罗，一度主持提格雷尼亚语广播向厄特境内传播独立的思想。1982年，厄人阵请他到罗马帮助争取国际支持，1987年回国列席厄人阵二大。他于1991年回国定居阿斯马拉。

四 奥斯曼·穆罕默德·赛义德·诺德

奥斯曼·穆罕默德·赛义德·诺德（Osman Mohammed Said Nawed，1936—2010），厄立特里亚解放运动创始人、首任主席。萨赫尔省人，在苏丹港读书，高中毕业后受雇于当地东方电报公司。早年是苏丹共产党员，深受当时亚非拉民族解放运动的影响。22岁辞职，1958年11月2日秘密创建厄解运，限定以7人为单位开展地下斗争。他还开创成员须用化名的厄特独立斗争传统。他获得北非国家支持，并在开罗设办事处。

1965年8月，厄解运被厄解阵打散，赛义德后来加入厄人阵，在黎巴嫩贝鲁特负责对外新闻局的工作，撰写十多本厄特政治和文化历史的图书和大量文章，以及描写厄特牧民在厄特和苏丹之间寻觅季节性牧场生活的小说《冬夏迁徙》。1991年厄特解放后，他回国并担任萨赫尔省省长，不久辞职专事写作。1996年，他出版阿拉伯语的《厄立特里亚解放运动：

真相与历史》，指出斗争尚未成功，三个目标只完成了解放厄特，另两个目标，即实现民族团结和建立民主国家的斗争仍在继续。

2010 年 9 月 16 日，赛义德在阿斯马拉出席会议时猝死，执政的人阵党网站当日宣布这位"老战士"去世和葬礼的消息。

五　哈米德·伊德里斯·阿瓦特

哈米德·伊德里斯·阿瓦特（Hamid Idris Awate，1910.4.10—1962.5.28），厄特争取独立武装斗争第一人。厄西南特瑟内以东的格尔塞特一带提格莱族哈法拉部落农家子弟，母亲是纳拉族。1935 年被意大利殖民军征兵并赴罗马接受军情培训，回国后在西部任职，1940~1941 年任苏丹东部卡萨拉（意大利占领期间）副市长。1941 年初意大利败退后，他离职并自建武装反对英国人掠夺厄特资产。1951 年向英国军管当局投降后隐退回乡务农，出任地方头人。1961 年 4 月，厄解阵请他到阿戈尔达组建游击队抵抗埃塞统治，8 月躲避追捕到厄特西部阿达尔山，9 月 1 日（一说是 26 日）带领 11 个游击队员袭击当地警察所，打响厄特独立战争第一枪，逐步形成厄解阵的武装厄特解放军。他曾与埃塞驻军激战 7 个小时。他的夫人也受其牵连被捕入狱，儿子在狱中出生。哈米德 1962 年 5 月 28 日因旧伤复发去世，葬于加什-巴尔卡的海科塔。厄特解放军直到 4 年后才公开其牺牲消息。1994 年 9 月 1 日，厄特政府在其墓前竖雕像。2011 年 10 月 16 日，意大利科伦约·蒙采萨镇阿尔多·莫罗公园内"世界正义之园"用其尊讳命名一棵树以纪念之。

第三章

政　治

　　厄立特里亚成为现代国家后采用过不同的政府体制。意大利建立移民殖民政府，运用宗主国的管理形式，创建相关经济生产和社会服务体系，主要是为保障意大利移民及殖民官员的特权。本土厄特人处于政治体系的边缘，少数人担任一般行政机构雇员。英国统治时期也不让厄特人担任关键职位和参与决策，不过英国人增添了一些现代教育设施，并允许厄特人建立政党。

　　1993 年厄特独立后，伊萨亚斯总统兼任国家元首和政府首脑，过渡政府初定期限四年，鼓励民众直接参与起草新宪法，议会于 1997 年 5 月 23 日批准宪法草案，但迄未实施。政府原承诺批准新宪法后通过民主选举产生宪制政府，但以种种理由再三推迟大选。

　　厄特重新建国后，社会经济一度迅速恢复和发展，执政党和社会基本保持团结。厄特与埃塞爆发边界战争后，人阵党内部分人和社会各界呼吁民主。2002 年，政府颁布《选举法》，明确"多党制不符合本国实际"。近年来，伊萨亚斯总统努力巩固政权、维护国家独立和安全，在备战的同时还保持基本生产，采取利民措施，基本保持政局稳定。

第一节　政治体制

　　厄立特里亚实行总统内阁制，执政的人民民主和正义阵线（人阵党）是唯一合法政党，伊萨亚斯总统兼任人阵党主席和国民议会议长。目前厄特不容许以族群或宗教信仰为基础组建政党。

　　1994 年 3 月 15 日,伊萨亚斯任命 50 人制宪委员会,由厄人阵前常驻联合国代表贝里克·哈比·塞拉西①、阿齐恩·亚辛②和泽姆莱特·约翰内斯③等牵头主笔。

　　1995 年制宪委员会起草了第一稿,交予民众公开讨论并根据民众意见修改。1996 年 7 月制宪委员会向国民议会提交宪法草案;1997 年 5 月,由国民议会、六个省议会和人阵党选定的海外侨民代表组成 500 多人的制宪会议,批准宪法草案;同年 10 月,国民议会第 10 次会议通过《厄立特里亚宪法》(以下简称《宪法》)。

　　《宪法》包括总则、国家目标与指导原则、公民基本权利、自由与义务、国民议会、行政机构、司法机构、补充条款共 7 章 59 条 195 款,主要原则有:宪法至高无上;民族团结、民主、平等;公民享有宪法赋予各项权利的同时,也承担不损害他人权利和照顾老人等义务;立法、司法和

---

① 贝里克·哈比·塞拉西 (Bereket Habte Selassie, 1932—),出生于阿斯马拉。非洲科学院院士、法学和政治学学者、作家,伦敦大学博士 (1956)、美国北卡罗来纳大学非洲和美国非裔研究讲席教授。曾任埃塞俄比亚总检察长、最高法院法官、内政部副部长和哈拉尔市市长。1966 年加入厄特游击队,1975 年加入厄人阵,曾任其常驻联合国代表。1994~1997 年任厄特制宪委员会主席。曾任民主刚果、尼日利亚和伊拉克等国宪法改革高级顾问。留美并先后任教于霍华德大学、乔治敦大学和北卡罗来纳大学。2002 年参与创建反对党厄人阵-民主党 [EPLF-DP,后更名厄特民主党 (EDP)],2008 年退党。著有《厄立特里亚与联合国》(1989)、小说《乘风破浪》(1993)、《厄立特里亚宪法的制定》(2003),以及回忆录《王冠与国笔》(2007) 等。

② 阿齐恩·亚辛 (Azien Yassin, 1941—1996),厄解阵左翼领袖,出身于厄特望族,在苏丹读高中、后就读于喀土穆大学,参加苏丹共产党领导的学生运动。曾任厄解阵执行委员 (1971~1984)、新闻部和外事部主任,秘密创建和领导厄解阵改革运动核心的工党 (Labor Party, 1971~1982),后因病转到沙特做记者。厄特独立后回国,出任制宪委员会副主任。

③ 泽姆莱特·约翰内斯 (Zemhret Yohannes Tesfu, 1956—),人阵党中央执委、党中央调研和文献部部长,理论家。信奉天主教;阿斯马拉大学 (1974 年关闭) 肄业。1975 年加入厄解阵,1979 年任阿斯马拉地下游击队副队长,后赴根据地任职新闻部。1982 年当选厄解阵中央执委,1982~1986 年任厄解阵中央政治部部长。1987 年率部分厄解阵部队加入厄人阵并当选中央委员,1987~1991 年任厄人阵国民指导部政治教育局局长。1991~1994 年任厄特政府新闻与文化部司长。1994 年当选人阵党中央执委,1994~1996 年任制宪委员会书记,1995 年出任党中央调研与文献部部长,一度代理政府新闻部长。2001 年负责党内思政工作,主管重大庆典活动和文化事务等。

行政三权分立①；政教分开；宗教平等。

第一章总则规定厄立特里亚国及其领土，明确其为"建立在民主、社会公正与法治原则基础之上的主权独立国家"。其他条款规定了宪法至上的指导方针、公民身份、国家标志等。

第二章为国家目标和指导原则，包含国家统一与稳定、民主治国、保障公民的社会公正和经济发展权利、国家管理一切资源、培育民族文化、司法独立、建立高效和杜绝腐败的公务员系统，以及国防与安全、外交政策等准则。

第三章是集体与个人的基本权利、自由和义务，包括"法律面前人人平等"，公民的生命和财产、个人尊严和隐私等权利，思想观念、宗教信仰、意见表达、集会组织和迁徙居住等自由，以及经济、社会和文化方面的权利和义务。

第四、第五、第六章分别为国民议会、行政和司法相关规定。

第七章系有关审计长、国家银行、公务员管理、选举委员会以及其宪法修订程序等其他规定。

《宪法》原拟在1997年选举后付诸实施，但由于厄特-埃塞边界战争等原因，过渡政府无限期推迟实施宪法。2014年5月，伊萨亚斯总统在独立日庆典上表示，应重新开始讨论《宪法》。②

第二节 立法机构

一 国民议会

厄特临时政府于1993年5月19日发布第37号公告成立临时国民议会，议员任期五年；150名议员包括人阵党75名中央委员会全体成员，60

---

① Constitution of Eritrea, Chapters Ⅳ-Ⅵ, ⅩⅪ.
② The Questions No One Is Asking about Eritrea | African Arguments, http：//africanarguments.org/2016/01/06/the-questions-no-one-is-asking-about-eritrea/, accessed August 24, 2016.

名其他代表和 15 位海外厄侨代表。其他代表中的一半是 10 个省议会的主席、书记和各一位女议员；另外 30 人由临时政府指定，其中包括 10 名妇女①。1994 年 3 月，临时国民议会变为过渡性国民议会。

根据《宪法》第四章，国民议会将由全体选民通过不记名投票直选产生，为最高立法代表机构，行使立法、审批预算、制定税法、批准国际条约、宣战与停战及宣布进入紧急状态、监督政府人事任免、从议员中选举总统，以及弹劾总统等职权。国民议会批准的法律草案在 30 天内由总统签署并通过《厄立特里亚政府公报》颁布实施。除定期例会外，国民议会可应总统、议长或三分之一议员的要求召开紧急会议。国民议会设秘书处；议员除现行犯罪被捕外，均享有议会豁免权。

国民议会迄今未出台议会组织法、议会议事规则等，1997 年 10 月议会第 10 次会议选举人阵党主席伊萨亚斯总统任议长。

厄特最初定于 1997 年举行首次议会选举，选举正式法定政府，因与埃塞关系紧张并于次年爆发边界战争而推迟。2000 年 6 月两国停火后，厄特曾拟于 2001 年底大选，但当年出现政治危机，全国选举无限期推迟。2002 年 1 月最后一次会议之后，国民议会从未召开正式会议或议员选举，到 2017 年，议会只剩 39 位人阵党中委（2021 年又有两位元老去世）和 60 余位指定成员，临时开会确认总统办公厅拟定的法令，立法、执法和监督等权力均由政府代行。

独立之初，厄特采取修订埃塞 20 世纪 60 年代法律的过渡方法。1997 年，司法部成立主要法典的起草委员会，由本土和外籍专家组成。随着《宪法》的搁置，法典颁布迟缓，到 2015 年 5 月才有《地方和省级选举法》、《民法》、《刑法》、《民事诉讼法》和《刑事诉讼法》。其间，政府通过《厄特政府公报》发布约 200 项法令，1991~1998 年的法令主要涉及政府构建和行政部门组成等事宜，同期颁布的经济法规比较宽松自由。2002~2008 年，政府颁布外汇管制、进口许可、国家控制资源和建立国有企业等规范市场与干预国民经济的法律。2012 年后，厄特政府从法律上重新放松经济管制，如将国有企业转为股份公司；2015~2018 年第三次放

---

① 除 1999~2001 年女议员占比不足 15% 外，女议员始终占 20%~22%。

缓立法进程，只通过了一些涉及环境、税收和租金管制的法案。

厄特议会迄今未参加各国议会联盟，与外国议会交往极少，仅有美国、日本等国少数议员来访。

二　地方议会

1996 年法律规定，省、区议会均由当地民众直选产生。1997 年 1~3 月，厄立特里亚举行首次省级议会选举。90% 的登记选民投票，选出 405 名省议员，其中女议员 122 人。

2001 年上半年，厄立特里亚公布《选举法》草案供国民讨论，2002 年该法正式生效，规定了选举委员会的组成、职责和权力，选举程序，选民及候选人登记办法等。当年，厄特政府成立全国选举委员会，负责组织和监督国民议会和省级议会选举。委员会包括主席、秘书长和 3 名委员，均由总统任命后经国民议会批准。2002 年，拉马丹·穆罕默德·努尔担任全国选举委员会主席。[1]

与全国议会选举一拖再拖不同，省、区议会自 1997 年首次选举以来至少有过两次换届选举（一说 2014 年曾举行最近一次地方选举）。2004 年 5 月，选举委员会组织第三次省议会选举。全国共登记选民 93 万余人，投票率达 92.1%，选出 405 名省议员，各省女议员占 25%~34%。全国 6 个省议会每年召开两次例会，[2] 负责审议地方政府工作报告、批准地方项

① 拉马丹·穆罕默德·努尔（Romadan Mohammed Nur，1940—2021），原厄特人革党和厄人阵创始人之一、厄人阵首任总书记。1940 年 1 月 15 日出生于马萨瓦附近的阿尔吉柯镇提格莱商人家庭，信奉伊斯兰教。1957 年赴开罗读中学。1961 年参与创建厄解阵，1963 年赴叙利亚接受军事训练，1965 年任第四战区政委。1967 年与伊萨亚斯同赴中国南京学习。回厄特后参与厄解阵改革。1970 年参与创建厄人革党和厄人阵。1977 年厄人阵一大会上当选总书记，1987 年改任副总书记。1991 年 5 月后，他在临时政府中历任司法部长、原登卡利亚省（现南红海省）省长等职；1993 年厄特独立后，任地方政府事务部长。1994 年 2 月厄人阵三大时不再任中央委员并退居二线。2002 年，厄特国民议会推举拉马丹担任全国选举委员会主席，负责筹备大选等事务，2021 年 12 月 30 日病故。

② 2019 年当地报刊报道各省议会分别召开第 18~19 次例会，2022 年 2 月下旬中央省议会举行第 20 次例会。https://african.business/2022/02/apo-newsfeed/eritrea-regular-meeting-of-central-region-assembly/.

目预算以及讨论当地经济发展计划、农业和支线公路等基础设施建设、植树造林、教育和文化事业发展等，但无权选举和任命省长。

第三节　行政机构

一　中央政府

《宪法》第五章第 39～44 条规定，厄立特里亚总统身兼国家元首、政府首脑和武装力量总司令三职，掌握行政大权。总统须由 20 名以上议员提名并经绝对多数议员从国民议会成员中选出，任期五年，只能连任一届。议会因总统违法、失誉或健康原因罢免其职必须经三分之二以上的议员多数通过，并由议长代理总统，且必须在 30 天内选出新任总统。

总统主持过渡政府国务委员会和内阁会议，向国民议会提交立法草案和国家预算，每年发表《国情咨文》；任免部委部长①、省长、总审计长、国家银行行长、最高法院院长及各级法官、武装部队和安全部队高级将领。

过渡政权的执行部门为国务委员会，由各部部长和省长组成。内阁阁员绝大多数为人阵党政治局的现任或前任成员，他们经常轮岗，出任不同部门的部长。阁员直接对总统负责，并通过总统本人集体对国民议会负责。

厄特首届政府成立于 1993 年 6 月 7 日，共设 14 个部，部长任期四年，没有任期届数限制。

1994 年 3 月，国民议会第四次会议决定增设交通部，原贸易、工业与旅游部拆分为贸易与工业部和旅游部。1995 年 11 月，国民议会第七次会议增设劳动和福利部。1996 年，新闻与文化部改为新闻部。1997 年上半年，厄特政府取消内务部，其负责的警务、监狱、宗教事务归地方政府事务部管理，移民局及情报部门归总统办公厅负责；增设土地、水与环境部；原能源、矿产

---

① 内阁成员并不必须是议员，其任命依法应得到国民议会的批准，议会及其专业委员会亦有权通过总统办公厅传唤和质询部长。但实际上，由于国民议会长期闭会，阁员均系总统直接任命。

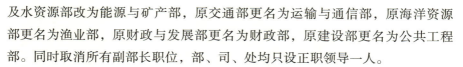

及水资源部改为能源与矿产部，原交通部更名为运输与通信部，原海洋资源部更名为渔业部，原财政与发展部更名为财政部，原建设部更名为公共工程部。同时取消所有副部长职位，部、司、处均只设正职领导一人。

2004 年初厄特成立国家发展部，负责制订宏观经济政策和经济发展计划，确定和协调落实发展优先项目，并专职协调与所有发展合作伙伴的来往。2009 年 6 月，渔业部恢复旧称海洋资源部。表 3-1 为截至 2020 年年中内阁 18 名部长。

总统办公厅负责制订总统日程安排，协调各部工作，每日就内政、外交等最新情况向总统汇报，掌握和发布对外表态口径，总统办公厅主任兼任政府新闻发言人和高等教育委员会主任。1997 年起，总统办公厅权力扩大，增设多个专职局，每个局对应负责 2~3 个部。

表 3-1　现内阁（2020 年年中）部长

部委职位名称	部长名字
地方政府事务部长①（Minister of Local Government）	沃尔德迈克尔·阿布拉哈（Woldemichael Abraha）
外交部长（Minister of Foreign Affairs）	奥斯曼·萨利赫（Osman Saleh Mohammed ）
国防部长（Minister of National Defence）	（空缺多年）
司法部长（ Minister of Justice）	法齐娅·哈希姆（Mrs. Fawzia Hashim 女）
卫生部长（Minister of Health）	阿米娜·努尔·侯赛因（Ms. Amina Nur Hussein 女）
财政部长（Minister of Finance）	贝尔哈内·哈布特马里亚姆②（Berhane Habtemariam）
农业部长（Minister of Agriculture）	阿雷费内·贝尔赫（Arefaine Berhe）
旅游部长（Minister of Tourism）	阿丝卡露·门克里奥斯（Mrs. Askalu Menkerios）
劳动与社会福利部长（Minister of Labour & Human Welfare）	鲁尔·格布里亚伯（Mrs. Luul Gebreab）
教育部长（Minister of Education）	佩特罗斯·海尔马里亚姆（Petros Hailemariam）③
能源与矿产部长（Minister of Energy & Mines）	塞伯哈特·埃弗雷姆上将④（General Sebhat Efrem）
海洋资源部长（Minister of Marine Resources）	泰沃尔德·科莱蒂（Tewelde Kelati）
土地、水与环境部长（Minister of Land, Water & Environment）	泰斯法耶·格布雷塞拉西（Tesfai Gebreselassie）

续表

部委职位名称	部长名字
运输与通信部长（Minister of Transport & Communications）	泰斯法塞拉西·贝尔哈内（Tesfaselassie Berhane）
公共工程部长（Minister of Public Works）	阿布拉哈·阿斯法哈（Abraha Asfaha）
国家发展部长（Minister of National Development）	吉奥尔吉什·泰克勒迈克尔（Dr. Giorghish Teklemichael）⑤
新闻部长（Minister of Information）	耶玛尼·格布雷麦斯克尔（Yemane Ghebremeskel）
贸易与工业部长（Minister of Trade and Industry）	内斯雷丁·阿里·贝基特（Nesredin M. S. Ali Bekit）
总统办公厅主任（Director of Office of the President）	阿明·哈森（Amin Hassen）
投资中心主任（Investment Center）	乌代·福图（Dr. Wolday Futur）

资料来源：厄特外交部礼宾司 2020 年 9 月提供的名单。

注：①地方政府事务部长逢总统不在国内时代理国家元首职权。

②2021 年下半年起，财政部长贝尔哈内未再出现于报道中，国家发展部长吉奥尔吉什以财政与国家发展部长的身份见诸报端。

③原部长塞莫瑞·鲁索姆（Semere Russom）2018 年 9 月至 2022 年 3 月出使埃塞兼驻非盟代表期间，由教育部研究与人事司司长佩特罗斯·海尔马里亚姆代理部长一职。

④赛伯哈特病休，2021 年起由矿产司司长阿勒姆·格布里亚伯（Alem Kibreab）代理部长一职。

二 地方政府

地方政府分为四级：省、县、乡、村。厄特全国现有 6 个省，每个省都有当地选举产生的省议会，省长则由国家总统任命，并在内阁会议向总统报告工作。省议会负责制订基础设施、植树造林、文化活动等地方项目预算，听取当地居民意见。

第四节　司法体制

历代殖民统治特别是意大利殖民当局的统治对厄特法律的演变产生了重大影响，但厄特本土早在 15～17 世纪便统一大量的习惯法，属撒哈拉以南非洲少数几个在 20 世纪前将习惯法形成书面文件的国家之一。厄特社群依靠习惯法（实体和程序法）处理文化、经济、社会、生态、政治纠纷，且这些习惯法随着社会文明的发展时有修正。在修改习惯法时，各处按比例派长者闭门会商，历时颇长以达成共识，公布后由村委会和地方法官（在低地和北部则由部落首领）执行。19世纪起，穆斯林聚集区亦推行伊斯兰教法。这些法律文件原保存在宗教和村社机构，殖民以来因社会、政治动荡，很多法典遗失。

意大利殖民当局对殖民地所有居民实行意国刑法，对意定居移民或涉及意大利公民的案件适用意国民法，而保留厄特习惯法和伊斯兰教法分别处理厄特原住民及穆斯林之间的民事案件。英国军管当局到1950年才允许原住民与意大利移民一样享有一些公民权利。1962年，厄特始用埃塞刑法，民法仍不明确。

20世纪80年代，厄人阵在其解放区创新司法，沿用本土习惯法的同时提倡社会正义和性别平等，限制地主阶层的特权。1991年厄人阵解放全境后即自行任命地方法官，10月新立高等法院（High Court），派中央委员法齐娅·哈希姆①任院长；并根据人阵党《国民宪章》的原则修订法律法规。至1998年新建16个法院，后因厄埃边界战争而中断相关工作。2001年新民法典设立社区法院，选任法官，并参照习惯法管辖一般案件。省法院分设民事、刑事和伊斯兰法庭，以及由三名法官组成审理劳资关系的上诉庭。省法院的所有判决均可上诉到高等法院的四个同类法庭，且高等法院还负责审理重罪案件。被告在各级法庭均有权自费聘请律师；涉及重罪时，法院可指定律师。

厄立特里亚实行司法独立，沿用并修订原埃塞20世纪60年代的民法和刑法，分高等（上诉）、省、县和村落社区四级法院。2015年5月，厄特将高等法院改称为最高法院（Supereme Court），并定为终审级别，且有权判决死刑和审查法律是否违宪。1998年设立特别法庭，专审政府官员

---

① 法齐娅·哈希姆（Fawzia Hashim Abdulkader, 1956—　）人阵党中央执委，穆斯林。1975年高中毕业即加入厄人阵，1980~1981年在驻苏丹办事处工作，1982~1983年在中东负责厄侨妇女工作，1984~1986年当选全国妇联执行委员（主管外事）。1987年当选厄人阵中央委员；1987~1991年任巴尔卡省副省长，1991~1993年为高等法院首任院长，负责修订法律，1993年5月任司法部长（总检察长）至今。1994年与前夫奥斯曼·萨利赫外长离婚，独身，无子女。

腐败案件，2001 年后转向审判涉及国家安全的案件，具有终审权；总统直接任命高级军官为该庭法官，他们对国防部和总统办公厅负责。高等法院有法官 18 名，均由总统任命。省级法官由高等法院院长提名并由司法部长批准。检察机构隶属于司法部，总检察长由总统任命。

社区法院主要用本土习惯法和当地社会规范解决纠纷，诉讼过程不追求形式和程序，当事人可用民族语言，法官由社群自行选任①；省级法院则用成文法复审社区法院裁决后的上诉案件。伊斯兰教法庭仅受理穆斯林的婚姻和遗产案件。此外有劳动法庭和劳动关系委员会、税务上诉委员会等准司法机制。

1991 年第 4 号政府公告设立厄特军事法庭，管辖涉及军警、民兵、后备役人员、监狱看守和退役后入职政府的老兵，以及处于国民服务期的人员的案件。军事法庭分初级、高级两级，1992 年第 25 号公告规定初级军事法庭可判处 10 天至 3 年徒刑，高级军事法庭可判处有期 1~25 年徒刑、无期徒刑和死刑。

习惯法在厄特国家法律和政策中仍有体现，如 1994 年的《土地法》即继承了土地分配的一些传统做法；又如 2003 年设立社区法院，由社区自选法官，由司法部监管，保留社区调停与和解机制，鼓励庭外调解，社区法院上诉率很低（2.9%）；2015 年新《刑法》和《民法典》借鉴本土习惯法的部分要素（民法中的家庭和继承法条款）。

第五节　政党与团体

一　执政党

人民民主和正义阵线（以下简称"人阵党"）是厄立特里亚目前唯一合法政党。现有党员 60 万人，约占全国人口的 17%。主席是伊萨亚斯·阿费沃基。最高领导机构为中央委员会，中央常务机构为执行委员会。

---

① Proclamation 132/2003 Art. 3（1）和 Proclamation 167/2012, Art. 2（a）&（c）。司法部提供社区法院预算和人员培训。2019 年初，政府宣布计划重组社区法院机构，改由 1 名法官、3~5 名调解员和 1 名法律专家组成。

厄人阵创始领导人伊萨亚斯、拉马丹等曾是 1960 年成立的厄立特里亚解放阵线（厄解阵）高层领导。他们看到厄解阵基本由厄特西部低地和东南沿海一带的穆斯林所控制，地方、部落和宗教意识较深，只求摆脱埃塞统治，无意改革社会制度，遂于 1970 年组建厄立特里亚人民解放阵线（厄人阵），力树"厄立特里亚民族意识"，坚持民族独立战争，实行社会政治改革，在解放区建立人民议会和政权，恢复经济，普及教育，得到各族人民的广泛支持。

1977 年 1 月，厄人阵召开第一次全国代表大会，全国 311 名代表出席，伊拉克、利比亚、索马里、苏丹和叙利亚等国执政党派团到会祝贺。会议选出 37 名中央委员和由总书记拉马丹、副总书记伊萨亚斯等 11 人组成的政治局。政治局下设政治委员会和军事委员会，总书记和副总书记及两个委员会主任负责日常决策；政治局委员各负责一个部门，如安全、情报、军需、宣传、新闻等部门。

厄人阵于 1987 年 3 月召开二大，调整中央领导机构，伊萨亚斯当选总书记。政治局取消了副总书记和军事委员会，人数减为 9 人，新设书记处和总参谋处，后者由政治局一名委员牵头，几位中央委员组成。

1994 年 2 月，厄人阵召开三大，更为现名人阵党；通过新的政治纲领《厄立特里亚国民宪章》（以下简称《国民宪章》）和《人阵党过渡期章程》，规定国家发展方向、党的性质、目标和组织原则、党和政府与群众团体的关系等。选举产生 75 人中央委员会，新选 19 人执行委员会取代政治局，仅有伊萨亚斯和总书记阿拉明·赛义德①两位原政治局委员进入执委会。大会决定制订宪法和政党法，逐步允许多个政党合法共存。

是年，人阵党在阿斯马拉举行易名后的第一次协商大会，1300 名代表出

① 阿拉明·赛义德（Alamin Mohammed Said，1944—2021），人阵党中央执委、原总书记。1944 年出生于马萨瓦附近农村，信奉伊斯兰教。曾前往埃塞和沙特上学，1964 年加入厄解阵，次年赴叙利亚学习军事与医学。1970 年先后参与创建厄人革党（EPRP）和厄人阵。1977 年和 1987 年两度当选厄人阵政治局委员，1977~1987 年负责党中央对外关系部，1987~1991 年负责中央国民指导部。1991~1994 年任厄特临时（过渡）政府新闻与文化部部长。1994 年厄人阵三大当选人阵党中央执委和总书记。2007 年因病赴阿联酋迪拜治疗，脱离领导岗位。2021 年 11 月病逝于沙特。

席。人阵党要求对原厄人阵成员进行重新登记，同时吸收新成员并建立基层支部，一些地方近 80% 的成年人申请入党，到 1996 年，阿斯马拉市有 900 个支部，各省成立 6000 个支部，各有百名成员。起初各支部每月讨论一次，后变为以社区为单位致力于商量本地社会经济恢复与发展项目。

1997 年 4 月，人阵党执委会第八次例会决定于 1998 年召开第四次全国代表大会。因 1998 年厄特与埃塞之间爆发边界战争，"四大"迄未举行。

截至 2021 年，75 位中央委员中有 7 人病逝，18 人入监（1 人获释），7 人流亡国外，7 人被免职或"冷藏"；仅剩 36 人，包括 8 位将军和 2 位安全部门高官。19 个执委中 4 人去世（1 人死于狱中），1 人入狱，2 人流亡，剩 12 人。人阵党多年未开中央全会，亦无补选。

人阵党积极参与经济活动，在贸易、金融、建筑、交通、通信等行业投资，在国家经济建设中起着重要作用，建有红海贸易公司等党营企业。

人阵党出版党刊《忠诚》（双月刊），有提格雷尼亚语和阿拉伯语两种版本。

（一）人阵党的纲领

《国民宪章》提出"建设和平、公正、民主和繁荣的现代社会"的六大建国目标。第一，社会和谐，实现和平与稳定，人民生活和睦，消除宗教、地区、民族、语言、阶级及性别等各种歧视。第二，政治民主，鼓励人民参与政治决策，保障人民的合法权利。第三，社会经济发展，提高人民的教育、技能和生活水平。第四，社会公正，保障财富、机遇和公共服务的公平分配，关注弱势群体。第五，文明复兴，恢复传统文化，提倡爱国、尊重人性、男女平等，追求真理和正义，人人遵纪守法，勤奋工作，自信自立、思想开放，富有创新精神。第六，加强国际合作，厄特将成为国际社会中受人尊敬的成员，与邻国和睦相处，增进合作，促进地区与国际的和平与发展。

《国民宪章》提出对应的六项治国原则。第一，民族团结，反对各种宗派思想和分裂行为，国家利益至上。第二，民众参与，三权制衡，遵循法治。第三，发展为民，人的因素第一，劳动致富，大力发展教育、培训、卫生等事业。第四，公平分配，均衡发展，消灭城乡和贫富差别。第五，自力更生，借鉴但不盲目效仿外国文化，依靠国内经济力量实现发展。第六，加强党群关系，建立透明和廉洁的政府。

（二） 人阵党的组织原则

《国民宪章》规定，人阵党是一个具有广泛社会基础并接纳所有爱国爱民之人的组织，并非特定阶级的代表。党是保障和平稳定、加强国族建设、促进民主和进步的中心力量。党允许民众组建全国性政党，将在平等的基础上与其他政党和平竞争。

《国民宪章》强调党政分开，加强农村支部的建设。鼓励群众自建社会、行业团体，党将保持同各群众团体的合作。

（三） 执政党内部分歧

1991 年厄特全境解放之后，社会经济一度迅速恢复和发展，人阵党内基本保持团结。厄特与埃塞爆发边界战争后，党内不少高级干部不满伊萨亚斯总统的指挥失误，呼吁实行政治和社会经济的全面改革。

2000 年 1 月，伊萨亚斯拒绝人阵党部分中央委员关于尽快举行大选①的要求。8 月，人阵党执委会开会不欢而散；9 月，人阵党内以地方政府部长马哈茂德·谢里夫②为首的 15 人集团③在国民议会动员大多数议员要求对边界战争和政治过渡进行辩论，成立委员会商议多党选举规则；总统罢免或对调多名部长。12 月 12 日，厄特私营媒体披露前制宪委员会主席贝里克等 13 名学界和专业人士发表的《柏林宣言》，指责政府不行民主。

2001 年 2 月，伊萨亚斯再度拒绝人阵党的 19 名高官呼吁召开中央全

① 第一次全国大选最初定于 2001 年 12 月举行。

② 马哈茂德·谢里夫（MaHmoud Ahmed Sherifo，1946—2003?），原阿克勒古宰省萨霍族人，厄人阵创始人之一。1967 年加入厄解阵，1970 年参与创建厄特人民革命党。历任厄人阵、人阵党中央委员，外交部长（1991—1994）、地方政府部长（1994—2001），常代理伊萨亚斯的总统职务。2001 年 9 月 19 日入狱，据说 2003 年 12 月病死狱中。

③ Group of 15（G-15），包括 11 名中央委员，其中 3 名为执委。2001 年 2 月后，15 人多次接受私营媒体采访，批评政府，提出民主改革方案。9 月围捕时，梅斯芬·哈戈斯（Mesfin Hagos）、阿德纳姆·格布雷马里亚姆（Adhanom Ghebremariam）、海勒·门克罗斯（Haile Menkerios）等 3 人在美国，从此流亡；穆罕默德·贝尔汉·布拉塔（Mohammed Berhan Blata）此前已"悔过自新"退出。11 人先押在安巴特卡拉（Embatkala）前海军基地，后转入马萨瓦附近的埃拉埃罗（Eiraeiro）监狱，据说至 2018年只剩彼得罗斯·所罗门 1 人。

体委员紧急会议的请求。3月，谢里夫不顾伊萨亚斯的反对，公布由他牵头国民议会委员会起草的多党制提案，随即被免职。4月，私营媒体刊登人阵党内匿名人士发表的《改革宣言》批评伊萨亚斯，要求实施《宪法》。5月，15人集团在全国报刊和互联网上发表《致人阵党全体党员公开信》，指伊萨亚斯压制不同意见，他们要求改革党和国家体制，"还权于民"，举行大选。6月，他们又公开发表政治改革方案，其领导人海尔·沃尔德滕萨①和佩特罗斯·所罗门②等高官因此被解职。7月，高等法院首席法官蒂姆·贝恩③批评总统干涉司法而被撤职；阿斯马拉大学学生会主席塞米尔·凯塞特因组织抗议被捕，另有数百名抗议的大学生被捕并被送往萨瓦基地从事国民服务，学生会被解散。9月18日深夜，政府逮捕11位高官（国防、外交、贸工等6位部长及几位将军）和10名记者，随后送2000名参加示威游行的大学生下放劳动，关闭私营媒体，拟行多党制的宪法和全国大选的计划被搁置。10月又有数百名高官、记者等被捕。

---

① 海尔·沃尔德滕萨（Hallemariam "Dru'E" Woldetensa'e, 1946— ），厄人阵创始人之一和厄特人革党理论家。1965年于阿斯马拉中学毕业后和伊萨亚斯同去埃塞海尔·塞拉西大学读工程学。1966年12月初，两人赴苏丹加入厄解阵，半年后被捕遣返，重回大学。1972年加入人革党和厄人阵。次年再度入狱，1975年2月经厄人阵劫狱获救。1975年6月起任厄人阵政治教育部负责人，1977年一大当选中央委员和政治局委员。80年代领导干部学校和政治部，1991~1997年任人阵经济规划和协调部（后转为政府财政和发展部）部长，1997年6月任外交部长。2000年因在国外公开批评人阵党而调任贸易和工业部长。此后仍在党内和议会直接批评伊萨亚斯。2001年在报纸发表公开声明，呼吁政界和解，并主张修改政府的土地政策。9月19日入狱。

② 佩特罗斯·所罗门（Petros Solomon, 1951— ），厄人革党和厄人阵前领导人，出身阿斯马拉望族。厄特建国后历任外交部长（1992.7—1994.3）和国防部长（1994.3~1997.6）。1972年在海尔·塞拉西大学加入厄人阵，曾是伊萨亚斯密友。1975年成为前线军事委员会三成员之一。1977年当选厄人阵中央、政治局和军事委员会委员，并在总参谋部负责军事情报部。1997年因与伊萨亚斯发生争执，改任海洋资源部长，并迁居马萨瓦。2000年私下批评伊萨亚斯指挥边界战争不当。2001年因签署并发表15人集团公开信案被解职，后入狱。2003年12月11日，其妻阿斯特·约翰内斯（Aster Yohannes）从美国回阿斯马拉探亲，在机场落地即被捕。

③ 蒂姆·贝恩（Teame Beyene, 1943— ）出生于阿迪特克莱农村，在埃塞海尔·塞拉西大学获法律学位。曾在埃塞土地改革部工作，1974年离职加入厄人阵，先后在国民指导部和司法部工作；1994年出任高等法院首席大法官。2001年7月因公开批评总统干预司法而被解职。

2002 年 1 月，休会一年半的国民议会复会，支持伊萨亚斯总统，谴责并清除"改革派"等异见人士。5 月，政府严禁民众自发组织宗教团体，再度推迟选举。

二 反对党派

厄特独立后，反政府的党派组织都流亡境外，既有原厄解阵各派残余，也有独立后持有不同政见的人士，但除伊斯兰激进派别外，其他组织均逐渐消失。21 世纪以来，一些反对派得到埃塞等国官方的支持，恢复活动或重建组织。海外厄侨的政治活动能力较强①，支持厄特政府的一般都很团结；反政府党派多为 20 世纪 60~70 年代的老政客，互不信任，争权夺利，难以得到海外厄特难民和流亡者的支持。自 20 世纪 90 年代起，在苏丹和埃塞的一些组织以及厄解阵余部于德国法兰克福开办广播电台，埃塞国家电台亦在 21 世纪头十来年里替厄民盟广播；2005 年厄特人权与民主运动在南非开办广播，后转用互联网播音；2009 年，流亡国外的几个记者在无国界记者组织支持下启动设于巴黎的提格雷尼亚语电台，通过卫星向厄特境内播放。受众最多的则是年轻厄侨的非政府组织及其网络媒体，以及一些独立网站，这些网站渗透厄特境内，但大多维护厄特民族认同。

（一）厄立特里亚全国民主联盟

1999 年 3 月，以厄解阵几个派系为主的 10 个反对党派在苏丹结成厄立特里亚全国民主联盟（厄民盟），明确主张推翻厄特现政权，厄解阵前领袖阿卜杜拉·伊德里斯·穆罕默德②任主席。2002 年 10 月，13 个党派

---

① 如近十几年出现在南非的厄特人权与民主运动（Eritrean Movement for Human Rights and Democracy）、瑞典的厄特民间社会网络欧洲部（Network of Eritrean Civil Societies-Europe）、英国的厄特公民争取民主权利组织（Citizens for Democratic Rights in Eritrea）和北美的厄特全球团结同盟（Eritrean Global Solidarity）等组织。

② 阿卜杜拉·伊德里斯·穆罕默德（Abdallah Idris Mohammed，1944—2011），出身于巴尔卡的穆斯林家族，赴开罗读书。1966 年赴叙利亚军训，1968 年成为厄解阵第五战区指挥官，加入劳动党；次年任军事委员会要员，后升军委主席和厄解阵革命委员会第二副主席。1981 年随厄解阵退走境外，次年发动政变，夺得厄解阵领导权，并导致厄解阵分裂为三派。此后一直与厄人阵交战。2003 年卸任联盟主席，继续任厄解阵名义领袖至2009 年。最终病逝于伦敦。

在埃塞聚首改组为厄立特里亚全国联盟，选举 28 人组成委员会，阿卜杜拉·伊德里斯任主席，赫鲁伊·泰德拉·贝鲁[①]任秘书长。2005 年 1 月，全国联盟 16 家又改组为厄民盟，新成员涵盖厄解阵和厄人阵两家原"民主派"的合流势力，如厄解阵革委派、阿德纳姆·格布雷马里亚姆[②]领导的厄特人民运动、梅斯芬·哈戈斯[③]领导的厄特民主党等。2007 年和 2008 年，厄民盟连续召开二大、三大，若干地方民族权力组织加入，再次导致派系分立，联盟瘫痪。2011 年厄民盟在埃塞与其他非政府组织和知识分子组建厄特全国民主变革委员会（民革委），2015 年民革委作为观察员列席埃塞执政党年会。此后，该组织内部分分合合，争执不休。2019 年 4 月，民革委在瑞典召开第二次代表大会，选举 61 人理事会，特克莱·阿布拉哈和内格什·奥斯曼分别领衔 3 人主席团和 7 人执行委员会，但仍未能就政治纲领达成共识。

---

① 赫鲁伊·泰德拉·贝鲁（Herui/Hirouy Tedla Bairu，1940— ），埃厄联邦首任厄特行政长官泰德拉·贝鲁之子，20 世纪 70 年代厄解阵激进派首领。留学英国，1969 年加入厄解阵和劳动党；1971~1975 年任厄解阵革命委员会副主席。1977 年脱离厄解阵自创厄特民主运动（EDM）。1991 年回国，后再度流亡并定居瑞典。

② 阿德纳姆·格布雷马里亚姆（1946—2021），人阵党原中央委员、15 人集团（G15）成员、厄人阵老战士。独立后历任塞拉耶省省长、驻斯塔的纳维亚国家和驻尼日利亚大使。2001 年 9 月后流亡，一度加入厄特民主党（EDP），2004 年因坚持武装推翻厄特现政权而另建新党厄人运（EPM），并参加厄民盟（EDA）。2009 年率部分人并入民主党，并与厄人民党（EPP）组成厄立特里亚人民民主党（Eritrean People's Democratic Party，EPDP），2011 年再度离开加入厄特全国民主变革委员会（ENCDC），次年重建厄民主党，后因病辞职旅居美国。

③ 梅斯芬·哈戈斯（1947— ），人阵党原执委、15 人集团成员，厄人阵和厄人民革命党（EPRP）创始人之一。生于阿斯马拉北郊农村，在埃塞读书，于亚的斯亚贝巴大学辍学。1967 年加入厄解阵第五战区，次年赴叙利亚军训并结识伊萨亚斯。1970 年，他参与创建人革党；1974 年参与创建厄人阵并当选中央委员和政治委员会成员，在高原地区指挥作战，赢得多次战役及 1991 年的最后一战。20 世纪 80 年代中期曾领导人阵经济部门，1987 年厄人阵二大时被迫退出政治局。在厄人阵和部队威望高，1992 年任国防军总参谋长，1994 年于人阵党代表大会当选中委和执委；1994 年 3 月任国防部长，但 9 个月后改任南方省省长，2001 年被解职，即出国治病并流亡。2002 年，他参与成立厄民主党，2008 年率党与厄人民党谈判联合，2009 年底合并组成厄立特里亚人民民主党。

（二）其他反对派

（1）厄立特里亚人民民主党由厄人民党（2008 年由厄解阵革委会转成）、厄民主党（2001 年主要由人阵党脱党人士组成）以及厄特人民运动（2004 年）等原两大阵线分裂派系于 2010 年合并而成，其骨干是原厄人阵内的左翼秘密政党厄特人民革命党和原厄解阵内的劳动党成员。

（2）厄立特里亚民族民主阵线于 2009 年由红海阿法尔民主组织和解放厄特库纳马族民主运动共建，以争取少数民族权利。2010 年，又有解放厄特萨霍族全国民主阵线加入。

（3）若干族群组织。如原厄人阵和厄解阵萨霍族成员组成的厄立特里亚救国阵线、以厄解阵一派为主的厄立特里亚人民民主阵线、穆斯林兄弟会温和派厄立特里亚伊斯兰大会、高原穆斯林杰伯蒂人的厄立特里亚纳赫达党等。

（4）伊斯兰运动组织主张建立以伊斯兰法制等为基础的伊斯兰国家，根源于 20 世纪 60 年代厄解阵的泛阿拉伯和伊斯兰主导倾向。因 70 年代早期民族主义运动的世俗化和高原基督徒更多的参与，厄解阵内部保守穆斯林团体日益支持阿拉伯诸国和伊朗的伊斯兰政治取向。在沙特和苏丹支持下，4 个穆斯林保守组织于 1980 年在喀土穆建立厄特伊斯兰"圣战"运动，2003 年更名为厄特伊斯兰改革运动。

1993 年厄特独立后，"伊斯兰圣战"运动得到苏丹"全国伊斯兰阵线"和本·拉登的"基地"组织等激进势力支持，继续以武力推翻厄特现政权和"惩罚"厄特历来对"伊斯兰圣战"的歧视，利用流落苏丹东北部多年的厄特穆斯林难民潜入厄特进行游击袭扰，并在 1998 年后到埃塞建立基地。

2009 年厄特西部低地 4 个组织厄特伊斯兰穆兄会运动、厄特伊斯兰拯救运动、厄特联邦民主运动、厄特民族民主党和原厄解阵穆斯林派组成厄特团结阵线，成为厄民盟内主要力量之一，主张"维护和促进穆斯林权利"，得到埃塞支持并保有军事基地，偶尔袭扰厄特军事或经济目标。2015 年 3 月曾袭击厄特最大外资碧沙矿的水厂。

三 社会团体

1. 厄立特里亚全国妇女联合会

厄人阵于 20 世纪 70 年代中期成立厄特妇女协会，组织妇女参加争取独立的武装斗争。1978 年，厄人阵宣布在解放区废除童婚和强迫婚姻，保障妇女的离婚和平等分配家庭财产等权利。1979 年 11 月，妇女协会召开首次全国代表大会，更为现名，鲁尔·格布里亚伯（现劳动与社会福利部长）为首任主席（1998~2013 年再度任主席），20 世纪 80 年代由阿丝卡露·门克里奥斯①接任。厄特独立战争年代，厄人阵女兵占三分之一，有的担任营长。

1992 年 9 月，厄特全国妇联成为半自治群众组织。其宗旨为反对重男轻女，鼓励妇女自尊互爱，提高政治觉悟，维护自身合法权利；保障妇女平等获得教育和就业机会，同工同酬，经济独立；改善妇幼保健，消除危害妇女健康和福祉的有害习俗，主张妇女拥有和继承财产的权利。根据联合国 2016 年的报告，厄特女性议员比例升至 23%，内阁女部长占比 22.2%。② 2017 年，妇联与厄特卫生部、劳动与社会福利部组建国家指导委员会，协调反割礼、童婚等暴力侵害妇女行为的措施。

全国妇联现有会员（16 岁以上）近 33 万，最高权力机构为全国妇女代表大会及其产生的中央委员会，2014 年七大产生第七届中央委员 49 人，候补委员 5 人。最高执行机构执行委员会由 15 人组成，特克亚·特斯法米凯尔（Tekea Tesfamichael）任主席。

---

① 阿丝卡露·门克里奥斯（Askalu Menkerios，1950— ），人阵党中央执委、旅游部长。出生于阿斯马拉。1970~1971 年在纽约学习工商大专课程。1972~1974 年在埃塞航空公司任乘务长。1974 年加入厄人阵，先后在医院和社会事务局工作，1986~1988 年任社会事务部救济协会（ERA）副主席、主席，1988~1998 年任全国妇联主席。1994 年当选人阵党执委。1998~2009 年任劳工与社会福利部长。

② Simon Weldemichael，*Eritrea: Marching toward Gender Equality*，March 7，2018，http：//www. shabait. com/categoryblog/25899-eritrea-marching-toward-gender-equality；2019 年厄特新闻部报道称，妇女占县级领导的 11%、省级议员的 31%、省级法院法官的 14%，http：//www. shabait. com/categoryblog/29710-fight-against-all-forms-of-gender-discrimination-。

妇联中央机构设规划、调研资料、教育、行政、财务和社会事务共六个处。全国各省设有分会,分会主席均为妇联中央执委;有基层组织4343个。其经费来自会费、会员赠款、外国发展和福利基金会及个人捐赠和政府资助等。妇联出版提格雷尼亚语季刊《拯救》(*Agizo*)。

2. 厄立特里亚全国青年与学生联合会(以下简称"青学联")

青学联目前成员逾20万,女性近半。青学联中央设书记处及对外关系、人力资源开发、财务、行政、项目、新闻和公关六个职能部门。在全国各省及美国、欧洲、中东、印度和澳大利亚等地设有支部。现任主席萨勒赫·阿赫梅丁。当前主要配合执政的人阵党开展国民服务和其他青年培训工作,自2005年起,每年7月在萨瓦兵营举办青年节;并经常组织青年学生参加植树、修路等义务劳动和工程建设。青学联出版3份报纸,并设立广播电台,其中会刊《青年》(双月刊)年发行量49.6万份,有提格雷尼亚语和阿拉伯语两个版本;2004年6月开通网站。厄特国家彩票公司、Aquafresh饮水公司、Aser印刷公司、梅雷布供气公司等企业为青学联全资控股,另外青学联还持有克伦木材与金属厂等企业股份。

厄特学生运动历史较长。从20世纪50年代开始,厄特高中生和大学生即是民族独立运动的先锋,穆斯林学生因埃塞当局禁用阿拉伯语而留学国外,并在开罗成立厄特学生会。1957年,境内阿斯马拉、阿戈尔达、克伦和马萨瓦等地出现反埃塞的"青年联邦派"。5月,阿斯马拉海尔·塞拉西一世中学学生罢课反对当局规定使用阿姆哈拉语,并引发全国学生罢课和工人罢工,次年学运支持全国总罢工。埃塞兼并厄特前后,学生多次举行大游行,数千名学生被捕,其中包括伊萨亚斯等日后独立斗争的领导人。1978年5月,厄人阵在解放区克伦组建境内和侨民厄特学生协会(Association of Eritrean Students,AES),但因埃塞当局镇压很难坚持。1987年厄人阵二大后又建全国青年联盟,并于1989年召开首次代表大会,口号是"获取经验、开阔眼界"。1994年8月,青联二大改名为青学联。

2001年8月10日阿斯马拉大学学生在市中心的高等法院外游行,要求释放10天前因反对政府强制学生暑期工作计划而被捕的阿斯马拉大学

学生会主席。警察围捕 400 多名学生并运到沿海低地营地，5 名学生会领导失踪；厄特青学联改组阿斯马拉大学学生会。

3. 厄立特里亚全国工人联合会（以下简称"工联"）

工联是全国性独立自治的工会组织，前身是 1979 年 11 月成立的厄立特里亚全国工会。

英国军管期间，厄特港口、铁路等行业工人自行组织反对殖民地的种族歧视就业制度，罢工争取工资和福利平等。1952 年沃尔德阿布·沃尔德－马里亚姆帮助创建厄特劳工联合会，成员 1 万人。1958 年，埃塞当局镇压阿斯马拉罢工和数万市民游行后取缔厄特工会。厄特独立战争期间，厄特工人支持两支解放阵线，在城镇开展地下斗争和搜集情报。1979～1982 年，埃塞政权摧毁厄特劳工组织后，大批工人奔赴前线参战。1976 年厄解阵在邻国组织厄侨城市工人成立厄特工人总工会，以海外募捐为主要活动方式；1979 年厄人阵根据地的医护、教师、记者、机师、电工以及作坊和建筑工人组成厄特工人全国工会。

1991 年 12 月，厄特临时政府通过第 8 号法案确认全国工会的法律地位，1992 年全国工会组织主要公、私营产业工人与政府谈判，争取到加薪 50%，此后聚焦成员技能培训工作。1994 年 9 月，在其第四次全国代表大会上改组为全国工人联合会，当时会员 1.8 万人。2001 年《劳动法》指定工联为厄特工人的唯一合法组织；现有五个行业（饮食、旅馆旅游、农业和烟草，矿业、化工和其他行业，服务业，运输和通信，纺织、皮革和鞋业）工会，共 2.6 万名成员。1993 年工联加入国际工会联合会。工联有多语种出版物《工人之声》和网站。

4. 厄立特里亚教师协会

该协会成立于 1958 年，1991 年重组，当时会员有 1500 人。协会是教师国际和全非洲教师组织成员。2016 年召开第七次全国代表大会，选举主席海尔·马赫雷和秘书长阿勒姆等。

5. 厄立特里亚全国伤残军人协会

该协会成立于 1993 年 10 月。2019 年 10 月，荣军协会第四届代表大会再次选举格布尔汉·艾亚苏为主席。协会每年从政府获得一定数额的专项拨款。2007~2015年，协会为残疾退伍军人提供近300辆摩托车、6辆中型客车、数千轮椅以及助行器和助听器等，报销他们70%的医疗费。另外还向3616名会员提供小额贷款总计2617万纳克法，帮助其经营家庭作坊、工厂和从事第三产业。协会还向各类企业投资，以促进伤残军人就业。2018年，登记的伤残军人为19161人，其中3449为女性（18%）；协会扶持的各类企业达到353家。

第六节 主要政治人物

一 执政党领导人

1. 伊萨亚斯·阿费沃基

人阵党领袖伊萨亚斯·阿费沃基（Isaias Afwerki）系厄立特里亚国家元首兼政府首脑、人阵党中央委员会主席、国民议会主席兼武装部队总司令。

伊萨亚斯1946年2月2日出生于阿斯马拉市东南郊乡间一小商贩家庭，身高逾1.9米，信仰厄特正教。父亲阿费沃基·阿布拉哈是提格雷尼亚人，曾就职于国家烟草公司；母亲阿达讷什·贝尔赫是埃塞的提格雷移民后代。

伊萨亚斯1962年毕业于阿斯马拉马康南亲王中学，高中时秘密组织反埃塞的学生运动。1965年，他考入埃塞的海尔·塞拉西一世大学（后改称亚的斯亚贝巴大学）工程学院。一年后他即辍学参加厄解阵，不久出任第五战区政委。1969年因与厄解阵领导政见分歧，认为厄解阵"突出民族、部落和宗教差异"，遂带几十人出走东部地区。

1974年，他创建厄特人民革命党并任领导人；随后参与创建厄人阵，1975年成为厄人阵军事委员会主席，1977年在厄人阵一大当选副总书记，1987年二大当选总书记。1991年5月任临时政府总书记兼武装部队总司令。1993年5月22日当选总统至今。他力主建设本土政治和经济制度，提倡符合国情和可用资源的发展战略。他在1993年厄特独立后首次出席非统组织首脑会和联合国大会演讲时，强调自力更生，并批评非洲的腐败现象；1995 年，有人称其为"非洲复兴"的代表人物之一。

伊萨亚斯为人直率，性情刚烈；作风亲民，经常轻车简从现身市井，家住普通居民区，正式场合常穿猎装和凉鞋。他严格要求亲属，其 11 个兄弟姐妹未见享受特权，他们开杂货店或跑出租车，自谋生路。

伊萨亚斯本人爱好绘画、摄影、做木工活和慢跑等，曾喜豪饮。他精通提格雷尼亚语、阿姆哈拉语、英语和阿拉伯语，还懂法语和意大利语。

伊萨亚斯夫妇育有 2 子 1 女。

2. 耶迈尼·格布里亚伯

耶迈尼·格布里亚伯（Yemane Gebreab）系人阵党中央执委、党中央政治部部长，总统顾问。1951 年 7 月 15 日出生于克伦，后随父母定居阿斯马拉；父亲是卡车司机，母亲是埃塞提格雷移民。1969 年留学美国华盛顿州立大学学习电子工程，一度追随加拿大共产党（马列），1975 年加入厄人革党和厄人阵，后去纽约专职留北美学生组织工作，1978～1987 年回国在厄人阵中央新闻部负责广播、报刊工作。1987 年当选厄人阵中央委员，1987～1991 年任新闻部副部长。1991～1992 年任厄特临时政府新闻部部长，1992～1994 年改任外交部副部长。1994 年当选人阵党中央执委，并任党中央政治部部长，实为党的第二号人物，负责党内日常事务和意识形态工作，并参与制订和执行外交政策。2013 年原厄特中央组织部长阿卜杜拉·贾比尔[①]"失联"后接管人事。2017 年 7 月在意大利遇刺负伤。2018 年年中参与同埃塞的秘密和谈。

3. 哈格斯·格布雷希维特

哈格斯·格布雷希维特（Hagos "Kisha" Ghebrehiwet）系人阵党中央执委、党中央经济部长。1953 年 4 月 25 日出生于阿斯马拉一个提格雷尼亚富商家庭，也是埃塞提格雷移民后裔；在原阿克勒古宰省南部瑟纳费镇读中学。20 世纪 70 年代初留学美国，参加北美厄特特人解放组织并任司库；1975 年加入厄人阵，1978～1984 年任留北美学生会主席，1985 年出

---

① 阿卜杜拉·贾比尔（Aballa Jaber, 1948—　），提格莱族，诗人。

任厄人阵驻美国、加拿大代表，负责北美厄特解放运动的组织和筹款。1987 年当选厄人阵中央委员。1991～1994 年任厄特驻联合国代表兼驻美、加大使。1994 年当选人阵党中央执委，出任党中央经济部部长。

他负责制订国家经济发展政策，全面掌管经贸工作，兼管财政部、能源与矿产部和渔业部等经济部门。他还兼任人阵党的信托基金及其下属红海贸易公司总经理，控制全国商品价格以及进出口。2006 年出任国家矿业公司总裁。

4. 奥斯曼·萨利赫

奥斯曼·萨利赫（Osman Saleh Mohammed）系人阵党中央执委、外交部长。1948 年 9 月 1 日出生于瑟纳费。1972 年毕业于埃塞海尔·塞拉西一世大学，获理学学士学位。1972～1977 年在埃塞阿杜瓦的中学执教。1978 年回厄人阵解放区教书，1979 年 12 月至 1991 年 10 月先后在苏丹担任厄人阵的难民学校校长、教育部门负责人兼难民事务署署长，1991 年 10 月至 1992 年 6 月任厄特难民事务署署长。1992 年 6 月至 1993 年 5 月历任临时政府顾问委员会委员、塞拉依省省长、驻索马里代表处主任。1994 年当选人阵党中央执委，同年 6 月任厄特教育部长。2007 年 4 月改任外长。

5. 塞伯哈特·埃弗雷姆

塞伯哈特·埃弗雷姆（Sebhat Efrem）系人阵党中央委员、能源与矿产部长，原厄特人革党和厄人阵领导人之一。他于 1950 年 9 月 5 日出生于埃塞提格雷省阿克苏姆，父母均来自阿斯马拉，父亲是新教徒，曾为教师和医院管理人员。塞伯哈特 1971 年毕业于阿斯马拉教会学校后，考入埃塞海尔·塞拉西一世大学药剂学院学习药理，次年辍学投身厄特解放运动。1973 年任训练营政委，1975 年任 3 营政委。1977 年厄人阵一大当选政治委员会成员，并于 1987 年二大连任；历任群工部、敌后工作部等部门负责人。1987～1992 年任军队总参谋长兼作战部长。1992 年 6 月出任阿斯马拉市市长，1994 年 3 月兼任卫生部长。1995 年 5 月重返军界，担任国防部长 8 年；2013 年 7 月改任现职，主管采矿和新兴产业。2018 年 12 月在家中遇刺重伤，赴迪拜治疗。

他在独立战争中军功卓著，1996 年 4 月厄特实行军衔制，唯其获四

星上将衔。

6. 耶玛尼·格布雷麦斯克尔

耶玛尼·格布雷麦斯克尔（Yemane Ghebremeskel）系新闻部长。1951年12月28日出生于阿斯马拉，父亲是厄特人，母亲是提格雷人。1973年获阿斯马拉大学数学学士学位，1976年获英国伦敦帝国理工学院数学硕士学位。1973~1978年，先后在埃塞、英国大学执教，曾主编厄人阵海外新闻刊物《阿杜利斯》。1978~1983年，任厄人阵驻罗马办事处新闻官。1983~1991年，历任驻巴黎、罗马、伦敦代表处副代表以及厄人阵新闻办主任。1991~1993年任伊萨亚斯的外事顾问，1993~2014年任总统办公厅主任、政府新闻发言人。2015年3月任新闻部长，同时兼任总统特别顾问。

第四章

军　事

第一节　军队简史

厄立特里亚本土军队的历史始于奥斯曼帝国占领红海南岸时的阿拉伯雇佣兵团，系为当地部落工作的阿尔巴尼亚冒险家萨吉克·哈桑在19世纪下半叶所创建的非正规军队。

1885年，意大利殖民军占领马萨瓦一带，随后即招募厄特殖民地兵团，时人将这些士兵称为厄特的"主要产品"，他们曾先后参加第一次意大利-阿比西尼亚战争（1895~1896年）、意大利-奥斯曼战争（1911~1912年）、第二次意-阿战争（1935~1937年）和第二次世界大战的东非战役（1940~1941年）。

1889年意军创建四个厄特籍正规步兵营，此后又增加几支骑兵队和山炮连。1896年3月，约6000名厄特步兵和炮兵随殖民军在阿杜瓦战役中与12万埃塞人作战，2000人阵亡，800人被俘。1922年殖民军又添一支厄特骆驼骑兵部队。

1911~1932年，意殖民军攻占利比亚和统治索马里时期，新招募6万厄特人士兵。厄特人虽最多只能升到参谋士官，但1936年后有不少人被调到意属东非帝国新建的索马里和埃塞部队任士官。许多退伍兵担任殖民当局公务员和地方头人，服役期内工资也较高。厄特人多自愿入伍，视之为主要的就业捷径。

意大利入侵埃塞期间，又按区县配额强征6万名厄特兵，占当时男性劳动力的近 40%，其中近 5000 人丧生。意大利人按穆斯林和基督徒分编厄特兵，前者驻守炮兵阵地等敏感阵地，后者被派往前线充当步兵突击队，在一次战斗中便阵亡 1500 人。

1940 年意大利在东非与英国鏖战，再度增招士兵和征召退伍军人，厄特兵团又超 6 万人，一些厄特士兵在二战中获得意方军人荣誉金牌。次年 3 月意军败走克伦，数千名厄立特里亚士兵丧生。到 1941 年 11 月意大利在非洲战败投降，先后有十三四万厄特人被征兵，占当地适龄男性人口的一成。当时，仍有厄特老兵追随意大利游击队对抗盟军；近万名厄特士兵身陷苏丹战俘营，大多在英国棉花种植园劳动；余者被无偿遣散，因无业而打劫成匪。①

许多厄特老兵日后则投身独立战争，如打响武装反抗埃塞统治第一枪的哈米德·伊德里斯·阿瓦特。

独立战争时期，厄解阵和厄人阵先后于 1961 年和 1976 年建立厄立特里亚解放军和厄特人民解放军。特别是后者在各级建制设政治委员，注重深入政治教育，讲求官兵平等，纪律严明。新兵入列前接受 4～6 个月军事训练，男女分开。到 20 世纪 80 年代中期，女兵约占全军的三分之一和前线作战部队的五分之一，有一些女连长。1991 年厄特全境解放时，厄人阵兵力约 10 万人，分 12 个步兵旅、1 个坦克旅、若干炮兵和 1 个工兵部队，以及 2 万多地方民兵。

1975～1987 年，厄人阵设三人军事委员会；1987 年改为总参谋部，灵活结合游击和常规战术，并在厄人阵解放区实行征兵制，最终打赢占尽装备优势和制空权的埃塞军队。

30 年武装独立斗争创造了一个新的社会群体，他们大多进入军队和政府中高层，自视为厄特价值观的化身和厄特民族的卫士。那个时代的战士们摒弃社会地位、性别不平等和宗教分野等许多传统观念，形成崇尚为国家和同志而自我牺牲、自力更生、自我教育、集体决策、物质共享以及

---

① 1947 年厄特老兵成立亲意大利的政党，希望从意大利获得养老金。1950 年，意方为近 14 万厄特退伍老兵建立养老基金，人均每年 100 美元。1993 年厄特独立时，仍有 1100 名老兵在世；到 2006 年还有 260 人，极个别人移居意大利。参见 Dan Connell & Tom Killion, *Historical Dictionary of Eritrea*, 2nd Edition, Scarecrow Press, 2011, pp. 92-94。

平等、公正和自律等理想主义和民族主义价值观，其朴素的道德观基础主要来自农村浓厚的宗教文化。1991 年进城时，自信和严肃的战士除持有特殊的行为准则和传统外，形象也颇为独特，如常戴头巾、披白纱，穿紧身短裤和夹克军装，脚蹬塑料凉鞋。

这种由原厄特人民革命党和厄人阵塑造和培育的政治文化，并未传承到独立后的国防军中。独立前后，厄人阵基层士兵已不接受继续无偿或低薪服役。

第二节　军队概况

厄立特里亚国防军主要整编自厄人阵的部队，由陆、海、空三军组成，负责保卫厄特的领土和主权完整、边境的和平与安全。目前，现役武装部队有陆军 20.2 万人、海军 1400 人（包括 500 名义务兵）和空军 300 人[①]，以及总统卫队 7000 人；分置五个战区[②]。国防军总司令是伊萨亚斯总统，总参谋长为菲利浦·沃尔德约翰内斯少将[③]。军队基层单位是排，约 45 人；两个排组成一个连，配有重武器；四个连为一营，三营一旅，四旅一师。

2014 年，厄特重组民兵为后备役民兵，约有 12 万人，[④] 以 60 岁以上退伍老兵为主，每年定期军训，并持枪服役（从事夜间警卫和发展建设工作）

---

① Jane's Sentinel Security Assessment-North Africa，*Jane's International Defence Review*，2020 年 1 月更新。另有英国国际战略研究所（IISS）估计，厄特所有兵力（含准军事力量）曾从独立初年的 5.5 万人减到 4.7 万人，1999 年复增至 20 万人，21 世纪头两年为 17 万人，此后又达 20 万人，2019 年为 20.2 万人，占劳动力总数的 13% 左右。

② 西部战区（加什-巴尔卡省）、西南战区（安塞巴省）、南部战区（北红海省）、东部战区（南红海省）、中部（中央省和南方省）战区，各辖 20 个旅。参见前引简氏军事年鉴。

③ 菲利浦·沃尔德约翰内斯（Filipos Woldeyohanes），1996 年晋升少将，曾任原第 2 战区（西部）司令，2014 年 3 月任总长。2021 年 8 月，美国称菲利浦直接参与埃塞内战而对其"实施制裁"。

④ Jane's Sentinel Security Assessment-North Africa，*Jane's International Defence Review*，2020 年 1 月更新。另见 Dan Connell，*Historical Dictionary of Eritrea*，3rd Edition，Rowman & Littlefield，2019，p. 384。司令为第 2 战区前任司令特克勒·基夫勒（Tekle Kifle）准将。

一个月。

厄特独立后，军队历经整编和复员，实行义务兵役制，1996 年国防军仅 4.5 万人，占劳动力总数不及 5%。1995 年年中，厄人阵原参谋长塞伯哈特重返军界，接任国防部长并负责军队的正规化改造，1996 年 4 月实行军衔制，2010 年时有 14 名少将以上军官。此后，厄特国防军与邻国军队多次发生边境冲突，特别是 1998~2000 年与埃塞进行了大规模边境战争，战争期间兵员增至 30 万人，占劳动力的 20%，并斥巨资购置战机等重型武器装备；主要部署于西部边界巴德梅、中部边境扎兰姆贝萨和阿迪格拉特，以及东南与吉布提交界三处。2002 年，伊萨亚斯重组军队指挥系统，各军兵种和五个战区司令均直接对其本人负责。2019 年，军队官兵占全国劳动力的 12%，休战期间参与社会和经济重建，承建大型公共工程，参与农业生产。

斯德哥尔摩国际和平研究所（SIPRI）《军备、裁军和国际安全年鉴》称，2003 年后厄特政府不再公布军费开支，独立后头十年的军费受厄埃边界战争的影响很大（详见表 4-1），官方称 2006 年军费占国内生产总值的比例下降到 7.8%。

表 4-1　厄特国防开支（1993~2007）

年份	1993	1994	1995	1997	1998	1999	2000	2001	2002	2003	2004	2005	2007
国防开支占政府财政支出的比重(%)	41.00	32.62	31.09	25.48	47.72	41.88	44.03	32.06	33.05	31.14			
国防开支占国内生产总值的比重(%)	21.33	12.72	19.54	11.86	32.50	34.38	32.66	22.14	20.67	20.87			
国防开支（亿美元）[1]		1.0774	0.8020	1.2500	0.9276	2.6300	2.7286	2.3067	1.6655	1.5076	1.8158		
武器进口（亿美元）[2]		0.21	0.18	0.07	0.53	2.14	0.31	0.20	0.57	0.18	0.17	0.80	0.98	0.04

注：[1] 时价。

[2] 1990 年不变价，不含轻武器、卡车、小火炮、弹药包，以及辅助设备、技术转让和其他服务。

资料来源：Stockholm International Peace Research Institute, *Yearbook：Armaments, Disarmament and International Security*。

每年 9 月 1 日被定为武装斗争纪念日，纪念 1961 年 9 月 1 日打响反抗外来占领的独立战争第一枪。国防军有自己的刊物《时刻准备》（*TeaTek*）。

1993 年 5 月 20 日，在厄特正式宣布独立前四天，厄人阵部分从军 20 载的老兵和从小参战的年轻战士包围阿斯马拉国际机场，公开抗议此前伊萨亚斯总统宣布的维持低军饷继续服役 4 年以重建国家基础设施的决定，导致载有前来参加庆典的外客的多个航班无法起降。他们随后占领市中心的银行和政府大楼，用坦克阻断市内大部交通。当晚，伊萨亚斯在体育场会见抗议者，承诺提高军薪并拨款 5000 万埃塞比尔（时值 700 万美元）照顾退伍军人家庭。两天后，他下令拘禁 200 多名"非法抗议者"两年，首领被判 12 年徒刑（后减刑释放）。

1994 年 7 月 11 日，一些老兵担忧被迫从阿斯马拉东郊康复中心搬迁，在全国伤残军人协会组织之下前往首都游行请愿，中途被宪兵拦截，他们将复员办公室主任等两人扣为人质，要求面见政府高层领导。伊萨亚斯总统当时在外出访，国家安全局局长阿布拉哈·卡萨·内马里亚姆①准将派武装突击队前往阻止，警方开枪打死数人后驱散抗议者，行动领导事后被捕入狱。

2013 年 1 月 21 日，南方边境战区的 4 名校官带百余名士兵哗变，索要被拖欠军饷，一度占领首都阿斯马拉的国家电视台并包围新闻部，试图播放要求实行 1997 年宪法的声明。当晚，兵变平息，首领之一自裁。

第三节 军种兵种

（一）陆军

厄特陆军有 4 个兵团，共辖 20 个步兵师、1 个突击师和 1 个机械化

---

① 阿布拉哈·卡萨·内马里亚姆（Abraha Kassa Nemariam），1953 年 7 月 15 日出生，人阵党中央执委。1997 年任此职至今。2021 年 8 月，美国称阿布拉哈直接参与埃塞内战而对其"实施制裁"。

旅；部队经常在各战区之间换防，以免形成"山头"。阿斯马拉、马萨瓦（达赫拉克岛）、阿萨布、格德赫姆和德克马瑞均有陆军基地。陆军司令原由国防部长兼任（空缺多年）。

2005 年厄特陆军主要装备为 T-54/55 主战坦克 300 辆，BTR-60/152、BMP-1 和 MT-LB 装甲步兵车 100 辆，122/130 毫米口径各类重炮 70 门，自行火炮 45 门，多管火箭炮 55 门，迫击炮百余门，以及反坦克导弹 300 枚，50 套 "9K38 Igla" 防空导弹和 70 门高射炮。士兵主要装备苏式 AKM 自动步枪。

（二）海军

厄特海军人数不多，负责保卫海岸线及领海的安全，政府渔业部授权海军兼顾渔业执法。海军脱胎于独立战争早期厄解阵的海上运输队，在厄解阵分裂后加入厄人阵，并于 1987 年厄人阵二大后在苏丹港基地正式组建海军，1991 年参加马萨瓦战役，击沉数艘埃塞军舰。

独立后，厄特海军总部设在马萨瓦东边，在阿萨布设修船厂，并在达赫拉克群岛建海军军校。到 20 世纪 90 年代中期，约有 45 艘舰艇。1994 年，特沃德·凯拉蒂①出任司令，现任司令为胡迈德·卡里卡雷②少将。

独立后，厄特海军扩大巡逻艇队，1994 年从以色列购置导弹快艇［超级 Dvora Mk Ⅱ型 4 艘，配备以制 Gabriel 反舰导弹；5 艘苏联"黄蜂"Osa Ⅱ型（未入列装），配备苏制"冥河"型反舰导弹］、鱼雷快艇（美制 7 艘）、两栖登陆艇（德、苏、土耳其制，5 艘）等。2015 年从西班牙订购 40 艘快艇，到 2020 年初仅到货 4 艘。2012~2017 年，1000 名厄特海军学员在国内受训，其中部分人赴阿布扎比参加短训；2019 年有 300 多名海军学员毕业。

---

① 特沃德·凯拉蒂（Tewolde Kelati），1997—2009 年先后任中央省省长等职，2009 年 10 月至今任海洋资源部部长。

② 胡迈德·穆罕默德·卡里卡雷（Humed Mohamed Karikare, 1945— ），人阵党中委、海军司令，阿法尔族。海军创始人之一。厄特独立后任原登卡利亚省省长。在该省并入南方省后于 1996 年 10 月重返海军，2004 年晋升少将。

（三）空军

厄特空军由前埃塞空军飞行员哈布提森·哈古①于 1994 年创建，现编有 8 个中队，多数部署于阿斯马拉，其余部署于马萨瓦、阿萨布和巴伦图基地。现有战斗机 30 架（米格-21/23/29、苏-27）、运输机 5 架（西风 1125、Y-12）和教练机十余架，武装直升机多架（米-8/17/24）等②。另有一架以色列造的 ASTRA 七座豪华型总统专机，载有卫星通信设备。现任空军司令为特克莱·哈布特塞拉西③少将。

（四）警察

厄特警察部队负责执法护法、预防和侦破犯罪，并管理交通。

意大利殖民时期，厄特仅有几个殖民军军官带领 150 名厄特士兵组成的警察部队。英国军管当局于 1941 年 8 月调曾赴南罗得西亚（今津巴布韦）受训的 97 名英国军官和警官创建厄特警察部队，有 3000 名厄特警员。其中特情局设指纹识别、录音和摄影处，配备 4 辆意式装甲车，并有 60 名骑警和 250 人突击队。④

埃塞统治厄特初期，以色列训练厄特警察突击队镇压争取民族独立的组织；1974 年埃塞军政府上台，厄特 5000 名警察和 2500 名突击队中四分之一是埃塞人，但大多数人在当年年底反水参加厄特解放组织，埃塞驻军接管警察部队直至 1991 年。

厄特独立后头十年，警察主要管理交通，政府招募原游击队员进德克马瑞警察学院培训，厄特警察一度归国防部领导，大多数警察来自国民服务义务兵，收入微薄。此后厄特警察归入国家安全局，增加防暴武警和保护使团的外事警察，均隶属总部在阿斯马拉的厄特警察与保安司令部（西蒙·格布雷登格尔准将）；2014 年，贝拉基·梅哈里·泽盖上校任总监。复

---

① 哈布提森·哈古（Habtesion Hadgu），原埃塞空军少校，1988 年起义参加厄人阵，1994 年任空军司令，招来多名埃塞前空军高官，1999 年晋升准将，2003 年被捕。

② https：//www.defenceweb.co.za/security/african-militaries/eritrea/? catid = 119%3Aafrican-militaries&Itemid = 255.

③ 特克莱·哈布特塞拉西（Teklai Habtesellassi），人阵党中委，2003 年就任；此前历任南方战区司令、萨瓦兵营司令等职。

④ Resoum Kidane, *The Eritrean Police Force*, 2014, http：//www.ehrea.org/coln.php.

转军人和平民上岗前须接受 3~5 个月的警务培训。警察部队刊物为《人民警察》（*Hizbn*）。

第四节　国民服务

厄特政府 1991/11 号法令规定，18~40 岁（后扩展到 50 岁）男性和 18~27 岁女性公民，除某些例外，[①] 均须为国家服务 18 个月（含半年军训），旨在动员民众参加国家重建，强调勤奋、坚毅、勇敢等价值观的代际传承，培养民族认同感和凝聚力；1995/82 号公告则增加"建立保卫国家的后备军"等内容。国民服务由国防部牵头统辖、教育部和有关经济部委协助实施，迄今已执行 32 期。

1994 年 3 月，厄特开始国民服务登记，不到半年登记 20 万适龄者，首批 1 万人前往巴尔卡省萨瓦（靠近与苏丹边界）军训营（后增加登卡利亚沙漠中的基洛马训练营）；同期动员 3.5 万名高中生参与筑路和助农劳动。

第一期军训学员于 1994 年底毕业，伊萨亚斯总统出席毕业典礼，从此形成惯例。1995 年 11 月，政府修法将国民服务上限调到 50 岁，并要求海外侨民参加服役方可更换新护照，但可缴纳保证金后离境。到 1997 年年中，近 10 万青年完成军训和国民服务后复员。1998 年与埃塞发生边界战争后，服役期延长，前几期预备役部队与新人一起服役，动员总数近 35 万人，国民服务团除为军队服务外，还从事建设或维护基础设施，在政府部门和社会服务机构帮忙，帮助农民播种收获，以及从事教育、文娱、体育等公益活动，每月领津贴 10~30 美元。

2000 年底，政府曾答应到 2003 年年中分批复员 20 万战斗人员。埃塞拒绝接受边界裁决后，厄特于 2003 年无限期延长国民服务，更名为"战后重建发展运动"，所有高二学生须到萨瓦军营半军训半学习一年，

---

① 如注册个体商户、已婚妇女和单身母亲、家中唯一养家糊口者等，后又豁免残疾人、老战士和全日制在校学生等。

遏制毕业生外流和扩军备战。到 2009 年，国民服务人数逾 50 万，但同年复员 4 万女性成员。同年，联合国难民署称，每月上千年轻人为逃避服役出走苏丹、埃塞和吉布提。2015 年，联合国估计，每年出走青年近 5 万。

2015 年，厄特政府给国民服务者增加津贴（每月最多 100 美元），并赦免返岗者，但涉及人数不多。2018 年 7 月新一批国民服务启动时，政府酝酿恢复 18 个月服役期限。

2021 年 8 月，萨瓦举行第 34 轮国民服务暨第 12 轮职业培训中心结业庆典，1200 名学生（544 名女生）完成了 4 个月的军事和政治培训以及 8 个月的预科教育。

第五章

经　济

第一节　概　述

厄立特里亚是最不发达国家之一，在联合国开发计划署《2020 年人类发展报告》涵盖的 189 国中排第 180 位，2020 年世界银行《营商环境报告》列厄特为 190 个国家中倒数第二位。非洲开发银行估算 2021 年厄特的国内生产总值按购买力平价计算不足 60 亿美元；国际货币基金组织则估近 69 亿美元，人均 1911 美元；世界银行按美元时价计算 2020 年厄特国内生产总值仅 20.83 亿美元。

（一）殖民地经济

厄特一带是非洲原始时代农耕游牧发展和远古欧亚非商贸的一个中心。在公元前 2000 年左右，厄特高地出现定居农业，耕种蜀黍类植物，还有小麦、大麦、黑麦和芝麻等。公元前 1500 年左右，农作物种植向周围扩展，包括红海之滨的狭长平原地带。从那时起到公元 8 世纪，这里曾是红海贸易的一个主要站点。

意大利统一并殖民厄特后，在当地开采金、镍、铜、铁、铬、宝石和海盐，① 15 个轻工业公司和 300 多家加工作坊出现于阿斯马拉和马萨瓦、阿萨

---

① 1920~1929 年，年产 10 万~15 万吨海盐，1930 年产 13 万吨。1929 年达洛尔（达纳基勒洼地）生产钾钠砂矿 2640 吨。1931~1940 年 21 处金矿生产 1700 公斤（1941 年产 1.7 万盎司）黄金。Fr. Tewelde Beyene, *Introduction to the History of Eritrea : Lecture Outlines*, Asmara, 2012, p. 60; Dan Connell & Tom Killion, *Historical Dictionary of Eritrea*, *2nd Edition*, Scarecrow Press, 2011, p. 378.

布两个港口周围。意殖民当局颁布法令，没收中部和西部的所有耕地为"国有"①，辟为水果、棉花、咖啡种植园及奶牛场，引进一些先进的农业机械和技术，但种族隔离的经济体制阻止了绝大多数厄特农牧民改变传统的生产方式。

意殖民当局大兴土木，修建港口、机场，铺路筑桥，搭建海陆空立体交通运输网。铁路从马萨瓦港起步，盘山而上到达阿斯马拉，200 公里需走 10 个小时②，再向西延伸到苏丹边境阿戈尔达。除贯通阿斯马拉和阿迪夸拉、克伦、马萨瓦、瑟纳费等城市的公路网（570 公里）外，当局还修水泥路连接多数乡镇。1936 年马港和首府之间又拉起 72 公里的悬空缆车索道，如项链悬挂山间，每天运货 720 吨。意大利人增建发电厂，以及生产消费品和维修设备的工厂，生产纽扣、食用油、面食、建材、肉类、烟草、皮革和其他日用品，同时引进电话、电报、邮政服务等。20 世纪 30 年代中叶，数万意籍熟练技工加盟，厄特成为仅次于南非的非洲第二大工业化殖民地。

英国军管期间大肆抛售厄特的 600 家工厂、矿山、铁路、机场和港口等，将机械和其他设备转移或变卖到乌干达、肯尼亚和远至亚洲的印度、巴基斯坦等其他英属殖民地，夷平马萨瓦海军基地，拆除高空索道拍卖钢缆。到 1948 年，当地经济全面衰退，剩下的六七百家作坊和小企业因原材料供应和硬通货断流而倒闭，上万名厄特工人和 4000 名意籍工人失业，到 1952 年，失业率逾 30%。

埃塞统治时期又将厄特 42 家工厂收归国有，这些工厂大多南迁，埃塞当局还恐吓、阻止和驱逐在厄特的外国投资商，厄特的工厂总数从 1958 年的 165 家减到 1961 年的 83 家，而同期埃塞的工厂数量从 55 家增至 95 家。③ 20 世纪 70 年代末期，埃塞军政权进一步对厄特残存的工商企业实行国有化。1991 年解放时，厄特经济备受战争破坏，几近崩溃；农业不足

---

① 1895 年殖民当局一度停止公开征地，但仍通过 1903 年、1909 年和 1926 年的法令，以国家控制和出租土地为名没收耕地，截至 1908 年共得 48.2 万公顷，海拔 350 米以下的土地均被征用。Mussie Tesfagiorgis G., Eritrea (Africa in Focus), 2011, p. 43.

② 1887 年起意大利军方已经建了 28 公里铁路运送军队。19 世纪末重新开工，1911 年修到阿斯马拉。

③ Niaz Murtaza, The Pillage of Sustainability in Eritrea, 1600s-1990s: Rural Communities and the Creeping Shadows of Hegemony, London: Greenwood Printing Press, 1998, p. 76.

以维持生计，建筑、采矿和服务业难以发展，制造业衰败，自然资源和人力资源枯竭。世界银行估计当时厄特的人均年收入仅 70~150 美元。①

（二）独立后发展艰难

厄特国民经济主要依靠农林牧渔、轻工业、矿业和服务业，红海提供了可供消费和出口的丰富海洋资源，以及旅游资源。农业靠天和矿业面窄导致厄特国民经济常受外部冲击，独立以来经济增长起伏波动。

独立初期，厄特社会经济基础设施恢复较快并有发展，官方统计 1992~1997 年的经济年均增长率为 7%~8%（世界银行的统计数据则认为 1992~2000 年的年均增长率为 6.5%；联合国贸易与发展会议的数据显示，1993 年独立至 1998 年边界战争爆发期间，GDP 年均增长率为 5.2%，人均 GDP 增长率为 2.0%②），在非洲排名靠前。厄特政府采取了以私营经济为主导、民众共享成果的思路，政府的作用限于营造有利的政策环境，并投资私营部门兴趣不大的基础设施和战略产业。人阵党推动国有工商企业私有化，鼓励和支持私营部门参与国民经济建设；采取措施大力吸引外资、国外援助和贷款，特别是鼓励海外厄侨回国投资，1998 年的外国直接投资额达到 1.49 亿美元。

厄特先后出台土地法、投资法和贸易、金融、税收等规定，积极参与双边和多边经济贸易机制，1997 年自主发行本国货币纳克法。同时，政府恢复和扩大交通通信服务，复兴劳动力、资本和产品市场，稳定财政、货币和贸易政策，增加国库收入和有效配置资源；私营企业则积极投资发展服务和建筑等产业。

1998~2000 年，因与埃塞交战，厄特经济复苏中断，大量道路桥梁、电力和电信设施、学校和诊所、供水和卫生设施、工厂农场遭毁坏，农业产出、港口和出口收入损失惨重。征兵 25 万导致军费大幅增加，不仅抑制了经济增长，还推高了通货膨胀。据世界银行估计，厄方损失 6 亿美元

---

① http://www.shabait.com/about-eritrea/eritrea-at-a-glance/342-eritrea-at-a-glance-part-iii.

② World Bank, *World Development Indicators 2019: 4.1 Growth of Output*, http://wdi.worldbank.org/table/4.1. Accessed Feb. 28, 2020; UNCTAD, The Statistical Tables on the Least Developed Countries 2002.

财产，其中包括价值 2.25 亿美元的牲畜和 5.5 万间房屋，公共建筑物损坏约值 2400 万美元。厄特政府称，1998~2010 年经济年均增长率为 2%，世界银行则称 1999 年厄特国内生产总值增长为零，2000 年萎缩 12.1%，人均值收缩 15.1%。对外贸易停止，港口活动和收入大幅减少，厄特农产区歉收，粮食产量下降 62%。

持续 18 年的不战不和僵局严重影响厄特各方面的发展，人、财、物等资源均立足于备战，厄人阵党强调自力更生和社会公平，侧重恢复建设基础设施，帮助战争难民返乡重建家园、复员军人重返社会，以及重启战前的发展项目。

21 世纪以来，天公亦不作美，厄特谷物产量远低于正常水平，逾 25 万人在国民服务队修复基础设施，私营中小企业劳动力匮乏，难以为继。外部投资者望而却步，2001~2005 年外国直接投资额年均 1160 万美元。2008 年世界金融危机亦严重影响厄特经济，当年其国内生产总值收缩 9.8%。2009 年，厄特通货膨胀率达 35%~50%，外汇储备减少，日用商品短缺。2005~2009 年，总产值实际（以 2015 年不变价格计算）年均下降 2.1%。联合国贸发会议数据显示，2000~2009 年，厄特总产值年均增长 1.3%，人均则下降 2.3%。

近十来年，厄特经济增长起伏较大，2010~2019 年国内生产总值年均实际增长 5.25%（联合国贸发会议数据为 4.47%，人均 2.03%）。2009~2012 年，由于全球经济增长放缓和初级产品价格下跌，以及联合国对厄特实施制裁等原因，经济年均实际增长率为 3.1%；但其中最后两年连续增长 7% 以上，使厄特成为世界上高速增长前十国之一，[①] 特别是人均产值开始扭转多年来只减不增的局面。此后，厄特经济再度波动，2013 年增速陡降至 1.3%，2014 年为 1.7%，2015 年跌至 0.3%（非开行 2021 年

---

① International Monetary Fund, World Economic Outlook Database, October 2012, http：//www. imf. org/external/pubs/ft/weo/2012/02/weodata/weorept. aspx? pr. x = 53&pr. y = 13&sy = 2010&ey = 2014&scsm = 1&ssd = 1&sort = country&ds = . &br = 1&c = 643&s = NGDP _ R, NGDP _ RPCH, NGDP, NGDPD, NGDP _ D, NGDPRPC, NGDPPC, NGDPDPC, PPPGDP, PPPPC, PPPSH&grp = 0&a = . Accessed October 20, 2012.

国别简介称，2014 年矿业投资拉动增长 30.93%，2015 年大旱则萎缩 20.62%），2016 年回弹至 3.8%，2017 年再度收缩 9.6%，2018 年回弹增长 12.2%，2019 年增 3.8%（人均收入增长 2.6%）。2015~2019 年，年均实际增长率为 4.3%。[①] 据非开行 2024 年厄特经济展望，2022 年其国内总产值增长 2.6%，得益于矿业和服务业的恢复，公共和私人消费亦有增长。

厄特经济复苏主要依仗新探明铜、黄金，以及石油和天然气等资源的开发，特别是黄金出口增加，[②] 并吸引国内外相关投资。政府重启经济改革计划，但实施力度有待加强。此外，侨汇依旧是厄特度过危机的重要工具。阿联酋租用阿萨布港及附近空军基地，也贡献了大量外汇。

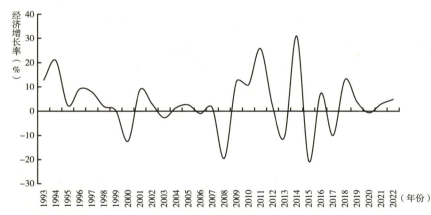

图 5-1 厄特经济增长曲线（1993~2022 年）

资料来源：根据国际货币基金组织数据编制。

---

① AfDB, *Eritrea Interim Country Strategy Paper（I-CSP）2017-2019*, October 2017, p. 2; *I-CSP 2017-2019 Update to End 2021 and 2019 Country Portfolio Performance Review*, March 2020, pp. iv, 2.

② 其中最重要的是位于加什-巴尔卡的碧沙矿，据信储有 100 万盎司黄金，以及大量铜和锌。政府持有 40% 的股份，由加拿大公司管理，欧洲和南非投资方承销。

据世界银行统计，2000～2018 年厄特经济年均增长率为 0.5%。[1]
其间，2014 年国内生产总值按当年汇率计算为 39.44 亿美元，在全球
当年有数据的 187 国中列第 156 位；人均国民总收入 490 美元，在 175
国中位列第 167 名，在统计的 51 个非洲国家中排第 39 位。2015～2018
年因频繁干旱和采矿产量下降，国内生产总值实际年均萎缩 2.7%；
2018 年当年则恢复增长 12.8%，其中农业、工业和服务业的增长率分
别为 24.0%、11.1% 和 4.9%。[2] 国际货币基金组织统计，2018 年厄特
国内生产总值为 20.07 亿（购买力平价是 62.19 亿）美元，人均 332
（购买力平价是 1028）美元；2010～2018 年国内生产总值年均实际增
长 5.4%[3]。

2018 年 11 月联合国解除对厄特的制裁，其孤立境遇有所缓解，
2019 年国内生产总值增长 3.7%，三个产业增长率分别是 27.0%、
13.0% 和 -26.0%。2020 年厄特遭遇新冠疫情和沙漠蝗灾，边关封锁和
数月禁止流动导致供应链中断和不少经济活动停摆，净出口（-6.5%）
和私人消费（-1.9%）下降；政府大幅增加对矿业投资（总投资相当于
国内生产总值的 5%）起到缓冲作用，世界银行初步估算厄特当年国内
生产总值实际下降 0.6%；农业、工业和服务业产值分别下降 0.5%、
0.7% 和 1.1%[4]。

---

① World Bank, *World Development Indicators 2019: 4.1 Growth of Output*, http://wdi. worldbank. org/table/4.1. Accessed Feb. 28, 2020.

② AfDB, AEO 2021: From Debt Resolution to Growth: The Road Ahead for Africa, 2021/05, pp. 38, 118; East Africa Economic Outlook 2021: Debt Dynamics: The Path to Post-COVID, 2021.10, p. 14; World Bank, *Poverty & Equity and Macroeconomics*, *Trade & Investment Global Practices*, April 2021, p. 231.

③ International Monetary Fund (IMF), World Economic Outlook Database, October 2019, https://www.imf.org/external/pubs/ft/weo/2019/02/weodata/weorept. aspx? pr. x = 33&pr. y = 13&sy = 2017&ey = 2021&scsm = 1&ssd = 1&sort = country&ds = .&br = 1&c = 643&s = NGDPD% 2CPPPGDP% 2CNGDPDPC% 2CPPPPC% 2CPCPIPCH&grp = 0&a, Accessed April 20, 2020; IMF, *Regional Economic Outlook: Sub-Saharan Africa, A New Shock and Little Room to Maneuver*, April 2022, p. 28.

④ World Bank, *Poverty & Equity and Macroeconomics*, *Trade & Investment Global Practices*, April 2021, p. 231.

表5-1　1993~2021年部分年份厄立特里亚经济产值数据

	1993年	1998年	2003年	2008年	2013年	2014年	2015年	2017年	2018年	2019年	2020年	2021年
国内生产总值（不变价亿纳克法[1]）	169.54	251.87	241.18	203.10	289.66	379.26	301.05	290.93	328.84	341.45	339.31	349.19
国内生产总值年增长率（%，不变价格）	12.88	1.97	-2.66	-19.44	-10.46	30.93	-20.62	-10.02	13.03	3.84	-0.63	2.91
国内生产总值实际增长率（%）[5]	—	3.00	3.90	-9.80	3.05	4.99	4.78	3.26	3.40	—	-1.80	—
国内生产总值（时价亿纳克法）	19.56	46.11	93.47	141.86	301.04	400.40	309.53	287.02	302.35	298.76	314.08	342.23
国内生产总值（时价亿美元）	3.74	6.26	6.73	9.23	19.58	26.04	20.53	19.04	20.06	19.82	20.84	22.70
国内生产总值（时价亿国际美元）	19.57	31.77	33.40	32.14	49.43	65.94	53.12	52.47	60.73	64.19	64.55	68.83
人均国内生产总值（不变价纳克法）	7572	11418	9273	6631	8827	11453	9006	8524	9523	9755	9569	9718
人均国内生产总值（时价纳克法）	874	2090	3593	4632	9175	12093	9259	8410	8756	8543	8859	9437
人均国内生产总值名义增长率（%）[3]	14.42	1.25	-7.14	-11.73	-11.3	29.7	-21.44	-10.89	11.7	2.43	-1.9	—
人均国内生产总值实际增长率（%）[5]	1.60	-1.20	-0.5	-12.70	1.12	3.02	2.52	0.92	1.12	—	—	—
人均国内生产总值（时价美元）	167	284	259	301	597	786	614	558	581	567	588	633
人均国内生产总值（时价美元）[4]			159	190	359	467	352	324	332	343	588	625
人均国内生产总值（不变价国际美元[2]）	1366	2059	1672	1196	1592	2066	1624	1537	1718	1761	1726	6.52

续表

	1993年	1998年	2003年	2008年	2013年	2014年	2015年	2017年	2018年	2019年	2020年	2021年
人均国内生产总值（时价国际美元）	874	1440	1284	1049	1507	1992	1589	1537	1759	1835	1820	1911
国民总收入年增长率（%）	13.45	2.04	-2.73	-9.85	na							
国民总收入（不变价亿纳克法）	184.65	276.67	290.99	274.63	na							
国民总收入（时价亿国际美元）	21.33	35.08	39.96	43.14	na							
国民总收入（时价亿美元）	na	7.24	7.79	12.52	na							
人均国民收入（不变价纳克法）	8248	12539	11188	8967	na							
人均国民收入（时价国际美元）	950	1590	1540	1410	na					2793		
人均国民收入（时价美元）	na	330	300	410	490	530	657	1083	1943		1528	
人均国民收入年增长率（%）	14.42	1.52	-7.22	-11.80	na							

注：1. 2011年不变价纳克法；2015年不变价国际美元，国际美元为当年购买力平价计算。

2. 此处为实际增长率；其余的年增长率均为名义增长率。

3. 非洲联盟与联合国非洲经济委员会数据，与世行数据相近。https://ecastats.uneca.org/unsdgsafrica/KEY-DATASETS。

4. 厄特财政部未刊文件，转引自联合国粮农组织国别报告，https://www.fao.org/3/x6782e/X6782E08.htm#8437）。

5. UNCTAD, The Statistical Tables on the Least Developed Countries（相关年度报告）。

资料来源：国内生产总值系列数据来自 International Monetary Fund, World Economic Outlook Database, October 2021; World Development Indicators database; 国民收入系列数据来自 World Development Indicators database, October 2021 和 UNCTAD, The Statistical Tables on the Least Developed Countries。

据非开行近几年报告，2019 年厄特国内生产总值实际增长 3.8%；2020 年新冠疫情对厄特经济的恢复多有影响，国内生产总值萎缩 0.6%；2021 年全球金属需求和价格上涨提振工矿业，但旅游、贸易和运输服务行业等受封控抗疫措施所限，国内生产总值初估增长 2.9%；实际国内生产总值年增长率从 2022 年的 2.6% 略升至 2023 年的 2.9%，得益于工业、特别是采矿和服务业，以及私人和公共消费的推动。2024 年和 2025 年的增幅预计分别为 2.9% 和 3.1%。[①]

联合国贸发会议对最不发达国家产业结构变化的多年跟踪表明，厄特独立头十年的农牧业增加值占 GDP 的 9%~17%，工业增加值占 GDP 的 10%~19%。服务业占比超 60%。21 世纪以来，由于建筑业和矿业有所发展，三个产业的比例保持在 17%、23% 和 60%。农业占国内生产总值的份额从 2004 年的 10.6% 上升到 2023 年的 17.6%；工业占比从 19.6% 上升到 32.0%，其中制造业在总产值中的份额从 1.1% 上升到 9.8%，仍然很小，且主要是附加值低的农产品加工业；服务业占国内生产总值的比重从 61.7% 下降到 52.5%。2004 年至 2021 年，分部门就业比基本未变，农业为 62%，服务业 29%，工业 9%。[②]

据世界银行资料，2009 年厄特服务业、工矿业和农业的贡献率分别占 GDP 的 63%、22.4% 和 14.5%，2017 年则是 58.7%、29.6% 和 11.7%（2019 年厄特官方数据为 58.9%、23.5% 和 17.6%[③]）。2008 年世界金融危机后，厄特私营企业活动萎缩。私营经济以建筑、加工以及服务和贸易

① AfDB, *AEO 2022: Supporting Climate Resilience and a Just Energy Transition in Africa*, May 2021, pp. 46, 118; *AEO 2024: Driving Africa's Transformation: The Reform of the Global Financial Architecture*, June 2024, 76; *East Africa Economic Outlook 2021: Debt Dynamics: The Path to Post-COVID*, October 2021, p. 14. 并参见中国商务部《对外投资合作国别（地区）指南 厄立特里亚（2024 年版）》，北京，2024 年 12 月。

② AfDB, *AEO 2024: Driving Africa's Transformation The Reform of the Global Financial Architecture*, June 2024, p. 204.

③ 转引自联合国国际农业发展基金（IFAD），*State of Eritrea Country Strategic Opportunities Programme 2020-2025*, Rome, March 2020, p. 1.

行业的私营中小微企业（约 5.8 万家）居多，生产率低，与国有大企业产业链衔接差，产出仅占 GDP 的 6%（2016 年）①。

表 5-2　厄立特里亚国内生产总值部类构成占比

单位：%

	1993 年 a	1998 年 a	2003 年 a	2008 年	2011 年	2012 年	2015 年
农林牧渔	19.4	23.4	11.8	17.4	17.0	16.9	17.2
资源业租赁 a	5.4	7.7	4.5	4.3-	26.9-	—	
工业（含建筑业）a	13.6	19.3	19.7	25.9			
其中:制造业	7.8	8.6	9.1	6.8	6.1	5.9	6.0
电、气、水				2.0	1.8	1.7	1.8
建筑业				18.1	16.2	15.5	15.7
批发零售和餐饮旅馆				18.1	19.1	19.4	19.2
运输与通信				11.6	12.2	12.4	12.3
金融、房产与商业服务				—	27.6	—	27.8
公共、教育与医疗服务				26.1	—	28.1	
其他服务				17.4	—	16.9	
国内生产总值	100.0	100.0	100.0	100.0	100.0	100.0	100.0

资料来源：根据非开行 2012 年和 2018 年《非洲经济展望》整理。
注：a：世界银行数据库。

（三）发展政策的变化

厄特独立后，提倡自力更生重建经济，制定了以私有经济为主导的市场经济发展战略，1994 年政府发布的《宏观经济政策》以及 1998 年的《1998～2000 年国民经济政策框架和计划》均确定以自由市场为基础、私营部门为主导的出口导向发展方针，优先发展灌溉农业和提高农牧民生产力；发展资本和知识密集型出口加工和服务、旅游业；升级改造非正规经济；创立国民社保和医保网，普及基础教育；保护改善环境。

1994 年 8 月，政府新颁布投资法，放宽对税收和利润返还的限定，吸引

① African Development Bank（AfDB），*Eritrea Interim Country Strategy Paper（I-CSP）2017-2019*，October 2017，p. 3.

私人投资、侨汇和外资，争取国外贷款和援助，以开发利用自然资源，扩大出口和增加外汇，引进先进技术，发展中小企业。1998 年，厄特设立投资中心审批投资项目，促进投资和提供便利，如建立"一站式"经营执照处加速企业开办事宜。该中心现任主任是国家发展部前部长沃尔达伊·富图尔博士。

厄特政府在与埃塞边界战争停火后即 21 世纪头十年里，曾更新中期发展目标《2030 年愿景》，提出宏观经济政策框架，以加速转向包容性可持续发展，侧重人力资源发展、广泛经济增长，倡导绿色经济和环境保护；优先发展农业、渔业和水产养殖，开发矿产和拓展旅游业。具体目标包括开辟新的出口市场，恢复沿海港口运营，提高农业生产，实现宏观经济稳定，吸引私营部门投资，继续推进国有企业私有化，并健全金融体系。

2001 年，厄特在马萨瓦创建自由贸易区，发布第 115 号政府公告称：入驻企业免征所得税、利润/分红税；进口免关税；外汇自由兑换；不设最低投资额；外商可 100%控股；资本和利润可自由汇出境外。自贸区招商侧重能源、旅游和渔业。政府选择了国家主导的计划经济策略，以集中稀缺资源和实施紧缩政策。2003 年发布的《中期减贫战略文件》，以及 2009 年的《十年长期远景发展指导规划》和《2009～2013 五年发展指标计划》[1]，提出在宏观经济稳定和持续消除贫困的前提下实现较快和广泛分享的经济增长，促进公平发展。

2005 年，政府实行战时经济政策，关闭投资促进局和部分私营企业，垄断外贸并禁止私企从事进出口贸易，管制外汇兑换和转移支付，控制货币市场和金融、运输、邮电、出版和旅游等行业，统购统销并严控农产品价格。2006 年全面禁止私企从事建筑业，将相关项目转交给军队和执政党经营的企业。

厄特唯一的执政党直接控制经济关键部门，除总统府和党中央经济部之外，党企红海贸易公司起主要作用。红海贸易公司前身是 20 世纪 80 年

---

[1] Government of Eritrea（GoE），Macro-Policy Document，1994；GoE，National Economic Policy Framework and Program（1998-2000 NEFP），1998，GoE Ministry of National Development，Interim Poverty Reduction Strategy Paper（I-PRSP），2004；Ministry of National Development，National Development Planning Framework，2009.

代厄人阵的合作社，当时资本 2 万美元，为厄人阵购买和运输武器及解放区所需其他物资。1994 年重组为信托基金公司，其任务之一是与私营企业竞争以平抑基本物价，并将其利润转入扶助战争伤残军人及其家属的基金。2001 年后，人阵党中央经济部部长哈格斯直接打理，开展国际融资，资产增至 5 亿美元。红海贸易公司通过 30 多家公司主导建筑、银行和货币兑换、保险、运输、印刷与出版、制造、能源和 IT、酒店和旅游行业，并有大量农业和采矿业股份。2003 年起几乎垄断厄特的国际货物贸易。2008 年负责与外国公司谈判矿业开发。

近年来，厄特政府主要加大农业、基础设施建设和人力资源开发领域的投入，并努力发展矿业、渔业和旅游业，旨在在经济增长、社会福利和环境保护之间取得平衡，实现可持续发展。如集中开发红海中段马萨瓦一带旅游业和新兴矿产出口，并加紧勘探沿海油气资源。厄特改善与非开行的关系，并加强同俄罗斯、英国、中国、印度和南非的经贸关系，有助于其争取开发新矿藏的外国投资。

厄特经营条件一般，办理企业注册、建筑许可、财产登记、供电、信贷等方面限制较多，本地资金不足、劳工技能不高、交通物流不畅、信息通信不利等因素也影响投资和发展。厄特一般销售税率为 5%～12%，公司税 30%外加 4%的市政税，利息预扣税 10%，采矿特许权使用费率为 10%，其中一半支付给国家矿业公司。世行近年的《营商环境报告》将厄特排在190 个国家/地区的倒数第二位（在索马里之前）。厄特政府正在通过能力建设和制订适当的技术和职业教育及培训课程来解决相关问题；还启动了国家电话公司、酒店业和食品加工厂的私有化，但进展缓慢。

第二节　农林牧渔

农、牧、渔业是厄特大多数人的主要生计来源。2000 年，广义农业占国内生产总值的 16%和货物出口额的 20%～30%，粮食作物产量占全年农业产量的 42%，经济作物产量占 28%，其余为畜牧业和渔业产量。21世纪头二十年，厄特种植业占比约六成，畜牧业近四成。联合国粮食及农

表5-3　1993~2019年部分年份厄立特里亚农林牧渔产业有关数据

	1993年	1998年	2003年	2008年	2013年	2014年	2015年	2016年	2017年	2018年	2019年
农林渔业增加值[1](不变价亿纳克法)	9.12	16.41	9.01	9.22							na
农林渔业增加值(时价亿纳克法)	4.76	12.83	14.29	35.60							na
农林渔业增加值(时价亿美元)	9.09	1.74	1.03	2.32							na
农林渔业增加值(占国内生产总值%)	19.44	23.37	11.83	16.78							na
农林渔业增加值(年增率%)	−19.44	57.35	−11.85	−43.49						24.0	27.0
农村人口(万)	176.82	165.70	184.03	202.14	206.43						na
农村人口年增长率(%)	−1.75	−0.57	3.45	0.71	0.44						na
农村人口占总人口(%)	78.99	75.10	70.76	66.00	64.23						na
农业就业占总就业人数比重(%)	70.89	68.25	67.76	68.06	66.34	64.94	65.48	64.66	64.89	63.76	63.12
林地(万公顷)	114.06	112.48	110.90	109.32	107.74	107.42	107.11	106.79	106.47	106.16	105.84
林地占国土面积(%)	11.29	11.14	10.98	10.82	10.67	10.64	10.60	10.57	10.54	10.51	10.48
农牧业用地(万公顷)	740.00	746.70	756.70	757.20	759.20	759.20	759.20	759.20	759.20	759.20	na
可耕地占国土面积(%)	4.93	4.93	5.91	6.63	6.83	6.83	6.83	6.83	6.83	6.83	na
可耕地(万公顷)	49.80	49.80	59.70	67.00	69.00	69.00	69.00	69.00	69.00	69.00	na
人均可耕地(公顷)	0.22	0.23	0.23	0.22	0.21	0.21	0.21	0.20	0.20	0.20	na
作物生产指数[2]	64.89	138.06	71.09	61.02	99.65	100.27	98.82	100.91	101.42	101.84	na
粮食生产指数[2]	57.5	95.02	76.58	77.75	98.42	100.31	99.04	100.65	101.65	101.83	na
畜牧业生产指数[2]	53.56	71.1	79.75	87.23	97.72	100.29	99.2	100.51	101.77	101.84	na

资料来源：根据世界银行数据编制。

注：[1]. 2000年价；[2]. 2004~2006年 = 100 为基准。

业组织数据显示，厄特 2018 年农村人口占总人口的 59.9%（310.8 万）①，191 万农牧民占劳动力的 72.3%。非开行估计，2017 年厄特农业生产及出口占国内生产总值的 17.2% 和货物出口额的 44%，近年相关比重变化不大。

厄特农业不仅受多年战事的破坏性影响，还存在结构性粮食短缺和自然资源有限等制约因素，地理环境、土质、降水、市场和基础设施均不利于农业生产的快速增长，乡村生活普遍贫困。

厄特农业营销和增值不易，小农出售多余产品时难以解决季节性价格波动、仓储和运输等问题，政府支持中小农户的服务有限。政府最新推出《农业发展战略五年规划（2019~2023）》，并注重灌溉农业及相关产品加工、畜牧业和渔业开发等集约化转型，提高单位面积产量和提升附加值，降低粮食生产成本、减轻贫困并保障粮食和营养安全。

（一）农业

厄特 73% 以上的人口以农牧业为生，但厄特大部分地区土壤贫瘠，气候干热，可耕地不多，不宜休耕轮作。大多数小农在各自少量且分散零落的农田（每户仅 0.1~0.25 公顷）上维持传统雨育耕作方式，出工路途颇远，缺乏现代农具、改良种子、农药和肥料，作物产量和质量低于预期。即使遇上风调雨顺年份，农业产量仅能满足 60%~70% 的国内需求（约 50 万吨），独立后头十年全国年均粮食产量不足 20 万吨，最近十年平均年产量增加 10 万吨。21 世纪头五年，食品进口（小麦、面粉和食油）占全部进口的二三成；2017 年食品进口占进口总值（3.96 亿美元）的 40.3%。②

厄特农民传统上种植谷物、豆类、水果和蔬菜，大多数人的生活水平很低，可供当地市场的剩余产品不多。厄特地处撒哈拉沙漠东缘，每隔三五年遭遇旱魃或蝗灾，即便雨水正常年份，自产粮食也仅能满足国民果腹需求的六七成。独立 30 年来，六次大旱（1993 年、1999 年、2003 年、2008 年、2015 年、2018 年）均有上百万人受灾，厄特各省粮食自给率为 60% 左右。

---

① http://www.fao.org/faostat/en/#country/178. 非开行 2018 年相关报告称，厄特农业就业人数为 144 万，占总人口的 27.7%。AfDB, *I-CSP 2017-2019 Update Review*, March 2020, p. 6.

② UN COMTRADE, 2017.

表 5-4　1993~2019 年部分年份厄特粮食生产

	1993 年	1998 年	2003 年	2008 年	2013 年	2014 年	2015 年	2016 年	2017 年	2018 年	2019 年
可耕地占国土面积比重（%）	4.93	4.93	5.91	6.63	6.83	6.83	6.83	6.83	6.83	6.83	na
可耕地（万公顷）	49.80	49.80	59.70	67.00	69.00	69.00	69.00	69.00	69.00	69.00	na
常耕地占国土面积比重（%）	0.02	0.02	0.03	0.02	0.02	0.02	0.02	0.02	0.02	0.02	na
粮食生产土地（万公顷）	33.85	47.70	40.59	41.94	44.48	45.34	47.78	4746	47.60	47.62	47.56
粮食产量（万吨）	8.69	45.78	10.59	10.58	29.79	30.21	30.69	30.37	30.49	30.52	30.46
粮食单产（公斤/公顷）	256.6	959.7	261.0	252.2	669.8	666.4	642.4	639.7	644.6	640.9	640.4
粮食生产指数（2014~2016=100）	57.5	95.02	76.58	77.75	98.42	100.31	99.04	100.65	101.65	101.83	na
肥料消耗量（千克/公顷）	1.41	13.05	1.63		1.19	1.46	2.32	2.79	2.57	6.80	na
畜牧业生产指数（2014~2016=100）	53.56	71.1	79.75	87.23	97.72	100.29	99.2	100.51	101.77	101.84	na
作物生产指数（2014~2016=100）	64.89	138.06	71.09	61.02	99.65	100.27	98.82	100.91	101.42	101.84	na

资料来源：联合国粮农组织数据，http：//www.fao.org/faostat/en/#country/178。

厄特独立后头几年，政府着力提高土地、劳动力和资本的生产率，放松农业投入品的价格管制，扩展农技推广服务，鼓励农牧民生产高附加值的棉花、油籽、切花、果蔬等产品和养殖绵羊、山羊，出口欧洲和中东市场。厄特与埃塞边境战争以来，这些贸易停滞，政府也恢复管控。

历史上，大多数农户主要在土壤肥沃、气候温和的中部高原种植谷物，沿袭二牛抬杠耕地和人工播种收割的生产方式，拖拉机使用量一度从1993年每万公顷5台增至1998年的12台，2000年又减到8台。农户基本靠天吃饭，年均降水量不到400毫米，灌溉面积约7000公顷，不足耕地总面积的2%，几乎不用化肥，单位产量和总产量都不高（1993年每公顷产量不足2公斤，20世纪末曾达到20公斤，此后大幅减少），加之牲畜踩场脱粒等，产后损失不小。随着人口增长，耕地、牧场、柴禾和饲料的需求不堪重负，人口相对密集的北部和中部高原环境压力尤甚，政府鼓励农民到沿海平原和西部低地农耕。

厄特各级政府近年来致力于各类水土保持和环境恢复，仍不足以遏制土地退化之势，36%的土地生产力初现或持续下降，西部低地和南部的集约农业生产与东北部陡坡和沿海地区森林过度砍伐，导致肥力和水土流失。据《联合国防治荒漠化公约》2018年厄特国别报告的数据，2010年厄特森林面积为129.3平方公里；灌木、草地和稀疏植被面积为29811.2平方公里；作物耕地面积为33877.3平方公里；湿地和水面面积为941.9平方公里；人造植被区面积为61.6平方公里；荒地及其他面积为57171.5平方公里。政府努力扭转土地退化趋势，计划到2030年，提高110万公顷农田的生产力；复耕178.5万公顷撂荒地，在2015年基数上增加10%的森林覆盖率和减少20%的水土流失。[①]

联合国粮农组织估计，2018年，厄特全国陆地面积1010万公顷，其中农牧用地保持6年前的759.2万公顷（比1993年独立时增加约20万公顷）、林区151万公顷。厄特可耕地并不多（人均0.2公顷），2013年以来一直是69万公顷（1993年近50万公顷），占国土总面积的6.83%；其中常年耕

---

① Final Country Report of the LDN Target Setting Programme in Eritrea, pp. 15, 26—27; https://knowledge. unccd. int/sites/default/files/ldn_ targets/Eritrea-LDN-TSP-Country-Report. pdf.

地仅 2 万公顷；加上草地和牧场合计 690 万公顷；后两项 20 余年无大增减。① 主要农产品有玉米、大麦、豆类、谷类、高粱、苔麸②、小麦；经济作物有油菜、芝麻、花生、亚麻、剑麻、棉花、蔬菜和水果等。

边界战争之后，上百万人流离失所，加上地雷遍地，近四分之一的上好农田至今不能正常耕作。

2006 年，厄特政府提出"粮食安全战略"，兴修水利，推广先进农业技术，40% 的农田实现机械化耕种；2015 年又决定将粮食耕种面积增至 56.8 万公顷，并发放小型信贷项目共 1.57 亿纳克法，帮助农民脱贫和解决复员军人就业问题。

21 世纪以来，厄特政府三管齐下：增加耕地（160 万公顷），提高生产力，鼓励种植高价值的作物供出口和国内消费。国家投入略增，继续兴建水坝、推进农业机械化和推广现代技术，生产条件有所改善，但仍受制于缺乏金融服务及投资。2011 年天公作美，水利基建红利初显，农业收成较好，粮食安全有所改善。

2011 年，厄特农业部统计耕作农田 50 万公顷，要保障粮食自给自足，需要翻番到 100 万公顷。目前，5% 的农田有水利灌溉，化肥使用量每公顷 2~6 公斤；30% 的耕地使用农业机械，拖拉机不过千台。政府积极鼓励农业合作社集体生产，建立了蔬菜和水果生产协会等。

政府侧重扩大西南部等地的雨育和灌溉种植业，改良并推广农业机械等先进耕作技术，并改善储藏设施，优先发展高粱、谷子、小麦、大麦和苔麸等主食以及棉花、油籽、果蔬、花卉等高价值作物，鼓励商业或订单生产，部分用于出口创汇。咖啡主要种植在高原东麓，产量不足以满足国内需求，仍靠大量进口。2019 年 5 月厄特政府出台《中小型商业农场战

---

① 联合国粮农组织国别概况：厄立特里亚，http：//www.fao.org/countryprofiles/index/en/？iso3＝ERI；http：//www.fao.org/faostat/en/#country/178；https：//storage.googleapis.com/fao-aquastat.appspot.com/countries_regions/factsheets/summary_statistics/en/ERI-CF.pdf。这些数据与厄特农业部资料差距较大，如厄特农业部称，全国有可耕地 210 万公顷，牧地 560 万公顷，独立以来二者一直保持在国土面积的 75% 左右。

② teff/tef，画眉草属一年生禾本科植物，含铁多，生长在非洲之角高原的一种主食谷类，株高 20~30 厘米。提格雷尼亚语意为"丢失"，寓意其谷粒小，不及芝麻大。

略》，提出到 2023 年，建设一批农业企业，使其具备加入与本国和国际市场相连的高产能、高利润价值链之能力。

（二） 土地制度

在沦为殖民地之前，厄特普遍实行以家庭或宗族、部落成员为主体享有使用权的村社共有土地制。15 ~ 16 世纪，提格雷尼亚人从南边的提格雷北迁厄特中部高原后，实行按定居或宗族划分个人土地使用权的制度。前者的村庄土地为居民集体所有，村长或区长定期重新分配耕地，按好、中、差三类分配，确保村民公平分享，一家可能获三块肥力不同之地；农户则需完成特定的义务或劳役。后者则分两类，一种是个人、贵族和宗教领袖享有永久所有权（可传承），另一种是分给同祖宗族成员，父系子孙可继承，但严格限制买卖。外来户无此权，仅可租地农耕或放牧，租金可以产品分成支付，但外来户不能加入村委会。此外，还有一种方式为部落或村委会依习惯法议决出售尚无宗族认领的土地。土地有时也被出租用于放牧或农作物生产，村社拥有所有权，并收取使用费。

在低地地区，季节性农田和放牧地权则由部落拥有，提格莱族采取主人和农奴土地分等级制。萨霍族的土地制类似提格雷尼亚的第一种方式，但是由公选长老会分配土地使用权。库纳马和纳拉族不分奴和主，靠公议决定集体所有土地的使用方式。

外国统治厄特之后逐步废止传统的土地制度。1891 ~ 1893 年，意大利殖民者在中部高原征收 48.3 万公顷土地。1893 ~ 1941 年，又借法令将大量沃土攫取为"王室土地"，1909 年《农业政策》侧重开发低地农业，东部地区海拔 350 米以下和西部海拔 750 米以下的土地均被定为国有土地，意大利移民可租赁 25 ~ 50 年，厄特人则沦为佃户。20 世纪 30 年代中期意大利殖民者征用更多军事用地。英国军管当局如法炮制，1942 ~ 1944 年又划走 1 万公顷土地。厄特与埃塞联邦成立后，《厄立特里亚土地使用法》冻结原有的农村土地使用权，埃塞皇帝恢复强征土地使用税，同样保留大批皇室土地。

1974 年后埃塞军政权进一步没收教会和贵族的土地。1975 年，埃塞军政权和厄特两个解放阵线都废除土地税，并主张"耕者有其田"，实际仍由国家通过"村民大会"掌控土地。厄人阵鼓励在高原地区恢复和扩大实行传统土地使用权的范围，而埃塞当局则在低地建立国营农场。到独立前夕，厄特基本上存在三类土地所有制——国有土地、村社土地和家族土地所有制。最常见的是高原地区的村社所有制，一个家族或农户拥有一定年限的土地使用权，每 5~7 年在家族内部流转分配。

厄特原住民一直反抗外来统治当局的土地掠夺和苛税，特别是厄人阵在解放区推行公平分配的土地改革，到 20 世纪 80 年代末，大部分地方恢复经改进的土地个人使用权制度，并赋予妇女此种权利。

厄特独立后，临时政府先后颁布 1993 年《土地法》及相关法令（1994 年第 58 号和 1997 年第 31 号公告）。政府认为传统土地制易引起冲突，且阻碍经济发展，因此鼓励废除所有传统土地权利，土地全归国家所有；所有公民享有平等的集体土地使用权，以及商业、住房和其他社会服务的土地租赁权，租赁期限 10~60 年不等。农牧民不分男女均有权终生（后统一为 10~60 年）租赁农田牧场和小块宅基地，优先照顾已在当地农耕放牧者或附近居民及租户的后代，但他们不得直接继承原租土地；国家有权以出租、抵押等方式利用租赁土地筹集资金；国家有权通过"强制购买"方式处置未利用的土地建设公共项目，有权为保护环境终止任何个人的租赁权；村社集体仍可按习俗使用公共牧场和林地。

因执法能力有限，新法仅在大城市及其周边付诸实施。到 20 世纪 90 年代末，政府没收大量西部土地，除了新辟 11 万公顷国营农场（规模几十到几百公顷不等）种植棉花、香蕉和柑橘等经济作物之外，大量农田被转租给从高原迁往西部低地的提格雷尼亚人和十几万回国难民，特别是与埃塞边界战争后又安置数万难民，引发在当地长期居住的穆斯林农牧民反抗。

（三）林业

百余年来，厄特的森林生态备受破坏。意大利殖民期间（1890~1941 年），殖民者滥伐林木和捕猎动物，并将 30 万公顷林地改造成农田。此后多年战事且大量使用凝固汽油弹和落叶剂，以及过度砍伐造成天然林留存有限，农民不断将大量林地辟为农田，高原可耕地几近用尽，陡坡开荒垦殖导致水土流失，森林覆盖率锐减，生物多样性和生态环境退化，一些野生动植物种濒临灭绝。除了塞门纳维-巴赫里①国家公园的一些地方外，在6大类原生天然林中，高原地区的刺柏、非洲油橄榄和非洲无花果等针叶和阔叶树种森林几近消失；西部低地南部等处的金合欢树、猴面包树和棕榈树丛大幅减少；灌木植被是厄特的主要植被，包括稀树草地；西部和东部低地分布柽柳和杜姆棕榈树丛，红海沿岸有红树林等水畔林。

1900年厄特森林覆盖率约为30%，1950年下降到11%，到20世纪90年代初不足3%，21世纪初下降至1%以下。1990~2012年森林砍伐年均增量0.3%，木材几乎全部用作燃料。许多乔木和灌木物种都处于濒危状态，如多种椿树和柽柳等。仅20世纪90年代在西南地区林地和稀树草原地区的火灾即损失7.2万公顷林地。

独立后头几年，政府努力禁止砍伐活树、狩猎动物和使用木炭燃料，鼓励封山育林。同时，政府努力防治荒漠化，动员军队和民众植树造林，头五年植树逾4000万株，减缓生态恶化颓势。联合国开发计划署《2020年人类发展报告》称，1990~2020年，厄特的森林面积减少7.1%，但覆盖率恢复到14.9%。②2005年森林面积为155万公顷，2006年政府发起绿化运动，2014年保有151.4万公顷林地；③计划到2025年厄特将完全停止开发森林和湿地，再恢复1万公顷原始林地。

表5-5 1990~2020年部分年份厄特林地相关数据

单位：万公顷

	森林（a）	其他林地（b）	其他土地（c-a-b）	土地总面积（c）
1990年	115.006	595.486	299.508	1010.000
2000年	111.846	595.486	302.668	1010.000

---

① 厄特中部高原西麓"绿带"，海拔900~2400米，南北宽度约20公里。独立后这里被辟为国家保护区，山谷中时有豹子和各种羚羊等野生动物出没。

② Human Development Report 2020, UNDP, 2021, p.387；联合国粮农组织数据如下：1990年森林面积162.1万公顷，占国土面积16.05%，2020年105.5万公顷，占比10.45%。

③ FAO Country Profiles：Eritrea, http：//www.fao.org/countryprofiles/index/en/？iso3=ERI Last accessed 2017/1/27；Eritrea-Global Forest Resources Assessment 2015-Country Report.

	森林（a）	其他林地（b）	其他土地（c-a-b）	土地总面积（c）
2010 年	108.686	595.486	305.828	1010.000
2015 年	107.106	595.486	307.408	1010.000
2016 年	106.790	595.486	307.724	1010.000
2017 年	106.474	595.486	308.040	1010.000
2018 年	106.158	595.486	308.356	1010.000
2019 年	105.842	595.486	308.672	1010.000
2020 年	105.526	595.486	308.988	1010.000

资料来源：联合国粮农组织：Global Forest Resources Assessment（FRA）2020 Eritrea-Report。
注：土地总面积以联合国粮农组织 2015 年基数为准。

（四）牧业

畜牧业是厄特农业的重要组成部分，其农业人口中的 35%～40% 以畜牧为生，生产力有待提升；大多数牲畜是本土品种，改良空间很大。农村每家至少有一头家畜。据厄特农业部估测，2018 年全国共有 1100 多万头牲畜，其中，牛 192.7 万头（瘤牛居多）、绵羊 212.9 万只和山羊 466.2 万只，此外还有骆驼、驴、马等以及家禽。厄特是活畜净出口国，其中牛的出口最多，2013 年创汇 3.6 亿美元，占当年出口总值的 53%；同年出口羊 47 万只和骆驼 3 万匹。是年还出口牛皮和羊皮分别近 4 万和 30 万张，共创汇 1763 万美元。[①]

牧草地占厄特国土面积的 49%，其中约 57% 在西部低地；过度放牧和农田扩展，导致牧场退化。厄特各地农村都依靠半农半牧维持生计，高原农民冬季带着牲畜到海拔较低的地方寻觅水源和草场，同时耕种第二茬庄稼。低地牧民除饲养牲畜外，大多还按季种谷物或蔬菜。如今，高原人养的牲畜比低地人养的还多，因低地一般土地干旱，无法维持定居农业，

---

① International Bureau for Animal Resources of the African Union（AU IBAR）& IGAD Centre for ASALs and Livestock Development（ICPALD），The Contribution of Livestock to the Eritrean Economy（PDF），December 2015, p. 26.

牧民以季节性迁徙寻找牧场和近河耕地为主。

自意大利人引进现代兽医以来，厄特牲畜存栏量增加。独立后，政府强调发展畜牧业，加强牧场和水资源管理，推广优良品种和改善牲畜饲料，以提高畜群的生产力。同时拓展销售渠道，鼓励冷藏运输和扩大乳制品生产。1998 年以来，建立奶业、家禽、养蜂合作社。2015 年，厄特农业部报告上一年牲畜存栏 228 万头牛、252 万只绵羊和 552 万只山羊、37.8 万峰骆驼、52.5 万匹马和驴，以及 5000 头猪、116.7 万只鸡；2010~2013 年年均屠宰牛、羊、驼、猪分别为 40.1 万头、144.3 万只、4.6 万峰和 0.3 万头，鸡 27.4 万只。[①] 根据非盟和东北非有关专业机构实地考察报告，2013 年，厄特畜牧业贡献产值达 1.57 亿美元（包括农牧户自身消费等），相当于农业产值的 39% 和国内生产总值的 4.6%。2017 年厄特农牧公司（ECLC）称，近 185 万头奶牛日产奶近 2.6 万升；牛肉占国内肉类需求的 64%。近年厄特媒体报道，肉类和奶乳年产量均达近 3 万~4 万吨、禽肉和蛋品分别为 1000 吨和 2000 吨。从产值看，肉类的贡献约为乳品的 1.5 倍；羊的重要性接近骆驼的两倍，而家禽的贡献是猪的两倍。

政府加大力度利用当地加工业副产品和引进品种建饲料厂，改良牛、羊品种，改善低地和沿海地区放牧条件，以提高乳制品、家禽、肉类以及皮毛（厄特农业部估算，2014 年牛皮产量 15 万张，羊皮 105 万张[②]）的生产水平，尤为重视可替代进口或适于出口的成品。

厄特独立以来，乳业发展突破城市及周边的消费传统，但近 90% 的奶牛仍由自给小农饲养。由于缺少精饲料和改良品种，牛的平均日产奶量（每年产奶 180 天）较低，从干旱、半沙漠地区的 1 升到半湿润丘陵和低

---

① 骆驼除驮运和产奶外，还在西部低地拉犁耕地。联合国粮农组织 2013 年的估测数字分别为 28.3 万头牛、46.5 万只绵羊、51.1 万只山羊和 37 万峰骆驼。非盟和伊加特注意到近乎 10 倍的差别，并提及厄特农业部普查不及时，数据可能会被夸大；但仍明确采用后者数据。

② AU IBAR & ICPALD, The Contribution of Livestock to the Eritrean Economy（PDF），December 2015, pp. 19-20.

地的 4 升不等。良种奶牛很少（2018 年仅 5700 户蓄养 2.35 万头），其中 60%在中央省和南方省，产量占当年 2535 万升同类牛奶总量的 65%。全国牛奶（2013 年总产约 3 亿升；羊奶 4723 万升，驼奶 539 万升①）一半以上未经加工即在当地农村集市销售，五家城市乳品厂每天加工量总和不到 2 万升，不及阿斯马拉一地需求量的一半②。乳品中牛奶占 85%，羊奶占 13.5%，驼奶占 1.5%。

（五）渔业

厄特大陆海岸线长 1350 多公里，近处海洋水域面积约 12.1 万平方公里，其中大陆架领海面积 5.6 万平方公里，海洋资源丰富多样。沿海和近海岛屿相对干燥似沙漠气候，年平均气温 31℃，有的地方可达 38℃~50℃，但气候环境自古以来从未能阻止近海居民在滩涂晒盐、拾贝、捞虾、抓蟹、捕鱼。渔业 20 世纪五六十年代在红海地区相对发达，不少渔场得到开发，每年捕捞量 3 万~4 万吨；下游则多为鱼粉厂、制冰厂、冷冻厂和珍珠加工厂。后因战事等缘故，渔业基础设施大多被破坏，渔场几乎完全被废弃。独立后厄特重启渔业，设立渔业部（后改为海洋资源部）。渔业现为最不发达但也最有潜力的产业之一，产值目前占 GDP 的 3%（年产 5000 万美元）。21 世纪以来，渔业部估算海洋渔业可持续年产量为七八万吨，当前仅实现 13%，产品大多销往西欧、中东和亚洲市场。除阿斯马拉和沿海地区外，厄特人不爱吃鱼，年人均消费从 2000 年的 3 公斤降到 2017 年的 1.2 公斤。2020 年鱼类和相关产品进出口额估计分别为 28 万美元和 15.8 万美元。

厄特领海为从海岸线、大陆和岛屿的浅水中位线延伸 12 海里的范围。专属经济区最大延伸范围为 200 海里，因受毗邻两国各自领海之间的中线所限，沿海专属经济区面积约 12 万平方公里。其中约有 1250 种鱼类以及虾蟹、牡蛎和海参，还有 220 多种珊瑚。其中 55%的鱼属小型远洋鱼类，

---

① AU IBAR & ICPALD, The Contribution of Livestock to the Eritrean Economy（PDF），December 2015, p. 16.

② 目前在厄特，消毒牛奶的年人均消费量约为 12 升；世界卫生组织推荐的消费阈值为年人均 200 升牛奶和 37 公斤肉类。

如马鲛、石斑、笛鲷、鲂鲱、鲳鲹（平鱼），以及沙丁鱼和鳀（凤尾）鱼等；5%～6%是鲨鱼、金枪鱼、梭鱼等远洋大鱼；17%的鱼类系本土特产。厄特境内330座水库中有70座产少量罗非鱼、鲤等淡水鱼类。

30年独立战争和近20年的孤立处境，影响了厄特渔业发展。1993～2000年厄特渔业增产，从年产475吨增至12720吨，其中80%出口埃及和沙特，对GDP的贡献率一度达1.6%。① 渔业产量时有波动，2000年达到峰值的12612吨，产值550万美元，出口创收210万美元。2001年减产1/4多，出口1.5万吨；此后基本呈下降趋势，2008年最低为1965吨，2012年才恢复到4452吨。2009年海产品出口创汇160万美元，此后复减。21世纪头几年每年收获十几、几十吨养殖水产品，2005年后未见相关记录。

表5-6　1992～2019年厄特人工和机械化捕鱼量

年份	人工捕捞（吨）	机械化捕捞（吨）	合计（吨）
1992	398.549	0.000	398.549
1993	416.117	43.500	459.617
1994	425.913	2274.660	2700.573
1995	362.300	3261.520	3623.820
1996	560.293	2454.571	3014.864
1997	731.697	68.638	800.335
1998	868.651	740.836	1609.487
1999	958.957	5810.773	6769.730
2000	1304.396	11487.710	12792.106
2001	1075.323	7854.433	8929.756
2002	2129.554	7476.798	9606.352
2003	1204.124	5473.378	6677.502
2004	1172.560	5993.471	7166.031
2005	227.617	3370.834	3598.451
2006	652.857	8160.235	8813.092

① UNDP, Improving Fishing Communities, Livelihoods to Enhance National Food Security, Prog. No. 00061470 UNCT (2007-2011 UNDAF) Eritrea, 2009, pp. 4-5.

续表

年份	人工捕捞(吨)	机械化捕捞(吨)	合计(吨)
2007	1874.113	56.691	1930.804
2008	1437.118	0.000	1437.118
2009	2149.436	787.530	2936.966
2010	1826.643	1460.880	3287.523
小计	19776.218	66776.458	86552.676
2011			2939.000
2012			3924.352
2013			3616.683
2014			3695.716
2015			6230.820
2016			3306.124
2017			3929.621
2018			5798.242
2019			5640.390

资料来源：Ministry of Marine Resources, Statistics Unit, tabular report, Eretria, 2011; 2011 年以后数据来自联合国粮农组织渔业和水产养殖统计数据。

红海沿岸有许多历史悠久的渔港，如马萨瓦、阿萨布、沃基若、伽拉洛、提约、巴拉索勒等。埃及和沙特的机动拖网渔船主要在厄特北部（达赫拉克群岛东北、诺拉岛以北和马萨瓦以东，最高产）、中部（提约以北）和南部（阿萨布以北）作业，厄特收取特许渔权费。

厄特独立后头十年，政府致力于恢复相关基础设施，限制南部沿海阿法尔人个体捕鱼，鼓励规模生产，组建拖网船队与合作社（人数不及三成，机动船逾七成），希望年产量能达到五六万吨。21 世纪头十年，厄特国家转而鼓励产业化发展，除更新几百本国人经营执照外，还批准几家外国公司 30 个船队在厄特海域捕鱼。厄特保护沿海生态的法规比较严，拖网船队必须在离岸 6.5 海里之外（离岛 4 海里外）30 米深水区作业，7~9 月严格休渔。

2007 年之前，规模捕鱼超过个体产量，此后个体渔户捕获量一直占总量的六成以上。现有渔民三四千人，六七百条渔船，渔船排水量多不及 1 吨，八成是独木舟、4~13 米舷外挂发动机的木板船（4~6 人，每次作业 5~9 天）或两三桅帆船，限于浅水钩线或流刺网沿海捕钓，每条船年捕获量不到 17 吨，年总捕获量不过 2000 吨。厄特现有拖网渔船约 210 艘，其中 175 艘有 11~18 米长且无甲板，余 40 艘有甲板渔船长度在 18~36 米。10% 的渔民驾驶 16~20 米的机动木船，载员 9~12 人，由于载量和冰块有限，一般出海 6~12 天，每船年捕获量 33 吨；只有捕鲨鱼的船只在海上作业一个月。其余六七十艘为进口纤维玻璃船。有 7 个渔业加工站，大多生产鱼粉、冻鱼和鱼干供出口。

每年渔期 7 个月，渔民每月出海 2~3 趟，平均每船捕获量 0.8~1.5 吨，其中石斑鱼、平鱼等浅海鱼占 64%，金枪鱼、梭鱼等深海鱼占 20%，虾占 5%；渔季临时辅助和加工人员可达 3 万~4 万人。在厄特海域捕鱼的渔船须获得许可证，证照费按船舶大小或发动机功率确定。厄特海洋资源管理局巡逻和监控，制止非法捕鱼，特别是邻国手工和拖网渔船的偷捕。

1998 年，政府与欧洲投资者共同投资 120 万美元，在马萨瓦合建现代加工厂；合资渔业公司 Eri-Fish 从 2000 年开始每月出口 150 吨冷冻鱼到欧洲。2002 年又新添制冰厂，日产能超过 150 吨。

1999~2004 年，政府与美国公司 The Seawater Foundation 合作开发建设世界上最大的海水生物燃料和海产养殖综合农场 Seawater Farms Eritrea，有上千公顷的海水鱼虾养殖区，并在沿岸种植百来公顷盐角草①和红树林，一度雇工 800 人，每月出口欧洲和中东 1 吨大虾。

第三节 制造业

19 世纪中期，厄特出现小型盐矿、金属加工作坊、木工作坊和纺织作坊。20 世纪 20 年代意大利人建纽扣、制革等加工出口产业，1935 年后

---

① 一年生草本植物，高可达 35 厘米。间苗嫩草可作蔬菜，果实含油率 30%~40%，成熟后可作高蛋白食用油、生物柴油原料、美容产品用油、防火材料和饲料等。2001 年后此项目停止。

开办饮食加工厂、建筑材料小厂和作坊，满足意大利移民的食品、住房和交通需求。到 1939 年，厄特成为意属东非帝国的工业中心，有 2198 家工厂，员工大多来自当地。大多数企业从事建筑、机械和冶金、食品和饮料加工、运输、化工和建材产业，其生产的啤酒和矿泉水还出口意大利。1942~1945 年，英国当局鼓励阿斯马拉意大利人新开化工、玻璃、陶瓷和制鞋产业，争取本地自给和出口四邻，初创现代工业基础。如非洲火柴和造纸厂占地 1 万平方米，雇用 1500 名非洲工人，化学材料使用登卡利亚的钾盐，日产 30 万盒火柴，除满足国内和邻近英国殖民地消费之外，还出口英国。1946 年后，海外竞争激烈、政局不稳、英国拆迁拍卖当地企业，以及意大利移民离去，使得厄特工业化进程受挫。1952 年以后，以意大利人为主的厄特工业继续聚焦埃塞市场，优化发展肉类和果蔬罐头、酿酒等农产品加工业，以及火柴、纺织、玻璃制造等新厂，但未能扭转其他制造业和运输业的下滑颓势。1962 年埃塞吞并厄特后，关闭和南迁许多工厂，施策制止企业扩张和投建新厂，厄特熟练技术工人大量流散。70 年代后期，埃塞军政权将当地制造企业全部收归国有，随后的多年战火摧毁大部分基础设施，少数工厂苟延残喘，投资奇缺。独立战争结束时，厄特工业生产基本停滞。

1991 年，厄特临时政府接管酿酒、纺织和编织、火柴、肥皂和化工、制鞋、陶瓷、玻璃产业的 42 家大中型国有企业（阿斯马拉占 90%），以及马萨瓦和阿萨布的盐厂和炼油厂。另外还接管 644 个私营小作坊，以及厄人阵的两个工厂。1992~1993 年，临时政府计划将多数国企私有化，但因投资法规限制过多，加上设备破旧过时，未果。酿酒厂、火柴厂和玻璃厂等少数企业的生产率有所提高。

厄特独立后，工业逐步恢复，增长一度较快；1993~2000 年制造业年均增长 11%，此后长期停滞。据世行数据，到 2005 年，制造业和建筑业附加值合计对国内总产值的贡献率从 1992 年的 10.76%（3522 万美元）增加到 20.46%（7500 万美元），2006~2017 年一直在 6% 左右，与建筑和矿业等部门的比重正好对调。非开行称，到 2021 年，厄特制造业产值占国内总产值的 9.8%。

表 5-7 1992~2009 年厄特制造业增加值及增长率

年份	不变价亿纳克法 *	实际增长率（%）	时价亿纳克法	时价亿美元	占国内生产总值比重（%）
1992	3.2372		1.6140	0.3521	
1993	3.8951	20.32	1.9160	0.3664	
1994	4.1979	7.78	2.2810	0.3703	
1995	5.0363	19.97	3.0050	0.4695	
1996	5.8386	15.93	3.8000	0.5978	
1997	7.0119	20.10	4.7420	0.6586	
1998	7.1584	2.09	4.7130	0.6402	
1999	7.4432	3.98	5.1510	0.6318	
2000	6.3280	-14.98	6.3280	0.6575	9.31
2001	5.1346	-18.86	7.6000	0.6720	8.93
2002	5.4756	6.64	9.2780	0.6647	9.11
2003	6.7592	23.44	10.9900	0.7919	9.10
2004	6.6991	-0.89	13.1200	0.9516	8.58
2005	5.0143	-25.15	11.5261	0.7500	6.83
2006	4.9501	-1.28	11.1446	0.7249	5.99
2007	4.0315	-18.56	11.0708	0.7201	5.46
2008	3.6303	-9.95	13.8440	0.9004	6.52
2009	3.6155	-0.41	15.6800	1.0198	5.49

资料来源：世界银行数据库。

注：2000 年不变价。

　　1992~1997 年，厄特政府新批准设立 500 家企业，在阿斯马拉郊区开辟工业区。国际货币基金组织估算，1993~1997 年，制造业扩张约 50%。1998 年爆发的边界战争使私有化进程中止，外国投资枯竭，大量劳动力投入战争。到 2001 年底，政府卖掉 41 家国有大型企业中的 35 家；当时已有饮料、食品、烟草、皮革、纺织、服装、五金、化工、修船、造纸、印刷、石料、建材、制盐和火柴等 2000 家企业，其中两三百家大中型企业贡献工业总产值的八成，纺织、皮革和饮料食品加工业居多，不少都有政府和执政党的参股。此前，政府还与澳大利亚公司在阿萨布港外 70 公里的哈勒布（Haleb）岛合资办造船厂，生产玻璃钢长线渔船和海军用的17 米长高速巡逻艇，2001 年底关闭。2003 年，政府与约旦合资办药厂，到 2017 年，产品可满足国内基础药品需求的 40%。

　　根据厄特经营许可证办公室（Business Licensing Office，BLO）的数据，2004 年获准注册的制造企业共 2241 家；其中 276 家为大中型企业（参见表 5-8，73.9% 的企业设于阿斯马拉所在的中央省，15.6% 在南方省，南红海省一家都没有）。

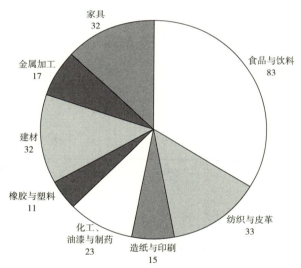

图 5-2　厄特制造业 246 家大中型企业产业分布

资料来源：根据厄特贸易与工业部 2019 年信息绘制。

　　建筑业亦有发展，建筑企业主要从事扩建电厂，修筑水坝、公路和机场，改造港口以及新建学校、医院等业务，并带动阿斯马拉、马萨瓦等 3 处预制建材厂的发展。

　　然而，由于缺乏原材料，制造业产能利用率不足 50%，造纸、化工和金属加工类更是低于 30%。企业大多为小厂（员工不及十人），面临能源供应不足、资本和外汇匮乏、技术过时、管理和技能不够、营销和经营环境差等制约因素。

表 5-8　1993~2018 年部分年份厄特制造业各部类附加值占比及变化

单位：%

	1993 年	1998 年	2003 年	2008 年	2013 年	2014 年	2015 年	2016 年	2017 年	2018 年
机械和运输设备	1.65	0.72	2.20	1.32	0.49	0.84	0.42	0.81	0.45	0.16
化工	17.89	6.50	7.68	10.64	6.98	6.74	4.89	3.49	4.18	9.25
食品、饮料和烟草	52.22	49.33	49.63	0.46	59.28	54.40	57.28	-0.03	65.64	65.98
纺织和服装	11.75	12.26	9.34	31.22	14.31	18.14	18.81	15.19	8.99	10.16
木材、造纸、石油、金属和矿产品	16.49	31.19	31.15	56.37	18.94	19.88	18.60	80.53	20.75	14.45
制造业	100	100	100	100	100	100	100	100	100	100
其中：中高技术产业	19.72	7.67	10.86	11.96	7.47	7.58	5.31	4.30	4.63	9.72

资料来源：联合国工业发展组织（UNIDO）。

第四节　矿业能源

（一）矿业

厄特地质成矿条件优良，既有金银等贵金属，也有铜锌等贱金属，还有锰铁以及花岗岩、大理石等工业和建筑材料。金属矿多呈带状分布，规模较大，适宜开采。大理石（年产 2.5 万~4 万吨）质量高，可出口中东和欧洲。红海沿岸亦不排除存在石油和天然气矿床的可能。

厄特1995 年 4 月颁布《矿产资源开采法》，规定矿产资源属国家所有，国家有权保护和实现所有自然资源的可持续发展，任何地质勘探均要求持有政府颁发的许可证。2010 年以来，矿业成为经济复苏和创汇的核心产业，估计每年可产出 10 亿美元。1993~2010 年，每年矿山租金收入占国内生产总值的 2.4% ~ 8.8%，2011 年激增到 27%，此后未见披露数据。

厄特独立前，盐业年产十几万吨，萨林那盐场年产 8 万吨碘盐，除满足国内需求外，还向邻国出口，1998 年边界战争爆发后才不再为首位创汇商品。2017 年澳大利亚达纳卡利公司和厄特国家矿业公司在距红海海岸 75 公里、马萨瓦港 180 公里的达纳基勒洼地合资开发世界级库鲁里钾盐矿，矿体在地表以下 16 ~ 140 米，为全球已知最浅的蒸发岩矿床，适合露天开采；该矿拥有 13 亿吨高品位（11%）的氧化钾矿石储量，可开采 200 年。① 2019 年底，非洲金融公司（AFC）投资 1.5 亿美元。此矿位于厄特与埃塞交界地带，开采后将令厄特跻身世界十大钾肥生产国之列。首期头五年年产 47 万吨硫酸钾农肥，二期增至 94 万吨。

厄特黄金开采历史悠久。阿斯马拉周围高原考古发现过从公元前到中世纪的金矿遗迹。意大利殖民者和埃塞当局曾在厄特西部巴伦图小规模采金，20 世纪 30 年代 21 个矿井产金 1.7 吨；1953 ~ 1962 年 4 个矿井产金 1.1 吨，70 年代中止。1973 ~ 1974 年，日本公司在金矿床旁发现丰富铜矿，投产后不久被迫离开。马萨瓦港附近曾探明高品位铁矿，意大利早在 20 世纪初期即在与埃塞接壤的登卡利亚开发富钾盐和锰盐矿，并修铁路专线到码头，但 1960 年租约到期后未能再续。

独立后，厄特政府努力吸引外资勘探和开发矿产资源。

1996 年，加拿大涅夫桑和桑里奇两家公司在北红海省和南方省勘探金银，1998 年手工采金逾半吨。2003 年，涅夫桑公司在阿斯马拉以西 150 公里的碧沙发现世界级高品位金、铜和锌混成矿②，2010 年底投产，到 2015 年产值累计 7.55 亿美元，不及预期。2018 年 12 月，中国紫金矿

---

① Colluli Potash Project, Danakil-Mining Technology, http：//www. mining - technology. com/projects/colluli-potash-project-danakil/.

② 块状硫化物矿床，探明储量 3000 万吨。其表面层 0 ~ 35 米为氧化层，黄金含量高达 7 克/吨；35 ~ 65 米为次生富集带，含铜量 6%；65 ~ 400 米及以下为原生带，含锌量高达 12%，截至 2014 年已探明储量为 2000 万吨，其中含 31.1 吨金、311 吨银、29.84 万吨铜和 37.3 万吨锌。

表 5-9 1994~2018 年部分年份厄特矿业生产

年份	铜（吨）	金（千克）	银（千克）	锌（吨）	水泥（吨）e	石膏（吨）1	石灰（吨）e	海盐（吨）e	玄武岩（吨）	石灰石（吨）2	花岗岩（吨）	大理石（吨）
1994	—	78	—	—	45000	15	6294	207836	114483	60000r	43803	—
1998	—	573	—ᵃ	—	45000	56	40000	114137	403219	4007	249829	—
2003	—	9	—	—	45000	1284	5400	5240	111677	2900	140418	—
2008	—	30	—	—	45000	800	165000	26071r	50000e	3000	35000	—
2009	—	30	—	—	45000	1000	155000	70000	51000	3300	24000	35000
2010	—	50	—	—	45000	1000	170000	120000	52000	3500	25000	36000
2011	—	11788	4400	—	19000	1100	190000	180000	60000r	4000	28000	41000
2012	—	9735	29900	—	26000	1200	190000	26071r	61000r	4100	29000	42000
2013	21800	3008b	15799	—	230000r	12000r	15000r	290000	33000	330000	43000	2500
2014	88900	905b	52668	—	230000	17000r	15000	300000	33000	330000	45000	2600r
2015	61600	1390b	70330	—	200000	17000r	15000r	300000	34000r	330000r	47000	2800
2016	25300	1400e	13200	40900	200000	17000r	16000	310000	36000r	340000	49000r	2900r
2017	7900	2700e	49921	95400	210000	18000	16000	320000	36000	350000	49000	2900
2018	16000e	3700e	30000e	110000e	280000	18000	16000	320000	36000	460000	49000	2900

资料来源：厄特矿业部数据；转引自美国《地质年鉴》（Minerals Yearbook 2017-2018，volume III，Area Reports—International）及此前有关版本。

注：e 估计数；r 调整值；b 销售额。1. 仅用于混凝土；2. 仅用于水泥和石灰。

业公司整体收购涅夫桑公司全部股权。

2007 年，桑里奇公司在阿斯马拉周边方圆 20 公里内的六片区域探得 7605 万吨矿石储量，包括铜 57.21 万吨、锌 114.45 万吨、金 31.79 吨、银 889.33 吨。2016 年 4 月，中国四川路桥公司以 6500 万美元收购由桑里奇公司控股的阿斯马拉矿业股份公司的 60% 股权，并与厄特国家矿业公司合资勘探金矿等。

2006 年，厄特政府成立国家矿业公司（ENAMCO）；按矿业法规定，所有新开发项目均须给该公司 10% 的股份，并可再购进 30% 的股份。2009 年，澳、加、中、印、南非和英国的十几家外企获得厄特各地探矿权。

2011 年澳大利亚萨努公司发现厄特第二大金矿寇卡矿，品位 5.8 克/吨，储量为 76 万盎司（逾 21 吨）。厄特国家矿业公司与澳大利亚查尔斯公司成立扎拉矿业公司；是年底，中国上海外经集团以 8000 万美元收购澳公司全部股权，占新公司 60% 股份。2013 年寇卡矿区启动建设，2016 年初投产开采。现在，碧沙和寇卡两矿已转产铜和锌，可持续到 2025 年底。

在同一地带，萨努公司还发现了汉姆博克矿床，长 1.2 公里，宽 30~40 米，矿体厚度 30~90 米；另在阿斯马拉东南发现 3 个块状硫化物矿床和 1 个金矿床，面积均与汉姆博克相近，但厚度只有 20~30 米。其中恩姆巴德霍矿床块状硫化物矿石中 80% 为黄铜矿，含铜品位 20%。2018 年以来，英国阿尔法公司继续在厄特西部原意大利金矿勘探。

此外，2007 年后，厄特陆续在中央省、南方省和加什-巴尔卡省发现了一批有色金属矿藏构造。

表 5-10 厄特矿产业主要厂商（2018 年）

产品	主要运营公司	地点	年产能
砖（吨）	达赫拉克砖厂	马萨瓦	7300[a]
水泥（吨）	格德姆水泥厂	格德姆	350000
水泥（吨）	厄立特里亚水泥厂[1]	马萨瓦	45000
铜（吨）	碧沙矿业股份有限公司[2]	碧沙矿	18000

续表

产品	主要运营公司	地点	年产能
金（千克）	扎拉矿业股份有限公司[3]	安塞巴省科卡矿	3200
金（千克）	碧沙矿业股份有限公司[2]	碧沙矿	540
银（千克）	碧沙矿业股份有限公司[2]	碧沙矿	31000
锌	碧沙矿业股份有限公司[2]	碧沙矿	114000
石灰（吨）	巴德梅建筑公司	戈涅	7300
石灰（吨）	巴德梅建筑公司	巴伦图	1800
盐（吨）	阿萨布盐厂	阿萨布	150000
盐（吨）	萨林那盐厂	马萨瓦	80000
花岗岩（吨）	玛格兰股份有限公司	盖勒布	13500
大理石（吨）	玛格兰股份有限公司	戈涅	7700

注：1. 2018 年底尚未投产。2. 中国紫金矿业（占股 60%）与厄特国家矿业公司（40%）合资经营。3. 中国上海外经公司（占股 60%）与厄特国家矿业公司（40%）合资经营。

a. 2016 年数据。

（二）能源

厄特附近红海的油气勘探始于 1935～1940 年，当时意大利 Agip 石油公司在达赫拉克群岛发现了石油和天然气。20 世纪 60 年代，海湾、美孚和埃索石油公司均在此钻探。1967 年，美孚一口气井日产 50 万立方米，并持续 55 天，后因爆炸而封闭。1992 年勘探又发现祖拉湾近海 12 万平方公里有油气。

1991 年，厄特临时政府撤销英国石油公司的合同，但北美公司合同保留到 1994 年。1993 年 11 月，政府起草了《石油作业法》，1995 年发标美国和法国勘探，美国某石油公司分别于 1995 年 9 月和 1997 年 9 月与厄特签约并投资 5150 万美元在红海勘探，后因厄特与埃塞交战，美国公司撤出并带走所有资料。2001 年后，厄特政府与若干美、澳公司签约恢复勘探油气。迄今厄特陆上没有探明的原油或天然气储量，亦无已知煤炭储量。

1997 年，因运营成本高，厄特和埃塞关闭在阿萨布炼油厂日产 1.8 万桶（2900 立方米）的联合业务，改为进口精炼石油产品；2002 年石油进口和消费量估计为 4590 桶（730 立方米）/天。

  阿萨布炼油厂用波斯湾石油为埃塞市场生产，到 20 世纪 90 年代中期，其产品是厄特唯一重要出口产品，其中汽油占 15%，柴油占 25%，煤油占 7%，其他燃料占 44%，年产能 80 万吨，该厂实际并未开足马力。1997 年因经营成本高而关闭至今。

  21 世纪初，厄特人均年能源消费量全球最低，木柴、木炭、秸秆和干牛粪等一直是主要能源，占全国能源消费的 2/3～3/4。96% 的能源用于家居生活，其中木柴占七成（年均 5500 立方米或 1100 吨）。

  生物燃料是厄特的主要家用能源。1998 年，一次能源供应总量为 68.57 万吨油当量（TOE），其中 44.16 万吨（64.4%）来自本土生物燃料（木柴、木炭、干牛粪和秸秆），其余 24.41 万吨为进口石油产品；家庭、服务业、运输和工业消费分别占 68%、16%、13% 和 3%。[①]

  厄特能源和矿业部 1996 年进行过家用能源消费调查，调查结果显示，木柴约占全国能源消费总量的 80%，秸秆和干牛粪则占 16.7%。薪材年消耗量约为 148 万吨。1998 年全国家用电力 5.7 万度，人均不及 20 度。[②]

  剩余部分须进口石油，厄特 2001 年消费 37 万吨石油，用于运输、发电和工业生产。为保护环境和节省进口油品的外汇，政府注重节能[③]增效、开发利用新能源。

  2001 年厄特全国发电量 2.205 亿千瓦时（度），用电量 2.051 亿度，其中近八成用于工商业。2015 年发电 3.83 亿度，电力装机容量从 1991 年的 30.1 兆瓦增加到 141.70 兆瓦（2017 年达 191 兆瓦），增长了 371%。1991～2016 年发电量年均增长 3.5%，售电量年增 4%，各类损耗比 22%[④]。

  厄特主要靠进口柴油/重油发电。马萨瓦附近的赫吉格（Hirgigo）发电厂是最大支柱，2000 年被埃塞炸毁后靠沙特和阿联酋贷款修复扩建，

---

① Semere H. and Zemenfes Tsighe, "Energy Research Programme 2000 - 2002: Literature Review", in *Renewables & Energy for Rural Development*, Country Report, 2000, pp. 1 - 37 (Unpublished).

② Ibid.

③ 21 世纪初，当地发明了一种无烟炉，头五年向各地推广使用 8 万多个，减少了 50% 的木柴消耗量。2005～2010 年获得多个欧美国际奖项。

④ (Eritrea's) Ministry of Land, Water and Environment: Department of Environment.

发电量从 1991 年的 35 兆瓦增至 2003 年的 135 兆瓦，2003 年产出 0.88 亿度电；2017 年又添 46 兆瓦产能。第二大发电厂在首都郊区，年产 0.17 亿度电。国家电网主要向阿斯马拉、克伦、马萨瓦、门德费拉和德克姆哈雷等主要城市联网供电。厄 75% 的人口居住在农村，农村通电率 3%。民用电占全国电力消费的三分之二，仅三分之一的人口能用上电。输配电损耗改善缓慢，仅从世纪之交占产出的 18% 下降了 5 个百分点。

近十来年，厄特与国际机构和伙伴国家合作开发光能和风能发电，这些能源已占总发电量的 7.3%，供偏远地区的学校和诊所使用。不含水电在内的可再生能源发电量从 1997~2005 年的每年 100 万度增至 2006~2015 年的每年 200 万度。2007 年，厄特政府和联合国开发计划署在阿萨布地区建成风力发电站，3 台风力涡轮发电机年产 750 度电，节省燃料的 20%，可供 3.5 万人用电。其他地方安装 7 台 3~30 千瓦的涡轮机，用于发电和抽水。光能方面，厄特已安装 3000 块太阳能电池板；2019 年，阿斯马拉附近建成了一个 2 兆瓦光能发电站。同年，偏远地区落成两个小型混合电网（太阳能/柴油），总装机容量为 2.25 兆瓦，为 40 个村庄的 500 家小企业、15 所学校、2 所幼儿园、2 所诊所的 4 万人全天供电。[1] 政府还探索利用地热、水力（海浪与潮汐）和沼气能源，国家电网计划到 2030 年增加 50 兆瓦光伏、40 兆瓦风电和 30 兆瓦地热发电产能。同时在农村地区推广单户太阳能系统，在乡镇及周边村庄建 15 兆瓦小型混合电网。

第五节　交通与通信

1935~1937 年，意大利人在厄特搭建当时全球最长（71.8 公里）索道，从马萨瓦港凌空直达阿斯马拉市中心，1620 个缆车箱各自间隔 100 米，每个可载重 300 公斤，每小时运行 9 公里，一天可运输 730 吨物资。整个设施（钢缆、吊塔等）共重 3900 吨，全线分成 30 个区段，用 8 座动

---

① Jean Marie Takouleu，"ERITREA: Solarcentury Supplies Two 2.25 MW Hybrid Mini-grids to EEC"，*Afrik 21*，5 April，2019，accessed 2020/5/22.

力站驱动，由近 500 座不同高度的铁塔支撑连接。英国当局于 1944 年拆除索道，将设备变卖到其他英国殖民地。此外，殖民当局建有几条短缆索，用以驳运林木等资源。

（一）铁路

意大利向厄特腹地的军事扩张带动了铁路建设。1868 年意大利人在英国人留下的 19 公里军用铁路的基础上①建成祖拉湾一带马萨瓦—萨阿提特的第一条铁路；1887 年开始建设马萨瓦至阿斯马拉的 0.95 米窄轨单线铁路，经 65 座桥梁和 39 条隧道，攀缘穿越狭窄险峻的山谷和丘陵，1911 年铺到阿斯马拉，1922 年延伸到克伦，1928 年到达阿戈尔达，计划再西进百公里到特瑟内，连通苏丹东部。1932 年前行 30 公里后止步于碧沙。该铁路 374 公里共设 31 个车站，最后用卡车接驳英国建设的自苏丹港南下特瑟内的苏丹铁路。1935 年，这条非洲最早的铁路日开 30 列火车，为意大利占领埃塞战争运送大量物资，雇用 1500 名员工，其中厄特人占 83%。同时，铁路推动了东部低地与中部高原之间的经济交流，马萨瓦港进一步形成了商业中心和出海口岸，沿线京达等若干小城也成为贸易重镇。意大利人原想将铁路延伸至西部低地，促进开发整个殖民地的农业产品和其他自然资源。

1942 年英国拆毁阿戈尔达—碧沙段铁路。1952 年，埃塞不顾联合国要求厄特管理的决议，接管铁路运营，但到 50 年代末仍以厄特技术管理人员为主。1965 年，这条铁路运送 44.6 万名乘客和 20 万吨货物。此后，因厄解阵时常破坏路轨，20 世纪 70 年代初，克伦至阿戈尔达段被迫关停。1975 年，埃塞关闭全线，遣散员工，拆卸设施，用以加固防御工事。到 1991 年，马萨瓦经阿斯马拉到阿戈尔达的 306 公里路段几乎毁尽。

1994 年，厄特政府自筹资金并动员退休铁路工人、国民服务人员等利用存于马萨瓦海岛的大量铁轨，重修铁路，2006 年修到首都，总里程 306 公里，并继续西行，计划连到特瑟内。2007 年恢复运营 118 公里，设 13 个站，时速 19 公里，单程 6 小时；该线路尚未恢复定期客运，仅限旅游包车和少量货运；目前旅游段长 30 多公里。

---

① https：//shabait.com/2019/05/01/an-introduction-to-eritreas-railway/.

（二）公路

1935 年，意大利在厄特修建了第一条现代公路，该公路由 5 万意大利工人及厄立特里亚人一起铺筑，其起止点分别是马萨瓦和阿斯马拉，然后该公路分两岔经阿克勒古宰省和塞拉耶省抵达厄埃边境，总里程约2000 公里。次年，德克马瑞通车，1938～1940 年共 7000 辆重型卡车装载货物从海岸往返亚的斯亚贝巴。1938 年，阿萨布到埃塞德塞的公路建成，阿萨布成为埃塞公路运输的主要出口。意大利人不仅在公路承包和卡车运输上大赚一笔，还持续主导行业 30 年有余。英国接管厄特后，削减卡车数量，卡车只剩 1400 辆。意大利司机和机师离去后，厄特同行接手，厄特及其车队很快成为区域（含埃塞和苏丹东北部）公路运输的中心和主力军。

到 20 世纪 70 年代，厄特保有意大利和美国修建的 600 公里沥青路、700 公里砾石路和 4500 条季节性土路。80 年代，厄人阵及其人道救援机构厄立特里亚救济协会自创运输部，夜间行车从苏丹港到萨赫勒等地运送物资，以避埃塞空军袭扰。

1991 年独立时，厄特曾是世界道路密度最低的国家。3845 公里道路中，沥青路 807 公里、砾石路 840 公里、夯土路 402 公里、泥土路 1796 公里。仅有 267 辆长途汽车。许多道路年久失修，政府拨款 2700 万美元重筑马萨瓦—阿斯马拉—克伦线，1995 年完成，随即西延克伦—特瑟内一路，边界战争期间公路再度遭到破坏。同时新建马萨瓦至阿萨布 600 公里沥青路。

到 2019 年，厄特全国有南北走向公路 21 条，东西走向公路 18 条，通车路段近 1.6 万公里，每千平方公里的公路密度为 121 公里，连接 85%的城镇和村庄。阿斯马拉—马萨瓦、马萨瓦—阿萨布、门德费拉—巴伦图、克伦—特瑟内、阿法贝特—纳克法等主要城镇间的 1500 公里公路为沥青路面，另有 3500 公里碎石路和 1.1 万公里土路。[1] 其中，首都到靠近苏丹边境的特瑟内从原来 2 天车程缩短到 6～8 小时，马萨瓦到阿萨布的滨海公路（大部未铺沥青）路况改善。

---

① AfDB, *Eritrea Interim Country Strategy Paper（I-CSP）2017-2019*, October 2017, p. 7.

表 5-11 厄特道路交通运输基础设施

道路类型	长度（公里）	占比（%）
沥青路	1271	8.5
全天候道路	3787	25.2
硬土路	9942	66.2
国际机场跑道	12	0.1
国内机场跑道	11	0.1
合 计	15023	100

资料来源：厄特交通运输部 2018 年更新资料。

非洲开发银行《2018 年非洲基础设施报告》列厄特为非洲道路基础设施条件倒数第五位。近年来厄特采矿业方兴未艾，几十辆巨型卡车或重型机械每天往返于碧沙、克伦、马萨瓦和阿斯马拉之间。阿斯马拉新建环城公路，缓解进出市区的交通压力。2018 年，厄特长途公交车增至 1783 辆，运营线路从 36 条增加到 215 条，目的地从不到 30 个增加到近 300 个城镇和 1890 个村庄，客运量从 1993 年的 980 万人次增长到 2017 年的 9240 万人次；出租车从不到 200 辆发展到 2017 年的 1363 辆（含小巴）；货运卡车从 267 辆增至 1.5 万辆，其中 3244 辆重型卡车。[①] 交通运输油耗大部分是乘用车油耗，占道路油耗的 54%，公交和卡车各占 11% 和 35%。

（三）航空

在意大利殖民时代，阿斯马拉（1922 年）和阿萨布已开辟国际机场，主要用于军事。1935 年，厄特与英国帝国航空公司签署协议，开通阿斯马拉至喀土穆的航线，由意大利航空公司运营（苏丹）卡萨拉—喀土穆—阿斯马拉—马萨瓦民用商业航班（770 公里），同时开通阿斯马拉—阿萨布—（索马里）摩加迪沙的定期商业航班（全程 13 小时）。1936 年，开设摩加迪沙—阿斯马拉—喀土穆—（利比亚）的黎波里—罗马洲际航

① Kesete Ghebrehiwet, Connecting Eritrea with Transport and Communication System, 2018/3/17, http://www.shabait.com/categoryblog/25960-connecting-eritrea-with-transport-and-communication-system-.

线，开创全球首条远程航运线（4天）。第二次世界大战期间，两个机场均被英军摧毁。20世纪50年代，埃塞翻修并重开阿斯马拉机场，运营埃塞国内航线。

厄特独立后全国各地简易机场逐步升级。1994年厄特加入国际民航组织，1995年国际航空货运量3400吨，国际客运15.1万人次。阿斯马拉国际机场新装通信和照明系统，增加先进助航设备和气象设施，扩建航站楼，新添货运仓库，该机场可起降波音757、767及空客A320等大中型客机。厄特-埃塞边界战争期间，埃军两次轰炸此地。2003年，厄特航空翻修跑道，开启阿斯马拉与法兰克福、米兰、内罗毕和罗马之间的航班，2004年客运服务近13.7万人次，同比增长11.8%。此机场海拔高、跑道短，容量受限，波音747等大型喷气式客机难以起降。

2013年，马萨瓦国际机场升级，设3500米单跑道，航线主要还是国内航班和包机。阿萨布国际机场亦扩建航站楼；加什-巴尔卡省萨瓦机场提升为国际机场，试图推动西部低地农畜产品出口。特瑟内和巴伦图等地也建起简易机场。

独立后厄特航空公司几经起落，2012年停止直飞米兰、罗马和法兰克福航班，目前复航米兰，其他限于周边的喀土穆、朱巴和迪拜，2017年国内外离场900余次，客运量近10.3万人次；2020年又跌到5年前不足500次的离场次数，旅客不及5万人次。欧洲航空公司停航十年多尚未恢复，埃及（开罗）、土耳其（伊斯坦布尔）、苏丹（喀土穆）和阿联酋（迪拜）廉价航空继续执行每周三至五个往返阿斯马拉的直达航班，2018年埃塞航空重启联通亚的斯亚贝巴的每日两个往返航班。

（四）海运

厄立特里亚有两个主要港口——阿萨布和马萨瓦，两地相距670公里，均处于连接亚欧非三洲的红海国际航道上，地理位置优越，每年有4万艘货轮运载7亿吨货物过往厄特海域。马萨瓦港和阿萨布港结构良好，配备了经验丰富的人员。两个港口都提供引航无线通信、国际电话通信、电传和传真设施，以及海运和结算机构，一应俱全。港口还提供必要的引航、拖船、货物装卸和仓储服务。解放后，政府恢复和扩建两港，新添拖船、领航船、移动吊车、装袋机和仓库，加强集装箱装卸能力，2012~2014年每年吞吐2万个20英尺集装箱，此后几年减至1.2万标准箱，2018年增到3.7万个，2019年为2.7万个。

阿萨布港濒临曼德海峡的西北侧，是厄特第一大港。阿萨布港战略地位重要，1869年苏伊士运河开通，鲁巴蒂诺航运公司当年即代表意大利政府从当地素丹手中买下此地，为过往船只加煤，此地很快发展成非洲之角与南阿拉伯之间的重要贸易站。阿萨布港附近曾有苏联援建的炼油厂，以及制盐和船舶修理厂等小型工厂。1998年之前，阿萨布港一直是埃塞的主要进出港口，该港以现代化公路南接埃塞首都亚的斯亚贝巴，东连吉布提港。

阿萨布港港口防波堤长711米，港内可同时靠泊7艘大船。港区12个码头泊位岸线长1524米，最大水深为11米。装卸设备有各种岸吊、铲车、曳引车及拖船等，其中岸吊最大起重能力为50吨，拖船的功率最大为1020千瓦，还有直径为250~400毫米的输油管供装卸使用，装卸效率燃油每小时300吨。大船锚地水深为14.6米。主要出口货物为棉籽、芝麻、咖啡、盐、皮张及干鱼等，进口货物主要有石油、钢铁、机械、棉织品及建材等。

到2008年，马萨瓦港码头长1007米，有6个泊位（后扩至9个），其中最大的泊位长208.6米、深12米，港区配有计算机化集装箱码头管理系统，配置5台5吨级门吊、5架移动吊车和8辆叉车，有7000平方米仓库和近20万平方米货场，包括7.9万平方米的集装箱堆垛场。1991~2000年，年货物吞吐量翻番逾百万吨，装卸船舶数量从104艘增至284艘。目前年均装卸1.6万个集装箱、83.5万吨货物，可同时存储2500个集装箱、12万吨货物。截至2008年，阿萨布港共有7个深水泊位（近期已扩至12个），总长度1025米，最深泊位10.97米，长210米，库棚和货场面积逾27.5万平方米，可容纳28116个集装箱、38.6万吨货物。1998年厄特与埃塞交战后，阿萨布港的吞吐量大幅下降，2015年阿联酋接管后翻新和扩建。

20 世纪 90 年代中期，厄特航运船队有 14 艘船舶，总吨位 7.2 万吨，其中两艘为从阿萨布向马萨瓦运送燃料的油轮和液化天然气船，余为货船，含两艘货轮、一艘冷藏船、一艘牲畜运输船（往返于厄特和沙特），以及一艘滚装渡轮。厄特现有 3 家航运公司，7 艘货轮。其中厄特航运公司拥有 4 艘货轮，航行苏丹、埃及、沙特（吉达）、也门、卡塔尔、坦桑尼亚等国港口。

（五）邮政电信

厄特电信和邮政业状况有所改善，3G 技术尚未完全普及，城市之间和与世界其他地区均保有联系，小镇和乡村通信仍不通畅；电信资费由政府规定，在非洲属中等偏高水平。政府曾考虑将电信网络私有化，并吸引外资参与扩展和升级改造相关基础设施。目前，国营厄立特里亚电信公司是厄特固定和移动电话服务的唯一运营商，互联网服务除厄特电信外还有 3 家供应商。政府侧重电话交换扩容和主要城市电信服务数字化、新建卫星链接、铺设光缆网络等，全国电信服务覆盖率达 85%。据国际电信联盟数据，厄特的固话线路从 1992 年的 1.3 万线增至 2017 年的 6.6 万线（每百人近 2 线），大多集中在首都；2004 年 4 月引进移动电话，用户从 2004 年的 2 万户增至 2021 年的 76.7 万户（占总人口的 20%）。因特网使用率与民主刚果并列非洲倒数第三位，从 2000 年（非洲最后一个接入互联网的国家）占全国人口的 0.14% 增长到 2017 年的 1.3%（联合国非洲经济委员会最新数据为 8.3%[1]），主要上网场所为网吧；2017 年宽带入户仅 1000 户（每万人 3 户）[2]。2000 年互联网带宽上、下行每秒 256 KB 和 512 KB，2016 年增至每秒 300 MB。[3]

---

[1] UNECA, Economic Report on Africa 2021. Addressing Poverty and Vulnerability in Africa During the Covid-19 Pandemic, United Nations, Addis Ababa, Ethiopia, 2022, p. 122.

[2] 国际电信联盟数据，https://www.itu.int/en/ITU-D/Statistics/Pages/stat/default.aspx；中国驻厄特大使馆经商处提供数据要少一半到三分之二。

[3] Kesete Ghebrehiwet, Connecting Eritrea with Transport and Communication System, 2018/3/17, http://www.shabait.com/categoryblog/25960-connecting-eritrea-with-transport-and-communication-system-.

表 5-12 厄特电信业发展

	1993 年	1998 年	2004 年	2008 年	2013 年	2014 年	2015 年	2016 年	2017 年
固定电话用户（万户）	1. 33	2. 43	3. 93	4. 04	6. 19	6. 40	6. 60	6. 61	6. 62
固定电话用户比（每千人）	5. 96	11. 02	14. 44	13. 20	18. 87	19. 33	19. 74	19. 57	19. 39
移动电话用户（万户）	—	—	2. 00	10. 86	35. 48	41. 74	47. 50	50. 60	69. 50
移动电话用户比（每千人）	—	—	7. 35	35. 47	108. 14	126. 05	142. 10	149. 86	203. 64
互联网个人用户（占总人口比重%）				0. 47	0. 90	0. 99	1. 08	1. 18	1. 31
宽带用户（户）	—	—	—	44	146	200	500	600	1000
宽带用户比（每百万人）				14. 37	44. 49	60. 40	149. 57	177. 70	293. 01

资料来源：根据国际电信联盟（ITU）数据编制。

厄特邮政服务始于 1869 年马萨瓦港的埃及邮政站，意大利殖民者于 1883 年在阿萨布港建邮政局，并于 1885 年开设马萨瓦殖民地邮政局。1938 年，意大利厄特殖民地邮政局并入意大利东非邮政局。1941 年，英国军管当局和英国文职当局先后接管；1952~1991 年，厄特没有邮政主权。

1977 年，厄人阵开始在其解放区建立独立的邮政服务体系，但与国外并不通邮。1991 年厄特解放后到 1993 年期间，厄特仅有国内邮政服务，此外，根据双边协议与苏丹和埃塞之间有邮政往来，1993 年 5 月独立后，厄特即加入万国邮政联盟，随即恢复国际通邮。

1991 年时，厄特全国仅 11 个邮政局和 26 个代理站，2010 年增至 52 个邮政局，邮箱从 2000 个增加到 1.8 万个，2009 年投递 180 万封信件，厄特邮政局还提供特快专递服务。[1]

---

[1] Eritrea：Postal Service Strives to Provide More Efficient Services，*The Daily African*，May 23，2010.

1869~1885 年，马萨瓦使用埃及邮票。厄特的首批邮票是 1893 年元旦发行的意大利套印邮票，1910 年发行标有 "科洛尼亚厄立特里亚殖民地" 字样的邮票，1938~1941 年则使用 "意属东非" 邮票。二战期间，厄特改用标有英军中东部队缩写的邮票，1948~1952 年由标注英国厄特军事、英国厄特行政当局套印的邮票所取代。

1978 年，厄人阵印制了一批用于宣传的邮票，画面为其战士举枪面对红海的剪影，1992 年再次印发。首枚厄立特里亚邮票则是为纪念 1993 年的独立公投而发行的。厄特发行的邮票不多，2002~2003 年，国际市场曾出现 600 多套印有 "厄立特里亚" 字样的假邮票，厄特邮政当局、泛非邮联（PAPU）和万国邮联均指责这些非法发行的假邮票。

第六节　财政与金融

1994 年 8 月，厄特颁布新税法，大幅降低关税等税率，国内生产使用的原材料和加工出口所进口物资的销售税可退还，转口商品免税；扩大税基，简化程序，详细规定纳税人的义务和权利，各种税率的计算、核定及支付的方法，申诉和处罚的具体程序等；同年 10 月又取消出口税。

（一）财政

厄特政府不常公布预算数据，厄特财政年度始于 7 月 1 日，至次年 6 月 30 日。厄特在边界战争后又遇连年干旱，粮食短缺引发物价攀升，通货膨胀居高不下。同时，由于私营部门不景气和外援以及侨汇减少，国家岁入占国内生产总值的比例大幅缩小，从 2003 年的近 50% 降到 2009 年和 2014 年两度跌破 20% 的水平，2017 年才恢复到 2006 年的 34%，此后虽又有落有起，近几年仍能维持在 30% 以上。

2002 年厄特的财政赤字相当于国内生产总值的 32%。近年因政府大幅减少公共开支和落实税收措施，厄特财政赤字连年收窄，其占 GDP 的比重从 2010 年的 18% 下降到 2015 年的 12.6%，2016 年因矿产出口创汇多而始有结余，2018 年盈余达国内生产总值的 14.6%，2019 年则收窄至 3.8%；这十年年均赤字比重为 4.35%。此后，财政压力复增，2020 年赤字占 GDP 的 4.4%，2021 年经济复苏和政府税收增加，赤字降至 4.0%。预计 2022 年金属出口增加的岁入将使财政赤字降到 GDP 的 1%，2023 年财政赤字进一步缩小到 GDP 的 0.1%，税收与 GDP 之比保持稳定在 17% 左右。[①]

联合国制裁以及侨汇减少导致厄特财政吃紧，欠债复升。2015 年厄特公共债务率（债务与 GDP 之比）是 105.8%，2017 年达 288.1%，2018 年回落到 267.0%，2019 年为 271.8%，其中大部分是国内债务（2022 年占 68%），而外债率为 58.0%。与 2020 年相比，2021 年债务率下降 9.1 个百分点，至 175.6%，2022 年约为 164%。[②] 联合国贸发会议最不发达国家报告 2019 年和 2021 年版提及，2002~2008 年和 2009~2017 年，厄特政府收入分别为其政府开支的 60% 和 51%，外援占开支比分别是 36% 和 19%，国内债务高企，财政状况在所有 50 个国家（后一时段减为 48 个）中最艰难；政府最终公共支出在 1993~1999 年、2000~2010 年和 2011~2019 年三个时段年均分别为 2 亿美元、3.7 亿美元和 0.8 亿美元。

根据国际货币基金组织的数据，2003 年厄特通胀率达到 23%；2009 年达 33.85%，2010 年降到 10.3%，此后三年均为个位数，2014 年重回两位数。2015 年通胀率翻番，经当年 11 月改发货币后，连续四年通货紧缩；2010~2018 年通胀率平均为 3.6%，2019 年通缩 16.4%。非开行 2022 年报告与上述趋势吻合，通胀率从 2020 年的 4.8% 降至 2021 年的 4.5%。由俄乌冲突引发的全球粮食和石油价格上涨一度在 2022 年推高通胀率；厄特政府坚持货币紧缩政策，2023 年的通货膨胀率降至 6.4%。

---

① AfDB, *Eritrea Interim Country Strategy Paper（I-CSP）2017-2019*, October 2017, pp. 3，4；*AEO 2022*，p. 144；*AEO 2024*，p. 204；IMF，Regional Economic Outlook：Sub-Saharan Africa，April 2022，p. 29.

② AfDB，World Bank，*Poverty & Equity and Macroeconomics*，*Trade & Investment Global Practices*，April 2021，p. 231. 根据国际货币基金组织最近数据，2010~2018 年平均年债务率为 174.9%，此后 3 年分别为 187.1%、182.2% 和 170.8%。均比非开行的高几倍。

表5-13　厄特预算相关数据（2004~2021年）

	2004~2008年	2009年	2010年	2011年	2012年	2013年	2014年	2015年	2016年	2017年	2018年	2019年[3]	2020年[2]	2021年[2]
总投资与GDP之比（%）[2]	20.3	12.5	18.2	12.8	10.2	10.9	7.4	10.3	6.9	8.7	2.9	5.0	7.4	8.0
总储蓄与GDP之比（%）[2]	16.1	1.2	6.8	25.6	22.7	13.1	24.7	31.0	22.2	32.6	18.4	18.0	18.8	21.5
财政总体平衡与GDP之比（%）	-24.0	-21.0	-17.7	-6.0	-5.6	-8.0	-0.36	-3.14	-1.66	-6.04	4.21	-0.5[2]	-5.5	-5.1
财政总体平衡与GDP之比（%）	-33.1	-24.7	-22.5	-8.9	-7.4	-10.2	1.23	-1.15	0.51	-3.93	5.7	0.20	-4.4	-4.0
政府收入与GDP之比（%）	29.5	19.1	21.1	23.8	26.3	23	21.48	28.32	29.5	36.76	31.58	31.74	30.4	31.4
政府收入与GDP之比（%）	62.6	43.8	43.6	32.7	33.7	33.1	21.84	31.46	31.16	42.79	27.37	33.34	36.0	36.5
政府债务与GDP之比（%）	211.8	206.9	198.4	160.8	154.6	187	136.56	180.71	167.51	202.54	185.61	189.35	182.2	170.8
政府对外债务与GDP之比（%）	80	70.4	72.8	60	58.3	69.7	49.2	65.9	59.6	70.9	64.4	61.7	58.1	53.7
参照：														
预算平衡（GDP占比）[3]							-13.6	-14.2	-14.0	-13.8	4.2	-1.6		
政府债务与GDP之比（%）[3]							25.6	23.2	20.5	20.1	20.1	64.0		

资料来源：IMF, Regional Economic Outlook：Sub-Saharan Africa, Statiscal Appendix, April 2022. https://www.cabri-sbo.org/en/our-work/budgets-in-africa/countries/eritrea。2. IMF, Regional Economic Outlook：Sub-Saharan Africa, Statiscal Appendix, April 2022；3. 非洲开发银行数据。

注：1. 2005年不变价。

（二）货币

厄特自与埃塞建立联邦起至独立之初，为维持与埃塞的特殊经贸关系，沿用埃塞的比尔为法定货币，但两国比尔的利率、汇率等均由埃塞制定。厄特政府经数年筹备后于 1997 年 11 月 8 日发行本国货币纳克法，同月 22 日停止比尔在境内流通。2005 年初，厄特政府颁布法令，要求境内所有交易均须以纳克法进行，个人不得持有和兑换外汇，并规定纳克法兑换美元的固定汇率是 15∶1。近年外汇管制略有放松，2013 年 2 月政府颁布第 2013/173 号公告，部分开放兑汇和国际汇款，允许境内公民和海外侨民在厄开立外汇账户，规定携带 1 万美元及以上的国内外旅客方须申报。

2015 年 5 月 24 日，厄特央行发行新版货币（100 纳克法除外），并按政府第 2015/124 号法令要求国民须在 11 月 18 日至年尾的六周内一对一地将旧版纳克法换成新版，2016 年元旦废止旧版，以打击黑市、洗钱、伪钞、境外走私和偷渡。个人和机构只能在一家银行一次提取 2 万纳克法的现金兑换，此后每月只能取现金 3000 纳克法。外籍人士和机构兑换新币时，须证明其持有旧币的合法来源。政府同时禁止平行市场交易，黑市汇率从 1 美元兑换 45 纳克法降至 18~26 纳克法，略高于官方汇率。厄特财长称，不少旧钞是非法所得，只回收了 40% 的旧纸币，货币供应量萎缩六成。企业只能通过支票和银行转账交易，利于资金流动监控。21 世纪头十五年，广义货币与 GDP 之比为 145%~203%，换新币后为 216%~253%，但年增率从两位数降到一位数。

（三）金融

2011 年，服务业占厄特国内生产总值的 55%，其中主要是金融服务业。银行贷款额度小、金融产品少、借贷成本高（实际利率超过 9%）、服务覆盖有限，尚未采用数字技术和移动支付。银行业总资产多年来与 GDP 之比保持在 143%~197% 之间，存贷比 20%~25%。

1914 年，意大利（中央）银行在阿斯马拉和马萨瓦设分行，翌年于阿斯马拉建厄特合作银行；1917 年在马萨瓦设立东非洲银行并开（索马里）摩加迪沙分行，几年后这两家私营银行均倒闭。到 1941 年，厄特已有意大利银行、那不勒斯银行、罗马银行、国家劳工银行四家银行和一家信用社农矿信贷基金，并在阿斯马拉、马萨瓦、克伦、阿萨布等 6 个城市有 13 家分行，但这些银行只为意移民和外国商人服务。英国军管后，巴克莱银行于 1941 年和 1942 年分别在阿斯马拉和马萨瓦设分行，次年允许那不勒斯银行和罗马银行重开分行。

厄埃联邦时，意大利商业银行继续营业，埃塞商业银行也在阿斯马拉、马萨瓦和阿萨布设有四个分行，英行则撤离。1974 年，埃塞军政权将包括银行在内的所有私企收归国有，埃塞商业银行垄断银行服务。

1991 年 5 月厄特临时政府将埃塞原有国家金融机构收归国有，独立后据第 1993/32 号公告（第 1997/93 号公告修订）建立金融体系，主要由厄立特里亚银行[1]、厄立特里亚商业银行[2]及厄立特里亚住房和商务银行[3]三大机构控制，前两家由政府持有，第三家为执政党所有。其他还有厄特农业和工业银行、厄特开发与投资银行[4]和厄特国家保险公司[5]（NICE）。人阵党于 2000 年建立 Himbol 外汇和金融服务公司（Exchange & Financial Service）控制外汇市场，提供境外汇款（特别是侨汇）和外汇兑换等服务。

---

[1] Bank of Eritrea，1993 年建立的中央银行，总部在阿斯马拉，在马萨瓦设分行。

[2] Commercial Bank of Eritrea，1991 年 6 月 1 日，厄人阵接管原埃塞商业银行厄特分行；1994 年 1 月底政府第 49 号公告正式批准成立此唯一零售商业银行。总部在阿斯马拉，全国有 17 个支行。

[3] Housing and Commerce Bank，1994 年元旦建立厄特住房银行，接管原埃塞住房和储蓄银行阿斯马拉分行，初始资本为 500 万比尔，有 13 名员工。通过向个人客户提供抵押贷款和融资建设住宅小区及办公、商业设施。1996 年，最大股东人阵党决定该行更名为现名，增加基础设施建设贷款业务。2018 年在首都等 10 个城市设 12 个分行，总资产 16 亿纳克法，员工 400 余人，三分之二为女性。

[4] Eritrean Development and Investment Bank（EDIB），于 1996 年 10 月 28 日成立最小的国有银行，仅有首都一个办事处，1998 年才营业。此行完全由财政部出资，主要为农业、工业发展提供贷款。

[5] The National Insurance Corporation of Eritrea，1992 年 4 月 1 日成立的股份公司，总部在阿斯马拉，在阿萨布和马萨瓦设分部。

厄特央行调节货币和汇率政策，发行、管理和回笼国家货币，并监管所有金融机构。1996 年，特基·贝耶内①领导改组国家银行。现任行长是基布里阿布·沃尔德马里亚姆。

厄特商业银行主要为国有和私营企业提供贷款和个人银行业务，且唯其可经营外汇账目；在全国各主要城市设 17 个分行。该银行吸收约 90%的存款，并占对私营部门贷款的 80%；吸储和贷款分别从 1991 年的 3.65亿纳克法和 864 亿纳克法增加到 2004 年的 136 亿纳克法和 35.3 亿纳克法。总资本从初始的 5000 万纳克法到 2009 年逾 10 亿纳克法，与 20 家国外银行有业务往来。

厄特民间素有小额储蓄和信贷互助俱乐部传统，也有放债人，其利率颇高。政府于 2005 年推出面向穷人和小微个体企业的小额信贷，分别由政府和非政府组织管理，贷款额度小，无须资产抵押，操作简单。其中两家最大的小额信贷机构是服务弱势群体的南方省储蓄与信贷计划（SZSC）和 1996 年成立的（全国）储蓄与微贷计划（SMCP，厄特社区发展基金的一部分）。

厄特的资本市场仍处于初级发展阶段，尚无政府证券拍卖业务，央行以固定价格发售短期国库券，没有公司发行债券，没有政府证券二级市场和经纪人等金融中介机构。厄特本币不能自由兑换，政府禁止外国个人长期持有和投资。截至 2013 年，国际三大信用评级机构未曾对厄特做过主权信用评级。

（四）侨汇

侨汇是厄特财政收入和外汇来源之一，也是不少居民家庭的主要收入来源。这在独立战争年代即已成"传统"，1991 年全境解放后侨汇一度年均过亿美元，独立后头十五年，侨汇收入累计占到国内生产总

---

① 特基·贝耶内（Tekie Beyene, ？—2019），厄人阵老战士、作家、记者，曾任战时厄特救济协会主席，独立后任厄特国家投资中心、厄立特里亚银行行长（1994～2003）。退休后专职写作，1991 年将《苏菲的世界》（*Sophie's World*）译成提格雷尼亚文，2009 年出版提文回忆录 *Kab Rix' Hǝnti*（ካብ ርሕ ፡ ሕፍንቲ）：*A Memoir*（*A Handful of Grain from the Granary*），Asmara, Hidri Publishers, 2009。

值的32%~37%，① 居世界第二位（仅次于索马里）。据联合国贸发会议报告，2002~2008年，侨汇占厄特国民总收入的六七成，2011~2013年降到三四成。

表5-14　1992~2017年部分年份厄特侨民汇款

年份	侨汇流入额（万美元）	侨汇与出口收入之比（%）	侨汇与国内生产总值之比（%）
1992	8590	97.60	19.70
1993	9140	65.80	22.40
1994	16640	115.30	32.60
1995	119000	69.40	20.70
1996	13610	68.00	21.60
1998[1]	-152	—	0.36
1999[1]	236	—	0.53
2000[1]	197	—	0.47
2013	980[2]	—	0.50[2]
2014[2]	1070	—	0.41
2015[2]	1100	—	0.55
2016[2]	1120	—	0.51
2017[2]	1250	—	0.66

资料来源：联合国贸发会议有关年份《最不发达国家报告》。

注：1. 国际货币基金组织数据；扣除汇出侨汇的净值；2. https://countryeconomy.com/demography/migration/remittance/eritrea。

---

① Ayumu Yamauchi, "Fiscal Sustainability: The Case of Eritrea", IMF Working Paper, WP/04/7, 2004, p. 10. 其他一些报告则认为比重不及20%；世行以1998~2001年为例称，年均增长率约0.5%，http://diasporafor-development.eu/wp-content/uploads/2020/11/CF_Eritrea-v2.pdf；欧盟估计占12%；另一种经实地访谈调研的说法是"占政府预算收入的近1/3"，应该更可信。参见B. Tewolde, "Remittances as a Tool for Development and Reconstruction in Eritrea: an Economic Analysis", *Middle Eastern Geopolitics* 1 (2), 2005, pp. 21-32。转引自Milena Belloni, "Remittance Houses and Transnational Citizenship: Mapping Eritrea's Diaspora-State Relationships", *Africa Spectrum*, Vol. 56 (1), 2021, p. 64。

厄特政府仿效埃及（1967 年）等国对海外登记成年侨民征缴 2%的年度所得税（重建与发展税），1997~2003 年，此项税收缴纳额从 120 万美元增至 1040 万美元。[①]

海外厄侨寄回厄特的汇款渠道多元，且多用非正式渠道寄给家人和亲戚生活所需，包括盖房，但用于置地农耕或个体创业等生产投资并不多见。1992~1997 年，每年侨汇近 1 亿美元；边界战争导致侨汇自 1998 年起连续三年年均净流入降至 2 亿美元以下，1998 年甚至净流出 1.5 亿美元，但厄特仍保持十年（1991~2001 年）年均侨汇收入位列非洲前十名的纪录。边界战争后，厄特人均侨汇收款一度在非洲排名第五，侨汇占总产值比重排名第一，[②] 如 2002 年侨汇流入分别为同年外国直接投资和出口收入的 20 倍和 40 倍；[③] 2007 年侨汇达 13.7 亿美元，21 世纪头十年汇入额占同期国民总收入逾半，国际货币基金组织数据显示，2002~2008 年该比例为 70.5%；2011 年联合国安理会对厄特制裁加码后，侨汇收入大跌，两年后相关比值仅 30%。非开行 2016 年报告称，厄特侨汇"复有增加"。[④]

2016 年侨汇来源国：法国 550 万美元，乌干达 340 万美元，肯尼亚和中国各 80 万美元，坦桑尼亚 60 万美元，印度 40 万美元，卢旺达和科摩罗各 20 万美元，南非、马拉维和布隆迪均为 10 万美元；其他少量来自英国、埃塞俄比亚、莫桑比克、赞比亚、苏丹、民主刚果和安哥拉等国。

① Clara Schmitz-Pranghe, *Modes and Potential of Diaspora Engagement in Eritrea*. Diaspeace Working Paper 3, University of Jyväskylä, 2010. 作者调查旅居中东和欧美厄侨汇款数据，发现许多人可能不缴纳此税，或缴税但低报自己的年收入。

② Clara Schmitz-Pranghe, *Modes and Potential of Diaspora Engagement in Eritrea*. Diaspeace Working Paper 3, University of Jyväskylä, 2010.

③ Tekie Fessehatzion, "Eritrea's Remittance-Based Economy: Conjectures and Musings", *Eritrean Studies Review* 4, 2005, pp. 165-183.

④ Fikrejesus Amahazion, "Understanding Remittances in Eritrea: An Exploratory Study", *International Journal of African Development*, Vol. 55, No. 2, Spring 2019, pp. 5-23.

第七节　对外经济关系

（一）对外贸易

厄特一带自古以来外贸繁荣，从红海沿岸到内陆高原的区域商路纵横交错，高原靠驴、骡驮物，低地用骆驼运货。殖民前后，与阿比西尼亚的过境贸易常占厄特外贸的四成以上，穆斯林和欧洲人先后控制对外和区域间贸易，也门和印度的小贩和店主在 20 世纪初到红海南岸经商。1934年，意大利向厄特输送 78% 的进口商品，购进其 58% 的出口商品。英国占领后，先是英国战时营销局接管厄特外贸，随后英国大公司从亚丁迁入，厄特果蔬、酒精和纺织品出口增加且多样化。20 世纪 50 年代埃塞开发阿萨布港，专注经营过境贸易；厄特原材料出口中东，进口消费品来自东亚，逆差激增。二战后，厄特商人借助此前 20 年发展起来的汽车运输业，在埃塞和苏丹建起区域商业网，高原基督徒包括 1975 年后来自埃塞的提格雷移民亦首次大量参与经商。

1984 年，厄人阵成立红海贸易公司，为萨赫勒解放区进口货物。1990 年秋，厄人阵又建半官方投资公司纳克法公司，第二年便筹得 1000万美元。厄特独立后，这两家公司大宗采购并经前者的连锁零售店低价销售（利润率 5%~20%），抑制进口商品价格。到 1994 年，红海贸易公司年收入 3000 万美元，利润 200 万美元。此后几年，厄特外贸稳步增长，侧重经营埃塞的过境贸易和廉价消费品的进口，主要靠侨汇支付进口货款。区域果蔬和活畜市场亦有增长，特别是对沙特的牲畜出口。

厄特独立后实行开放的自由贸易政策，除邻国外，主要贸易伙伴还有意大利、阿联酋、德国和美国。政府最初削减一些贸易壁垒，取消进口限量，降低进口税和取消出口税；1998 年重返战时状态后恢复旧措施，并对外国非政府组织和救济组织进口的设备和用品征关税。2009~2018 年，个别国家推动联合国和一些区域组织对厄特严加制裁，厄特迄未签署《非洲大陆自贸区协定》，也未申请加入世界贸易组织。

表 5-15 厄特外贸状况及其变化

	2008/2009 年度	2018/2019 年度
货物出口额(亿美元)	0.108	6.872
初级产品出口额(亿美元)	0.058	5.771
初级产品出口额占货物出口总额占比(%)	53.7	84.0
其中:农产品(%)	42.9	28.6
矿石、宝石和黄金(%)	10.8	55.4
初级产品出口占国内生产总值比重(%)	0.4	8.9
自然资源租金总额占国内生产总值比重(%)	3.4	—
主要出口初级产品平均价格指数(2015 年基准=100)	109.2	121.5
前三初级产品出口额占货物出口总额比重(%)	49.9	76.5
2008/2009 年度:活畜(%)	10.8	
渔产品(%)	8.8	
黄金(%)	5.5	
2018/2019 年度:贱金属矿产品(%)		31.1
黄金(%)		10.8
渔产品(%)		9.7
前三初级产品出口目的地市场占初级产品出口总额比重(%)	49.9	76.5
2008/2009 年度:沙特阿拉伯(%)	23.6	
欧盟(28 国;%)	13.9	
阿拉伯联合酋长国(%)	12.4	
2018/2019 年度:中国(%)		48.5
摩尔多瓦(%)		14.4
阿拉伯联合酋长国(%)		13.6
货物进口(亿美元)	2.401	4.579
初级产品进口占货物进口总额比重(%)	41.0	42.1
其中:食品进口(亿美元)	1.985	3.940
食品占货物进口总额比重(%)	33.9	36.2
燃料进口(亿美元)	0.273	0.396
燃料占货物进口总额比重(%)	4.7	3.6
前三初级产品贸易伙伴占初级产品进口总额比重(%)	34.2	35.5
2008/2009 年度:欧盟(28 国;%)	13.7	
阿拉伯联合酋长国(%)	11.5	
巴西(%)	9.1	

续表

	2008/2009 年度	2018/2019 年度
2018/2019 年度:埃及(%)		14.6
阿拉伯联合酋长国(%)		10.5
欧盟(28 国;%)		10.4

资料来源：联合国贸发会议（UNCTAD），The State of Commodity Dependence 2021-Eritrea, October 19，2021。

厄特独立后，其进出口贸易亦有大起大落的轨迹变化，对外贸易依存度（对外贸易总额与国内生产总值之比）从 1993 年的 102.06% 下降到 2008 年的 30.56%，2011 年反弹到 47.39%。近年来，进出口贸易结构若干领域有所变化，世行记录的厄特对高收入经济体的货物出口占比从 2000 年的 76.63% 下降到 2017 年的 30.93%；同期货物进口占比从 76.98% 下降到 51.60%。

边界战争导致厄特断绝与主要贸易伙伴埃塞和苏丹的所有贸易。粮食、制成品和运输设备的进口持续增加，外汇储备急剧下降。2002 年，厄特进口花费 5.33 亿美元，而出口仅得 0.5 亿美元。2005 年初，因外汇短缺，政府停止私营部门的所有进口，党企垄断进出口贸易。

表 5-16　1993~2020 年部分年份厄特货物进出口贸易总量变动

	1993 年	1998 年	2003 年	2008 年	2010 年	2013 年	2018 年	2019 年	2020 年
货物出口总额（离岸价，亿美元）	0.4186	0.2809	0.0700	0.1100	0.1300	3.1600	6.6900	7.6800	5.5600
货物进口总额（到岸价，亿美元）	3.4900	5.0800	4.3300	6.0000	6.6000	10.4000	10.6500	11.4600	9.7600
货物贸易与国内生产总值之比（%）	83.57	71.90	50.56	44.27	42.34	46.29	70.10	73.46	59.50

续表

	1993 年	1998 年	2003 年	2008 年	2010 年	2013 年	2018 年	2019 年	2020 年
出口单位价值指数（2000年=100）	104.00	101.00	96.80	162.60	188.93	212.64	204.92	197.00	198.28
出口量指数（2000年=100）	184.50	146.98	18.48	18.62	18.60	401.06	882.35	1053.67	757.88
进口单位价值指数（2000年=100）	83.91	107.83	91.83	127.61	140.02	220.63	225.94	243.12	207.06
进口量指数（2000年=100）	79.92	143.88	87.44	72.95	78.38	110.51	124.00	135.38	110.58

资料来源：世界银行数据；联合国贸发会议（指数类）。

厄特主要进口机械、车辆、电器、橡胶、塑料和钢铁等制成品（5~6成）和粮食（3~4成），出口原以咖啡、棉花、活畜和皮革等农牧产品为主，占货物出口总额的5~7成，因此易受国内相关生产状况的影响，近些年矿产品出口比重上升较快。

2011年，厄特进口近9亿美元的机械、石油产品、食品和制成品，主要来自巴西、中国、埃及、印度、意大利、德国、沙特和南非；当年出口额约4.2亿美元，主要是粮食、牲畜、小型制成品和纺织品，出口到中国、埃及、意大利、沙特、苏丹和英国。近年增添鱼、花卉和盐的出口。联合国贸发会议2014年报告称，2012~2013年，厄特初级产品约占货物出口总额的86.9%，制成品占9.7%；制成品占进口总额的60.8%，初级产品占38.5%。2015年，厄特与欧盟的贸易总额近1.1亿欧元，与美国和加拿大的贸易额约占外贸总额的87%，而与其他发展中国家的贸易仅占11%。2016年，厄特出口总额为3.71亿美元，以铜（1.54亿美元）、金（0.97亿美元）、锌等矿产为主；进口总额为3.36亿美元，主要是机械设备和食物。当年出口集中于中国（45%）、阿联酋（25%）和印度（16%）等，进口主要来自中国（21%）、埃及（20%）和阿联酋（16%）。

2018 年 7 月，厄特与埃塞结束战争状态后，两个月内开放 18 个边境口岸，厄特卡车满载转口的电器等消费品奔向埃塞，对方则运来粮食和建材。2018 年，厄特货物进口额为 11.7 亿美元，主要来自美国（15.9%）、阿联酋（12.3%）、意大利（11.6%）和沙特（10.5%）；货物出口额为 6.8 亿美元，增长 21.8%，主要面向中国（59.8%）、欧洲（28.7%）、缅甸（17.1%）、阿联酋（8.6%）和韩国（8.5%）。出口以铜矿石等（44%）、农产品（12%）、中间产品（36%）及纺织和皮革制品（8%）为主；进口以消费品（29.3%）、中间产品（25.9%）、原材料和机械等资本货物（22.9%）① 以及医药、食品、电器和电子产品、文具和家具（21.9%）等为主。

厄特货物出口总值从 2015 年的 4.41 亿美元增加到 2020 年的 5.96 亿美元，2020 年排在前几位出口的产品是黄金（2.65 亿美元）、铜矿石（1.72 亿美元）、锌矿石（1.53 亿美元）、银（1.13 亿美元）和男衬衫（1.13 亿美元）；前 5 大市场为阿联酋（2.66 亿美元）、中国（2.64 亿美元）、韩国（4560 万美元）、马来西亚（1480 万美元）和意大利（158 万美元）。同期，厄特进口总值从 2015 年的 4.01 亿美元减少到 2020 年的 3.61 亿美元，2020 年排在前几位的进口商品是面粉（3950 万美元）、运货卡车（1720 万美元）、黍粮（1500 万美元）、橡胶轮胎（1200 万美元）和粗糖（952 万美元）；前 5 大来源为埃及（7840 万美元）、阿联酋（7740 万美元）、中国（7050 万美元）、意大利（3010 万美元）和美国（1800 万美元）。据估算，2022 年，厄立特里亚出口额达 7.89 亿美元，进口额 4.41 亿美元；分别比 2017 年增长 3.8 亿美元和 4080 万美元。②

2018~2020 年，厄特出口市场增长最快的伙伴国分别是阿联酋（增长 91.7%，计 1.27 亿美元）、马来西亚（增长 72.9 倍，1480 万美元）、荷兰（增长 37.7 倍，65.1 万美元）；进口增长前三的为中国（增长 64.5%，2760 万美元）、美国（增长 128%，1010 万美元）和意大利（增长 45.6%，943 万美元）。

---

① AfDB, *I-CSP 2017-2019 Update Review*, March 2020, pp. 5-6.
② 中国商务部：《对外投资合作国别（地区）指南 厄立特里亚（2024 年版）》，北京，2024 年 12 月，第 37 页。

表5-17 2000~2017年部分年份厄特货物进出口贸易产品结构

	2000年[1]	2001年[1]	2002年[1]	2003年[1]	2011~2013年	2013~2015年	2015~2017年
货物出口总额(亿美元)	0.3681	0.1900	0.5200	0.0700	4.0190	0.0487	3.2453
其中:初级产品比重(%)	72.00	49.28	75.39	69.73	86.90	88.90	91.64
食品和农产品比重(%)	63.67	46.25	70.60	67.97	31.30	46.20	30.61
食品出口比重(%)	53.91	26.15	39.31	41.99			
矿石和金属产品比重(%)	8.33	3.03	4.80	1.75	55.50	42.60	61.02
制成品比重(%)	27.99	50.68	24.60	30.27	13.00	11.00	8.30
劳动/资源密集型制成品比重(%)					2.90	5.10	5.33
低技术密集型制成品比重(%)					0.20	1.30	1.31
中等技术密集型制成品比重(%)	12.84	9.58	22.80	14.67	7.00	1.50	0.50
高技术密集型制成品比重(%)					2.90	3.10	1.93
货物进口总额(亿美元)	4.7100	4.2300	5.3800	4.3300	9.6700	10.5360	10.5217
其中:初级产品比重(%)	40.16	31.41	33.54	47.35	6.19	39.30	39.74
食品和农产品比重(%)	38.64	30.55	32.40	46.49	26.00	24.50	36.09
食品比重(%)	37.41	30.02	30.89	45.57			
燃料产品比重(%)	1.53	0.86	1.14	0.87	11.10	13.60	2.26
矿产品比重(%)					1.40	1.20	1.39
制成品比重(%)	58.38	67.59	65.03	51.76	60.80	59.50	59.77
劳动/资源密集型制成品比重(%)					11.60	13.50	13.94
低技术密集型制成品比重(%)					8.50	8.20	9.31
中等技术密集型制成品比重(%)	39.79	37.41	44.57	43.30	26.00	23.80	26.74
高技术密集型制成品比重(%)					14.45	14.10	13.20

资料来源:联合国贸发会议历年《最不发达国家报告》。

注:1. 世行/世贸组织数据。

表 5-18　2009~2017 年部分年份厄特贸易伙伴关系

	2009 年	2011~2013 年	2013~2015 年	2015~2017 年
货物出口总额（亿美元/年）	0.1500	4.0079	0.0487	3.2453
出口主要发达经济体市场占比（%）	36.10	88.70	20.80	10.84
欧盟 28 国占比（%）	32.10	1.60	4.80	8.77
美国和加拿大占比（%）	3.90	87.10	15.70	1.67
出口主要发展中经济体市场占比（%）	63.90	11.30	79.10	88.13
中国占比（%）	2.70	5.80	43.20	38.75
印度占比（%）	27.40	1.60	29.70	20.86
亚洲其他发展中经济体占比（%）			4.70	26.48
非洲发展中经济体占比（%）			1.60	1.70
货物进口总额（亿美元/年）	5.1500	9.6700	10.5360	10.5217
进口主要发达经济体来源地占比（%）	29.20	25.10	21.50	25.77
欧盟 28 国占比（%）	25.60	21.80	18.60	21.29
美国和加拿大占比（%）	2.80	1.90	1.70	1.44
日本（%）		0.20	0.20	1.55
其他发达经济体（%）	0.80	1.20	0.90	1.48
出口主要发展中经济体来源地占比（%）	68.50	73.80	78.20	71.01
中国占比（%）	12.20	21.50	26.40	13.94
印度占比（%）	10.70	4.40	2.80	2.54
亚洲其他发展中经济体占比（%）			26.90	38.57
非洲发展中经济体占比（%）			21.30	13.67

资料来源：联合国贸发会议历年《最不发达国家报告》。

（二）外来援助①

1991 年，厄特临时政府拒绝偿还历届前政权所欠债务。1993 年厄特正式独立之前，外国对厄特重建的援助总额不到 3200 万美元，其中一半

---

① 主要指经合组织成员和联合国有关机构提供的官方发展援助（ODA），其中包括双边、多边的发展援款和其他形式的援助，以及各种优惠和非优惠性质的贷款；多为协议额，并非实际拨付到位的数据。

来自天主教会等社会组织，另一半来自多、双边贷款。1993 年 5 月厄特独立后即加入欧盟与非加太发展中国家的《洛美协定》，欧盟遂提供 7200 万美元援助，其中一半是粮食援助。

经合组织发展援助委员会（OECD-DAC）是厄特主要外援提供方，三十年间承诺的对厄特官方发展援助趋于增加，从头八年年均不到 1.5 亿美元，到第二个十年年均 4.3 亿美元和近九年年均 8 亿美元，但近年实际拨付大幅下降且到账缓慢。厄特从其他国家和区域组织获得的援助缺乏统一和连续性的统计，近年总的趋势是逐渐增多。

表 5-19　1993~2019 年发展援助委员会部分成员援助净额

单位：万美元

A. 总排名	B. 经合组织发展援助委员会成员	C. 1993~2000 年	D. 2001~2009 年	E. 2010~2019 年	F. 1993~2019 年
1	美国双边援助净额	11616(2)	41732(1)	270(15)	53618
2	欧盟机构双边援助净额	5939(5)	21425(2)	15592(1)	42956
3	意大利双边援助净额	17059(1)	12609(3)	1031(7)	30699
4	挪威双边援助净额	7151(4)	12363(4)	2611(4)	22125
5	日本双边援助净额	3152(9)	7312(5)	3848(3)	14312
6	德国双边援助净额	8709(3)	3493(9)	1729(5)	13931
7	荷兰双边援助净额	5678(5)	6634(6)	296(14)	12608
8	英国双边援助净额	2350(10)	4250(8)	4621(2)	11221
9	丹麦双边援助净额	4898(7)	4973(7)	128(16)	9999
10	瑞典双边援助净额	3801(8)	3036(10)	520(10)	7357
合计	发展援助委员会双边援助净额	79680	128155	34901	242736

资料来源：均为有关国家政府官方报告发展援助委员会的双边发展援助（含优惠贷款）净额（减还债额），根据世界银行数据库整理；C-E 栏括号内为相应时段的排名。

从 1993 年厄特独立到 2000 年厄特-埃塞边界战争停火,厄特获得经合组织 23 个成员(含欧盟,下同)承诺 14.37 亿美元的双边援助(含贷款,下同),实际拨付 7.97 亿美元;2001~2009 年,27 个成员共承诺了 42.67 亿美元,拨付 12.82 亿美元;2010~2019 年(2009 年 12 月至 2018 年 11 月联合国制裁厄特)25 个成员答应给 80.92 亿美元,拨付仅 3.49 亿美元;其中,三十年间欧盟各机构拨付 4.30 亿美元。1993~2019 年,联合国开发计划署等联合国机构和相关组织共提供并支付 4.61 亿美元援助。

1993 年,厄特与世界银行谈判,获得 5.25 亿美元贷款,其中 1.47 亿美元用于为期两年的恢复和重建计划。1994 年 7 月,厄特加入世界银行、国际开发协会、国际货币基金组织,再获 5000 万美元贷款用于经济重建、教育、能源和港口开发。2000~2003 年共计获得世行 3.854 亿美元(实际拨付 2.194 亿美元)贷款,侧重卫生、教育、基础设施、农业等领域。2003 年,厄特在国际货币基金组织拥有 1590 万特别提款权的配额,国际货币基金组织指厄宏观经济失衡,未提供融资。

表 5-20　1993~2019 年厄特接受的官方发展援助

单位:时价亿美元

	1993~2000 年	2001~2009 年	2011~2019 年	1993~2019 年
官方发展援助净额[1](2018年不变价合计)	16.4788	25.0651	11.8371	53.3810
官方发展援助净额[1](合计)	11.4785	20.1435	11.9830	43.6050
援助占国内总投资比重(%;年均)	85.83(48→115)	106.71(157→76)	2011=51.17	—
援助占国民总收入比重(%;年均)	22.38(14→29)	22.59(38→8)	2011=6.54	—
人均获得官方援助[2](美元;年均)	64.52	82.56	36	59.95
官方援助赠款(合计)	6.7727	13.5343	11.4922	31.7992
其中:技术合作赠款(合计)	2.4934	2.0346	0.7188	5.2468

资料来源:据世界银行数据整理。

注:1. 净额=赠款+贷款-还债;2. 含贷款。

厄特看重贷款、设备和物资援助，并不追求赠款和政策咨询。厄特政府于 1994 年制定《发展伙伴关系》政策文件，强调自主发展战略和规划以及援助项目的执行，不主张援助方长期参与决策，希望发展伙伴提供融资和技术支持；逐步从捐赠援助过渡到贸易、投资等长期经济合作，且更倾向于私营部门投资。1998 年初，厄特担心过度依赖援助，要求以贷款取代捐赠，减少外国专家咨询和增加设备和物资提供。1996~1998 年，厄特每年人均接受外援 38.3 美元，年均外援总额与其年度国民总收入、国内总投资、货物和服务进口总额之比分别为 18.5%、62.9% 和 24.5%。[①] 外部对厄特的援助主要通过项目提供，特别是 2013 年以后占到外援的 90.7%，没有对政府预算的援助。外援与厄特产业政策对接不紧密，也未达到资源调配所需水平。

1993~2003 年，经合组织发展援助委员会对厄特援助承诺总额近 19 亿美元，实际拨付额不足一半，且发展援助很少，如 30% 为紧急救助和重建，12.4% 用于扫雷和军人复员，10.5% 是一般商品，8.3% 和 6.4% 分别用于教育和医疗保健，只有 7.3% 用于农业，少量用于修路、供水和能源。1993~2005 年，按援助额排名，前十位是世界银行（6.2 亿美元，占总额 24.7 亿的 25%）、美国（4.8 亿美元）、意大利（2.6 亿美元）、欧盟（2.5 亿美元）、挪威（1.4 亿美元）、非开行（1.1 亿美元），荷兰、丹麦、德国和日本合计 3.3 亿美元，多边银行主要提供优惠贷款，各国多为无偿援助。[②]

厄埃边界战争导致多数西方国家冻结发展援助或改为人道援助，美国与几个北欧国家不同意厄特政府以自主"以工代赈"的形式发放粮援，撤走援助分支机构。美国援助数据网站披露，2000~2011 年，世界银行对厄特的官方融资总额为 5.31 亿美元、欧盟为 5.19 亿美元、美国为 4.81

---

① UNCTAD, *The Least Developed Countries 2000 Report: Aid, Private Capital Flows and External Debt: The Challenge of Financing Development in the LDCs*, New York and Geneva, 2002, p. 66.

② Teferi Michael et al. , *Managing Aid Exit and Transformation : Eritrea Country Case Study*, Sida, 2008, pp. 16–17, 24; Human Development Report 2005.

亿美元,中国为 3.62 亿美元,四家合计占同期厄特所有发展融资(33.84 亿美元)的 56%。[①]

表 5-21　2002~2020 年厄特官方发展援助投向

单位:万美元

	2002~2008 年	2005~2011 年	2012~2016 年	2014~2020 年[a]
官方发展援助拨付款净额	22672	6479	1141	11960
含:社会基础设施及维护	8320	1520	510	6380
其中:教育	—	—	—	3010
健康与人口控制	—	—	—	2110
饮水与公共卫生	—	—	—	310
经济基础设施及跨产业类	3604	1122	92	1770
其中:农牧渔部	—	—	—	1400
商品及一般项目援助	1299	399	207	820(粮援)
人道援助	7823	3618	444	2180
其他援助	1755	276	54	790

资料来源:据联合国贸发会议与经合组织历年报告整理。

注:a. 经合组织数据,仅为双边援助承诺额。

　　2013 年,经合组织提供 8300 万美元的援助。2015 年欧盟提出援厄 2.38 亿美元,但没有获得批准。2018 年厄特与埃塞和解后,欧盟又许诺提供 9000 万美元援助用于道路建设。2018 年官方发展援助占厄特国民总收入的 5.2%。

　　2009~2019 年,联合国安理会定向制裁厄特十年,只有少数援助方维持少量双边援助协议。2015 年,欧盟最终同意 2014~2020 年国别发展指导计划(National Indicative Development Plan 2014-2020 for Eritrea)对接厄特产业规划,通过联合国系统资助厄特政府自主关键部门优先项

① Brian O'Donnell, Ze Fu, "Recent Media Reports Omit Essential Details About Chinese Development Finance", AIDDATA, July 2, 2013, https://www.aiddata.org/blog/recent-media-reports-omit-essential-details-about-chinese-development-finance.

目所需资金的 25.4%。①

近年，经合组织调整统计口径，纳入其成员国和欧盟之外的新兴市场国家和一些地区多边机构提供援助的数据，其中"新兴市场国家"对厄特的融资超过经合组织成员。

（三）外资外债

厄特独立后到 2000 年，从国外的融资额年均增加 30% 以上，其中主要是官方援助增加，但直接投资减少，其中 1996～2001 年年均外资流入额下降，1993～2008 年厄特则入列外资流入趋降的 4 个最不发达国家。近十年因发现黄金等矿产并投产，厄特的外来投资恢复增长。

联合国贸发会议历年《世界投资报告》称，1993～2000 年，进入厄特的外国直接投资近 5 亿美元，其中 1998 年当年就有约 1.5 亿美元，占当年国内总投资的 56%；到 2000 年末，存量 3.37 亿美元，为当年国内生产总值的 12%。2011～2013 年厄特的外国直接投资净流入分别为 0.39 亿美元、0.7 亿美元和 0.44 亿美元，截至 2013 年底，外资存量达 7.9 亿美元；2014 年又增加 0.47 亿美元，2017 年和 2018 年合计 1.15 亿美元。② 据联合国贸发会议《世界投资报告》近年数据，2019 年外资流入 0.67 亿美元，较上年增加 600 万美元；2020 年又有 0.74 亿美元，是年末外商直接投资存量近 12 亿美元，系撒哈拉以南非洲倒数第二（仅先于科摩罗）；2021 年流量降 4.5% 到 0.7 亿美元，存量则增 5.9% 达 12.67 亿美元。据 2024 年《世界投资报告》，2023 年，厄特吸收外资流量为 0.2 亿美元；截至当年底，外资存量有 10.31 亿美元。

表 5-22　2001～2021 年厄特接收外国直接投资

	2001～2009 年均	2010～2014 年均	2015 年	2016 年	2017 年	2018 年	2019 年	2020 年	2021 年
流入量（亿美元）	0.2033	0.5240	0.4900	0.5200	0.5500	0.6100	0.6700	0.7400	0.7000

① UNCTAD, *The Least Developed Countries Report 2019*, November 2019, Box 4.1 Eritrea: Development Cooperation, p. 118.

② AfDB, *Eritrea Interim Country Strategy Paper（I-CSP）2017-2019*, October 2017, p. 4; *I-CSP 2017-2019 Update Review*, March 2020, p. 4.

续表

	2001~2009年均	2010~2014年均	2015年	2016年	2017年	2018年	2019年	2020年	2021年
占总投资比重（%）	0.70	—	—	34.1	33.7	103.9	68.0	47.6	38.8
年末存量（亿美元）	—	—	8.8600	9.3900	9.9400	10.5530	11.2240	11.9620	12.6700
占总产值比重（%）	—	—	44.0	42.4	52.2	52.6	56.6	57.4	55.8

资料来源：根据2001~2022年度《世界投资报告》整理。

1999年厄特从外资跨境并购项目收入2700万美元，2004年和2010年被外资并购的企业分别价值1000万美元和1200万美元。2003年、2004年和2006年分别签下1个绿地投资项目，价值500万美元，2005年则是4个，共得9.69亿美元；2018~2021年新签绿地投资项目8个。2008年，厄特在海外绿地投资300万美元，2011年海外收购2.54亿美元。

外资大多投入矿业。外国投资主要来自国际金融公司、沙特、阿联酋、中国、韩国、意大利、南非和德国。厄特投资中心允许本国和外国私营企业平等和不限产业地参与本地经济；优先分配外汇鼓励出口生产；外汇收入留存最高可达100%；不征股息税；资本货物、中间产品、工业零部件和原材料进口关税为2%（一般平均关税为10%），且用于出口生产的原材料和中间产品的销售税（3%）享受退税；免征出口关税和销售税。

近年来，一些国际机构将外国直接投资与外国援助等均计入对外债务汇总。非开行2011年报告，2009年厄特外债8.95亿美元，其中多边债务占64.5%，双边债务占35.5%；负债率（外债年末余额与当年国内生产总值之比）48.2%，偿债率（外债还本付息与当年货物与服务出口之比）35.9%（21世纪初不到5%）。2014年负债率从2010年的41%降到21.9%，2019年回弹到58.0%；偿债率从2011年的13.7%降至 2014 年的 11.3%，2019 年比前两年增加 2 个百分点，达 8.3%。① 国际货币基金组织称，厄特 2018 年外债存量为 6.25 亿美元，官方负债率从 2010~2018 年的平均 63.4% 改善到 2021 年的 53.7%，② 2023 年 10 月世界银行发布的《世界经济展望》显示，2022 年厄特外债余额约 12.7 亿美元，外债风险总体可控。

（四）国际收支

2014 年以来得益于碧沙矿的铜矿和黄金产出，厄特出口有所增长，但同时由于矿业机械进口用汇不少，贸易平衡仍未好转。国际货币基金组织报告，2010~2018 年，每年末厄特的国际储备均可保障 3.5 个月的进口所需资金。2019 年，净出口下降，经常项目顺差占国内总产值的比重为 11.3%，国际储备总额可覆盖 3.1 个月的进口。由于全球金属需求和价格的上升（金属约占总出口的一半），出口（矿产为主）增加，货物贸易平衡有所改善，2020 年底厄特的国际储备约可覆盖 4 个月的进口量。经常账户盈余比从 2020 年的 11.4% 扩大到 2023 年的 14.1%，2024 年预计将收窄至 12.4%，源于国内矿业生产恢复乏力，全球大宗商品需求和价格的波动，以及红海危机和非洲之角的地区动荡。厄特央行账面上的 2151万美元（相当于国内生产总值的 0.9% 和国际储备的 2.2%）特别提款权还能增加国际储备。

厄特外部经常账户，包括赠款占 GDP 的比重 2010~2018 年平均为 12.1%，2019~2021 年分别为 13.0%、11.4% 和 13.5%。根据国际货币基金组织数据，2003 年厄特的外汇储备只有 1720 万美元，可支付两周的进口。2000 年厄特国际收支逆差为 4470 万美元，到 2003 年，赤字已增至 1640 万美元。近年来，厄特的国际收支平衡有所改善，经常账户余额（包括官方转账）持续结余，但国际储备不多。货物出口从 2012 年的 4.67 亿美元增加到 2016 年的 7.45 亿美元，主要归功于黄金和其他矿产、

---

① AfDB, *Eritrea Interim Country Strategy Paper（I-CSP）2017-2019*, October 2017, p. 4; *I-CSP 2017-2019 Update Review*, March 2020, pp. 3-4.

② IMF, *Regional Economic Outlook: Sub-Saharan Africa*, April 2022, p. 31.

单位：亿美元

表5-23 1994~2020年厄特外债统计摘要

	1994年	1999年	2004年	2009年	2014年	2015年	2016年	2017年	2018年	2019年	2020年
外债存量总额	0.2906	2.7336	7.6024	10.5065	9.0678	8.7329	7.9725	8.2077	7.9120	7.7171	7.8854
其中:长期外债[a]	0.2906	2.5256	7.0400	10.1299	8.2888	7.8243	7.5028	7.7204	7.3613	7.1807	7.2940
含:多边官方信贷	0.0150[b]	0.0156	5.1000	6.5750	5.9710	5.7250	5.5750	5.8730	5.7160	5.6710	5.8780
双边官方信贷	0.1058	1.4600	1.8000	3.1460	1.9750	1.7900	1.6280	1.5070	1.3200	1.1900	1.0680
官方担保商业银行贷款	—	0.0000	0.3463	0.4090	0.3450	0.3090	0.2990	0.3410	0.3250	0.3190	0.3490
国际货币基金组织信贷额度	—	0.2080	0.2354	0.2376	0.2196	0.2100	0.2038	0.2159	0.2108	0.2096	0.2183
短期外债	—	0.1195[c]	0.3271	0.1390	0.5595	0.6985	0.2659	0.2714	0.3399	0.3268	0.3731
长期外债拨付额	—	0.5070[c]	0.7060[d]	0.5760	0.2020	0.1470	0.0950	0.0690	0.0420	0.0420	0.0280
其中:多边	—	0.3900[c]	0.7000[d]	0.1200	0.2020	0.1470	0.0200	0.0200	—	—	—
双边	—	0.1200[c]	0.0100[d]	0.4600	—	—	0.0700	0.0500	—	—	—
还本付息额	0.0015[b]	0.0406	0.2043	0.2174	0.4510	0.3333	0.2693	0.2693	0.2817	0.2123	0.2162
长期外债[a]偿还	0.0015[b]	0.0326	0.1892	0.2155	0.4458	0.3257	0.2687	0.2692	0.2799	0.2102	0.2155
其中:多边外债偿还	—	0.0156	0.0947	0.1208	0.1257	0.0503	0.0460	0.0510	0.0589	0.0540	0.0537
资金净流入额[e]	—	0.8810	0.4030	—	0.5350	0.4570	—	—	—	—	—

续表

	1994 年	1999 年	2004 年	2009 年	2014 年	2015 年	2016 年	2017 年	2018 年	2019 年	2020 年
外债净流入	0.2660	1.0824	0.4738	0.4633	-0.1984	-0.1412	—	—	—	-0.1420	-0.1618
含：多边官方信贷	0.1601	0.4310	0.5249	0.0476	-0.0552	-0.0043	-0.0101	-0.0158	-0.0382	-0.0174	-0.0240
双边官方信贷	—	—	—	0.4160	-0.1540	-0.1370	-0.1280	-0.1520	-0.1680	-0.1250	-0.1380
短期外债	—	0.1000	-0.2000	-0.0500	0.2800	0.1170	-0.4570	-0.0400	0.0440	-0.0440	0.0000
外国直接投资	—	0.2790ᶜ	0.0140ᵈ	0.9100	0.4650	0.4930	0.5230	0.5550	0.6100	0.6710	0.7380
债务比率（%）											
负债率	5.46	39.33	69.51	57.08	22.61f	18.42f	16.80f	—	—	—	—
债务率	—	121.80f	308.50	—	—	—	—	—	—	—	—
偿债率	0.11b	5.30	22.20f	—	—	—	—	—	—	—	—
短期外债比率f	—	3.62ᶜ	4.30	1.32	6.17	8.00	3.34	3.31	4.30	4.23	4.73
多边债务比率	—	46.10	67.40	62.60	65.80	65.60	69.90	71.60	72.20	73.50	74.50
国际储备与外债存量之比	—	7.70	3.70	8.60	—	16.60	18.20	17.50	20.60	24.80	—
参照数据：											
国民总收入（亿美元）	—	7.0680ᶜ	10.8900ᵈ	18.4050	38.2290	—	—	—	—	—	—

资料来源：世界银行国际债务统计年报（2013~2022年），世行数据库。

注：a. 均为政府公共债务；b. 1995 年数字；c. 2000 年数字；d. 2005 年数字；e. 扣除还本付息的余额；f. 联合国贸发会议数据；g. 短期外债比率：期限在 1 年（含）以下短期债务占外债存量的比重。

谷物和其他农产品的出口。货物进口也从 2012 年的 9.54 亿美元增至 2014 年的 11.08 亿美元，主要用于购置采矿和运输机械设备。经常账户在 2012~2016 年间逐渐扭亏为盈，2017 年的经常项目顺差相当于国内生产总值的 23.8%，2018 年为 16.6%，2019 年因货物和服务出口减少，顺差下降至总产值的 11.3%，2023 年恢复到 14.1%。按进口保障月份计算，国际储备总额从 2010 年相当于 1.8 个月的货物和服务进口额增加到 2014 年的 2.3 个月，2018 年（1.58 亿美元外汇，500 万特别提款权额度）和 2019 年（1.87 亿美元外汇，500 万特别提款权）达 2.7 个月和 3.1 个月。①

第八节　旅游业

厄特的旅游业历史悠久，也是主要创汇的产业，2008 年旅游业收入占服务出口收入的 1/3。这里拥有若干不同时代的文明古迹，历史遗存丰富；民族风俗多彩，各种语言、文化和宗教和谐共处；自然风光独特，高原和低地、山谷和峰岭，"乘两小时车，看三季节景"；海岸和高原城镇的奥斯曼或意大利风格的建筑、几大宗教各类场所保存完整，厄特人天性热情好客。

早在 14 世纪时就有欧洲旅行家在这一地区游览。20 世纪 30 年代，意大利在厄特创办现代旅游业，成立国有连锁东非意大利专营旅馆（Concessione Italiana Alberghi Africa Orientale，C. I. A. A. O.），先后在阿斯马拉、马萨瓦［图莱德（Tawlad）岛，1962 年成为美军休养所，后在原址建红海旅馆］、克伦等地开店，并出版详细的意大利非洲帝国旅游指南。埃塞统治前期，厄特，尤其马萨瓦一带旅游业有所发展，20 世纪 70 年代初因独立战争而中止。1992 年，厄特政府成立旅游局，1994 年升为旅游部，负责推广活动，以珊瑚环绕的红海海岸和考古发掘的古老遗址等顶级资源吸引外国游客，并在达赫拉克群岛开发度假村，监管少数国有

---

① AfDB, *Eritrea Interim Country Strategy Paper（I-CSP）2017-2019*, October 2017, pp. 4-5.

表5-24 1993~2020年厄国际收支平衡

单位：亿美元

	1993 年	1998 年	2003 年	2008 年	2013 年	2018 年	2019 年	2020 年
货物出口	0.4186	0.2809	0.0700	0.1100	3.1600	6.6900	7.6800	5.5600
货物进口	3.4900	5.0800	4.3280	6.0000	10.4000	10.6500	11.4600	9.7600
货物进出口差额	-3.0673	-4.7937	-4.258	-5.8900	-7.2400	-3.9600	-3.7800	-4.200
货物和服务出口	1.4297	1.1059	0.5606	0.6113	—	—	—	—
货物和服务进口	3.3454	5.9711	5.8799	3.6067	—	—	—	—
货物和服务进出口差额	-1.9158	-4.8652	-5.3192	-2.9955	—	—	—	—
经常项目差额ª	1.16	-1.67	-0.16	-0.71	0.45	3.1	2.58	2.37
经常项目差额与国内生产总值的比重（%）ª	30.94	-26.64	-2.35	-7.64	2.28	15.44	13.01	11.39
外国直接投资净流入	0.0000	0.0005	0.2500	0.9100	0.4386	0.6102	0.6712	0.7383
净资本账户差额	1.3888	-3.5653	—	—	—	—	—	—
储备资产	0.3307	-1.1954	—	—	—	—	—	—
误差与遗漏	0.3167	-0.6645	—	—	—	—	—	—

资料来源：世界银行数据库。

注：a. 国际货币基金组织数据库。

旅馆。不少旅客是回国省亲的海外厄侨，边界战争及以后回乡人数锐减，基础设施有限以及严控外国人入境后旅行范围等措施有碍欧美游客来厄。2001年后非洲和中东游客略有增加，2000年厄特旅游部的数据显示，厄特游客人数与旅游收入从1994年的22.2万人次和2800万美元分别增加到1996年的52.5万人次和6900万美元；1997年人数减少4000人次，但收入达9000万美元。在边界战争停火的2000年，访客仅8万人次，旅游收入仅3500万美元。

世界旅游组织统计，1996年为独立后境外旅客到访人数顶峰，有41.7万人次（其中海外厄侨回国省亲的有14.4万人次）；1997年为41万人次（厄侨11.1万人次，其他非洲旅客28万人次）；20世纪最后五年厄特国际旅游收入占出口总值三四成。此后相关数据因边界战争而陡降，2000~2008年间，过夜旅客人数和国际旅游收入年均分别下降2.4%和0.2%。2009年旅游收入降至谷底的2600万美元。2011年后，到访外国旅客恢复到10万人次以上，九成是探亲的厄侨；2016年14.2万境外旅客中11.2万是厄侨，当年收入4800万美元。旅馆客房数从3300间增至2016年的5600间，2012年入住率达41%，2016年为34%；1997年入境旅游收入占当年国内生产总值11.38%，2016年仅为0.96%。

表5-25　1995~2016年厄特旅游业统计

	国际旅游 （万人次）	国际旅游收入 （时价万美元）	国际旅游收入 占出口总值的比重（%）
1995年	31.5	5800	43.13
1996年	41.7	6900	34.04
1997年	41.0	9000	41.98
1998年	18.8	3400	30.95
1999年	5.7	2800	41.03
2000年	7.0	3600	36.84
2001年	11.3	7400	na
2002年	10.1	7300	—
2003年	8.0	7400	—
2004年	8.7	7300	—

续表

	国际旅游 （万人次）	国际旅游收入 （时价万美元）	国际旅游收入 占出口总值的比重（%）
2005 年	8.3	6600	—
2006 年	7.8	6000	—
2007 年	8.1	6100	—
2008 年	7.0	4600	29.7
2009 年	7.9	2600	—
2010 年	8.4	—	—
2011 年	10.7	—	—
2012 年	12.9	—	—
2013 年	14.1	—	—
2014 年	11.9	—	—
2015 年	11.4	—	—
2016 年	14.2	4800	—

资料来源：世界旅游组织《旅游统计年鉴》，参照国际货币基金组织和世界银行的出口数据估算。

第六章

社　会

第一节　民生发展

厄立特里亚近年来在联合国开发计划署《人类发展报告》所列 189 个国家和地区中排第 180 位。2019 年，厄特人均预期寿命为 66.3 岁（2005 年为 58.6 岁）；25 岁以上人口平均受教育年限 3.9 年，当年新生儿预期受教育年限 5 年；人均国民收入（2017 年购买力平价）2793 国际美元，比 1990 年增长了 108.1%。

厄特政府主张，社会发展以民为本（people-centred），以社会正义和民族和谐为原则，力求普遍摆脱贫困，人人享受平等的社会服务，粮食供应虽有缺口，但不致出现饥饿现象。[①]

厄特国家统计局（National Statistics Office，NSO）与世界银行合作进行过 3 次经济普查。1993 年评估全国贫困人口达 69%，1995~1997 年在 12 个城镇调查家庭收入开支，2001~2003 年则开展了全国普查，约 66% 的人口收入低于国家贫困线（2003 年 238 纳克法或 17 美元/月，按此标准 1993 年贫困率是 53%），其中 37% 的人口处于极端贫困；二级城市居民的贫困率为 83%（赤贫人口占 42%），农村地区和首都阿斯马拉的贫困率分别是 70% 和 58%；安全饮水供应覆盖人口和用上独立厕所的家庭等比例均有不同程度的提高。21 世纪初近一半的成年人是文盲，15~49 岁

---

① Ministry of Finance and National Development, State of Eritrea, Millennium Development Goals Report, 2015.

妇女中一半多从未上过学。① 联合国粮农组织 2005 年调研认为，厄特的恩格尔系数（食品支出占日常开销比重）约 66%，农村地区为 71%。2007 年粮食安全基本达标，人均日摄能量 1600 卡路里，64% 的人口营养不足。2009 年厄特国家发展部称，农村贫困人口占比 86%，基尼系数为 0.28;② 《人类发展报告 2020》显示，2010~2017 年，厄特全国最富有的 1% 人口获得总收入的 14.3%。21 世纪头十年厄特经济增长缓慢，人均收入下降，非洲开发银行称 2015 年贫困率为 58%，2020 年降到 50%，2023 年人均实际 GDP 有所增长，贫困人口进一步减少。另一种统计则按每天 3.10 美元（购买力平价）支出计算，2019 年生活在此线之下的贫困人口为 389 万，占总人口的 75.2%。③

表 6-1　厄特部分贫困指标及其变化

	1993~1995 年	2001~2003 年	2015 年厄特目标	千年发展全球目标（2015）	联合国机构参考数（年份）
贫困率（%）	53	66	48	33	75（2019）
5 岁以下发育不良幼儿（%）	43.7	39.6	24.4	24.4	38/56（2019，城/乡）
小学净入学率（%）	30	44	82	100	51.8（2018）
小学结业率（%）	70	80.2	100	100	60.3（2018）
小学女生/男生（100）比例	80.2	80.5	100	100	85.7（2018）
5 岁以下幼儿夭折率（每万活产儿）	1360	930	300	450	393（2020）
1 岁以下婴儿死亡率（每万活产儿）	720	408	200	240	297（2020）
孕产妇死亡率（每万活产儿）	985	581	246	246	25（2019）
疟疾发病率（‰）	—	22	<20	<20	29（2018）
森林覆盖率（%）	13.9	32	>32	>32	10.4（2020）
安全饮水覆盖率（%）	16.4	67.5	79.5	79.5	51.9（2016）

① Government of the State of Eritrea, National Statistics and Evaluation Office (NSEO), *Dimensions of Poverty in Eritrea-Draft Report*, May 2003.

② Said Mussa Said et. al, "Measuring Inequality for the Rural Households of Eritrea Using Lorenz Curve and Gini Coefficient", *International Journal of African and Asian Studies*, Vol. 17, 2016, p. 29.

③ AfDB-RDGE Country Profiles-Eritrea, 2021.10.

续表

	1993~1995 年	2001~2003 年	2015 年厄特目标	千年发展全球目标（2015）	联合国机构参考数（年份）
其中：城镇/农村（%）	—	97/48.3	—	—	89.7/27.8（2016）
有独立厕所的家庭比例（%）	—	8.9	—	—	11.9（2016）
其中：城镇/农村（%）	12.8/—	25.6/2.1	65/—	65/—	21.9/5.6（2016）

资料来源：厄特政府 2005 年相关报告；世界银行等机构数据库。

世界银行估计，1991 年，厄特全国仅 18% 的家庭通电，城镇和农村居民用电比例分别为 80% 和 5%，人均年用电量仅 50 度。到 2018 年，用电照明居民占全国人口的 52.2%，人均年用电量 100 度。其中，城镇和农村居民的家庭用电率分别为 77.1% 和 39%（联合国称 34.5%），阿斯马拉 98% 居民家庭用电。城镇附近的 2600 多个村庄中仅有 240 个接入电网，农村企业多用小型柴油发电机，容量小且运输和维护成本高，产能发挥不力，偏远地区的诊所和学校经常停电。政府计划每年给 50 个村庄通电，2030 年达到普遍供电。

独立后头十年，厄特政府新打 600 口农村水井，在阿斯马拉北郊新建水库，并在克伦、马萨瓦等城镇改善供水服务。2001 年，世界银行估计厄特 63% 的城市居民和 42% 的农村居民能用安全饮用水。

联合国驻厄特机构估计，2015 年上半年，厄特全国约 150 万人口营养不良，其中 18 岁以下的 72.5 万、5 岁以下的 18 万（其中仅 2 万左右得到治疗）、孕妇 3.34 万。[①]

21 世纪以来，厄特城乡差距略有缩小，65% 的人口仍生活于山野田园，其中八成躬耕，背水要走 1 公里以上，燃料主要靠烧柴禾。世卫组织 2010 年《厄特人口与健康调查报告》（EPHS）称，厄特近半数人口可获得清洁饮用水（1991 年仅 13%），仅惠及不到三成的农村人口，城镇人口则逾七成。联合国驻厄特机构援引厄特土地、水和环境部数据称，2015 年底，

① UNICEF-Humanitarian Action for Children-Eritrea, http://www.unicef.org/appeals/eritrea.html, accessed December 26, 2015.

表6-2　1994~2020年厄特居民用水电和卫生设施发展

	1994年	1999年	2004年	2009年	2014年	2015年	2016年	2017年	2018年	2019年	2020年
基本饮用水服务覆盖人口比例（%）	—	46.81[b]	48.12	49.81	51.08	51.47	51.85	—	—	—	—
城镇基本饮用水服务覆盖人口比例（%）	—	90.51[b]	90.25	89.93	89.74	89.74	89.74	—	—	—	—
乡村基本饮用水服务覆盖人口比例（%）	—	30.99[b]	29.93	28.60	27.80	27.80	27.80	—	—	—	—
供电服务覆盖人口（万）[c]	—	99.5	—	180.0	217.5	—	—	—	—	—	—
供电服务覆盖人口比例（%）	22.90[a]	28.10	33.54	38.79	44.40	46.03	47.25	48.47	49.70	50.94	52.17
城镇供电服务覆盖人口比例（%）	80.60[a]	79.37	78.17	77.29	76.51	77.08	76.93	76.78	76.62	76.46	76.30
乡村供电服务覆盖人口比例（%）	6.13[a]	10.33	14.26	18.44	26.61	28.88	30.89	32.93	34.99	36.98	39.02
电力消费（人均千瓦时）	63.56	78.66	86.40	83.34	96.63	—	—	—	—	94.5	101.20
无卫生设施可用的人口比例（%）	—	82.73[b]	77.73	71.56	67.69	67.35	67.00	—	—	—	<55.0[d]
城镇无卫生设施可用的人口比例（%）	—	27.33[b]	25.55	23.33	21.99	21.99	21.99	—	—	—	—
农村无卫生设施可用的人口比例（%）	—	97.95[b]	94.85	90.98	88.65	88.5	88.65	—	—	—	[d]

资料来源：世界银行数据库。

注：a. 1995年，b. 2000年，c. UNCTAD：The Statistical Tables on the Least Developed Countries, 2017, pp.29-30, d. 2021年2月厄特卫生部和联合国儿童基金会宣布，2020年全国有438个农村新添厕所，惠及约46.6万人（2021年又在474个社区增设厕所，惠及29.4万人，全国相关比例可减少20%左右）。

获得安全饮水的总人口比例增加一半至 85%。2016 年，52%的人口受益，乡村和城镇受惠人口比例分别是 28%和 90%。① 卫生条件改善（如添置自家独立厕所）人口占比从 2000 年的 8%增至 2017 年的 12%，由于城镇人口激增，条件改善群体占比反而从 27.3%减到 2012 年的 22%，并出现停滞；非开行估计，2008 年厄特全国有 14%的人口有独立厕所，城市居民则过半。基本保健服务（如孕产妇、新生儿和儿童保健、传染病防治等）覆盖率从 2000 年的 29%增至 2019 年的 50%②。

按收入五档分，85.8%的城镇人口属于较高收入的两档，农村人口中仅 15.3%进入此群体。这种差别在文化程度、识字率、就业状况以及生活质量方面均有反映，农村低收入群体多没上过学，城镇就业率高于农村，在医疗保健、基础设施和社会福利等方面，城乡差异也较大。

第二节　就业与收入

厄特独立以来，15~64 岁的劳动力从 95 万人（占总人口的 42.5%）增至近几年的 160 万人上下；就业率一直保持在 70%~75%，总计 143.59 万人（51%为妇女），失业人口 5.26 万（占劳动力 3.5%和女劳动力的 3.7%）。③ 厄特劳动和社会福利部 2016 年的《厄立特里亚 2015—2016 年劳动力调查》指出，57.4%的就业者是"弱势就业"，即从事非正式经济的劳动力，多为女性（69.4%）和从事非农业生产的乡村居民（68.8%）；17%的劳动力（家族企业中的业主家人、亲戚）没有正式工资。据联合国估测数据，2000 年新增就业 15.21 万人，2018 年新增就业 30.57 万人，年均就业增长 3.8%。

---

① UNICEF/WHO, Progress on Household Drinking Water, Sanitation and Hygiene 2000－2020: Five Years into the SDGs, 2021, pp. 110－130; AfDB, *African Economic Outlook (AEO) 2011*, Part Four: Statistical Annex, Table 15 Access to Services, p. 282.

② World Health Organization, Global Health Observatory Data Repository, https://www.who.int/data/gho.

③ United Nations Committee on the Elimination of Discrimination against Women, CEDAW/C/ERI/6, Sixth periodic report submitted by Eritrea under article 18 of the Convention, April 12, 2019, p. 25.

2020 年新进入劳动力市场的青年（15~24 岁）约 14.75 万人，占劳动力总数的 3.4%，非充分就业者总体占比 15.6%，在城市青壮年（14~40 岁）中比例稍高，特别是女青年中 18.5% 的人没有充分就业。

厄特从业群体中不雇用家人以外员工的自体经营者占绝大多数，不仅是众多自耕农，而且在服务业也是如此，进入企事业机构和政府部门挣工资的劳动力比例从 1993 年的 8.6% 到 2014 年才突破 13%，"正式就业"机会增加不多。

根据非开行数据，厄特农业劳动力占就业总人数比重从 1993 年的 67.9% 下降到 2019 年的 61.2%，同期工业就业者比重从 10.2% 下降到 8.4%，服务业则从 21.9% 升到 30.3%；到 2021 年，农业、工业和服务业就业人数占比分别为 62%、9% 和 29%。劳动力市场上，技术工人匮乏，普通劳动力供大于求，国际劳工组织估计厄特 2015 年 15 岁以上人口的劳动参与率为 84%，男性 73.3 万人，妇女 75.6 万人。2016 年就业适龄人口的失业率为 7%，其中年轻人失业率从 2017 年的 11.1% 略降为 2019 年的 10.9%。就业者中，技术专家、高技能的专业人员（占比 5.5%）、管理人员（1.2%）严重不足，近年来高技能人才和熟练工人流失颇多。

厄特虽然没有加入国际劳工组织，但依然遵循它的许多条款，如严禁使用童工。厄特广泛实施国民服务，大约有 1/3 的劳动力应召，以低于国家最低工资的报酬为国家服务，因其期限长且艰苦，其间不能自由流动，由此适龄人员（18~50 岁男性、18~27 岁女性公民）缺乏积极性，每月数千青年离国出走避之，政府并不阻拦。2018 年，总统经济顾问哈格斯称，将根据不同学历提高津贴，从每月 50 美元增至 120 美元。

目前阿斯马拉一般行业月工资为 1500~3000 纳克法（约合 100~200 美元），重体力工作是 2880~7800 纳克法。工人薪酬除工资外还有奖金、职业补贴、津贴等报酬和养老金、社会和工伤保险等。2022 年，政府试行薪酬改革，拟推出 1800~4000 纳克法五级工资薪酬，高中应届毕业生工资将由 1400 纳克法提至最高档；并启动审议公务员薪酬改革方案。

军政机构平均工资水平月薪 100 美元，部长每月 200 美元，外加津贴。厄特的个人所得税实行累进计缴，税率为工资的 2%~30%。

表 6-3　1993~2020 年部分年份厄特就业状况

	1993 年	1998 年	2003 年	2008 年	2013 年	2014 年	2015 年	2016 年	2017 年	2018 年	2019 年	2020 年
人口红利												
15 岁以上劳动力总人数（万人）	95.17	94.46	122.41	148.49	153.64	153.90	154.34	156.46	158.40	160.51	163.20	156.98
15 岁以上劳动力总参与率（%）	80.95	80.88	79.79	79.40	79.85	79.94	80.02	79.98	79.96	79.94	79.89	75.18
15~24 岁青年劳动力参与率（%）	76.58	76.88	70.35	67.18	69.36	70.18	70.42	70.12	69.80	69.77	69.48	62.98
15~24 岁女劳动力参与率（%）	71.10	71.31	65.92	63.58	65.10	65.78	65.91	65.69	65.42	65.42	65.19	58.40
15~24 岁男劳动力参与率（%）	82.06	82.49	74.76	70.75	73.56	74.51	74.83	74.46	74.10	74.03	73.67	67.45
武装部队总人数（万人）	5.50	4.71	20.20	20.20	20.18	20.18	20.18	20.18	20.20	20.18	20.20	—
武装部队人员占劳动力总人数比重（%）	5.78	4.99	16.50	13.60	13.13	13.11	13.07	12.89	12.75	12.57	12.38	—
就业状况												
15 岁以上人口就业率（%）	76.31	76.02	75.33	75.29	75.39	75.40	75.36	75.26	75.21	75.18	75.10	69.27
15 岁以上女性就业率（%）	67.41	67.23	68.38	69.09	68.26	68.13	67.93	67.93	67.96	68.02	68.06	61.99
15~24 岁青年就业率（%）	68.74	68.99	63.65	61.03	62.20	62.84	62.73	62.31	61.94	61.93	61.57	54.05
15~24 岁男青年就业率（%）	74.19	74.65	68.48	65.10	66.96	67.64	67.64	67.15	66.67	66.54	66.07	58.67
15~24 岁女青年就业率（%）	63.30	63.38	58.79	56.93	57.36	57.96	57.73	57.36	57.11	57.22	56.96	49.31
工业员工占总就业人数比重（%）	8.71	9.33	8.97	8.09	7.62	7.58	7.49	7.43	7.35	7.32	7.29	—
工业男员工占男性就业者比重（%）	11.45	12.45	12.23	10.89	10.15	10.15	9.94	9.88	9.73	9.71	9.67	—
工业女员工占女性就业者比重（%）	5.31	5.51	5.20	4.93	4.67	4.58	4.60	4.55	4.57	4.52	4.50	—

续表

	1993 年	1998 年	2003 年	2008 年	2013 年	2014 年	2015 年	2016 年	2017 年	2018 年	2019 年	2020 年
服务业员工占就业总人数比重（%）	20.40	22.42	23.27	23.85	26.04	27.48	27.03	27.91	27.75	28.92	29.59	—
服务业男员工占男性就业者比重（%）	23.69	25.39	26.52	26.76	28.60	29.90	29.47	30.23	30.08	31.09	31.68	—
服务业女员工占女性就业者比重（%）	16.33	18.79	19.51	20.55	23.07	24.64	24.16	25.17	25.02	26.36	27.15	—
农业从业者占就业总人数比重（%）	70.89	68.25	67.76	68.06	66.34	64.94	65.48	64.66	64.89	63.76	63.12	—
农业男从业者占男性就业者比重（%）	64.86	62.16	61.26	62.35	61.25	59.95	60.59	59.88	60.19	59.19	58.66	—
农业女从业者占女性就业者比重（%）	78.36	75.70	75.29	74.52	72.26	70.78	71.24	70.27	70.41	69.12	68.35	—
自体经营者及家人员工占就业总人数比重（%）	91.45	89.26	88.46	87.37	87.44	86.43	86.98	86.55	86.94	86.34	86.20	—
领薪员工占就业总人数比重（%）	8.55	10.74	11.54	12.63	12.56	13.58	13.02	13.45	13.06	13.66	13.80	—
失业率（%）	5.73	6.01	5.58	5.17	5.58	5.67	5.83	5.90	5.94	5.95	5.99	7.86
男性失业率（%）	5.23	5.40	4.78	4.38	4.73	4.86	5.02	5.10	5.19	5.25	5.32	7.10
女性失业率（%）	6.35	6.73	6.49	6.07	6.56	6.61	6.78	6.84	6.82	6.76	6.78	8.77
15～24 岁青年失业率（%）	10.24	10.26	9.52	9.15	10.33	10.47	10.91	11.14	11.27	11.24	11.38	14.18
15～24 岁男青年失业率（%）	9.60	9.50	8.39	7.98	8.97	9.22	9.62	9.81	10.03	10.11	10.31	13.01
15～24 岁女青年失业率（%）	10.98	11.12	10.81	10.47	11.89	11.89	12.41	12.68	12.70	12.54	12.62	15.57

资料来源：世界劳工组织估测数据（根据世界银行数据库）。

2020 年后新冠疫情亦影响到厄特，由于国际援助很少，城镇里的多数人居家不上班，主要依靠在海外亲戚每年寄回家成百上千万美元的海外侨汇。政府努力维持民众生活，采取措施不许商家涨价、推迟收缴水电费、禁止企业解雇员工并要求继续发全薪。

第三节　消费与物价

厄特消费物价指数较高，政府在城镇设平价商店，低收入家庭可凭证定量购买国家补贴的粮油、面包、红茶、白糖等基本食品，价格不到市价的一半。近年来居民消费价格指数曾三连跌，2017～2019 年分别为 -13.3%、-14.4% 和 -27.6%，2020 年反弹至 4.8%，2021 年下降至 4.5%。

厄特居民生活主要消费支出为食品和家居两大部分。肉类和乳品消费较低，2013 年人均消费 8.07 千克牛肉、1.5 千克骆驼肉、0.99 千克羊肉、1.95 千克羊肉、0.04 千克鸡肉和 0.01 千克猪肉，以及 58.1 升奶乳。①

1992 年，厄特汽油和柴油零售价分别为 0.50 美元/升与 0.29 美元/升，屡经升降，2016 年达 2.0 美元/升和 1.33 美元/升。近年城镇居民电费 0.22 美元/度；全国平均每千人拥有收音机 484 台（1997 年为 91 台）、电视机 50 台和个人电脑 3 台。6 千克滚筒洗衣机每台售价 860～881 美元，46 英寸以上液晶超高清电视每台 738～757 美元。经济型进口轿车（1.4升）基准价格（含税费）45537～47435 美元。

表 6-4　2019 年阿斯马拉市一般消费价格

单位：折合美元单价

服装与鞋		饮品与水	
牛仔裤（Levis 501 类/条）	24.00～30.00	卡布奇诺（中杯）	0.67～1.89
夏装(Zara、H&M 等连锁店/件)	20.00～57.00	可乐(0.33 升/瓶)	0.75～1.27
男皮鞋（双）	13.34～33.00	水(1.5 升/瓶)	1.53～2.00

---

① International Bureau for Animal Resources of the African Union（AU IBAR）& IGAD Centre for ASALs and Livestock Development（ICPALD）, *The Contribution of Livestock to the Eritrean Economy*（PDF）, December 2015, p. 27.

续表

食品市场		住房月租	
普通牛奶（升）	1.00~1.87	市中心公寓（1间卧室）	100.02
新鲜白面包（500克）	0.50~3.50	市区公寓（1间卧室）	66.68
大米（公斤）	1.33~2.40	市中心公寓（3间卧室）	750.00~1831.00
鸡蛋（打）	3.60~4.80	市区公寓（3间卧室）	133.35~918.00
牛羊后腿肉（公斤）	9.00~10.00	公寓购置价格	
苹果（公斤）	2.00~3.89	市中心公寓（平方米）	1000.00~1076.39
香蕉、西瓜（公斤）	1.00	市区公寓（平方米）	1000.00~1937.50
柑橘、木瓜（公斤）	1.67~2.10	公共服务月收费	
番茄、土豆（公斤）	1.00~1.52	电、冷暖水、垃圾（85平米公寓）	30.00
菠菜、黄瓜、甘蓝（公斤）	1.00~2.00	本地移动电话资费（分钟）	0.01~0.10
洋葱（公斤）	0.08~1.00	交通	
生菜（棵）	0.67~1.09	公交单程票	0.13~0.30
植物油（5升/桶）	20.00	出租车起步价	0.67
国产生啤酒（0.5升）	1.00~1.14	出租车（里程/公里）	0.67
进口啤酒（0.33升/瓶）	1.33~3.16	出租车（等候/小时）	0.67
香烟（万宝路20支/包）	2.00~5.72	汽油（升）	0.74~2.00
餐馆		文体教育	
普通餐馆（次）	4.00~20.00	健身俱乐部（成人月费）	6.67~41.00
中档餐厅双人餐（三道菜）	13.33~33.61	网球场租金（周末1小时）	1.00
快餐套餐	2.00~4.07	电影院（进口片/座位）	0.67~4.08
国产生啤酒（0.5升）	1.00~5.00	私立全日制幼儿园（月费）	25.00
进口啤酒（0.33升/瓶）	1.33~4.00	国际小学（年费）	750.00~20170
参照：			
人均税后月收入			160.02

资料来源：http://numbeo.com，updated May 2022；https://www.xpatulator.com/cost-of-living-review/Eritrea-All-Areas_381.cfm，June 2022。

注：价格随地区和季节不同有所浮动；根据中国驻厄立特里亚大使馆经商处2024年6月在首都市场采集数据微调。

第四节　住房

厄立特里亚人均收入较低，大多数人月工资为 1500～2000 纳克法（98～133 美元）。在居民住房方面，富裕人家多有独立院落，月租 600～1000 美元不等。1992～1997 年政府投入 12 亿埃塞比尔（约合 1152 万美元）用于住房建设，但住房仍十分紧张。21 世纪头十年，棚屋区 40% 的家庭 5～7 人共用一间卧室，水、电、卫生、通信等设施落后。

独立后，厄特住房委员会启动私房产权登记和归还原主，独立后头十年里收到 17 个城镇 17.7 万户主申请，归还 2500 栋房产。21 世纪头十年，阿斯马拉市郊森堡等三处新建 1600 套多层公寓（一室至三室一厅，30～120 平方米）和独立住宅（120～200 平方米），面向海外侨民。四室一厅 200 平方米别墅售价 15 万美元。2020 年初，厄特政府称，未来三年再建 5 万套经济适用住房，侧重在城乡接合部。首都周围农村地区将建 3 万套房舍，包括配套医院、学校等。其余主要城市将建 1.5 万套住房；余 5000 套住房用于安置 52 个县城的当地公务员、医生、教师、警察等。

第五节　医疗卫生

厄立特里亚政府将健康视为国民的基本人权之一，优先提供负担得起的基本卫生和妇幼保健服务，推广全民健康保障（UHC，2019 年惠及 44.5% 的人口），扩大免疫范围（EPI），婴幼儿免疫接种覆盖率达 98%。2009 年，全球疫苗联盟倡议（GAVI）授奖厄特，表彰其高且持续的免疫覆盖率；2016 年，厄特获联合国儿童基金会奖。医疗卫生保健事业是厄特独立后发展最好的领域，当地人出生时预期寿命已从 1990 年的 49.4 岁延长到 2020 年的 66.7 岁（男性 64.5 岁，女性 68.9 岁），增加近 20 岁，均为同期非洲和全球增数的两倍多，比非洲和发展中国家平均水平多 3 年和少 5 年。① 2016 年出生者预期健康寿命估计为 57.4 岁（2019 年 55.7 岁）。

欧洲传教士和意大利殖民者先后于 19 世纪末 20 世纪初将西医引进厄特，三四十年后在主要城镇开设面向厄特士兵和殖民地公务员的诊所，扩建马萨瓦、京达和阿斯马拉的军队和平民医院，并在阿斯拉马市开设私营医院。英国军管期间，关闭前两处军队医院，改造一些厄特诊所。20 世纪 50 年代，厄特卫生署送首批医生到海外培训，60 年代又有一些厄特人从亚的斯亚贝巴大学医学院毕业，美国援助厄特在阿斯马拉开设护士和外科医助培训机构，并在克伦和京达等城镇开设教会医院，由厄特的外科医助或外国传教士经营。

20 世纪 70 年代，厄解阵和厄人阵分别在农村解放区办简易诊所，厄人阵强调厄特传统医学与西医相结合，培训数百名"赤脚医生"和传统助产士，为解放区农牧民服务，1976 年在奥罗塔建立中心医院，1984 年进行首例开胸心脏手术，并在澳大利亚的帮助下建立眼科手术室实施晶状体植入手术。1983 年比利时援建厄人阵输液用品厂，后来又建小型制药厂。同时建假肢工厂，在苏丹港后方基地设康复所。到 80 年代中期，厄人阵有千余名"赤脚医生"和数十名医生、护士和技术人员在 6 家地区医院工作。

1991 年，厄人阵卫生部接管原埃塞在厄特境内的 8 家医院、4 个卫生中心（诊所）和 45 个医疗站（开方行医），取消战地医院，整合成立卫生部。到 1994 年，卫生部负责 17 家医院（阿斯马拉当时有 4 家国家级医院）、32 个卫生中心和 120 个医疗站。此后，特别是"厄特全国健康政策 2010"实施以来，医卫保健领域成绩显著，在非洲首屈一指，获得国际社会和世界卫生组织的高度肯定。据世界银行《2011 年非洲发展指标报告》，厄特获得安全饮用水的人口比例逾 60%。

---

① WHO，World Health Statistics 2020：Monitoring Health for the SDGs，Annex 2：Tables of Health Statistics by Country，Region and Globally，https：//www. who. int/gho/publications/world_ health_ statistics/2020/en/.

世界卫生组织统计，2017 年厄特人均医疗保健支出 51 美元（含 6.18 美元的国外资金），总开支相当于国内生产总值的 3.3% 和政府开支的 2.7%，并充分利用外援，努力减少个人自费医卫开销。

表 6-5 2000~2019 年部分年份厄特医疗保健开支构成及人均支出

	2000 年	2005 年	2010 年	2015 年	2016 年	2017 年	2018 年	2019 年
政府卫健支出占公共总支出比重（%）	2.14	1.15	2.35	2.35	2.35	2.35	2.35	2.35
卫健支出占国内生产总值比重（%）	5.77	6.86	4.93	4.45	3.52	3.73	4.13	4.46
国内政府支出占卫健支出比重（%）	35.59	12.43	20.83	16.63	20.84	27.02	15.61	17.60
国外资金占卫健支出比重（%）	0.64	52.33	29.76	41.23	22.70	32.04	35.50	39.20
国内自费医疗占卫健支出比重（%）	63.77	35.24	49.41	42.14	56.46	40.94	48.90	43.20
人均卫健支出（购买力平价美元）	72.85	89.36	63.30	70.77	59.86	57.31	72.62	81.85
人均国内政府卫健支出（购买力平价美元）	25.93	11.10	13.19	11.77	12.48	15.49	11.33	14.41
人均外来资金卫健支付（购买力平价美元）	0.47	46.77	18.84	29.18	13.59	18.36	25.78	32.08
人均国内自费医疗支出（购买力平价美元）	46.46	31.49	31.27	29.82	33.80	23.46	35.51	35.35

资料来源：世界银行数据库。

2008 年，厄特为每百万人服务的外科医生、产科医生及麻醉师有 4 位；内科（全科）医生从 1993 年的 19 位增至 2020 年 80 位（牙医 50 位）；护士和助产士从 2004 年的 921 位增长到 2020 年的 1440 位（药剂师

130 位）；2006 年每千人有 1.2 张医院床位，2011 年为 0.7 张。[1]

医务人员由 1993 年的 1500 名增长至 2003 年的 4500 人，年均增长 4%~5%；1200 多名医科生获博士、硕士、本/专科或进修文凭；2019 年，卫生工作者达 10361 人。[2] 卫生部六成员工医科出身，即将达到世卫组织的标准（70%）。医生与人口的比例从 1991 年的 1：4.8 万增至 2018 年的 1：1.66 万，同期护士的比例从 1：9500 升到 1：694；[3] 医护人员分布不均，7 大国家级医院吸纳全国 41% 的医生和 32% 的护士。

孕妇产前护理比例从 1991 年的 19% 增到 2019 年的 98%。到 2020 年，大约 57.8% 的产妇在专业人员的帮助下在医院分娩，比 1991 年增加了 10 倍。厄特卫生部的健康和人口研究表明，孕产妇死亡率从 1995 年的 17.6‰ 降到 2019 年的 2.5‰（一说 1.84‰）。五岁、一岁和四周以下婴幼儿死亡率分别从 1991 年的 153‰、94‰ 和 35‰ 降至 2020 年的 39.3‰、29.7‰ 和 17.7‰，均好于非洲的平均改善速度和幅度，五岁儿童指标虽不及全球平均的 37‰，但远胜撒哈拉沙漠以南非洲国家平均 73‰ 的水平。[4]

厄特在改变有害妇女和女孩健康的传统习俗方面亦有进取。2007 年，厄特明令禁止女性割礼（第 158/2007 号政府公告），并将此类行为入刑。2020 年厄特提交关于联合国《消除对妇女一切形式歧视公约》（CEDAW）第六份国家报告披露，从 1995 年曾遭此难的女子占 15~49 岁妇女的 94.5% 下降到 2019 年 5 岁以下的 6.9% 和 15 岁以下的 18.2%，有些地区的比例仍旧较高。

---

[1] 第 208 页世卫组织数据。

[2] Miriam Tekeste, The Mid-term Teview of Eritrean Health Sector Strategic and Development Plan HSSDPII, http://www.shabait.com/categoryblog/29766-the-mid-term-review-of-eritrean-health-sector-strategic-and-development-plan-hssdpii, 2019/12/11.

[3] 第 208 页世界卫生组织数据。世卫组织另一统计口径为从每 10 万人口不到 2 位医生增至 2004 年的近 8 位医生和 2004 年每 10 万人口有 92 名护士和助产士到 2018 年的 144 名护士和助产士。

[4] Assessment of the Government of the State of Eritrea-UNFPA Fifth Country Programme（2017-2021），July 2020.

厄特政府重视医卫保健基础设施的建设与均衡配置。独立时的医院、卫生中心、诊所和卫生站等 93 个医卫设施现已增至 350 个，医生、护士和其他卫生专业人员的数量不断增加。居民在 10 公里半径内就医的比例从 1991 年的 10% 增加到 2019 年的 80%，且逾 60% 的人口在 5 公里半径内即可看病。"全民健康 2019"计划 2030 年实现医疗保健全覆盖，保障以民为本的医疗卫生安全和公众健康，侧重保障偏远和贫困农村人口、城市贫民和妇幼等弱势群体。

厄特卫生机构分为三级，卫生中心和卫生站为初级（分别覆盖 5 万 ~ 10 万人和 0.5 万 ~1 万人），省级转诊和首诊医院为二级，位于首都的国家级医院为三级。截至 2017 年，全国有 30 家医院、56 个卫生中心、260 个卫生站。厄特政府计划新建 85 个卫生中心。卫生站设计接诊人数为 0.5 万 ~1 万人，卫生中心设计接诊人数为 5 万 ~10 万人。

厄特努力控制传染病，儿童白喉、破伤风、百日咳、脊髓灰质炎、麻疹和天花等 12 种（独立时仅 6 种）预防疫苗接种率从 1993 年的 14% 升到 2017 年的 98%，其中幼儿麻疹疫苗接种率从 34% 增至 99%，婴幼儿百白破疫苗接种率从 73% 增至 86%；1998 年后未见脊髓灰质炎或白喉病例，鲜见麻疹等。

厄特在儿童健康、产妇死亡率、控制艾滋病（15 ~ 49 岁人口中携带 HIV 病毒者仅占 0.02%，从独立前夕年均感染 2500 名成年人降到年均 200 人；2020 年每十万人中新感染者 7 人）、疟疾［发病率从 1998 年的 157‰减到 2018 年的 10‰，致死率从 0.186‰（405 人）减至 0.0015‰（5 人）］、结核病（发病率从 2003 年的 3‰降到 2020 年的 0.81‰，治愈率则从 76% 增至 83%）① 等疾病方面是相关 75 国中在 2015 年期限前达到千年发展目标第四、第五项目标的 4 个国家之一（排在柬埔寨、尼泊尔

---

① 第 208 页世界卫生组织数据；使用抗逆转录病毒药物治疗的艾滋病感染者从 2005 年的 2% 增加到 2020 年的 73%，其中预防母婴传播（女性患者过半）的感染孕妇用药比例有几年曾达 83% ~ 98%；结核病治愈率从 2000 年的 76% 增至 2018 年的 93%。另见 UNICEF-Humanitarian Action for Children-Eritrea，http：//www. unicef. org/appeals/eritrea. html，accessed December 26，2015。

和卢旺达之后），且已实现第六个目标。① 2010～2020 年，儿童死亡率年均下降 4%，5 岁以下儿童营养不良比例从 1991 年的 79.4% 下降到 2016 年的 56.6%。孕妇享受常规产前和产后护理的比例从 1991 年的 19% 上升到 2019 年的 97%，有助产士分娩的产妇比例也从 1991 年的约 6% 增至 2019 年的 71%，产妇接种预防新生儿破伤风疫苗占比从 1993 年的 5% 增至 2019 年的 99%。②

2022 年 3 月，厄特卫生部上年度工作总结称，艾滋病感染率从 2003 年约 4% 降到 2021 年的 0.22%；全国疟疾感染人数下降了 29%。2017 年卫生机构分娩的孕妇人数为 4.2 万人，2021 年增加到 5.3 万人，增幅 25%。全国 20 家医院分到 19 台超声波设备、9 台 X 光机和 62 套太阳能发电设备。

据世卫组织调查，厄特 18 岁以上人口吸烟率从 2007 年的 10.2% 减少到 2020 年的 7.5%；其中男性为主，从 17.4% 减到 11.4%；15 岁以上人均酒精年消费量则从 1 升增加到 2.1 升，其中男性从 2 升增至 2.2 升；女性吸烟喝酒都很少。

第六节　移民

厄立特里亚独立战争 30 年间，近百万厄特人为躲避战争和饥荒而流亡国外，逾 70 万人侨居苏丹，20 万人浪迹中东、欧美和大洋洲。1976～1978 年，厄特境内另有 35 万人流离失所，1988～1991 年间逾 40 万人。厄特独立后，新政府努力遣返和重新安置难民，1998 年这些工作因边界

---

① 2000 年 9 月，189 个国家首脑共同签署《千年宣言》，宣布到 2015 年要实现 8 项目标中的第四项，即将五岁以下儿童死亡率从 1990 年的基数降低 2/3；第五项，即改善孕产妇健康，将孕产妇死亡率从 1990 年的基数降低 3/4 和实现熟练分娩照护的普遍覆盖；第六项，即防治艾滋病毒/艾滋病、疟疾和结核病等其他主要疾病。

② UNFPA, *Assessment of the Government of the State of Eritrea-UNFPA Fifth Country Programme* (*2017–2021*), July 2020; UN in Eritrea, *Sustainable Development Cooperation Framework Between the Government of the State of Eritrea and the United Nations, 2022–2026*, Asmara, Eritrea, 2021, p. 11.

战争中断，几年后重又开始。联合国难民署估计，2020 年厄特境外移民 49.31 万，约为全国总人口的 0.5%；分别占撒哈拉以南非洲和世界难民 的 8.72% 和 2.49%。厄特政府则认为，其中多数人，特别是 21 世纪以来 出走的厄特人为寻求更好的教育和经济条件而离境。

独立之前，厄特难民外逃分三波：1967~1971 年、1975~1980 年和 1984~1986 年。首波难民潮始于 1967 年 3 月埃塞镇压厄特西部游击活动，两个月里有 2.8 万名低地穆斯林逃到苏丹，到 1971 年上升到 5.5 万人。第二次浪潮始于 1975 年 3 月与埃塞的武装冲突，两个月产生了多达 4 万 名难民，年底则激增到 8.5 万人，另驱逐数万名穆斯林到沙特等中东国 家。1978~1979 年的埃塞围剿和 1980~1981 年的厄特两个阵线第二次内 战迫使大部分国内难民弃国而去，据官方统计，到 1981 年，苏丹有 41.9 万名厄特难民。

自 1975 年起，联合国难民署参与在苏丹安置厄特难民，1978~1979 年，苏丹政府将许多难民从城市和"临时营地"转移到东部腹地大型农 场定居和工作。第二波难民中，成千上万受过良好教育的提格雷尼亚基督 徒落脚欧美。厄解阵和厄人阵各自争取难民的政治支持，后者曾获得旅居 非洲以外的厄侨大量资金支持。

1984 年年中到 1985 年，第三波难民逃离西部低地的鏖战和遍及全国 的大饥荒，到 1986 年，苏丹一国就有 57.2 万厄特难民。1989~1990 年少 数人返回故土，但到次年战争结束时，仍有 85 万难民流亡国外，苏丹境 内就有多达 60 万人。许多人虽已融入新家园的生活，其子女也获得双重 国籍，但绝大多数厄特人还想重返家园。

1991~1998 年，超 20 万厄特人回国定居于西部低地。2000 年底厄 特-埃塞边境停火后，厄特、苏丹与联合国难民署达成三方协议，重启难 民自愿遣返进程。当时有 14.7 万厄特人聚集在苏丹 18 个难民营，另有 20 万人住在苏丹城市；厄特境内流离失所人数多达 75 万，其中许多人越 境进入苏丹。此后，一面是成千上万难民返回故乡或接受政府安置定居西 部，到 2004 年，约 15 万人回国；另一面继续有上万厄特人离国，2015~ 2020 年间，平均每年向外净移民人数占总人口比例为 11.6‰。截至 2019

年初，仅在埃塞的厄特难民就有 15 万人以上。

据联合国难民署估算，1992 年厄特境外难民 50.3 万人，独立后一度大量侨民归国，1995 年境外难民减到 28.7 万人，但 1998~2000 年与埃塞发生边界战争后，又有不少人离境逃难，2000 年达 37.7 万人。2002 年恢复遣返安置逾 22 万人（独立后唯一移民净流入的年份），次年境外剩 12.4 万人。

此后厄特人外流再兴，每年出境几万人，2018 年累计总数又破 50 万。加上其他时期和其他原因的移民，2019 年在境外厄特侨民及后裔逾 75 万人，旅居埃塞和苏丹的均逾 20 万人，旅居德国和瑞典各 5 万多人，旅居美国约 4 万人；厄侨达 1 万~3 万人的则有荷兰、意大利、乌干达、加拿大、英国、阿联酋、挪威和瑞士等国。

表 6-6　1995~2021 年部分年份厄特移民情况

单位：万人

	净迁移人口	境内外国难民	境外厄特难民
1995	—	0.11	28.67
1997	-13.00	0.26	31.91
2000	—	0.20	37.68
2002	22.73	0.36	31.82
2005	—	0.44	14.41
2007	-8.00	0.50	20.87
2010	—	0.48	22.25
2012	-24.60	0.36	28.54
2015	—	0.25	40.74
2017	-19.93	0.24	48.62
2018	—	0.23	50.73
2019	—	0.02	50.43
2020	—	0.02	52.47
2021	—	0.01	51.19

资料来源：联合国难民署数据。

注：近 30 年在厄特周边国家的流动人口为 1.1 万~1.6 万。

第七节　社会习俗

厄立特里亚历史上融合多种民族、宗教和传统习俗。不同的自然条件，决定了各族的生活和生产方式，在服饰、饮食、居所、礼仪、婚姻等风俗习惯上，高原居民与低地和沿海居民颇有不同，城市生活则趋向欧美化。社会文化氛围好，民风淳朴，厄特人热情好客。

（一）人名

厄立特里亚人不讲家族姓氏，父子连名。子女出生即起名且置前，避与本家族在世亲戚重名；后续父名或加祖父名，排在第二、第三位，并登记入册；祖孙三代不用同样的第二、第三位名字。许多人将两个名字连成独立的复合词，如，Gebre 本意为"……的仆人"，常与 Selassie（"三位一体"）联拼为格布雷塞拉西（"三位一体的仆人"）。见面称呼，只叫本名，不连称父名。因第二个名字并非姓氏，妇女婚后均不改名。独立后新法律允许用母亲家族的名字做第二、第三位名。目前，海外厄侨多用祖父名字（即父亲的第二个名字）做"姓氏"，改变隔两代不知宗族的传统。

（二）服饰

西式服装在厄特颇为普遍，但仍有不少人在聚会、庆典和节假日换着传统民族服装。人们在正式场合穿着西装，打领带或领结，在非正式场合也不喜欢过于显露的服饰。

棉纺技术自公元 1 世纪从阿拉伯半岛传入厄特，白色棉纱布遂成为当地人的主要服饰原料。当地时兴穿凉鞋或拖鞋。

提格雷尼亚女装被称为祖日阿（zuria），高原妇女在哈贝沙连衣裙（Habesha kemis）外披一袭长方双层薄纱镶边大披巾讷特拉（netela/netsela），对折后包住头、肩和胸部，冷天则披四层纱的咖比（gabi）。裙长及踝，薄透棉纱质地，传统为本色或白色两层薄布，颈部、前襟、袖口、裙底有几道彩绣花边。筒裙居多，腰间束带，或多褶收腰，凸显身材。

提格莱女性传统服装则是彩色上衫下裙。男性服装是白布衫裤，衫长及膝；肩披双层纱布长巾库袍（kuta）或毡绒坎肩，手持细木棍。

低地和沿海各族服装大多接近阿拉伯长袍，妇女多着彩色长袍（Luwyet）并包头和戴鼻环，男子头缠长巾；只有拉沙伊达妇女戴面纱。

（三）饮食

高原居民以苔麸、大麦、小麦、玉米、高粱、小米和豆类为主粮，菜肴多用牛、羊、鸡肉，以及奶制品和蔬果。当地传统主食是酸味摊饼"英吉拉"，[①] 佐以番茄酱、辣椒粉、咖喱粉炖牛羊肉和鸡蛋的各种炖菜（tsebhi）以及豌豆糊，用右手撕一块浸蘸透浓汁后裹卷肉粒或蔬菜沙拉进食。城镇居民喜食各种意式面食。除萨霍族外，厄特人普遍喜食辛辣。高原地区兴炖绵羊肉，而低地常见炖山羊肉。厄特人很少吃猪肉，更忌驴、马、蛇、蜗牛等。高原基督徒在斋戒时忌食乳制品、肉食、鱼或蛋。平时不喝酒，亲友聚餐才饮家酿大麦和玉米酒（sowa）和蜂蜜酒（miesa）。

低地和沿海提格莱等族穆斯林的主食是用大麦、小麦或高粱粉熬制的稠面糊（akkelet），上桌前将中间掏空，放入胡椒、辣椒粉、香叶、孜然等佐料，周边灌注牛奶或酸奶，右手抓一小团面糊蘸上佐料、黄油和牛奶吃。一般作早餐吃，但传统上也用以招待前来探望新生儿的客人。游牧民常用石头烤牛羊肉或加洋葱番茄煨肉干。

肉菜是节日或请客时的硬菜，除一般烤肉、煎肉外，辛辣的炖牛羊肉泽戈尼（zegni）是厄特高原名肴之一。先用平底锅放食用油炸洋葱几分钟至金黄色，加辣椒粉炒几分钟，再添番茄酱，最后放肉块，加盖中火煎10分钟，然后加入胡椒、大蒜和盐，换用陶土锅小火炖一两个小时。

厄特人不常吃鸡，节日或请客时有一道炖鸡（tsebhi-derhoo），现宰柴鸡用柠檬水加盐洗净，切成 12 块，再加 12 个煮鸡蛋（据说代表《圣经》里的 12 个使徒）。同样先用油炒洋葱、辣椒粉，添番茄酱、胡椒、辣椒和姜，后放鸡块和鸡蛋炖，或用加香料的黄油取代食油。

---

① 用酵头将苔麸发酵 1~3 天，将面浆倒入黏土盘或平锅摊烘，底面平滑，上面呈海绵状，味酸。也可用高粱、大麦、小麦粉代替苔麸。其既是食物，也是"一次性餐具"。

日常英吉拉的配菜，特别是基督教四旬斋和伊斯兰教斋月期间，雨季用蔬菜，旱季选干豆磨面（shiro）炖菜糊。

（四）咖啡道

厄特人很少独自喝咖啡，"好友相聚品咖啡"是日常社交的重头戏。家人餐后都要喝上几杯，待客更不分时辰。一般由女性用传统器皿、以传统方式制作咖啡。主妇在客厅一角铺撒青草并焚点乳香，坐在矮凳上用长柄平锅（qallayah）现焙洗净新鲜绿咖啡豆，送到每人面前闻香味，然后用杵臼捣碎，放入土陶细长大肚球壶（jebena）置炭火钵上煮沸，经塞有马鬃或茅草的壶嘴注入无柄小瓷杯（finjal），馥郁醇浓，带有果香。全程一般超一小时，连喝三巡（分别称为'awel、kala'ay和berekka）后可离席，如有长者在座，还有第四道（dereja）。饮者通常在每轮品味前对女主人道声"好味道！"一般佐以烤薄煎饼和爆玉米花，忌大声喧哗，客主细语聊天。

提格雷尼亚多数家庭每天做咖啡道一次以上，并常互相邀请邻里品尝，调解纠纷和参加宗教活动等必上咖啡。

（五）民居建筑

凉爽的高原提格雷尼亚传统乡间民居被称为希德莫（hidmo），平顶矩形独屋居多，篱笆围院。十几根树干房柱、泥砌石头外墙，枝条编平层顶后敷泥。现代则用石头、水泥（地面）、木头和波纹铁皮等材料。房屋规模以两个开间以上多见，第一排柱子（gebela）自正门上方屋顶伸出构成门廊，有的入口是牲畜厩圈，以一堵内墙与生活区隔开。生活区通常起居室置前，厨房处后。干热的山谷或低地游牧民居是圆锥棚屋（agnet），树枝打围，搭上席垫、牛皮做外墙和茅草屋顶，便于迁徙。西部定居农则用草和土坯或石头搭棚（agudo），直径约3米，常见圆锥形草顶，也有蜂房形茅屋。

阿杜利斯等处遗迹考古证明，远古城镇多用复杂的石墙建筑，阿克苏姆时期（公元1~7世纪）早期教堂建筑宏伟。此后厄特的城镇受外来殖民文化影响较深，马萨瓦和阿萨布等红海沿岸地方奢华的清真寺、宫殿和两三层的住宅建筑既有奥斯曼帝国的元素，也有拜占庭（地中海）和伊斯兰（中东）特征。首都阿斯马拉则是咖啡馆、餐厅、电影院、博物馆、市政建筑和政府大厦等各式意大利建筑。

（六）社交礼仪

厄特民风淳朴，一般见面握右手摇抖几下，熟人则拥抱、三吻两颊，中年男子好友保持战争年代习惯，相见拍打或互撞右肩三次。问候长者需低头双手紧握，避免直接对视，以示尊重。女性不常进行眼神交流，也不与异性发生身体接触。反复问候家人亲友时间颇长，农村人借此交流信息，长达几分钟。萨霍人相遇吻手数次。

厄特人热情好客，假日全家出门探亲访友或慷慨待客。到厄特人家做客，主人一般以热茶招待，并坚持留客吃饭，客人则要婉拒三次后再接受。提格雷尼亚人饭桌上通常有一大盘英吉拉，用右手抓食本人面前的一片。妇女儿童要等客人和男性吃过后才上桌。提格莱族也是全家男子先吃。

（七）婚俗

除西北偏远山乡提格莱族一些部落男子可以娶多房妻子外，厄特人，包括穆斯林都实行一夫一妻制，禁忌婚前性行为。厄特独立之前，娃娃亲、包办婚和早婚（12~18岁）普遍，彩礼昂贵。

高原一带，女方婚后家务繁重，还要下田劳作。低地牧区，妻子外出蒙面纱，其他男子来访时不得出面，丈夫放牧牛或骆驼时，妻子照看孩子和羊群，做家务，打柴顶水，搬迁搭帐篷。女方不能提出离婚，离婚也是净身出户。通常是男方提亲，而女方出彩礼，多为牛羊。

1977年11月，厄人阵中央通过规范成员的婚姻法，同时推动社会移风易俗，禁止童婚、一夫多妻和纳妾等旧习；1987年又做修订，明确禁止彩礼或嫁妆。1991年，厄特临时政府选择其中主要内容形成国家法律。婚姻改革遭遇阻力，童婚等法律禁止行为并未减少，一些人阵成员在家庭压力下抛弃发妻，另按传统娶家乡少女。1995年，厄特全国妇联再推改革，《过渡民法典》规定所有婚姻合约须男女双方同意，女性适婚年龄提高至18岁，夫妇均为户主，禁止在离婚和继承方面歧视妇女等，但对穆斯林男子的多妻制网开一面。1997年《宪法》第22条也有婚姻自由和男女平等的规定。联合国儿童基金会数据表明，18 岁以下童婚少女占 20~24 岁女性人口比重从 1995 年的 54.2% 降到 2010 年的 40.7%，同期 15 岁以下少女新娘在 25 岁以下女性中的占比从 18.2% 下降到 12.9%；少女（15~19 岁）早育率从 1990 年的 11.2% 降到 2020 年的 4.7%，比撒哈拉沙漠以南非洲和最不发达国家两组平均水平都少近一半。

如今城里年轻人自由选择伴侣。城镇人的婚礼除白天去教堂和户外拍婚纱照之外，傍晚女方家用几块大苫布撑起近百平方米帐篷，大宴亲朋。蜜月长短因族而异，从一周到一年不等，新娘通常落户夫家，低地和沿海地区过去风俗为头胎生育后新婚夫妇才自立门户。基督徒与穆斯林联姻并不常见，各族均不鼓励离婚。

提格雷尼亚族有订婚程序，并由女方家主导商定婚礼诸事，常选 1~2 月冬季农闲时办婚礼。在婚礼前夜，女方家聚会歌舞通宵。婚礼当日上午缔约，中午新郎家人亲友到新娘家庆贺，宗族长老宣布新人好合。仪式结束后，新娘骑马去夫家，旧俗要到附近婚姻长久的夫妇家借宿，至少三天后方可由伴郎和邻居送回娘家。

中西部各地的提格莱族婚俗不尽相同。在加什-巴尔卡省，提格莱婚礼后，新郎及家人回家，一整年不再见新娘，一年后才度蜜月。大多数提格莱人世代生活在塞姆哈尔和萨赫尔两地，根据年景，他们的蜜月传统持续 7~40 天，新娘住婆家。其中与希达雷卜族通婚的贝尼阿么尔（Beni Amer）部落习俗为新娘住娘家，直到生育两个孩子后才与丈夫自立门户。抢婚和私奔也是提格莱族旧俗，但若新人回归故乡，男方父母必须补办婚礼。

希达雷卜族婚姻亦由父母包办，男方父亲去女方家谈，订婚后，小夫妻婚礼前不得见面，邂逅则可对视交谈。男方负责办彩礼（几只至十来只羊或部分现金）；女方嫁妆是新房或礼物。婚礼头天，新郎剃头，新娘洗发盘头。新郎由朋友、长老和三个女性陪着去新娘家，一路歌舞、赛骆驼。两家宰男方带来的羊聚餐、喝咖啡，当晚新郎单独睡。婚礼当天，伊斯兰教长主持宗教仪式，男方捧出送给新娘的衣服和首饰，新娘换装后回来完婚。其父现场交付羊只等嫁妆，新郎父亲提供聘礼。随后，新娘骑骆

驼随夫回家。男方要办 7 天婚礼，载歌载舞欢庆，新娘并不露面。新人婚后各回原家，婚姻始于妻子怀孕，两年后方可自立门户。

萨霍族婚礼也有 7 天。新娘在婆家住满 30 天后回娘家住 3~6 个月，通常生育头胎后才和丈夫搬出独居。

库纳马和纳拉两族的女方家要搭棚屋，供新人在蜜月期（一般为 3 个月）居住。婚礼前夕，新郎父亲将小牛、羊或首饰等嫁妆交与女方家。

西部巴尔卡平原的库纳马族由女方决定求婚条件。库纳马少女成年后有权择偶，家人为其单盖篷屋独居。库族男孩也可选妻，但须经自己母亲定夺。男方家母在其姊妹陪同下到女家提亲，并当着亲家母面给准新娘送礼物。此后至婚礼之前，两家须共同劳动或经营，新郎家还要出牛羊等聘礼。婚礼当天中午，新郎带一只鸡到新娘家面交岳母；次日到新郎家再行庆祝；三天后，新娘的父亲和叔叔把牛送给新婚夫妇。夫妇须住在新娘家度过一年"蜜期"之后方可自立门户。

纳拉族婚礼的前夕，新郎之父将嫁妆等交于女方家人。婚礼当天上午，新郎去新娘家蜜月新房等候，新娘则躲在闺房。女方家宰牛，新娘父亲宣布女儿出嫁。次日夜里，新娘到夫家。婚后四个月里，新娘白天足不出屋，新郎为丈人家放牧。此后，新娘回娘家住一个月，头胎必须生在娘家。新郎可在岳家住三年，四年后夫妇自立门户。

拉沙伊达族男女授受不亲，婚姻多由家族包办，男方须带多头骆驼作聘礼到女方家求婚。

比伦族婚礼常择 12 月至次年 2 月间的星期一。婚礼结束后，新娘足不逾户，与姑嫂同处，甚至不同丈夫共餐。

（八）家庭

厄特人家庭观念强，传统上夫妻双方都有继承权，一般家庭有 6~10 个孩子。农村保持几代同堂的大家族传统，祖父有最高权威。男性长者社会权力高，不仅在年长，亦看社会地位和教会身份，还有子孙满堂。

无论城乡，厄特人全家习惯于围坐成圈一起吃午饭和晚餐，中间放一大盆食物，大家共享。年长男性要代表全家祈福，然后才能用餐。

除库纳马族外，厄特社会仍是男性主导，如在提格雷尼亚文化中，生男孩，妇女们欢喜长啸7次祝福，生女孩则叫3次；男婴出生第40天洗礼，女婴要等到第80天；女性不得从事歌手等抛头露面之业。特别是在乡村，婚嫁、就业、迁居等大事都要征求家族男性长者意见。使用粗俗语言等欺负妇女的举止是社会文化禁忌，提格雷尼亚有谚语称，"女人受辱的见证是其本人的眼泪"，女性无须证人即可指控虐待者；外人不得进入闺房。

（九）成年礼

比伦族男孩18岁当年夏天通常到母舅（最好是母亲长兄）或母亲叔叔家参加成年仪式。行前，父亲送把小刀，母亲给些谷物，男孩赤膊赤脚上路，陪同的朋友在途中制造很多障碍。抵达现场时，男孩母家选一成年男子要其交出父母给的礼物，并用那把小刀从男孩脑后剃下一撮头发，用水与谷物混合，再放入容器，还给男孩。然后，此人用面纱遮裹男孩的脸，送他去另一地点。在第二处，另一成年男子为男孩揭除面纱，再用那把小刀从他发际线上刮下一些头发，并投进那个容器，然后宣布礼成。两个成年人分别表示将馈赠羊或现金，并确定来取赠礼的日期。男孩及朋友把容器里的头发、水和谷物浇在一棵大树的根部，再回长辈家吃传统稀饭，当晚返回自家村庄。此后一周，男孩每日赤膊上阵，携友拜访邻近亲戚，最后一天男孩洗浴结束仪式。

同年秋季，全村所有完成成人礼的小伙子们参加盛大仪式（mertate），他们与朋友在村里收集大麦和牛奶，到河滩烤面包（burkuta），就牛奶分享，并请路人品尝，最后将剩余的牛奶浇到橄榄树和常青树的叶子上。

经过成年礼后2~3年方可结婚，否则村民不视其为男人，无权出庭作证、无权担任合法监护人。

库纳马族保有独特的母系社会传统，16岁男孩当年9月经历四五天的成年礼（ana ella），如长途跋涉、游泳渡河、接受鞭挞，以锻炼身心和耐力。成功通过者日后可以改变少时头部两侧剃光的发型，开始蓄长发或编辫子。成年后即可结婚、养牛，并参与村民大会发表意见和出面作证。

（十）丧殡

葬礼一般在教堂或墓地举行，乡村地区要有人在村中高处唤众聚集。逝者洗净后入殓、置棺或用传统尸床卡雷扎（qareza）运到教堂，牧师做安魂弥撒，现场肃穆没有哭声。亲友近邻带谷物或现金等捐助逝者家属，其中现成饮食供葬礼后众人分享。落葬前，有的还吟诗纪念逝者，下葬时大多数人哭喊以表达告别之情。亦有为不能回归故里的逝者办"二次葬礼"之俗，但无宗教仪式。

各民族丧葬习俗因宗教信仰和文化不同而有区别，如穆斯林只有男人参加葬礼，基督徒则无性别限制。按提格雷尼亚传统，在故人逝后 12 天、40 天和一周年分别举行纪念仪式。库纳马族送别方式独特，要清洗遗体并饰以宝石。众人唱歌送葬老者，而鳏夫不参加妻子的葬礼，居家哀悼死者。独立后，官方政策并不支持这些旧俗。

（十一）妇女地位

厄特独立战争期间，妇女发挥了重要作用，独立后政府强调男女平等，妇女在健康、教育以及参与政治、经济和文化活动方面成就显著，社会地位颇有提高。2003 年，妇女在全国议会和地方议会分别占 22% 和 30% 的席位，内阁女部长占 16.7%（2022 年为 25%）。2019 年地方选举中，妇女在村级领导中的比例从 2015 年的 37% 增至 56.2%，在乡级达到 37.8%。在司法界，最终上诉法院的 5 名法官中有 2 名女性（占 40%），高等法院女法官占 12.5%，省级法院和检察官办公室的女性分别占 14% 和 35.8%，基层法院为 37%。在外交界，妇女占 10.1%。

2017 年土地再分配时，西部的加什-巴尔卡省近 40% 的土地分给女性户主的农户，南方省和中央省的比例分别为 51% 和 55%。妇女健康状况有所改善，平均预期寿命 68.6 岁（2019 年，下同），比男性多 4.4 年，均高于撒哈拉沙漠以南非洲国家和最不发达国家的平均值；预期受教育年数 4.6 年，平均国民收入为 2275 美元，均不及男性的 5.4 年和 3309 美元。

（十二）公共节日

厄立特里亚有 17 个公共节日：

公历新年 （Hadish Amet, ሓዲሽ ዓመት）　　　　　　　　　　1 月 1 日

厄特圣诞节 （Geez Christmas/Lidet, ልደት）　　　　　　　1 月 7 日

正教主显节 （Epiphany/Timket, ጥምቀት）　　　　　　　　1 月 19 日

马萨瓦胜利日 （Fenkil, ፈንቅል, 纪念 1990 年厄人阵二度攻打马萨瓦的 Fenkil 战役）　　　　　　　　　　　　　　　　　　2 月 11 日

国际妇女节 （Maelti Anesti, መዓልቲ ኣነስቲ）　　　　　　　3 月 8 日

耶稣受难日 （Good Friday/Arbi Siklet, ዓርቢ ስቅለት）

　　　　　　　　　　　　　　　　　　　　　　复活节前的星期五

复活节 （Fasika, ፋሲካ）　　　　　　　春分月圆后的首个星期日

国际劳动节　　　　　　　　　　　　　　　　　　　5 月 1 日

独立日 （解放日，Maelti Natsinet, መዓልቲ ናጽነት, 纪念 1993 年独立）

　　　　　　　　　　　　　　　　　　　　　　　　5 月 24 日

烈士纪念日 （Maelti Siwuat, መዓልቲ ስዉኣት）　　　　　6 月 20 日

武装斗争纪念日 （Bahti Meskerem, ባሕቲ መስከረም, 1961 年）

　　　　　　　　　　　　　　　　　　　　　　　　9 月 1 日

吉兹新年 （Hadish Amet, ሓዲሽ ዓመት）　　　　　　　　9 月 11 日

马斯卡尔节 ［Meskel, መስቀል, 又称举荣圣架节 （Holy Cross Day），纪念发现耶稣受难十字架之日］　　　　　　　　　　9 月 27 日

圣诞节　　　　　　　　　　　　　　　　　　　　12 月 25 日

另有逊尼派伊斯兰教的三大节日：

圣纪节 （Moulid Al-Nebī），伊斯兰历第三个月第十二天 （公历 4 ~ 5 月），纪念伊斯兰教先知穆罕默德的诞辰和忌日 （同一个日期）；

开斋节 （Eid al-Fitr），伊斯兰历第九个月第三十天 （或推迟一天）；

宰牲节 （Eid al Adha），伊斯兰历第十二个月第十天。

圣纪节时阖家祈祷，聚会团圆。开斋节则要穿上新衣访亲探友。宰牲节要去麦加或厄立特里亚的克伦朝觐。

第七章

文 化

第一节 教育

（一）简史

殖民统治前，厄特教育全部由基督教教堂和穆斯林清真寺所控制，教学内容也多以宗教教义为主。瑞典福音教会组织 1866 年到马萨瓦传教，首建小学开展正规教育。1876 年德国传教士罗斯创办女子学校，次年招生 20 人，1879 年达 35 名学生。

1903 年，阿斯马拉和克伦为意大利儿童各建一所学校，各有一名意籍教师，克伦学校后关闭。阿斯马拉学校（Scuola italiana di Asmara）提供学前 2 年制和小学 5 年制教育，1935 年增设 4 年制初中；1957 年增设幼儿园，1975 年后停办；1986 年重建为 5 年制学校，1990 年有 3 名教师带 4 个班级。

意大利人在厄特先后开设 30 所小学和 5 所中学，另有几所师范学校和上百所教会学校。殖民教育当局搞种族隔离，厄特人只能在单为他们开设的小学读 1~4 年级，学习意大利语和四则运算。英国占领时期有 21 所小学、5 所中学、2 所大专学院和少许农技职校，仍只许厄特人读 4 年书。

到 1960 年，小学增加到百余所，学生 3.5 万人；中学 18 所，学生 4.5 万人，毛入学率不到 40%。埃塞当局开办 3 所高校：工程与技术学院、科学学院和新实验室（New Laboratory）。至 1975 年，阿斯马拉初中以上学校均系意大利人开办，以意籍教师为主，另有大学预科、技术学院、医专各一所。独立前夕，私立小学占三成，此后逐年减少（到 2018 年仅剩一成）。

厄解阵和厄人阵分别在各自根据地建立晨星学校（Tsebah Measker，1977～1981 年）和泽荣（Zero，创始地名）学校，教游击战士识字，并为其子女和孤儿提供基础教育。

（二）教育新政与实施

厄特独立后，政府实行全民普及基础教育，强调树立民族意识和团队精神、认真负责、宽容和服务他人的社会价值观，养成自力更生、自尊自信、奉献和坚毅的品格，[①] 提升国民文化素质。2001 年 11 月，政府公布《人力资源政策文件》，确定毕生教育为基本人权。2003 年 2 月修订《国家教育政策》，进一步明确 8 年义务教育（小学加初中，2013 年落实），不分城乡、地域、性别和民族，为所有适龄少年提供平等教育机会。2010 年再次修订教育政策，突出普及教育，并特为游牧民子女提供教育服务（Complementary Elementary Education，CEE）和成人扫盲教育。2012 年教育部的全民教育报告进一步明确所有厄特人享受从学前到大学的免费教育，[②] 大学生和职校学生免食宿费。

厄特教育部负责小学、中学和职业技术教育，最初优先扩大小学规模和提高教学质量；全国六省均设教育厅（Education Branch Office）。2006 年，政府建临时委员会协调高校工作，2010 年改为国家高等教育理事会，后续改为国家高教委员会（National Board for Higher Education），9 名成员来自各部和私营机构。

有些部委自行开展职业培训，如卫生部的护士、药师、乡村卫生员和技师班，农业部的农技培训，全国妇联负责妇女扫盲，全国青学联也办各类培训班。

[①] Ministry of Education, *Education for All 2015 National Review Report: Eritrea*, *Education for All (EFA) End Decade Assessment 2001~2012 Eritrea*, Asmara, Eritrea, 2015, p. 43.

[②] Ministry of Education, *Education for All 2015 National Review Report: Eritrea*, *Education for All (EFA) End Decade Assessment 2001~2012 Eritrea*, Asmara, Eritrea, 2015, p. 10.

表 7-1　1996~2006 年部分年份厄特政府教育开支

年份	教育开支 （亿美元）	教育开支占 预算比例（%）*	教育开支占 GDP 比例（%）	人均教育开支 （美元）
1996	—	2.92	—	—
1998	—	6.25	—	—
1999	0.362	5.57	5.26	10
2001	0.304	5.86	4.05	7
2002	0.257	5.63	3.52	6
2003	0.303	5.19	3.48	7
2004	0.349	5.74	3.15	7
2006	0.258	5.17	2.13	5

资料来源：Eritrea Government Education Expenditure 2015, http://countryeconomy.com/government/expenditure/education/eritrea。

注：独立之初承诺每年占预算支出的 7%。

1991 年，厄特全国教育基础薄弱，各类学校仅 132 所，校舍简陋，师资匮乏（中学老师仅 2000 多人），学生大多没有课本，小学适龄儿童入学率仅为 22.4%。厄特政府优先拨款发展教育，各地开设以本民族语言教学的新学校，培训数千名教师，保障所有公民免费接受五年初等教育，15~55 岁年龄段的人补习三年，入学人数稳步攀升，小学毛入学率很快升至 72%。

厄特教育事业在 21 世纪头十年达到一个平台之后遇到资源瓶颈，出现停滞或反复，预期受教育水平提升不快。教学设施不足，中小学每间教室要容纳 60~90 个学生，每天上课 4 小时。全国中、小学生人数从 1992 年的 5.6 万人和 15.1 万人分别增至 2005 年的 21.7 万人和 37.8 万人之后徘徊，2018 年分别刚过 26 万人和不及 35 万人；同期小学适龄组失学人数则从 22.9 万降到 5.4 万（2006 年 4.7 万人），后复增至 24.2 万；在此三个年份，学前班至初中适龄少儿的失学率分别为 71%、15% 和 47%。

据厄特教育部数据，2016~2017 学年，全国有各类学校 1987 所，在校生 70 万人，包括 524 家正规幼儿园（近 4.5 万学童，女生占 48.3%，教师约 1300 人）、970 所小学（含聋哑学校 2 所、盲校 1 所；34.7 万学生，女生占 45.2%；教师逾 8000 人）、371 所初中（在校生 10.7 万人，教师近 4000 人）和 108 所高中（学生 9.5 万人，教师近 3000 人）；中学整体辍学率达 12.8%；次年初中生毕业率首次过半。八成中小学校设于乡村地区，城乡小学生数量分别为 13.7 万人和 21 万人，初中生则是 5.1 万人和 3.6 万人；全国中小学教师近 1.6 万人。另有 8 所职业学校（两年制）、7 所高等院校（女生占 42.4%）。

2018~2019 学年，幼儿园、小学、初中、高中的净入学率分别为 17.4%、84.1%、65% 和 46.7%。2020 年，小学净入学率从前一年的 83.5%（女生占 81.2%）升到 83.7%（女生占 81.5%）；适龄儿童失学率（16.5%）下降 0.1 个百分点。小学教育方面男女基本平等，中学入学率的性别差距亦见缩小。

表 7-2　1994~2018 年厄特教育事业发展状况

单位：%

	1994 年	1999 年	2004 年	2009 年	2014 年	2015 年	2017 年	2018 年
幼儿园毛入学率	5.02	8.07	14.51	23.67	21.36	19.54	21.38	23.33
小学毛入学率	59.99	71.01	108.57	91.38	79.85	76.16	64.95	73.38
小学结业率[1]	25.92	45.39	64.34	87.97	61.04[a]	62.84	64.19	60.27
小学生复读率[2]	20.06	19.40	21.34	13.67	11.19[a]	6.04	7.85	8.12
小学超龄生占比	44.39	34.95	24.51	18.17	20.58	21.33	24.35	24.69
小学升初中比例	92.74	98.18	93.94	90.50	92.27	—	94.74	—
中学毛入学率	21.63	30.91	36.67	49.03	58.95	51.82	47.49	47.70
女中学生毛入学率	18.30	25.34	26.68	40.91	52.86	47.51	44.91	45.40
青少年失学率[3]	47.87	48.17	42.44	29.16	35.56	35.42	34.94	36.08
儿童失学率[4]	67.09	54.18	21.04	30.18	35.85	39.25	47.01	47.35
初中结业率[1]	19.30	37.24	39.04	55.14	—	52.41	47.21	51.16
初中男生结业率	26.99	45.24	46.02	63.28	—	53.64	46.93	50.26
初中女生辍学率	53.06	53.13	50.39	37.96	41.74	41.11	39.55	40.29
高等教育毛入学率	1.75[b]	2.01	1.56	2.67	3.85	3.48	3.36[c]	
幼儿园受过专业培训教师比例	—	64.80	64.84	51.66	45.90	41.83	39.78	41.61

续表

	1994 年	1999 年	2004 年	2009 年	2014 年	2015 年	2017 年	2018 年
小学受过专业培训教师比例	—	72.78	83.09	92.25	70.69	—	—	84.46
初中受过专业培训教师比例	—	37.75	28.25	54.45	85.74[a]	—	—	—
幼儿园生师比例	31.75	36.08	37.68	33.63	31.99	28.93	29.14	29.35
小学生师比	39.28	46.98	46.68	38.47	42.47	43.34	39.25	38.74
中学生师比	31.75	50.66	47.84	42.90	40.59	38.88	36.57	35.02
大学生师比	23.07[b]	21.71	10.75	16.05	20.25	19.46	14.09[c]	—

资料来源：联合国教科文组织数据库。

注：1. 用小学和初中最后一年级的新生数（扣除留级人数，但含超龄生）除以相应适龄组人口的比重。

2. 占所有小学注册学生的比重。

3. 未上学的 12~14 岁青少年占同龄组人口的比重。

4. 未上中、小学的 6~14 岁小学适龄儿童占同龄组人口的比重。

a. 2013 年；b. 1995 年；c. 2016 年。

2022 年 2 月，因新冠疫情封控公共场所一年之后，厄特的 2410 所学校重新开学，67 万学生返校复课。

（三）四级学制

厄特从小学到大学均实行免费教育。1992 年新定学制，分学前教育 2 年（5~6 岁）、小学 5 年（7~11 岁）、中学 7 年（细分为 3 年初中，12~14 岁；4 年高中，15~18 岁）[①] 和 4 年以上的大学。2014~2019 年，全国学前、小学、中学和大学的毛入学率分别为适龄组的 23.33%、68.43%、47.70% 和 3.36%，其中中学毛入学率比 2000 年的 28% 增加近 20 个百分点。

儿童必须接受 8 年的义务基础教育（小学 5 年，初中 3 年），此后如不能升学，须参加半年或 1 年的职业技能培训。小学的教学语言为母语（9 种民族语言），初中以上均用英语授课。

---

① 2004 年起高中增加至 4 年，2013 年起小学入学年龄提前到 6 岁。

小学课程安排：42%的时间学习读写，22%的时间学习数学，11%的时间学习自然科学，8%的时间学习社会科学，17%的时间学习艺术、体育、生活技能和信息与通信技术。小学开始即实行以学生为主的互动教学方式。①

厄特教育部每年举行两次国家考试。第一次是初中（8年级）毕业生升高中考试（NGE），近年每年有三四万人参加，2015年约70%的考生合格升学。第二次是高中（12年级）毕业的厄特高中教育证书考试（ESECE），即高考。

高中分科学和商学两科，教师必须具备相应的学位。全国绝大多数高中三年级学生必须到厄特西部小城萨瓦的沃塞·伊基洛高中完成第四年的学业，再接受4~6个月的国民服务培训，包括军事训练和政治教育。高考合格者进入本国各高校学习，未过线则进入师范学院、各类职校或培训机构学习农学、艺术和社会科学、生物学、商学与经济、护理与卫生技术等，亦可直接就业。

2016年7月，全国各地94所中学1.4万名高中毕业生参加第29期国民服务结业典礼暨第七届厄特青年节。高校入学考试竞争激烈，2015年年全国参加高考的学生12151人，其中约40%考试合格。

1994年建立的阿斯马拉国际学校（The Asmara International Community School，AICS）提供从学前儿童（3岁）至高中12年级的教育。学校董事会7人，5人由学生家长协会选举，2人由美国大使馆任命（含联合国常驻官员）。学前班和1~6年级用国际小学课程，7、8年级用国际中学课程，分英语、数学、科学、法语和社会研究；自2019年起，提供获得国际大学预科文凭的课程。

厄特大学以上的高等教育为本科4年，以及理科硕士和医学博士学位、专科（diploma）、进修班（advanced diploma）等课程教育。

21世纪之前，厄特仅有阿斯马拉大学（University of Asmara）和厄立

---

① Ministry of Education, *ERITREA: National Framework for Action*, Draft, Asmara, October 2008.

特里亚技术学院（Eritrea Institute of Technology，EIST）两所高校。

阿斯马拉大学原是 1958 年从意大利移民女子中学升级的圣法米格利亚天主教学院（Catholic College of Santa Famiglia），由意籍修女用意语教学（1971 年改用英语），面向厄特社会中层；1964 年（或 1967 年）更名并入埃塞国立大学系列，但保持宗教特性，开设人文、商科和理科等。1972～1974 年，许多学生加入民族主义学生组织；1975 年埃塞要求大学生停课下乡改造农村，多数学生却加入厄特解放组织。1980 年阿斯马拉大学重新开放，在校生 2700 人，大部分教师换成埃塞人，并招收非本地生（1990 年达75%），以消除其厄特色彩。1990 年 9 月，厄人阵逼近阿斯马拉，师生、书籍和设备等全部转移埃塞南部，1991 年 5 月大学只剩房舍，厄人阵用其安排原辍学人员补课。1992 年，临时政府重建厄立特里亚国立大学，启用海归厄特学者，秋季正式开学，侧重培养中学教师和科技人员。

厄特独立后，一度允许学者治校，并与欧美大学交流。1994 年有 800名走读学生和更多政府员工和复员官兵上夜校，1998 年全日制学生逾 2500人。2001 年 7 月，学生因怀疑毕业分配去向而在校园和高等法院外示威。

2003 年，厄特政府提出均衡配置高教资源，保留在中央省的厄特技术学院，拆分阿斯马拉大学为六所学院，散布三省一市：

（1）阿斯马拉卫生学院（Asmara College of Health Science）；

（2）奥罗塔医学与牙科学院（Orota School of Medicine & Dentistry，阿斯马拉）；

（3）哈默尔马罗农学院[1]（Hamelmalo College of Agriculture，安塞巴省）；

（4）阿迪凯耶[2]人文与社会科学学院（Adi-Keih College of Arts & Social Sciences，南方省），十几年毕业生约为 8000 人。

---

[1] 位于克伦，校舍为中国政府援建。设农业经济、农业工程、育种学、植物学、动物学、兽医、林业、国土资源及环境保护和食品科学 9 个专业，十几年来培养近 5000 名毕业生。

[2] 原意为"红人之城"，位于阿斯马拉以南 120 公里，曾是意大利殖民者 1890 年建的城堡，1995 年前是阿克勒古宰省首府。

（5）哈尔哈勒商业与经济学院（Halhale College of Business & Economics，南方省）；

（6）马萨瓦海洋科技学院（Massawa College of Marine Science & Technology，北红海省）。

其中，阿斯马拉卫生学院、奥罗塔医学与牙科学院以及隶属阿迪凯耶人文社科学院的法学院继续使用原阿斯马拉大学教学楼。阿斯马拉大学仅保留研究生院，并与南非、美国一些大学合作办学。各学院也分别与欧美大学开展合作，如理工学院与挪威，农业学院与印度和澳大利亚，卫生学院与英国，医学院与古巴和美国，等等。

据厄特高教委员会办公室统计，高校在校生从2008年的4000人增加到2015年的1.4万人，学士、硕士和医学博士毕业生共计2.3万人，420人获得外国奖学金留学进修。① 2005~2015年，七所高校毕业生总计3万人，科技学院毕业生占45.6%。2019年，医学院、人文社科、农学院、海洋学院4所高校毕业生1820人，科技学院毕业生1166人；其中本科和两年制大专生各半。

表7-3　厄特独立以来青年受教育程度

	占适龄人口比重（%）								
	1995 年			2002 年			2010 年		
	男	女	合计	男	女	合计	男	女	合计
未上学	38.8	45.6	43.3	14.4	29.8	23.1	11.9	18.8	17.2
小学毕业	21.2	25.0	23.7	45.4	42.0	43.5	10.3	19.7	17.4
中学毕业	34.4	28.6	30.5	36.7	26.5	31.0	62.4	58.0	59.0
大学毕业	4.9	0.5	2.0	3.3	1.5	2.3	15.1	3.4	6.2
未报告	0.8	0.3	0.5	0.3	0.1	0.2	0.3	0.1	0.1

资料来源：National Statistics and Evaluation Office, Eritrea Demographic & Health Survey（EDHS）1995, 2002, Asmara, Eritrea, March 1996 and May 2003；National Statistics Office, Eritrea Population & Health Survey（EPHS）2010, Asmara, August, 2013。

---

① http：//shabait. com/news/local-news/21678-higher-education-institutions-graduate-over-23-thousand-students.

（四）职业和成人教育

1993 年独立时，厄特仅有两所职业技术学校，在校生不足 1000 人。近年政府强调职业教育，除在普通高中开设技能课程外，国家职业技术教育培训中心的 8 所中专技校设工业、农业和服务业 19 个专业，培训期 1 年；2010 年有 2.7 万学员。此外，有两所新成立的社区技术学院（高职）和两家商学院。

2022 年 2 月，萨瓦职业培训中心与国民服务培训中心合作，有 2.31 万名学生（1.74 万名女生）在此接受设计、测量、电力、电子、管工、木工、电脑维修、机械及金属加工等 12 个专业的两年理论和实践培训。

厄特实行终身教育，成人教育侧重成人和失学青年的扫盲及技能培训，女性居多，主学计算和识字。上千个识字中心大多在农村，有 2000 多名经培训的教师，妇女占 40%；年均招收 5000 名学员。2013~2014 年度参加扫盲人数 4.1 万人（占目标群体的 88.1%），2016~2017 年度 3.6 万人（占目标人群的 88.7%），两期结业率平均为 74.5%。2008 年，厄特全国 15 岁以上人口识字率为 67.4%，其中成年男性识字率为 76.7%，女性为 58.9%[①]。世界银行发展指标显示，21 世纪以来，15 岁以上人口识字率从 49% 升至 2020 年的 77%，其中妇女识字率从 55% 提高到 69%；15~24 岁青年识字者占同龄人比例则增加 15 个百分点超 93%；2011~2016 年完成初级教育的人口占适龄人口的 39%。

第二节 文学艺术

厄立特里亚各民族富有独特的口传诗歌、讲故事、话剧、音乐和舞蹈传统，也受到殖民地经历的影响。厄特独立战争时期，厄人阵在根据地和

---

① 联合国 2013 年报告，厄特有 75.7 万名成年文盲，其中 2/3 是女性。Simon Weldemichael, *Eritrea：Marching toward Gender Equality*, 2018/3/7. http：//www. shabait. com/categoryblog/25899-eritrea-marching-toward-gender-equality-.

部队团以上单位普遍建设文艺团体，包括中央文艺团，常巡回演出音乐、舞蹈和戏剧，鼓舞士气和动员民众。

1974年7月4日，数千名旅居欧洲、中东和北美的厄特人聚集意大利博洛尼亚（Bologna）市，亲友会面打探解放斗争进展，演唱厄特民族歌曲和表演短剧，以此筹集资金支持境内独立战争。1991年全国解放后，政府正式规定每年8月在阿斯马拉博览园（Asmara Expo）举行一周"厄立特里亚文化节"（Eritrean Festival），吸引国内外四五十万人观演尽兴，截至2021年已办29届，旨在传承独特民族精神、弘扬多元文化底蕴、增强社会凝聚力。每年总统都亲临现场为国家节揭幕，领导人集体出席，园门口9个民族演出团队各着民族盛装，赛歌比舞。同期，旅居中东（沙特）、欧洲（意大利、瑞典、德国等）、北美（美国、加拿大）和大洋洲的厄侨社团也办文化节，厄特党政高官轮流前往这些侨民集聚之地介绍国内情况。

每年夏天，教育部长牵头全国节庆活动协调委员会通过各省青学联和妇联组织文艺竞赛，胜出团组赴首都决赛，表演各种戏剧、歌曲、舞蹈，展示各自悠久历史和传统文化，以及多元一体与和谐共处的生活，并邀请外国文艺团体参加文化节。民众投票挑选优秀的歌舞、戏剧、文学、画作、影视、传统陶器、民族工艺各类作品，政府出面奖励。

每年此时也是几十万海外侨民回国省亲度假的黄金期。各省、部委、军队、企业和中学、高校纷纷辟置展台，呈现各自成就、地方特产、手工艺、图画摄影和发明创作和旅游项目。各商家也抓住机会展销工艺品和民族服饰，制售各种特色小吃，热热闹闹办大集。

独立后，厄特政府积极支持发展民族文化，保护文物古迹，收集民间诗歌和传说，鼓励文学、戏剧、音乐和绘画的创作。人阵党成立文化部（政府未设）组织全国相关活动，组建音乐协会和乐队、电影局、戏剧团。媒体、表演艺术、电影、摄影和手工艺品等艺术创作在民族国家建设过程中发挥重要作用，为战争动员、社会经济重建等树立积极的民族形象，文化部创建阿斯马拉艺术学校培养新人，为杰出表演艺术家设置国家级大奖。①

（一） 诗歌文学

阿克苏姆帝国的古吉兹语作为文学语言流传至今，提格雷尼亚标音字母及大量词汇都有其影子。据诗歌艺人和历史学家的记载，厄特 9 个民族的诗歌、谚语、民间故事，以及历史传说等口头文学居于提格雷尼亚民间文学的中心位置已有数世纪之久，其主要是转述皇室贵族家史，以及传教士的翻译作品和宗教诗歌。②

19 世纪 30 年代，欧洲旅厄特传教士用提格雷尼亚文翻译福音书，1866 年首次印刷出版。③ 1895 年，在那不勒斯学习意大利文和拉丁文并教授提格雷尼亚文的学者费瑟哈·吉约尔吉斯 （Feseha Giyorgis） 用母语写作了关于其五年旅意生活的图书。

意大利殖民时期，厄特出版了三本提格雷尼亚文民间诗歌集，作者大多佚名。这些诗歌结构独特，内容丰富多样，反映当地生活各方面。马塞（massé）、梅尔克斯 （melqes） 和达格阿 （dag'a） 三种诗歌的风格和功能各异，唱诵诗人统称马森尼库 （masseniko）。马塞诗是婚礼、节庆和宗教仪式场合的赞美诗，讲究韵律、重复和对仗。后两种则用于葬礼。另有一类费克拉 （fekera） 是诙谐短诗。一直到 20 世纪头 20 年，提格雷尼亚文学主要是传统诗歌、寓言和民间故事的集子，且多为旅意厄特人所作。

1942 年，英国军管当局请"厄立特里亚独立之父"沃尔德阿布·沃尔德-马里亚姆 （详见第二章第七节） 在阿斯马拉创办提格雷尼亚文《厄立特里亚新闻周报》（*Eritrean Weekly Gazette*），除主要刊登教育、社会和政治新闻外，也常刊登诗歌、小说和纪实文学。创办十年共 520 期，每期

---

① 莱莫克奖 （Raimoc Awards） 取名于希达雷卜族语中的长颈羚羊，意为"美丽优雅"，颁发给擅长文学、音乐、绘画、戏剧、民间传说等领域的杰出人士或团体。每年 8 月在阿斯马拉厄特文化节闭幕时颁发，奖金总额 40 万纳克法 （按 2010 年官方汇率计算约 2.7 万美元）。

② Ghirmai Negash, *A History of Tigrinya Literature in Eritrea: The Oral and the Written*, 1890–1991, University of Leiden, the Netherlands, 1999, pp. 63–65.

③ Abraham Negash, *The Origin and Development of Tigrinya Language Publications* (1886–1991), *Volume One*, Staff publications, research, and presentations, 2016, p. 2.

发行 5000 份。

自此，厄特本土文学复兴，小说家和散文家纷纷发表提格雷尼亚文作品。1949 年，天主教牧师和教师雅克布·格布雷-耶瑟斯（Yaqob Ghebre-Yesus，1881—1961）发表《祖先的传奇、故事和谚语》，收集 100 个故事和 3300 条谚语，以及各类诗歌，素材主要来自民间，部分由其创作，供学生阅读和学习提文写作。同年，盖布雷耶苏·海鲁（Ghebreyesus Hailu）发表首部提文小说《应征士兵的故事》（*Tiquabo: A Story of a Conscript*），主人公提夸博是随意国殖民军赴利比亚作战的厄特兵，他告别阵亡的众多同伴返回故乡，又得知母亲去世的噩耗。作者借主人公之口，以传统诗歌的形式表达痛失战友和母亲双重打击后的悲愤和对殖民战争的谴责。当时还有泽加·伊耶苏斯·伊亚苏（Zegga Iyesus Iyasu）的《对上帝而言一切皆有可能：复活与胜利》，这是一部道德教义寓言的故事；以及特克莱·泽韦尔迪（Teklai Zeweldi）的《自由曙光》，讲述意大利殖民厄特和入侵埃塞的历史。

1975 年后，厄人阵和厄解阵都以提格雷尼亚文和阿拉伯文出版关于政治和历史的手册，以及短篇纪实作品。1981 年，厄人阵研究中心编辑《提格雷尼亚语-阿拉伯语-英语词典》，同时收集油印提格雷尼亚民间故事和口述历史。

旅美厄特学者亚伯拉罕·内加什在其著作《提格雷尼亚文出版物的起源与发展：第一卷（1886—1991 年）》[1] 中称，提文书比人们知道的多得多。他收集 1991 年以前的 760 多种出版物，按作者名字母排序，列出著作标题及页数，但大多缺少出版日期和地点等信息。1991 年后，提文图书数量大增。

厄特独立后，提文诗歌、话剧、小说和回忆录再度复兴，厄人阵老战士组建艺术爱好者协会等文化团体，出版文学杂志《蜡烛》和排演话剧。

---

[1] Abraham Negash, *The Origin and Development of Tigrinya Language Publications（1886–1991）Volume One*, Staff publications, research, and presentations, 2016, p. 131.

近年颇受欢迎的穆萨·亚伦①、阿莱姆塞德·特斯菲②等的小说均有英文、意文等数种译本；一些年轻人也将欧美文学作品译成提格雷尼亚文。2002年起，厄特每年举办一周的书展。

（二）话剧和电影

1. 话剧

厄特古有东正教的道德剧传统，现代话剧颇受欧洲国家尤其是意大利的影响。1918年，首家剧场阿斯马拉剧院（Teatro Asmara）开张，1936年扩建，面向欧洲观众上演意语戏剧。1944年，厄特教师等人士组建戏剧协会（Mahber Tewase'o Deqebbat，Ma. Te. De./National Theater Association），演出传播本土文化的话剧，以反埃塞统治的题材为主。1961年8月，一些歌手、作曲家、诗人等成立阿斯马拉戏剧协会（MaHber Tiater Asmera，Ma. Te. A.），排演多部提格雷尼亚语剧，十年后被埃塞当局解散。当年流传一首名为《穆斯林和基督徒》（*Aslamay Kistanay*）的民谣，呼吁厄特两大宗教团结对抗外来阴谋，培养民族凝聚力的社会基础。厄人阵的"红花"文化团和厄解阵文化团在各自解放区也创作民族戏剧和文化节目，戏剧包括长短悲剧、短喜剧和诙谐小品，并

---

① 穆萨·亚伦（1930—2011），教会学校校长和教师、语言学家、作家。著有《厄立特里亚人名词典》（1994）、《沃卡哈与安巴弗拉什》（2003）、《职场厄特人》（2004）、《传统》（2006）等。

② 阿莱姆塞德·特斯菲（1944—2015），作家、剧作家和历史学家，厄人阵老战士，出生于阿迪夸拉。1962年毕业于阿斯马拉的海尔·塞拉西一世中学，为躲兵役入职埃塞航空公司。1969年获埃塞的海尔·塞拉西一世大学法学士学位，后任财政部法务专家。1970年赴美国伊利诺伊大学攻读土地改革，1972年获比较法硕士学位，1974年未完成博士课程而回国加入厄人阵，先后任职国民指导部、教育局、革命学校、文化局、杂志社、广播电台等，创作文学与话剧。1992~1993年任临时政府文化中心主任，1993~1996年任土地委员会主席，主持制定《土地法》；此后任职新闻部下属研究和文献中心历史部主任。著有《哈得拉之子》（1983）、《战壕中的两周：厄立特里亚的童年和战争回忆》（2002，英文的戏剧和小说集）、历史三部曲《"不要分裂"：厄立特里亚，1941~1950》（2001）、《厄立特里亚与埃塞俄比亚联邦：从（意大利总督）马蒂恩佐到泰德拉，1951~1955》（2005）和《厄立特里亚：从联邦到吞并和革命，1956~1962》（2016）；此外还有一些儿童读物。参见 Emmanuel Kwaku Akyeampong, Henry Louis Gates & Steven J. Niven, *Dictionary of African Biography*, Volumes 1-6, Oxford University Press, 2011, pp. 161-162。

翻译改编排演莎士比亚、易卜生和果戈理，以及肯尼亚作家恩古齐·瓦·提安哥（Ngũgĩ wa Thiong'o）等的作品。1993 年 10 月，阿斯马拉剧协老人和人阵艺术家重建阿斯马拉剧协。至今，阿斯马拉剧院仍有各种文化团体排演舞台剧、音乐等表演艺术。

2. 电影

1922 年，意大利教会与殖民者合作，在厄特制作首部传教题材的电影。1937 年，阿斯马拉歌剧院改造成剧院和影院两用设施。此后 20 年，阿斯马拉（罗马、帝国、首都 3 家）、克伦等主要城镇建成 9 家电影院，这些电影院和剧院都只对欧洲人开放，大多用于舞台剧、喜剧小品、管弦乐的演出。

厄特独立后，上映的电影大多为美国、英国、意大利或印度电影，阿斯马拉的现代派建筑罗马影院至今悬挂 20 世纪 50 年代意大利和美国电影的海报。2012 年全国曾有 11 家电影院，现有 9 家共 1200 座席，各配置 1 部室内数字放映设施，全国每百万人口有 2 面屏幕。

本土电影萌芽于 20 世纪厄特独立战争时期。厄人阵文艺团用录像记录战况和部队生活，另有一些戏剧、音乐和舞蹈录像片；每年拍 9 部纪录片，截至 1991 年，共制作 64 部电影。

人阵党执政后，在其文化局内设立电影和戏剧分部，用当地语言（主要是提格雷尼亚语）制作电影和创作舞台剧本，有些电影配英文字幕。1997 年，首部厄特国产故事片问世，《1977 年的火药》（77/The 1977's Gunpowder）和《母亲》（The Mother）等一批本土电影和新的戏剧录制片吸引大量厄特民众，影院一天放五六场，通宵达旦也座无虚席。叫座的电影大多反映厄特独立战争等抵抗外敌和爱国的主题。进入 21 世纪，电影制作转向爱情和传统等题材，到 2009 年，本土制作电影突破百部。2010 年当年逾 50 部新电影以提格雷尼亚等当地语言发行，此后每年递减 4~10 部，2017 年仅出产 11 部。其中，故事片占七成，其余为纪录片，均由本国投资拍摄。近十来年，数部反映当代生活的厄特电影及其导演（如作家伊萨亚斯·茨盖，Isaias Tsegay，1956—2012）或主角多次在休斯敦、戛纳电影节等国际场合获奖。同时，中国、德国、土耳其、俄罗斯、法国、意大利、卡塔尔、以色列、沙特、埃及、韩国和美国等十几个国家选片参加阿斯马拉国际电影周。

（三）音乐和舞蹈

厄立特里亚九族数百年来各自传承独特的传统音乐和舞蹈，但也互有相似之处，如普遍喜用鼓乐和高亢女声。高原地带的传统音乐常见于宗教仪式、红白喜事、田间牧场、节庆和游戏各种场合，游吟歌手和艺人过去的社会地位不高。

21 世纪以来，首都阿斯马拉出现"钢琴酒吧文化"，当代音乐家和著名歌手周末现身座无虚席的咖啡馆或宾馆旅社演奏咏唱。

1. 乐器与鼓

传统乐器主要是拨弦琴和鼓（两种鼓都源自古代战鼓），也有笛子（shambeqo，6~8 音孔金属或竹子长笛）、长号（meleket，1 米长木制或金属长管）和摇铃。殖民前的歌舞大多颂扬部落英雄和庆祝人生、宗教和文化节日；争取独立时期趋于专业化，继承中有民族创新；如今现代流行音乐文化则在城市青年中兴起，吸收并重新诠释传统主题。

单弦琴（chira-wat'a）是一种用山羊皮和木头制成的菱形乐器，用马鬃弓弦演奏。

双面圆锥桶形鼓克贝罗（kebero），长度 60~100 厘米，侧面有皮索可挂上肩；常用中空树干做鼓体，外侧裹有彩色织物和皮绳；两端大小不一，均蒙牛皮鼓膜，双手敲击音调高低不同。大号用于宗教仪式，小号多用于婚礼和表演。

半圆鼓内盖特（negarit）取材于木头或金属，直径十来厘米，鼓面兽皮用绳子固定，用两支鼓槌敲击。

2. 舞蹈

提格雷尼亚民族舞蹈主要有两种。第一种叫曲搭（quda），舞者围成圈，逆时针转圈，间或分成三人一组对面而立，再排成一队跟着音乐节奏曳步转圈，并上下抖动双肩双臂，女性抖肩频率更高，或甩发辫，自由奔放；随着节奏和鼓点加快，舞者分成两三人一组，面对面，上跃下蹲，同时加速抖肩和摆头。第二种是男女分组，两横排面对面，蹦跳舞步，定时成排前进，穿插换位。

萨霍族、阿法尔族、提格莱族、比伦族和希达雷卜族的舞蹈近似，特点是单腿跃跳。纳拉族和库纳马族的舞蹈为伴随音乐踢腿跺脚，脚踝饰物哗哗作响。低地几个民族都有甩发舞和阿拉伯刀舞。

厄人阵于 1992 年建立国家歌舞团斯布里特（Sibrit，传统遗产之意）民族文艺团，有 10 名歌手、8 名乐手和 12 位舞者，排演 9 个民族的民间歌舞。他们参加国家庆典和定期在国家广播电视台演出，以及赴亚非地区参加国际展演和比赛。

（四）绘画工艺

1. 绘画

历史悠久的几何和抽象岩画反映远古人类活动，大多被发现于厄特高原南部。绘画艺术则以多格画形式描绘宗教或寓言主题，多数东正教堂都有《圣经》人物如基督、圣母、圣徒、天使等绚丽色彩壁画，带有拜占庭式和科普特式等早期基督教绘画特色。科普特的特点是轮廓简单和描述性强，颇受古希腊和埃及亚历山大教区的影响，但也有本土创意和各种织物图案。

近代传统绘画多用家畜皮、羊皮纸或油画布作画。厄特独立战争时期，厄人阵重视艺术的特殊作用，1978 年在政治指导、教育和文化部下设艺术处（1981 年又分设文学与话剧科），不仅抓创作，也为儿童编写艺术教材，其中现实主义肖像画和风景画日渐成风。大多数写实描绘社会生活和英雄形象，女画家、教师埃尔莎·雅科布（Elsa Yacob Temnewo）1984 年创作海报《女战士》，女英雄身着军装短裤，左手拿着 AK-47，右手投出手榴弹。

皮画分两种，一种是利用家畜皮上附着的毛发作画，内容多为常见动物；另一种是在熟制光皮表面作画，如人物肖像及描绘人类生活场景。布面作画的题材大多反映厄特人的生活习俗。

2. 手工艺品

厄特每个民族各有独自的手工艺绝活，且历史悠久，如考古发掘的公元前 6~前 5 世纪陶碗和罐子以及各种铁工具。在农村主要用棕榈树叶等本地原材料制作各种容器和其他家用物品，大致可分为草编、陶土、皮革、木制和金属五大类。

（1）草编类

草编篮筐、垫子、托盘制品在厄特随处可见，从早餐盘和面包篮到农牧民劳动带的"午餐盒"，在准备、供应和储存食物方面多有用处，如置于阴凉通风处储藏传统食物英吉拉和悬挂高处盛装奶油的草编容器。当代草编贸易品则有用于装饰的彩色桌垫和壁挂。

（2）陶土类

陶器炊具和装饰品是古老的工艺品之一，如细长颈咖啡壶（jebena）、炖肉的陶土锅（t'sahli）、农村的陶制大水壶（etro）和炉灶（mogogo）等。如今，厄特市场出售手工制作的陶花瓶、烛台、烟灰缸和其他家居用品。陶器的烧制时间和工序不同，成品分土黄色和黑色两种，后者更为结实。

（3）皮革类

制革是厄特所有民族最完备的手工艺之一，多数农牧民都会用鞣制皮革包裹凳子、乐器，通常用珠子和贝壳装饰；也会制作垫子和容器等日常家用皮革制品，如提格雷尼亚族的牛奶容器哈比（harbbi）、水囊德尔密（delmi）和谷物袋子骆扣辖（loqota），以及皮衣、鞋子、时尚手袋、腰带、帐篷等。

（4）木制类

厄特木雕多用橄榄树干制作，常见有非洲动物、人物浮雕及面具等，以及传统乐器和碗、佐料瓶、烛台、小盾牌及其他家居用品。

（5）金属类

金银耳环、项链、手镯和戒指等首饰是一类，其他传统金属制品以银和黄铜丝编织的十字架、圣像等为主。铁器多见咖啡壶和炉子、桌椅、门窗、农具和冷兵器。

（五）博物馆

1975 年前，厄特许多复原的考古出土文物被搬到埃塞的国家博物馆，但阿斯马拉的意大利费迪南多·马蒂尼博物馆仍存有大量藏品。此后埃塞军政权掌控博物馆、文物入库。

厄立特里亚国家博物馆现位于首都阿斯马拉市中心，隶属国家文体委（Commission of Culture and Sports）。1992 年由独立运动元老沃尔德阿布·沃尔德-马里亚姆说服联合国教科文组织出资建于原意大利总督府旧址，将有关文物从埃塞国家博物馆和意大利原总督的博物馆调回国，1997年搬至原康博尼（Comboni）修女女校。1994年，联合国教科文组织资助培训博物馆工作人员，编写《保护和展示（厄特）文化遗产》报告。

博物馆除展示厄特历史轨迹外，还旨在发掘、保护、记录和研究有形文化遗产。馆藏分古生物学（2600万年前的古象骨骸）、考古学、自然史、中世纪（公元4世纪和7世纪基督教和伊斯兰教先后传入的教堂门窗雕刻、民族英雄用过的刀剑、铭文石碑）、民族文化（9个民族的传统乐器、生活用具）、艺术品（厄特独立战争时期的画作和雕塑）。镇馆之宝是1995年在祖拉湾布亚村发现的百万年前桃李年华（24~28岁）的"布亚夫人"（the Lady of Buia）的头盖骨。博物馆运用数字信息存储技术丰富传统展览模式，人们可以在线查阅研究虚拟展品和高分辨率图像。

2000年，厄特政府为纪念解放马萨瓦战役十周年而建北红海博物馆，隶属北红海省文化厅，分自然、考古（包括2018年阿杜利斯发现的带有绘画和希腊文字的石雕柱、陶瓷器和铸铜币）、文化、殖民地时期和解放斗争5部分。相关项目包括保存萨哈巴（Sahaba）清真寺、纳克法根据地3公里战壕和6公里地下坑道，以及拍摄历史遗址纪录片等。

马萨瓦则建有南红海博物馆，展示海洋动植物。

第三节　新闻出版

欧洲传教士于1866年将首家印刷社引进厄立特里亚，意大利殖民者在19世纪90年代初出版第一份报纸。1942年，英国军管当局允许厄特人出版英文、提格雷尼亚文和阿拉伯文的《厄立特里亚新闻周报》。1952年埃塞-厄特联邦成立后，新闻业备受限制，特别是20世纪七八十年代，厄特本土文字的报刊生存艰难①，多在两大独立武装的解放区存在。1991

---

① 阿斯马拉一度发行提格雷尼亚文报纸《联合》（*Hibret/Union*）；1984年，埃塞军政权扶持另一家报纸《阿斯马拉之声》（*Dimtsi Asmare*）。

年解放后，厄特独立媒体兴起；20 世纪 90 年代末，私营报刊繁荣一时，2001 年后几近绝迹，境外厄侨办的各类网站受众见增。

20 世纪 60 年代初，厄解阵推出首份阿拉伯文刊物《革命》，1977 年首发英文《厄解阵通讯》［其后厄人民党在 2008 年改为《人民之声》（*People's Voice*）发行］，并与其麾下工农青妇等群众组织用提格莱文和阿拉伯文出版多种机关刊物。

1973 年，厄人阵推出第一本油印杂志《先锋》（*Fitwerari/Vanguard*），后添刊载诗歌和报告文学的杂志《人民之声》（*The Voice of the People*）、其经济部的《劳动》、卫生部的《健康之光》和理论期刊《火花》（*Spark*）等，在美国的外围组织北美厄特人解放组织（Eritreans for Liberation in North America，EFLNA）也出版《解放》杂志，主要转载厄人阵刊物文章，以及《为厄立特里亚革命辩护》（*In Defense of the Eritrean Revolution*）一书。到 80 年代初，厄人阵以提格雷尼亚文和阿拉伯文出版 8 种期刊，自办广播电台每天用 6 种语言播出节目；同时，在美国出现了支持厄人阵的出版社。①

1993 年独立后，厄特政府鼓励个人和社团参与发展大众媒体业，提供新闻、娱乐和教育资讯，倡导本土文化价值，促进民族团结和社会民主。1996 年 6 月，政府颁布《新闻法》，规定新闻和言论自由必须合法且合乎现实和国家发展目标，保障本国投资的出版自由，记者和报刊均需申领许可证。1997 年，知识界、大学生和厄人阵党元老个人或集体创办若干独立报刊。厄埃边界交战期间以及此后人阵党内出现争论，这些报刊传

---

① 卡萨洪·切科尔（Kassahun Checole），1947 年出生于阿斯马拉，入埃塞海尔·塞拉西一世大学 1 年，因参与"学运"回到厄特，1971 年赴美国纽约州立大学，获社会学和政治经济学学士，参加厄特旅美学运组织，一度到墨西哥教书并参与独立出版业。1983 年在美国新泽西州创办非洲世界出版社（Africa World Press），专营有关厄特和非洲，以及非洲海外侨民历史、文化和政治的书籍，先后出版 400 余种图书。两年后，他又建红海出版社（Red Sea Press），专注非洲之角，并形成为 250 家出版社提供发行服务的网络，到 80 年代末每年出版 25 本关于厄特的书，2000 年起每年出版 60~100 本，到 2010 年共近 150 本有关厄立特里亚的图书。Interview with Kassahun Checole by Walter Turner, AfricaFocus Bulletin, July 18, 2019; https://allafrica.com/stories/201909230635.html.

播 15 人集团（G15）评论战争和国内问题的信息。2001 年 9 月，政府禁止私办广播和 8 家独立报刊，严禁外国在厄特拥有媒体。

（一）通讯社

1991 年 9 月，官方主导的厄特新闻通讯社（Eritrean News Agency, EriNa）诞生，隶属新闻部。其主要职能是收集本国、地区和国际新闻，选滤后分发国营报纸、广播和电视台供选用。总部设国内新闻、国际新闻和出稿 3 个编辑部，此外还有资料馆和翻译组。全国 6 省的记者站通过电话、双向无线电台和计算机无线传输与总部联系。

（二）报纸杂志

政府新闻部主办两份报纸：1991 年 5 月创办《新厄立特里亚报》，有提格雷尼亚文（*Haddas Eritrea*，每周六期，周一休刊）、提格莱文（*Eritrea Haddas*，每周三）和阿拉伯文（إريتريا الحديثة/*Eritrea Al-Haditha*，每周二、四、五、六发行）三种文本，每期 12 版（含广告），每周发行量 6 万份。1994 年创刊英文《厄立特里亚形象报》（*Eritrea Profile*，每周三、六），每期 8 版，发行量约 5000 份。这些均可在厄特新闻部的网站（shabait.com）上查到。

除执政党及其工青妇组织、军警部队有各自期刊之外，还有针对专属读者群的 9 家报纸和 5 种杂志和期刊不定期出版，区域行政当局、慈善团体和其他机构的出版物也不定期出版。

（三）广播电视

1941 年，意大利人在阿斯马拉开设名为"码头电台"（Radio Marina）的海军电台，次年由美国陆军接管。1955~1973 年，在阿斯马拉美军卡纽基地曾设 KANU-TV 电视，每天播出十几个小时。此后，只有转播埃塞的广播电视。20 世纪 50 年代，埃塞当局控制的电台开始阿姆哈拉语和提格雷尼亚语广播，后增加提格莱语和阿拉伯语播音。

独立运动先驱沃尔德阿布·沃尔德-马里亚姆自 1956 年起在阿拉伯国家向厄特境内广播；厄解阵亦不定期地从苏丹后由厄特境内解放区播音。1979 年初，厄人阵建立厄特民众之声（Dimtsi Hafash Ertra/Voice of the Broad Masses of Eritrea）电台，面向厄特中部乡村地区，用阿拉伯语、提格莱语和提格雷里尼亚语广播，后增阿法尔语、库纳马语和（埃塞）阿姆哈拉语三种语言。

厄特解放后，政府新闻部接办民众之声电台，迁址阿斯马拉，发射机功率 1000 千瓦，是唯一合法广播电台，通讯员遍布全国。共有政治、经济、文化、新闻、历史地理、表演、青年体育、社会、科技、"播音员" 10 个栏目，1999 年开始用 9 种民族语言和阿拉伯语、阿姆哈拉语共 11 种语言（后又添奥罗莫语），每天分早、中、晚三个时段广播，每次播音 1 小时，有中、短两个波段，覆盖厄特大部和周边地区，并通过三颗卫星广播，可传至西欧和东欧、中东、北美、大洋洲和亚洲一些地区。另有 FM 音乐台 Zara。

厄特国家电视台（ERI-TV）于 1993 年 1 月在阿斯马拉正式开播，亦隶属于新闻部，发射机功率 1 千瓦，仅覆盖首都；十年后换置 5 千瓦设备，并建若干中继站，覆盖境内南、北和东面大部分地区；2004 年转为数字信号传输格式。

电视台设节目部和新闻部，主要用提格雷尼亚语、阿拉伯语、提格莱语和英语播放，部分节目用意大利语、阿姆哈拉语和索马里语播放。共有两个频道，通过 8 个卫星转播，节目覆盖非洲、中东、北美和大洋洲等地区，每周观众逾百万。1 频道每周播出 70 个小时的节目，主要播出提格雷尼亚语新闻、文艺和娱乐，以及专题（如公共卫生、日本的工农业技术推广资料片、环保、家庭生计）和儿童节目，每天有阿拉伯语、英语新闻各 20 分钟，深夜播放英文老电影或其他文娱节目。近几年已举办 4 届全国歌舞电视大赛。3 频道每周播出 45 个小时的节目，主要是国内和国际体育新闻和赛事回放。21 世纪以来，厄特电视台陆续引进印度、韩国和中国电视连续剧。

近年来，厄特新闻部批准电视台和广播电台播放商业广告。

第四节 体 育

厄立特里亚热门的体育运动有自行车、田径、足球、排球、篮球、赛

马、网球和游泳等，另外还有一些类似掷铁饼和曲棍球等的传统民族体育项目。

独立前，厄特运动员曾代表埃塞出战 6 届夏季奥运会。厄特重新建国后，于 1996 年成立国家奥林匹克委员会（国际奥委会 1999 年承认）。2000 年厄特首次派 3 名运动员参加悉尼奥运会（男子、女子 10000 米及男子 5000 米三项比赛）。2004 年 4 名选手参赛雅典奥运会，泽瑞塞内·塔德瑟（Zerisenay Tadese）在男子 10000 米比赛中获得第三名，为厄特赢得历史上第一块（也是迄今唯一）奥运奖牌。2008 年，厄特文体委主任拉马丹少将率 11 位运动员参加北京奥运会（男子 1500 米、1 万米，男子、女子 5000 米和马拉松比赛）。2012 年厄特 1 名自行车选手和 11 名长跑运动员赴伦敦奥运会参赛；2016 年由 12 名运动员（1 名女性）参加里约奥运会的自行车和马拉松比赛。2018 年厄特一名高山滑雪运动员在韩国平昌首次亮相冬季奥运会，2022 年又来北京参加冬奥会。

近年来，厄特体育事业颇有发展，加入国际网球联合会（ITF）、国际足联（FIFA，1998）和国际奥委会等组织。2001 年 8 月，厄特首次参加在北京举办的第 21 届世界大学生运动会。

1. 长跑

21 世纪以来，厄特在国际田径赛场崭露头角，多次夺得中长跑和马拉松项目奖牌。2004 年，厄特运动员在布鲁塞尔国际田径赛上获得 1 枚铜牌。前述泽瑞塞内除拿到奥运会铜牌之外，还多次在国际田联世界半程马拉松锦标赛夺冠，2007 年国际田联第三届世界公路锦标赛（意大利乌迪内）获金牌，是厄特首位金牌得主，同年在阿尔及尔为厄特赢得全非洲运动会 10000 米金牌和蒙巴萨世界越野锦标赛金牌，2009 年柏林田径世锦赛 10000 米又夺银牌，并于 2010 年里斯本半程马拉松比赛中刷新世界纪录。梅布·凯夫莱齐吉（Meb Keflezighi，现转美国籍）在 2004 年夏奥会马拉松赛中获银牌，2009 年和 2014 年先后获纽约市和波士顿两次世界马拉松大赛冠军。2015 年 8 月 22 日，未满 20 岁的厄特小将格尔麦·格布雷西拉西耶（Girmai Gebreselasie）在北京第 15 届田径世界锦标赛男子马拉松比赛中以 2 小时 12 分 27 秒的成绩折桂，成为该赛史上最年轻的冠军，也是厄特选手首夺世锦赛金牌。

2. 自行车

自行车运动颇受厄特人特别是年轻人喜爱，从早到晚，城镇里常见穿戴全套行头的赛车骑手急驰而过。大多数城镇都有自行车俱乐部和赛队，国家有自行车运动联合会。

厄特的自行车赛史起于意大利殖民时期，1905 年意大利人将自行车带入厄特用于邮递。1946 年，阿斯马拉意大利人举办首届多程环国自行车赛厄特之旅（Tour of Eritrea），34 人参加。此后缩小规模，2001 年起恢复年度全国环程赛，每年 4 月举行，近百名厄特骑手和几十位外国选手参加。全程 670 公里比赛分 5 个赛段，涵盖沙漠低地、多风海岸和盘山高原等多种地形。国际自行车联盟（UCI）于 2009 年承认其成绩，至 2018 年已办 17 届赛事（2014～2015 年未办）。赛程中，前一阶段获胜者穿蓝色运动衣，山地段胜者着红色，总成绩领先者着黄衣。独立后，除一次为南非人摘冠外（2012 年），均是厄特国家队选手夺魁。

厄特是非洲的自行车运动强国。2013 年 12 月，厄特国家自行车男、女队在埃及举行的非洲自行车锦标赛中分别夺得四连冠和首拔头筹。2014 年 1 月，厄特自行车选手纳特内尔·贝尔哈内（Natnael Berhane）成为环加蓬自行车比赛史上的第一位非洲冠军。2015 年 7 月，厄特自行车运动员丹尼尔获得环法自行车赛阶段赛冠军及"山地赛王"荣誉，成为历史上首位参加该赛事并获得荣誉的非洲人。

3. 足球

1936 年底，意大利人在厄特举办 6 支本土俱乐部球队首次联赛，次年纳入意大利足球锦标赛。1938 年，意大利商人弗·西塞罗（Francesco Cicero）建造第一座足球场（Cicero stadium，6000 座席），作为厄特第一届职业足球锦标赛冠军队阿斯马拉体育集团（Gruppo Sportivo Asmara）的主场。

1950 年，厄特 30 家足球俱乐部（包括 3 家意籍）成立足球联合会，1953 年被迫并入埃塞足球协会，至 1974 年埃塞政权更替前，3 支球队曾 9 次在埃塞超级联赛中夺冠。阿斯马拉市于 1958 年添造 5000 座席的多功

能登登体育场（Denden Stadium），主要用于足球比赛。

1992 年厄特重建国家足球联合会，现有 12 支俱乐部球队；1996 年以来每年组织全国超级联赛并选编国家队①，联赛大多由红海队（12 次）和阿杜利斯队（3 次）取胜。

---

① 绰号"红海驼队"（Red Sea Camels），2013 年底，国家队教练和 9 名球员出走，2018 年又有 10 名球员在参加世界杯预选赛后滞留国外。

第八章

外　交

第一节　外交政策

厄立特里亚宣称奉行和平、不结盟的对外政策，主张按和平共处原则与他国发展正常关系；积极参与非洲地区事务，主张非洲国家自主解决非洲问题；强调地区合作，发挥地区组织或区域国家的联合作用。1993 年 5 月，厄立特里亚加入联合国，6 月加入非洲统一组织（非统，现为非洲联盟），9 月成为东非政府间发展组织（伊加特）成员国，并获得阿盟观察员地位。1995 年厄立特里亚加入世界银行，1996 年 6 月加入东南非共同市场和优惠贸易区银行，1999 年加入萨赫勒-撒哈拉国家共同体（CEN-SAD）。独立头十年，加入《日内瓦公约》等 54 项国际公约；已签署全球应对气候变化的《巴黎协定》，并于 2016 年 4 月提交其"国家自主贡献"（NDC）文件。目前，厄特与100 个国家和国际及地区组织建有外交关系，在 30 个国家①开设大使馆，在联合国（纽约和日内瓦）、非盟和阿盟派驻使团。

厄特的外交战略是在欧美国家和阿拉伯国家之间保持平衡，力图在复杂多变的地缘政治环境中保持独立，并尽量从两边获取利益。由于当年外部对厄特独立的关注和支持不多，厄特更多强调独立自主，从自身遭遇出

---

① 非洲 9 国（埃及、埃塞俄比亚、吉布提、肯尼亚、南非、南苏丹、尼日利亚、苏丹、乌干达），欧洲 9 国（比利时、德国、俄罗斯、法国、荷兰、瑞典、瑞士、意大利、英国），亚洲 11 国（阿联酋、巴基斯坦、卡塔尔、科威特、日本、沙特、叙利亚、也门、以色列、印度、中国），美国。另在加拿大和澳大利亚设总领馆。现有 18 个国家在阿斯马拉设大使馆，欧盟设使团。

发，不尽信任国际社会。厄特与以色列维持外交关系，阿拉伯国家对此表示不满。2002 年，丹麦关闭其驻厄特大使馆；2005 年，厄特政府关闭美国国际开发署及大多数国际"非政府组织"驻厄办事处；2006 年 5 月 31日起，厄特政府要求所有外国人，特别是外交官和援助工作者，必须申领通行证方可出阿斯马拉去外地。

近年来，西方国家多孤立厄特政府并减停经济援助，利用联合国制裁厄特。厄特高层领导频繁出访苏丹、沙特、卡塔尔、阿联酋等国，寻求政治支持和经济合作。

由于海、陆边界纠纷，加上非洲之角错综复杂的历史、宗教、文化和民族等矛盾，厄特几乎与所有邻国都有过纠纷和冲突。21 世纪头 17 年，厄特与埃塞不战不和，并指责国际社会未支持落实《阿尔及尔协议》，对非盟、联合国及美国耿耿于怀，与西方国家失和，并退出伊加特和非盟，疏远所有"与埃塞友好"的国家，处境颇为孤立。2018 年 7 月，厄特与埃塞签署和约，结束长达 20 年的冲突，厄特与非洲邻国缓和关系。2020年 5~7 月，伊萨亚斯在新冠疫情期间先后出访埃塞、苏丹和埃及，与三国领导人分别磋商尼罗河复兴大坝争端、红海地区安全，以及埃塞、苏丹、利比亚等国的近期局势。

第二节　与联合国的关系

第二次世界大战之后，美国等操纵联合国阻挠厄特独立，厄特民族心存阴影。迟至 1991 年，埃塞俄比亚新政府同意支持厄特人的自决权并为此致函联合国秘书长后，联合国才派观察团"监督"厄特全民公决。1993 年厄特独立后于 5 月 28 日加入联合国。9 月，伊萨亚斯总统首次出席联合国大会，在演讲中直言："联合国先前不公正地妄断厄立特里亚民族的命运，也曾许诺保护厄立特里亚人民，但后来却拒绝站出来说话。"[1]

---

[1] 〔英〕米凯拉·容：《我不是为你打仗——世界背弃一个非洲小国》，延飞译，云南大学出版社，2010，第 102—103 页。

同年 10 月，联合国开发计划署在阿斯马拉设办事处，协调联合国粮农组织、难民署、儿童基金会等机构，帮助安置难民。但因厄特坚持主导难民遣返以及联合国官员批评厄方，双方关系紧张，最后联合国接受厄特政府方案。1997 年，难民署又因审查苏丹遣返难民与厄特产生矛盾，所有外国员工被驱逐。

2000 年 7 月，联合国安理会设立埃厄特派团（UNMEE）监督其执行边界战争停火协议，持续 8 年，每半年延长一个任期，荷兰、英国、印度和约旦军官指挥 55 国 4000 人维和部队进驻厄特一侧临时安全区巡逻和扫雷，费用逾 13 亿美元。厄特不满联合国在埃塞阻挠下未执行边界委员会 2002 年"最终和有约束力"的裁决，宣布边界"实际上"已经划定，2003 年 8 月起限量供应汽油，影响特派团及维和部队的巡逻等活动。2005 年，厄特禁止美国国际开发署在厄特"自主"发放粮援，安理会首次批评"警告"；下半年，厄特禁止联合国维和直升机飞行。同年底，经厄方反复要求，安理会同意美欧人员退出维和。2006 年 5 月底，联合国因厄特拘留维和部队当地雇员而削减 1/3 驻厄维和人员；10 月，联合国指控厄特军人进入临时安全区，厄方否认。当年，潘基文秘书长主张缩短维和授权时限，安理会一些国家反对；2008 年 7 月底，安理会终止特派团授权。

2009 年 12 月 23 日，联合国安理会通过 1907 号决议对厄立特里亚实施军火禁运、旅行禁令、资产冻结等定向制裁，且不断加码。2015 年 10 月，安理会索马里/厄立特里亚制裁委员会核查组递交最终报告表示，并未发现厄特政府支持索马里青年党（Al-Shabaab）的证据，安理会仍接连延长制裁期。2018 年 11 月 14 日，美国不再反对终止对厄特制裁，安理会一致通过第 2444（2018）号决议，解除对厄特的所有制裁，并承认核查组没有找到确凿证据能表明厄特支持索马里青年党，安理会也没有发现厄特矿业部门和参与其中的外国公司违反 2008~2011 年四个相关决议的规定。[①] 2019 年

---

① United Nations Security Council Resolution 2 2444（2018）Adopted by the Security Council at Its 8398th Meeting, on 14 November 2018, S/RES/2442（2018）6 November 2018 The situation in Somalia, pp. 3 - 10, https：//www.un.org/press/en/2018/sc13576.doc.htm, https：//undocs.org/S/RES/2444（2018）.

10 月，联合国副秘书长阿明娜·穆罕默德率联合国－非盟联合代表团访问厄特。

2014 年，联合国人权理事会成立厄特人权状况调查委员会，仅限于询问其境外 550 名厄特难民，2016 年建议国际刑事法庭调查厄特"反人类罪行"；厄特则动员 4 万海外厄侨写信揭露调查委的偏见。安理会未采纳前述委员会的建议，并解散由澳大利亚前外交官领衔的这个委员会。2020 年，厄特当选人权理事会成员，任期 3 年。

厄特保持与联合国部分机构在防治艾滋病和疟疾等传染病、妇幼保健教育、饮水和卫生、环境、粮食安全、青年和妇女培训、社会保障等领域合作，1993~2020 年，联合国实际拨付援助净额近 4.8 亿美元。2016 年和 2022 年，厄特政府先后与联合国驻厄机构签署两个五年战略伙伴合作框架协议（第 4 期为 2017~2021 年，第 5 期为 2022~2026 年），分别计划投入 3.25 亿美元和 7.2 亿美元资金。

1995 年，厄特加入世界银行，此后 15 年世行资助厄特教育、重建和军人复员安置等 15 个项目，价值 1.2 亿美元。[①] 厄埃边界战争停火后，世行牵头提供多边贷款，用于重建社会基础设施、安置战争难民和干旱灾民，以及政府国际收支平衡、教育和卫生项目。世行国际债务统计显示，1994~2012 年，其麾下国际开发协会（IDA）给厄特的优惠贷款（赠予部分占 35% 以上）总计 7815 万美元，此后未见新贷款，尚有近 85 万美元未偿还。1999~2020 年国际货币基金组织向厄特借款 4.84 亿美元。

第三节　与周边国家的关系

（一）与埃塞俄比亚关系

近现代以来，厄立特里亚与其南部邻国埃塞俄比亚之间的文化、经济

---

① Dan Connell, *Historical Dictionary of Eritrea*, 3rd Ed, 2019, p. 545. 而世行则称 1993~2008 年共批准 18 个项目，共计 7 亿多美元，但多为国际开发协会优惠贷款，赠款仅一笔 17 万美元，https://projects.worldbank.org/en/projects - operations/projects - list? lang = en&searchTerm = &countrycode_ exact = ER。

和政治冲突不断，且有领土纠纷。厄特人民解放阵线与埃塞的提格雷人民解放阵线曾并肩推翻埃塞门格斯图政权。1991 年厄人阵解放厄特全境后，遣返 4.4 万埃塞人，停用埃塞阿姆哈拉语，一度中断航空和电信联系。提人阵同意厄特就独立进行全民公投，并放弃留在厄特的财产等；厄特没有要求埃塞赔偿 30 年战争损失。双方一度保有特殊友好关系，领导人经常会面磋商。1992 年 1 月双方签署贸易协定，厄特允许埃塞继续使用阿萨布"自由港"；4 月恢复航空和邮电联系，7 月又签署文化和技术交流、移民、共用跨界河流，以及货币（继续使用埃塞比尔）、安全、国防和边境地区合作的协议，但未正式划定边界。埃塞一些政界人士和知识分子不承认厄特独立。

厄特独立后，厄埃两国于 1993 年 7 月签订《友好合作协定》，承诺在政治、经济、安全与外交诸方面合作，解决双重国籍等问题；互免关税、签证，双边混合委员会每年开会，保障双方人员、商品和资本的自由流动；厄特允许埃塞自由使用阿萨布、马萨瓦两港口。厄埃签署《共同安全防御条约》，联手处置各自反政府势力和抵御外来侵略，埃塞向厄特提供军事援助。两国在苏丹等地区和国际问题上协调行动。

1997 年，厄特与埃塞经济和贸易摩擦恶化，领土纠纷复燃，导致 1998 年 5 月爆发边界战争，两年里较量三轮，双方阵亡逾 7 万人，并相互驱逐数万侨民（埃塞赶走 7.7 万厄侨、厄裔并没收其财产，厄特拘押 7000 多埃侨和驱逐数千人），双方上百万人流离失所。2000 年两国签署停止敌对协议。后因埃塞对埃厄边界委员会裁定先接受后拒绝，和平进程陷入僵局，此后十几年边界偶有武装冲突。

2003 年初，埃塞关闭其驻厄使馆。年底，厄特召回兼任驻埃塞大使的常驻非盟代表，两国实为断交。此后，双方均支持对方反政府组织及武装，并在索马里开展代理人战争。

2016 年，俄、美、北欧国家以及沙特和阿联酋等国推动厄埃秘密会谈，未果。2018 年埃塞政权变更，伊萨亚斯总统借机直接打破僵局。6 月 5 日，埃塞总理阿比·艾哈迈德·阿里声明，将无条件接受并执行 2000 年《阿尔及尔和平协议》，以及边界委员会关于两国边界划定的决议；26

日，厄特外长奥斯曼·萨利赫赴埃谈判。7月8日，阿比总理首访阿斯马拉，次日同伊萨亚斯总统签署《和平与友好联合声明》，结束两国战争状态，恢复外交、贸易和交通运输，着手落实有关边界问题的共识。一周后，伊萨亚斯回访亚的斯亚贝巴，两国重开驻对方大使馆。9月16日，两人又在沙特阿拉伯签署《吉达和平协议》，决定全面恢复政治、安全、防务、贸易、经济、文化和社会等领域的合作，共同开发投资项目，建立联合经济特区。18日，埃塞航空恢复亚的斯亚贝巴至阿斯马拉的航班。21日，厄特政府任命教育部长塞莫瑞·鲁索姆（Semere Russom）为驻埃塞大使（2022年3月离任）。8月4日，厄特航空复飞亚的斯亚贝巴航班。9月11日吉兹新年，伊萨亚斯总统和阿比总理正式开放两国间德拜-西马—布莱和塞尔哈—扎兰贝萨（Debai-Sima－Bure，Serha－Zalmbessa）边境两处边卡；15日，重开穿越两国边界梅雷布河的阿迪夸拉—拉马（Adi-Quala-Rama）公路。16日，两国首脑再聚吉达签订《埃塞俄比亚联邦民主共和国与厄立特里亚国和平友好和全面合作协定》（Agreement on Peace，Friendship and Comprehensive Cooperation Between the Federal Democratic Republic of Ethiopia and the State of Eritrea），共同打击恐怖活动、武器和人口贩运及毒品走私，设立高级联合委员会等。2019年2月，厄特外长往访；3月，埃塞总理阿比正式访厄。4月，厄特担心本国人员出走①和埃塞商品、货币流入激增对厄特经济和社会冲击过大，再度关闭边关。同年7月，阿比总理又来厄特工作访问。

2020年5月，伊萨亚斯总统自厄埃和解后第五次访问埃塞；7月阿比总理回访；10月，伊萨亚斯再度往访。时至是年底，两国领土争端和边界划分尚未解决，双边保持高层会晤和正常关系。

2021年，厄特介入埃塞联邦政府与提格雷州的战事。

2018年，厄特向埃塞的出口额为12.1万美元（1995年150万美元）；

---

① 联合国难民署估计到2020年第一季度，在埃塞的厄特难民逾17万，占埃塞收留难民总数的22%强，排在南苏丹和索马里之后居第三位。https：//data2.unhcr.org/en/country/eth.

2019 年，厄特从埃塞的进口额为 149 万美元（1997 年 5.1 万美元）。

（二）与苏丹的关系

由于复杂的历史原因，厄立特里亚与苏丹关系时好时坏。苏丹曾支持厄解阵和厄人阵争取独立斗争，收容大量厄特难民；但也支持厄"伊斯兰圣战运动"（"伊圣运"，EIJM）与厄人阵交战。1991 年 12 月，苏丹政府派代表常驻阿斯马拉，1992 年 3 月、8 月，伊萨亚斯两次正式访苏。1993 年厄特独立，苏丹立即承认。1994 年 8 月，两国联合声明互不干涉，启动难民返厄；但苏丹境内的厄特反对派在两国边界滋事，是年末，厄特指责苏丹支持厄"伊圣运"等组织传播宗教激进主义，纵容暴力恐怖分子袭扰厄西部地区，并于 12 月 5 日宣布与苏丹断交。双方口水战不断，相互支持对方反对派制造事端，伤及平民，边境不宁。1995 年 6 月，厄特允许苏丹反政府组织全国民主联盟（NDA）在阿斯马拉设总部和军训营地；1997 年初，苏丹民联在苏丹与厄特、埃塞三国交界处建立东部阵线；当年 6 月，厄特指责苏丹政府图谋暗杀伊萨亚斯。

1998 年 11 月，卡塔尔政府促成厄特、苏丹外长在多哈会晤，签署谅解备忘录；1999 年 4 月，两国总统利用区域首脑会议之机会面，5 月再聚多哈谈判；因厄特坚持与苏改善关系不能影响厄与苏丹反对派的关系，两国和解进程停滞。9 月，两国元首在利比亚出席非统特别首脑会议期间再谈缓和。双方一度重开边界和贸易，重启遣返厄特难民。

2000 年 5 月，厄特指责苏丹允许埃塞军队借道包抄厄特，两国关系重回低谷。厄特一面支持苏丹东部和西部（达尔富尔）反政府势力，一面撮合苏丹三方谈判。7~8 月，厄特、苏丹两国防长互访。9 月 26 日，厄方安排巴希尔到厄特会晤苏丹反对派首领。2001 年 1 月 3 日，两国代表在阿斯马拉签署复交公报，并建立两国元首定期磋商机制，停止支持各自境内的对方反对派，维护边境安定。18 日，巴希尔访厄讨论安全问题，厄方表示愿帮苏丹恢复和平。2 月 3 日，伊萨亚斯顺访苏丹，苏方允诺禁止厄反对派活动；4 月厄反对派总部迁到埃塞首都。11 月，苏方怀疑厄特放任苏反对派攻入苏境，复和进程再度中断。

2005 年两国重新改善关系，10 月两国外长牵头设联合政治委员会，

次年 4 月恢复互派大使。此后两国总统多次在利比亚、卡塔尔等国参加地区会议时会晤磋商和频繁互访。下半年，厄特几次调解并主持苏丹政府同苏丹东部阵线之间的和谈，双方先后签订停火与分权协议。11 月 3 日，厄特和苏丹签署合作协议，喀土穆关闭厄特反对派在当地经营多年的广播电台。2007 年 4 月，厄特总统访苏，调解苏南北方分歧及达尔富尔冲突。2008 年 11 月，苏丹驱逐长期流亡其境内的若干厄特反政府组织。

2009 年 3 月国际刑事法庭通缉苏丹总统巴希尔，厄特总统伊萨亚斯立即邀其访问阿斯马拉，以示支持。年底，联合国安理会制裁厄特后，两国关系继续升温，高层互访不断。苏丹加强边境管控，遣返厄特若干反对派头目及一般偷渡者。

2013 年 6 月，伊萨亚斯和巴希尔会晤，拟在两国边界建自由贸易区，延长厄特公路直达苏丹港，并进口苏丹电力用于厄特西部城镇。2014 年 1 月，苏丹总统巴希尔访厄，5 月伊萨亚斯回访并达成进口苏丹燃油等商贸协定。此后两年，伊萨亚斯几次访苏。2018 年初，苏丹与埃塞联手反对厄特，一度关闭边境，禁止厄特过境贸易。2019 年初，厄特不满苏丹与卡塔尔、土耳其走近，并指责苏方插手厄特宗教事务。苏丹政权更迭后，厄特总统于 9 月正式访问喀土穆，两国关系回暖。2020 年 7 月，伊萨亚斯对苏丹进行 3 天工作访问；当月厄军总参谋长菲利浦等高级将领访苏。2020 年末和次年初，厄特外长两度往访，斡旋苏丹与埃塞的边界冲突。

2018 年，厄特对苏丹出口额为 15.1 万美元，从苏丹的进口额为 15.3 万美元；20 多年中，厄特对苏丹的出口（1995 年 215 万美元）年均下降 10.9%、进口（1998 年 100 万美元）年均下跌 7.86%。

（三）与吉布提的关系

厄立特里亚独立后与吉布提关系几经反复。起初双方交好，1993 年设部级混合委员会协调关系，此后边境地区偶有跨界武装活动。1995 年底厄特新颁地图，根据意大利殖民者与阿法尔素丹签订的条约，将吉布提的杜梅拉海角（Ras Doumeira）及周沿 11 公里的海岸和一片俯瞰红海口的高地划入厄特版图，共约 500 平方公里。吉方拒不接受并伸张主权和领土完整，两国数轮谈判未果。1997 年 4 月，吉首任驻厄特大使到任，两国成立双边委员会协商解决上述争端。1998 年 3 月，吉总统哈桑·古莱德·阿普蒂敦（Hassan Gouled Aptidon）访厄，双方签署贸易、旅游和空运三项合作协议；同月，两国部级混合委员会签署在安全、移民、交通通信、教育、新闻及卫生等领域合作议定书。

1998 年 5 月厄埃边界战争爆发，13 日，埃塞弃用厄特港口而转向吉布提港。9 月，厄外长专程访吉劝其不要配合埃塞打仗。11 月，非统厄埃争端调解委员会首脑会议期间，厄特总统指责吉未保持中立，应退出调解委；当月 18 日，吉方宣布断交并关闭驻厄使馆。

1999 年伊斯梅尔·奥马尔·盖莱（Ismail Omar Guelleh）接任吉总统，在厄埃之间保持平衡。2000 年 3 月，厄吉复交，并协调解决索马里问题。2005 年，吉旅游、体育和青年部长哈桑·法拉访厄。2006 年，吉军总参谋长及国防部长先后访厄，同年 11 月，伊萨亚斯总统赴吉出席东南非共同市场第 11 届峰会，并会晤吉布提总统盖莱。2007 年 7 月，厄国防部长访吉。

2008 年 6 月 10~12 日，厄特因逃兵越界，与吉再生边界纠纷，出兵占领吉北部杜梅拉角和卡利达（Kallida）岛等处，多名吉布提士兵阵亡，数十人受伤，两国中断直航航班和双边贸易。

非盟及联合国安理会谴责厄特，并促成停火，厄特则拒绝联合国调查组入境核查；安理会先后通过第 1862 号、1907 号决议，要求厄特撤军，并于 2009 年末制裁厄特。2010 年 6 月厄特请卡塔尔斡旋，双方随后从边界撤兵，同意和平解决边界争端。2016 年 3 月，厄特释放 4 名吉布提战俘。2017 年 6 月，卡塔尔撤出缓冲部队后不久，两国边界局势再度紧张，后经中国调停而缓解。2018 年 9 月，厄特、埃塞和索马里三国外长赴吉布提会晤，并拜会吉布提总统盖莱，吉方表示愿与厄特和解并恢复关系。同月 18 日，两国总统在沙特吉达会晤，恢复两国直航班机。吉方重申希望通过国际仲裁解决边界争端，并要求追查失踪士兵。

21 世纪初，厄特每年从吉布提的进口额约 1000 万美元，出口额不到 5 万美元。

（四）与索马里的关系

厄特与索马里两国有遭受意大利和英国殖民的共同经历，并均与埃塞长期交恶。索马里独立后即支持厄解阵。厄人阵许多领导也有索国护照，但与西亚德·巴雷（Mohamed Siad Barre）政权关系一般。厄特解放后，曾主动在索国内战各派中斡旋，并派出维和部队，但在以美国为首的联合国索马里维和部队（Unified Task Force）进驻后撤出。1993 年厄特独立后不久，非统组织于 6 月任命伊萨亚斯总统主持调解，解脱陷入困境 10 个月的美军撤离。

2002 年 4 月，埃塞拒绝边界委裁决后，厄特支持以索马里为基地的奥罗莫解放阵线（OLF）和奥加登民族解放阵线（ONLF）等埃塞反政府武装，以及索马里各派，集合反埃塞阵线。2004 年起，厄特在武器、军事和政治上支持索马里伊斯兰法院联盟（ICU）武装；2005 年初，厄特反对伊加特派兵赴索马里维和。到 2006 年年中，法院联盟部队占领摩加迪沙及南部大部分地区；7 月埃塞出兵扶持索马里过渡联邦政府（TFG），并在年底夺回摩加迪沙，引发与厄特之间的代理人战争。2007 年 9 月，索马里反临时政府各派在阿斯马拉建立重新解放索马里联盟（Alliance for the Re-Liberation of Somalia，ARS）①。2008 年年中，该联盟温和派与索马里过渡联邦政府在吉布提签署停火协议，随后重返摩加迪沙，最终接手过渡联邦政府；而强硬派索马里青年党则加紧反政府的武装活动。2009 年年中，埃塞军队重返索马里南部；12 月 23 日，联合国安理会指控厄特支持索马里武装组织，并对厄特实施武器禁运、经济制裁和领导人国际旅行限制。2011 年和 2012 年，安理会索马里/厄立特里亚制裁委员会核查组两次声称厄特政府支持索青年党，2014 年和 2015 年 10 月的最终报告则未发现相关证据。

2018 年 7 月 28～30 日，索马里联邦共和国总统穆罕默德·阿卜杜拉希·穆罕默德（Mohammed Abdullahi Mohammed）访问阿斯马拉，两国实现关系正常化，发表《厄立特里亚与索马里兄弟关系和全面合作联合声明》（Eritrea-Somalia Joint Declaration On Brotherly Relations and Comprehensive Cooperation），厄特支持索马里的政治独立、主权和领土完整，支持索马里人民和政府复国；两国建交并开展政治、经贸和投资、社会、文教以及

---

① 2008 年 7 月，谢赫·阿维斯（Sheik Hassan Dahir Aweys）接任领导这个流亡厄特的索马里反政府组织。

国防和安全领域的密切合作；双方共同促进区域和平、稳定和经济一体化。9 月 5 日，穆罕默德·阿卜杜拉希·穆罕默德总统再次应邀访厄，与伊萨亚斯总统和埃塞阿比总理签署《三国全面合作联合宣言》（Joint Declaration on Comprehensive Cooperation Between Ethiopia, Somalia and Eritrea），设立三边高级联合委员会；11 月在埃塞巴赫达尔举行第二届三方峰会。12 月，伊萨亚斯总统首访索马里；2019 年厄特外长奥斯曼访索，通报厄方访问国际未承认的索马里兰共和国首都哈尔格萨（Hargeisa）。2020 年 1 月，穆罕默德总统对厄特进行工作访问，出席第三届三方峰会，通过《2020 年及后续联合行动计划》，侧重巩固区域和平稳定安全、基础设施联通及经济社会发展。2022 年 7 月，新任索马里总统哈桑·谢赫·马哈茂德访厄，并视察在厄特培训三年的 5000 名索马里国防军官兵。

（五）与也门的关系

自公元前 700 年始，红海两岸原住民双向迁移定居，在诸岛和沿海捕鱼，厄特沿海许多穆斯林部落自称祖上来自也门。到 20 世纪中叶，也门阿拉伯人是厄特第二大外来移民群体。

1967 年，也门人民民主共和国（南也门）诞生后即支持厄特民族独立斗争，埃塞政府驱逐控制厄特中层商业的数千也门人。1970～1976 年，南也门帮助厄解阵经亚丁等地运送武器、补给和伤员。1977 年，南也门断绝与厄解阵的关系，数千名南也门士兵亦于 1978～1982 年帮埃塞围剿厄特解放组织。

1990 年 5 月，南、北也门合并为也门共和国。1991 年后也门与厄特建交，1993 年厄特公投独立后也门即刻承认厄特新政府。两国保持友好和贸易往来，1994 年 11 月 14 日签约解决也门人在厄特海域捕鱼问题。

1995 年 12 月 15～18 日，两国因红海大、小哈尼什岛屿（Hanish Islands）① 主权争端发生武装冲突，厄特国防军占据大哈尼什岛，并捕获

---

① 红海南部入口曼德海峡附近无人群岛，共 23 座岛屿。1923 年土耳其放弃此地，意大利殖民管辖，但主权归属未定。二战后，英国保有岛上灯塔至 1967 年。20 世纪 70～80 年代，也门和埃塞均声索主权，厄特解放力量则在岛上建立基地。

200 多名也门战俘和平民。1996 年 6 月，两国经法国调停同意由国际仲裁解决争端。

1998 年 3 月，两国互派代表团访问对方，并签署合作协议，设立由双方外长领导的联合委员会。

同年 10 月，国际仲裁小组第一阶段审查后认为，厄、也双方均无根据声索群岛的所有权，裁定厄特对靠近己侧大陆的几座小岛和西南岩礁拥有主权；因也门已在某些岛上建灯塔，并拟开采当地石油，获得对最大的祖盖尔岛（Jazirat az-Zuqar）、小哈尼什岛（al-Hanish as-Saghir）、大哈尼什岛（al-Hanish al-Kabir）和苏尤勒哈尼什岛（Suyul Hanish）4 个主要岛屿和相关群岛的主权。厄特无条件接受裁决，11 月 1 日撤军并交还诸岛，伊萨亚斯总统随后访问也门。

1999 年 12 月 17 日，国际仲裁庭最后仲裁：大、小哈尼什岛均归也门所有；以两岸基线为基准，划分海域中线为界；双方渔民有权平等使用哈岛。

2001 年 4 月，两国签署贸易、农业、能源、交通、海事及技术合作协议，并就捕鱼权等海上仲裁达成谅解。7 月，也门司法部长访厄，解决两国渔业纠纷和厄方扣留 106 条也门渔船事件，厄方即释放也门渔船及渔民。此后十几年，双方高层时有互访，建有混合委员会协调合作与处理纠纷。

2015 年末，也门内战激化，厄特支持沙特等国出兵干预，出租距也门仅 60 公里的阿萨布港海、空军基地给阿联酋，用以反击胡塞武装。2019 年阿联酋退出 30 年的租约，拆除新建设施。

2019 年，厄特向也门的出口额为 110 万美元，进口额不到 20 万美元。

（六）与沙特阿拉伯的关系

厄立特里亚与沙特，特别是其南部港市吉达长期以来联系密切。20 世纪 50 年代厄特穆斯林移居吉达形成规模，十来年后吉达成为厄解阵外交和筹款的重要基地。1981 年后，沙特鼓励厄解阵内部穆斯林日渐转向伊斯兰化政治路线，而对厄人阵怀有敌意，1985 年关闭其在吉达的办事处，1987 年又在苏丹促成建立厄特伊斯兰"圣战"组织（EIJ）。

到 1993 年，定居沙特的厄特穆斯林难民逾 5 万人，在吉达登记的就超 3.5 万人，包括厄解阵前领导人和马萨瓦许多穆斯林商人。

1992 年底，沙特在吉达帮厄解阵恢复组织，厄特临时政府谴责沙特干涉内政，沙特随即关闭厄特临时外交使团，驱逐其代表，并威胁厄侨不得参加独立公投。1993 年 4 月，沙特在联合国干预下承认厄特独立，先后救济马萨瓦风暴灾民和提供 3500 万美元援助能源开发。两国在对方首都设大使馆，厄特在吉达设有总领馆。

近十来年两国关系改善。2008 年，沙特是厄特最大的出口国和厄特的第五大进口国，后来下降；2009 年两国签署媒体合作与文化交流协议。2015 年末，厄特加入沙特牵头打击也门胡塞武装的军事联盟，次年沙特海军舰队进驻阿萨布军港。2018 年，沙特斡旋厄埃和谈，提供大量援助和投资，并取代利比亚保障厄特燃油供给。此后，伊萨亚斯总统及厄特外长等多次往访沙特。2020 年 1 月，厄特外长到利雅得出席红海沿岸国家部长级会议，6 日签署《红海和亚丁湾沿岸阿拉伯和非洲国家理事会的宪章》①；2 月伊萨亚斯访问沙特讨论双边关系及红海和亚丁湾区域合作。是年末，沙特外交大臣费萨尔访厄，两国建立联委会机制；2021 年 2 月底 20 人的沙特代表团到厄特讨论政治外交、经济发展及安全合作。

第四节　与非洲其他国家和组织的关系

（一）与区域组织关系

1993 年 5 月，厄特作为第 52 个成员加入非统（后为非盟）。6 月，伊萨亚斯总统赴开罗首次出席非统首脑会议，曾公开表示对非统以往成就有不同的看法。2003 年，厄特召回其常驻非盟代表，以抗议其未能遵照其前身非统促成的《阿尔及尔协定》第 14 条等条款，作为负有责任执行厄

---

① 《红海和亚丁湾沿岸阿拉伯和非洲国家理事会的宪章》（the Council of Arab and African Coastal States of the Red Sea and Gulf of Aden），签署国含沙特、苏丹、吉布提、索马里、厄特、埃及、也门和约旦 8 国。

埃边界委决定的主要一方敦促埃塞履行协议；2007 年 12 月又以同样理由退出非盟首脑会议。2010 年 2 月，非盟首次要求联合国安理会制裁一个非洲国家——厄特。同年末，厄特重开其常驻非盟代表团。2014 年以来，厄特外长出席非盟首脑会例会；2015 年 2 月，承办非洲工会统一组织第 38 届总理事会。2022 年 2 月 6 日，非盟首脑会议第 35 届常会通过决议，要求美国和欧盟立即取消对厄特等国的单边制裁。

截至 2021 年底，厄特是唯一未加入非洲大陆自贸区（AfCFTA）的非盟成员。

厄特独立后作为第 7 个成员国加入政府间抗旱与发展组织，虽然不是创始国，厄特促成该组织于 1996 年更名为政府间发展组织（伊加特）。2007 年 4 月，厄特因伊加特"支持"埃塞武力干涉索马里而"退群"。2008 年，伊加特谴责厄特干预吉布提和索马里事务，并与埃塞和非盟一道要求联合国安理会制裁厄特；2011 年 7 月又要求加重制裁厄特。2018 年埃厄修好后，伊加特各国领导邀厄特回归。

（二）与北非国家关系

1952 年后，埃及纳赛尔政府支持厄解阵的独立斗争，但并未对厄特的武装斗争提供物质支持，也很少接受厄特难民。1991 年厄人阵解放全国后，埃及未立即表态；1993 年厄特独立后，埃及迅速承认并与厄特建交。1993 年 5 月 25 日，埃及总统穆巴拉克访厄，签署了向厄特提供军援、培训和奖学金等协议。此后十年，两国虽在周边国家冲突中有分歧，但仍保持贸易关系，并在区域政治问题上有合作。2008~2009 年，埃及强行遣返数百名厄特难民，2009 年亦未反对非盟和联合国对厄特实施制裁。2013 年埃及阿卜杜勒·法塔赫·塞西将军上台后重新调整地区盟友关系，两国领袖互访频繁，2016 年建立联合委员会加强经济和军事合作，埃及发展伙伴署对厄特提供技术援助和奖学金。2017 年，两国均介入也门内战。2018 年 1 月伊萨亚斯总统访问埃及，商讨助力也门政府反击胡塞武装。2019 年 6 月伊萨亚斯总统再访埃及，商谈红海、非洲之角、苏丹局势等问题。2020 年 7 月伊萨亚斯总统两访开罗讨论双边合作和地区局势。

2020 年，厄特出口埃及 58.2 万美元（1996 年 36.9 万美元），进口 7840 万美元（1995 年 2000 万美元）；厄特主要出口丁香、胡椒、辣椒和豆类，主要进口小麦或面粉（3930 万美元）、豆油和面食等。

20 世纪 70 年代，利比亚曾支持厄解阵。1993 年两国建交。利比亚在厄埃边界战争后向厄特提供财政和平价燃油援助，2009 年利比亚是唯一反对联合国制裁厄特的非洲国家。2004~2010 年间，利比亚遣返数百名厄特难民；2011 年利比亚内战爆发后，大量厄特难民借道利比亚赴欧洲。

厄特是第七届泛非大会（1994 年乌干达坎帕拉）上唯一支持南苏丹民族自决的非洲国家，并曾在朱巴设总领馆。2011 年 7 月，南苏丹独立后两天，厄特便予以承认并开设大使馆。两国元首近年数次互访。

2018 年 12 月 14 日，伊萨亚斯总统应邀访问肯尼亚。

第五节　与中东国家的关系

2003 年，厄特以观察员的身份加入阿拉伯联盟。近年来，海湾国家之间的竞争对非洲之角的影响加剧；厄特高层频繁出访沙特、阿联酋、卡塔尔等国，寻求政治支持和经济合作。

科威特、伊拉克等国均曾支持厄特的独立斗争，特别是厄解阵。厄特解放后，科威特提供大量资金援助，侧重柴油发电；两国 1995 年在对方首都设立大使馆。2020 年，厄特向科威特出口 44 万美元（2003 年 4140 美元），主要是美容和护肤品（43.3 万美元）、水果、铁制家用品等；进口 3300 美元（2003 年 6330 美元），以二手服装为主。

伊拉克主要支持厄解阵，但不及叙利亚提供的军援和培训，20 世纪 70 年代伊干预厄解阵内部事务，并支持厄解阵与厄人阵打内战；1991 年海湾战争恰逢厄人阵解放全境，伊拉克无力再影响厄特事务。

与西方关系紧张后，厄特寻找新的贸易伙伴。2007 年 6 月，厄特与伊朗建交。2008 年 5 月，伊萨亚斯总统访问德黑兰，签署双边贸易和投资协议，伊朗支持厄特发展能源和基础设施。2010 年，厄特出口伊朗 92 万美元，进口额从 1997 年 2 万美元增至 2015 年的 118 万美元。2016 年起，厄特不再与伊朗发展关系。

叙利亚是最早支持厄解阵的国家之一，1963 年便培训首批 19 名厄特自由战士，并让他们带枪回国。先后有约 300 名厄特人在叙利亚军训，包括厄人阵首任总书记拉马丹·穆·努尔。此后 15 年里，厄解阵的军事物资近九成来自叙利亚，该国军事教官在厄境内解阵部队待到 20 世纪 70 年代中期，随后减少军事支持，80 年代完全停止。1994 年 4 月，两国正式建交。2010 年，厄特向叙利亚出口 127 万美元（2005 年 10.2 万美元），进口 54.3 万美元（2005 年 59.9 万美元）。①

厄特与沙特阿拉伯于 1993 年 10 月 2 日建交。两国间贸易往来和文化与政治相互影响的历史悠久。近几年，两国关系密切。2015 年，厄特允许沙特和阿联酋在厄特驻军对付也门的胡塞武装；2018 年，沙特在厄特与埃塞之间斡旋和游说美国同意结束对厄特制裁。近年来，伊萨亚斯数次往访沙特，厄特最终正式加入红海沿岸国家联盟。2019 年，厄特欢迎沙特投资 5 亿美元在红海南岸开发旅游和商贸区。2020 年，厄特出口沙特烟草、汗衫和机械，价值 12.1 万美元（1995 年 57.9 万美元）；进口石灰、卡车和玻璃纤维等，合计 577 万美元（1995 年 315 万美元）。

厄特与阿拉伯联合酋长国于 1993 年 6 月 28 日建交，近一二十年两国关系紧密。2015 年 9 月，厄特同意将阿萨布港及其国际机场（3500 米跑道）租给阿联酋 30 年，换得 5 亿美元资金以及后者帮助扩建马萨瓦和阿萨布两个港口。2016 年，阿国在阿萨布北端增修 700 米长军舰码头和两条各 500 米长的飞机跑道、12 座 "幻影 2000" 战斗机机库；2021 年阿联酋海空军撤离。② 2018 年阿国斡旋厄特与埃塞和解并缓和厄特与其他邻国关系，帮助厄特突破孤立并促使联合国取消对厄特制裁。近年来，伊萨亚斯每年不止一次出访阿国。阿联酋亦承诺资助并修建阿萨布至埃塞的输油管道。2020 年，厄特向阿联酋出口黄金（2.65 亿美元）、白银（113 万美

---

① https://oec.world/en/profile/bilateral-country/eri/partner/syr.

② 2020 年 7 月增设 8 座大机库和 3 个无人机机库，2021 年 2 月拆除大部分设施。https://www.janes.com/defence-news/news-detail/uae-withdraws-forces-from-eritrea-base.

元）以及海鲜等，合计 2.66 亿美元（2003 年 2.28 万美元）；进口食品制
剂（843 万美元）、石油制剂和厨卫用品等 7740 万美元（2003 年 5150 万
美元）。

厄特在 1998 年与埃塞爆发边界战争后密切加强同卡塔尔的关系，
1999 年两国签署经济合作协议。此后，卡塔尔促成厄特与苏丹短暂和解。
卡塔尔在 21 世纪成为厄特最大的物资援助国，援助额高达 10 亿美元，也
是厄特主要贸易和投资伙伴。2010 年，厄特携手卡塔尔促成苏丹政府与
反政府武装一度在达尔富尔停火。同年，卡塔尔说服厄特从吉布提撤军。
2015 年两国元首互访后不久，厄特便支持沙特、阿联酋介入也门内战，
卡塔尔与厄特关系转冷。2017 年卡塔尔调解厄特-埃塞僵局失败，并撤出
厄特-吉布提边境的缓冲部队；厄特指责卡塔尔干涉其内政，但未追随沙
特等国与卡塔尔断交。2017 年，厄特出口卡塔尔商品 3.87 万美元（2005
年 0.37 万美元），进口 7.8 万美元（2005 年 122 万美元）。

第六节　与欧美国家的关系

（一）与美国的关系

1942 年，美国政府在阿斯马拉开设领事馆。1943 年初，美国向埃塞
提供 3.6 亿美元的军援，以便在阿斯马拉租地建立卡纽（Kagnew）侦听
基地。[①]

1947 年英、法、美、苏四国谈判处置厄特地位时，美、英先推国际
托管，次年美方主张分割厄特，将东南的登卡利亚、阿克勒古宰和西南的
塞拉耶三省并入埃塞，其余地区实行托管。1949 年在联合国，美国支持
英、意两国肢解厄特的计划，未果；美国提出埃厄联邦方案，以便埃塞对
美军在厄特几个军事基地拥有主权。1950 年夏，美联手英、意起草联邦

---

① Colonel Edmund O'Brien, *A History of Kagnew Station and American Forces in Eritrea*, Asmara,
1973, Chapter Four, Kagnew Station: The Early Years, p. 80, https://www.kagnewstation.com/
history/book/Chapter4. pdf.

方案，12月联合国通过该案。

此后，美国支持埃塞从军事和经济上控制和最终兼并厄特。1953 年 5
月 22 日，美埃两国签署两个互助防务协定，其中《卡纽通信基地条约》
允许美军租用阿斯马拉的侦听基地 25 年，截取非洲、中东和苏联南部
（导弹发射基地）的情报信息，同时使用马萨瓦港口和机场。《共同防务
条约》则规定美向埃派军援顾问组（MAAG），培训和装备 3 万人军队，
并每年提供 500 万美元无偿军援。1960～1964 年，美埃签署若干秘密协
议，全面更新和扩充埃军，以应对厄特的民族问题。①

上述协定还规定"埃塞政府将与美国合作，采取措施控制同威胁世
界和平的国家的贸易"。美国则进口埃塞产品，帮其获得世界银行资金
（在阿斯马拉建学校、图书馆），1962 年美国派首批和平队到厄特支教。
1946～1976 年，美援助埃塞 6.37 亿美元，其中军援 2.86 亿美元（占美对
外军援 2/3），埃塞是美国对外援助的最大接受国。此外，1949～1974 年
间，美国控制下的世界银行向埃塞提供了 3 亿多美元援助。②

20 世纪 70 年代，厄特抵抗运动的战斗开始影响卡纽站。1971 年 3
月，该站有 1900 名美军及 1600 名家属，一年半后减少到 900 人，三年后
只剩百余名军事和技术人员及其家人。1975 年下半年，厄解阵袭击阿斯
马拉美军基地，绑架几名美国人员。

1971 年，美军设在克伦市的研发中心关闭；1973 年 7 月，美国陆军

---

① 1954 年美军顾问到埃塞国防部内总参谋长办公室隔壁上班，并下部队指导镇压维护自治
的厄特人。1960 年美埃双方协议军援翻番至年均 1000 万美元和增加 1 万人份装备，"埃
塞陆军、空军几乎全由美国训练和装备"，包括 1964 年首次派驻非洲大陆的 12 架 F-5
喷气式战斗机中队，顾问组增设 55 名美国平暴乱作战专家组，代号"德尔塔"
（Delta），专注控制厄特的行动。1965 年，专家组增至 164 人，1966 年后美军转交以色
列军方。详见 *U. S. policy and request for sale of arms to Ethiopia: Hearing before the
Subcommittee on International Political and Military Affairs of the Committee on Foreign Affairs,
House of Representatives, Ninety-fourth Congress, first session*, March 5, 1975 (electronic
resource), Washington, U. S. Govt. Print Off., 1975 p. 4; Peter Schwab, *Haile Selassie I:
Ethiopia's Lion of Judah*, Nelson-Hall Publishers (Chicago), 1979, p. 94.
② The U. S. Agency for International Development (USAID), *U. S. Overseas Loans and Grants
(Greenbook) -July 1, 1945-September 30*, 1976, p. 96.

撤离卡纽站，美海军接手。

1975~1977 年，埃塞军政权购买价值 2 亿美元的 16 架美国 F-5 战机和其他重武器，大多用于厄特战场。1977 年 4 月，埃塞废除 1953 年与美国的《共同防务条约》，要求美国关闭卡纽基地和驻阿斯马拉领事馆。此后十余年间，美国批评苏联支持埃塞继续在厄特的战争，但未援助厄特民族解放组织，特别疑忌厄人阵主导独立运动。

1989 年 9 月，美国政府支持前总统吉米·卡特（Jimmy Carter）推动厄人阵与埃塞军政权进行数次谈判。次年初，美国会派人访问厄人阵解放区；2 月，美国务院非洲事务助理国务卿赫尔曼·科恩（Herman Cohen）首次提出，厄立特里亚人应有自决权。厄人阵随即在美国首都设代表处。

1991 年 2 月，伊萨亚斯赴美与埃塞政府谈判；5 月下旬，厄人阵在伦敦参与美国政府有关埃塞政权更替的会议。厄特独立前后一段时期，人阵积极发展与美国的关系，伊萨亚斯总统先后六次正式访美；厄方在独立前即借力美国粮援改善民生和美国军援遏制邻国的极端主义运动；1991 年海湾战争期间，厄方支持美国打击伊拉克，并通过美国发展与以色列的关系；1993 年，美军请厄方干预帮助撤出索马里。

1992 年 8 月，美国重开驻阿斯马拉领事馆，并配备了一名官员。1993 年厄特全民公决后，4 月 27 日，美国承认厄立特里亚独立，6 月 11 日建立外交关系，随即设美国国际开发署办事处，资助厄特重建项目。1993 年 8 月，美军事代表团到访讨论军援和港口停靠特权。当年 9 月，伊萨亚斯总统正式访美，不仅探讨双边关系，还与大批厄侨见面、开会。1994~1996 年，美海军几次重返马萨瓦，清除港湾沉船，修复医院和工厂；美方承诺提供 1320 万美元发展援助和 2620 万美元粮食援助，首批 25 名和平队志愿者赴厄。1997 年 2 月和 7 月，美国中央司令部司令先后两次访厄谈美军非洲司令部事宜；3 月，美国宣布提供 2000 万美元军事物资；9 月和 11 月，伊萨亚斯总统及厄特国防部长分别访美。1998 年 5 月，伊萨亚斯再度访美。

1998 年 5 月厄埃边界战争爆发后，美国八次派总统特使赴厄、埃两国穿梭调解。2001 年，美国积极介入厄特政治，10 月厄方逮捕美使馆两名当

地雇员。

2001年"9·11"事件后，厄美加强情报交流等军事合作，双方军事团组往来频繁，伊萨亚斯亦秘密访美。2002年1月，美接纳厄为《非洲增长和机遇法案》（AGOA）受益国；同年12月，美国防部长拉姆斯菲尔德（Donald H. Rumsfeld，1932—2021）访厄，要求恢复并增添军事基地，伊萨亚斯拒绝。自此，两国关系恶化。2002年4月，厄埃边界委公布裁决后，美转而支持埃塞拒绝接受。2003年，美向厄提供7200万美元人道援助（粮援6500万美元）和1000万美元发展援助；年底，美中止厄方《非洲增长和机遇法案》受益国地位。2005年8月，厄政府停止两国军事合作，驱逐美国开署驻厄代表，并于10月要求联合国埃厄特派团内美欧籍人员离厄；美方于年底威胁将厄特列入资助恐怖活动的国家名单并实施相关制裁程序；双方相互禁止对方外交官到首都以外旅行。

2006年1月，美国要求联合国安理会"重新审议"2002年埃厄边界委员会裁决，并提出"新倡议"，希携美方制作的"新地图"访厄落实划界，遭厄方拒绝。2006年末，美国协助埃塞出兵索马里驱逐厄特支持的伊斯兰法院联盟，厄特则指美、埃联手入侵索马里。2007年6月，美驻厄大使斯科特·得利斯（Scott H. DeLisi）离任时在使馆网站公开号召厄民众推翻现政权，国务院非洲事务助卿两度公开要厄"更换政权"。2007年8月，美要求厄关闭其驻奥克兰总领馆，并停止美驻厄使馆签证业务。2008年1月，美民主党众议员、众院外交委员会非洲分委会主席唐纳德·佩尼（Donald Milford Payne，1934—2012）访厄，表示支持厄特"落实边界委裁决"的要求。同年10月，美将厄列入禁止军售国家名单。新任美国大使罗纳德·麦克马伦（Ronald Keith McMullen）2007年10月抵厄特后三年，厄方始终未接受其国书。2009年后，美国支持联合国安理会对厄特实施制裁；自2010年7月至2022年底，双方只在对方首都保留临时代办。2012年7月，美国对两名厄特部长实施制裁，指其涉嫌支持索马里青年党。

2018年5月，美国负责非洲事务的副助卿唐纳德·山本（Donald Yamamoto）访问厄特进行双边磋商。2018年6月，厄特外交部长访问美国。12月3~5日，美国非洲事务助卿蒂博尔·纳吉（Tibor Nagy）访厄，会晤伊萨亚斯总统。当月 14～16 日，美非洲副助卿马基拉·詹姆斯（Makila James）接踵往访。2019 年 3 月，美国众议院外交委员会非洲小组主席、众议员卡伦·巴斯（Karen Bass）率团访厄特。2021 年 8 月，美国对厄特国防军总参谋长实施制裁。

2021 年，美国再度对厄特政府、军方实体和要人实施制裁。

据美国国际开发署统计，21 世纪以来，美国没有向厄特提供过双边援助。头五年，美方每年通过联合国和非政府组织向厄特提供不到 1 亿美元的人道援助，主要用于难民救济，2003 年为 9100 万美元；2006～2017 年减到年均几十万美元，其中 2010～2014 年连续 5 年为负值（厄方还款）；2018 年恢复到 150 万美元，2019 年为 130 万美元。世界银行统计，1993～2019 年，美对厄官方援助承诺额共计 5.3618 亿美元，在经合组织成员里面名列第一，其中 2019 年最少，为 6 万美元。

美国贸易代表办公室网页显示，2019 年厄特是美国排在第 204 位的贸易伙伴，双边货物贸易总额为 1414 万美元；其中厄特出口啤酒、农产品、电机、肥皂等共 14.3 万美元，同比下降 47.9%（13.2 万美元），比 2009 年下降 72.7%；进口谷物（1100 万美元）、机械（200 万美元）、化工产品（42.9 万美元）、橡胶（35.8 万美元）和退货（52.9 万美元）等共计 1400 万美元，同比增长 74.9%（600 万美元），比 2009 年增长 112.6%；厄方逆差 1400 万美元，同比增长 79.1%（600 万美元）。

2020 年，厄特出口美国烈性饮料（8.51 万美元）、啤酒（3.99 万美元）、医疗仪器和器具（4.23 万美元）等共 27.1 万美元（1995 年 35.9 万美元），进口粮食（1500 万美元）、厨卫用品和塑料制品（79.6 万美元）等共计 1800 万美元（1995 年 1600 万美元）。

（二）与欧盟的关系

厄特重视发展与欧洲联盟的关系，后者于 1995 年在阿斯马拉派驻使团。厄埃边界战争期间，厄特请欧盟参与调解，游说英国、法国、德国、意大利、瑞士、比利时、荷兰、丹麦等国。战后欧盟提供人道和发展援助，侧重基础设施的重建和军人复员，如德国提供经济和技术援助支持厄特重建，荷兰、丹麦、瑞典等国为厄特培训警察，开展渔业、农业和教育

等方面合作。厄埃和平进程启动后，厄特起初欢迎欧洲国家遣兵维和，接待欧洲出兵国政府派团访厄。2000 年 10 月，欧盟人道援助专员保罗·内尔逊到访，宣布欧洲发展基金（EDF）第 10 期（2009~2013 年）向厄特提供 1.22 亿欧元发展援助，后减为 5000 余万欧元，其中 4000 万欧元用于农业生产和粮食供应链，余为社区法院和司法部等培训人员。2001 年 9 月，因当时兼任欧盟驻厄代表的意大利大使被厄方驱逐，欧盟召回驻厄使团，厄特领导人不为所动。

2016 年 1 月，双方签署第 11 期（2014~2020 年）2 亿欧元（2.29 亿美元）经援计划，近九成款项侧重基础设施和可再生能源的开发。2019 年 2 月，欧盟国际合作与发展专员内文·米米察（Neven Mimica）访问厄特，表示将用 2000 万欧元修复厄特马萨瓦港口至埃塞边境的公路。另有 1970 万欧元帮助农村青年就业，以及支持宏观经济统计和治理、文化遗产保护、司法人员培训。还有原给厄特的 3300 万欧元专款已转向苏丹。2020 年 7 月，欧盟同联合国开发计划署向厄特提供四年共计 575 万欧元（后者出资 100 万欧元）援助改进社会经济统计能力。2021 年 3 月，欧盟又对厄特安全部门高官实施旅行和财产制裁。同年，欧盟再度"撤资"1 亿多欧元（1.2 亿美元），先前承诺的 1.4 亿欧元资助的 9 个项目仅开工 1 个，实际拨付不到 2000 万欧元。

世界银行据欧盟报告数据统计，1994~2019 年，欧盟机构承诺给厄特官方援助总计近 4.2956 亿美元，在经合组织发展援助委员会成员中排名第二。

2015 年双方贸易额逾 1 亿欧元。其中厄特对欧盟成员国出口额为 4520 万欧元，以保加利亚（3470 万欧元）为主，余为西班牙、德国、法国和意大利等；从欧盟进口额为 6310 万欧元，主要来自意大利、德国、比利时和荷兰等国。此后，欧盟部分数据显示，厄特对欧盟出口大幅下降，2016 年约 1300 万欧元，2017 年为 2000 万欧元，2018~2020 年平均 200 万欧元左右，2021 年为 448 万欧元。

（三）与意大利的关系

厄立特里亚曾是意大利在非洲的第一块殖民地，在经济、建筑和文化上颇受意大利的影响。

意大利殖民东非时主要利用厄特的自然资源，开发红海航运贸易和非洲之角过境战略据点。1902~1906 年，意方从厄特的进口增加两倍，以棉花、水泥和烟草为主。意大利大量投资铁路和 3600 公里公路等基础设施。

厄特独立战争时期，意方拒绝大多数厄特政治人物前往避难；20 世纪 70 年代，厄人阵在罗马设办事处和新闻中心；1991 年，旅意厄侨约 5000 人。1992 年 12 月，双方在阿斯马拉商谈，厄人阵拒绝意方提供重建基础设施的 6000 万美元贷款。

意大利在厄特全民公决后即予以外交承认，1993 年 5 月 24 日厄特独立当日即建交。到 1995 年，意大利成为厄特第二大援助国（5000 万美元）；1997 年，两国总统互访，意大利成为厄特最大外来投资方和重要贸易伙伴（很长时间居第二位）。根据经合组织资料，1993~2019 年意大利提供各类援助和贷款总计 3.0699 亿美元（一说 3.87 亿美元），在诸成员里排名第三。厄埃边界冲突爆发后，意参与调解，1998 年 6 月，意副外长访厄，调解厄埃两国争端。

厄特政府重视保持传统关系，伊萨亚斯总统多次访意，但反对意干涉厄特内政。2001 年 9 月，厄特没收部分意大利人在厄特房产，28 日意大利驻厄特大使班蒂尼公开批评厄特政府遭驱逐，厄特亦召回其驻意大使；一年后两国重新互派大使。2005 年 8 月，意向厄特提供 300 万欧元用于抚养战争孤儿，同年意方不满厄特限制活动而撤回参与维和的军警。2006 年 1 月，意副外长公开指责厄国内政策，双方关系再度转冷。3 月，两国相互驱逐对方外交官 1 名。12 月，伊萨亚斯总统访意。意在厄已无新的援助项目。2009 年 9 月，厄特外长访意，双方当年又相互驱逐外交官。2014 年 7 月，意副外长拉波·皮斯特利（Lapo Pistelli）访厄，两国关系转圜。2018 年 10 月，意总理朱塞佩·孔特（Giuseppe Conte）访问厄特；同月，厄特外长赴罗马出席第二届意大利-非洲论坛。意大利企业家随后到访探讨能源、矿业、基础设施、农产品加工、旅游和渔业领域的合作。

2020 年，厄特出口意大利衬衫（111 万美元）、其他服装（35.6 万美元）等共计 158 万美元（1995 年 16.4 万美元）；进口农林、家禽饲养设施（542 万美元）、货车（491 万美元）、机械等共计 3010 万美元（1995 年 2830 万美元）。

表 8-1 2017~2019 年厄特与意大利双边贸易数据

单位：万欧元

	2017 年	2018 年	2019 年
意大利出口	2822	1815	2256
其中：橡胶和塑料制品	99	83	107
五金制品	584	338	274
计算机、医疗器械、手表	47	81	111
家用电器和器皿	273	61	54
机器设备	1271	618	1182
汽车和拖车	188	233	134
意大利进口	206	218	171
其中：服装（含皮革和皮毛类）	143	157	162
进出口总额	3028	2033	2427
意大利顺差	2616	1597	2085

资料来源：意大利驻厄立特里亚大使馆官网。

2000 年，意大利恢复阿斯马拉意大利学校（Scuola italiana di Asmara），并接受临时驻厄特外籍家庭子女入学。2012 年，双方共同管理这所私立学校，开设学前、小学和初中课程。到 2015 年，厄特学生占 84%，意大利等欧洲学生占 14%；该校 2020 年关闭前已有超百名意籍教师，在校生 1400 人，90% 为厄特人。

（四）与法国关系

1840 年法国在马萨瓦港设副领事，涉足贸易，并与英国、埃及竞争。此后 40 年间，法国有意扩大地盘未果，并曾两次与当地势力短暂合作对抗阿比西尼亚。1884 年后，法国人全力开发吉布提；1948 年，法国支持意大利对厄特的主权要求；此后从不干预埃塞在厄特的作为。

厄人阵解放全境后，一度指责法国支持厄特阿法尔人闹独立。1992 年 8 月，法国卫生和人道行动部长伯纳德·库什内尔（Bernard Kouchner）系独立战争结束后首位访问厄特的欧洲部长；年末双方谈判解决阿法尔地区争端。

1993 年，厄法建交，法国连续三年提供粮援。1994 年 5 月，伊萨亚斯总统首次正式访问欧洲即为访问法国，双方签署合作协定，厄特获得 2200 万法郎援助。1996 年法国积极调解厄特与也门领土冲突，1999 年初两次派前部长让-弗朗索瓦·德尼奥（Jean-François Deniau，1928—2007）前往斡旋厄特-埃塞边界战争。2003 年 2 月，伊萨亚斯总统出席第 22 届法非首脑会议，分别会晤法国总统希拉克（Jacques Chirac，1932—2019）和总理德维尔潘（Dominique de Villepin）。2004 年 5 月法国参议院派团访厄；2006 年 9 月，法国负责合作和法语国家事务的部长级代表到访厄特。2008 年，法国驻吉军队在厄吉武装冲突中为吉方提供后勤和情报支持。2010 年 5 月，伊萨亚斯总统再次出席法非峰会，会晤萨科齐（Nicolas Sarkozy）总统。

2002 年和 2005 年，法方先后提供 30 万欧元和 50 万欧元的粮食援助；曾参与阿斯马拉机场和城市饮水供应系统恢复，以及渔业合作。此后法国开发署（AFD）撤出厄特，若干合作项目烂尾；法国仅参与欧盟的少数项目。世界银行统计，1994～2019 年，法国承诺援厄 3661 万美元，在经合组织成员中排第 13 名。

厄法双边贸易有限。厄特进口法国的工业、农业设备以及化学品、化妆品，出口阿拉伯树胶（占总额 98%）。2020 年，厄特向法国出口 2950 万美元（1995 年 71.9 万美元），进口医用试剂（119 万美元）、免疫产品及疫苗（50.6 万美元）和肥料（25.3 万美元）等共 319 万美元（1995 年 185 万美元）。

法国在厄特唯一投资是 1994 年起道达尔（Total）石油公司经营的加油和车辆保养服务，为厄特第二大运营商，占比 46%，仅次于利比亚的塔姆石油公司（Tamoil）。

法国 1993 年在阿斯马拉开设文化交流机构法语联盟（Alliance Française），学生（含成人教育）不足 1000 人，教授法语、绘画和版画课程，并组织展览和音乐会。

（五）与英国关系

英国自 18 世纪后半叶起长期看重厄立特里亚以及红海航线的战略

地位。1848 年，英国在马萨瓦设领事馆；1867 年 10 月，英军中将罗伯特·内皮尔①带 4.2 万部队登陆祖拉湾，修铁路和公路上高原，远征阿比西尼亚。1869 年苏伊士运河开通后，英国支持埃及占领厄特海岸，1884 年 4 月英军推动埃及与阿卢拉公爵在阿斯马拉谈判，6 月签订《阿杜瓦条约》，承诺如阿比西尼亚帮埃及剿灭马赫迪义军，即可经马萨瓦港自由进口武器等货物并占领除马萨瓦之外的所有厄特领土。但当年英方即怂恿意大利占领厄特海岸，并承认厄特与苏丹的边界。

1941 年 1 月英军 3 万多人，以两个印度师为先从苏丹攻入厄特，4 月 1 日占领阿斯马拉。1941～1952 年英国军事管制厄特，垄断外贸，变卖资产，后期曾试图肢解厄特。厄特与埃塞组成联邦后，英国仅保留驻阿斯马拉领事馆和英国文化协会图书馆。厄特独立后，两国建交，英方提供几笔小额贷款和海外志愿服务（VSO）。

2010 年末至次年年中，厄特关押 4 个与厄特海岸警卫队交火的前英国海军陆战队士兵，两国关系紧张。2012 年 2 月，厄特外长奥斯曼·萨利赫首访伦敦，会晤主管非洲事务的英国外交次长亨利·贝林厄姆（Henry Bellingham）和国际发展部长安德鲁·米切尔（Andrew Mitchell）等。

1993～2019 年英国承诺对厄特提供 1.1221 亿美元援助，位列发展援助委员会成员第 8 名。

2020 年，厄特向英国出口啤酒（3.51 万美元）、烈酒（7570 美元）和集成电路（2360 美元）共计 4.5 万美元（1995 年 6.14 万美元）；进口机械零件（41.6 万美元）、矿业机械（33.5 万美元）和制冷设备等共计 257 万美元（1995 年 119 万美元）。

（六）与俄罗斯的关系

20 世纪 50 年代，苏联一度支持厄立特里亚独立；后来从地缘政治和冷战需要出发，未再坚持，并在 70 年代帮助埃塞镇压厄特民族解放组织；

---

① 罗伯特·内皮尔（1810—1890），1868 年因打败并逼死阿比西尼亚皇帝提沃德罗斯二世（Tewodros Ⅱ，1818—1868）而授勋男爵，后晋升陆军元帅。此人出生于孟买，长期在印度殖民军服役。1860 年第二次鸦片战争中，他带领一个师于 8 月 21 日攻占天津大沽口炮台，后入侵北京。

1976 年底与埃塞达成军事密约，提供 3.85 亿美元军火以驱逐美国；次年在红海两岸计划建反美联盟，遭厄解阵和厄人阵以及索马里的拒绝，苏联即再送埃塞军政权 400 辆坦克和 70 架米格战机等，价值 5 亿美元。1978年 5 月起，苏联将军等 200 多名顾问，以及苏军飞行员与南也门、东德和古巴军警围剿厄特两阵线，同时又通过阿拉伯国家和东欧国家与这两个阵线谈判；1980 年初向厄解阵提出恢复埃塞-厄特联邦，未果。到 1985 年，苏联向埃塞运送 40 亿美元武器，不仅收获大量外汇，且得到达赫拉克岛海军基地。1988 年，几名苏联军官在厄特被俘，一人阵亡。1989 年，苏联开始缩减军援，到 1991 年，埃塞欠苏联 86 亿美元军火款。

厄特独立当日，俄罗斯即予承认并建交，双方均未提出战争赔偿问题。1997 年 2 月，两国签署军事技术合作协定。1998~2000 年厄埃边界战争期间及以后，俄是同时向两国出售军机等重武器的主要国家之一。2000 年和 2003 年，俄罗斯向厄立特里亚提供人道援助。2000 年双方高等教育机构签署若干合作协定，俄方每年提供奖学金名额，2015~2017 年近50 人、2018 年 27 人获奖学金。2001 年起，俄方派医生长期在厄特工作。

2009 年 12 月，俄在联合国安理会投票赞成对厄特实施武器禁运，2014 年后多次就相关后续决议投弃权票。2011 年 9 月，伊萨亚斯总统出席联合国大会时会见俄罗斯外长谢尔盖·拉夫罗夫（Sergey Lavrov）。2022 年 3 月 2 日，联合国大会表决谴责俄罗斯的决议时，厄特与俄罗斯等 5 国投反对票。

2017 年 12 月 24 日，伊萨亚斯总统出席由俄罗斯大使馆和苏联/俄罗斯大学厄特毕业生协会在阿斯马拉组织的新年晚会。2023 年 5 月 30 日~6月 2 日，伊萨亚斯总统对俄罗斯进行 4 天国事访问。2005 年 4 月、2014年 1 月及 2 月（其间厄特外长访问克里米亚）、2017 年 1 月、2018 年 8月、2022 年 4 月和 2023 年 4 月，厄特两任外长多次访俄，均与俄外长拉夫罗夫会谈非洲特别是非洲之角形势，强调由非洲人解决所有与非洲有关的问题；与俄罗斯农业、资源、贸易、科技和教育等部委谈经贸和投资互利合作，侧重矿产资源勘探和基础设施建设项目，俄方允诺提供专业运输和农机设备，并帮厄特建设物流中心，以利双边贸易；并同意加强高等教

育和专业培训领域交流，启动商签增加俄方奖学金和相互承认大学文凭协议的谈判。2019 年双方签订首个防务合同，俄方提供"安萨特"武装直升机（2020 年交付 2 架"安萨特"）、导弹快艇等。同年 10 月，厄特外长等参加索契俄罗斯-非洲论坛首届峰会。2022 年 2 月，俄罗斯总统中东和非洲问题特使、俄罗斯联邦外交部副部长米哈伊尔·博格丹诺夫（Mikhail Bogdanov）访问厄特，分别会晤伊萨亚斯总统和奥斯曼外长等。2023 年 1 月，俄外长拉夫罗夫访问厄特。

2020 年，厄特向俄罗斯出口各类服装（1.92 万美元）、内衣和衬衫等共计 2.11 万美元（2001 年 3740 美元），进口各种酸盐矿物 40.6 万美元（2001 年 17.8 万美元）。2021 年双边贸易额为 931.4 万美元；俄方出口小麦价值 812.5 万美元，厄方出口成衣 12.6 万美元。2022 年，双方贸易额达 1352.1 万美元，厄特进口俄小麦 1150 万美元，出口 77.6 万美元。俄制造商 KAMAZ 在厄特生产卡车。

第七节　与其他国家的关系

（一）与以色列的关系

20 世纪 60 年代初，以色列帮助埃塞训练部队打击厄解阵，1966 年先后派百名军事顾问到埃塞。

厄特解放后，以色列驻埃塞大使在 1992 年两度赴厄商谈应对极端势力。1993 年 1 月初，以色列用军机抢救伊萨亚斯到以国治疗脑疟。厄特独立当日，两国建交。1993 年 10 月，以色列大使到任开设大使馆。以方对厄特提供节水灌溉等农业技术和物资援助，1998 年厄埃边界战争爆发后中止。21 世纪头十年，厄特与伊朗和利比亚走近，厄以政治关系转冷，2010 年以来以色列拒绝和遣返 3.5 万厄特"潜入者"。但以方对厄特农业仍有投入，并于 2016 年在厄特承建欧盟资助 2000 万美元的非洲首个太阳能滴灌设施。

2018 年 9 月，以大使离任。2021 年 4 月，以色列因新冠疫情撤回使馆人员；7 月以方提名新大使，厄特很久未同意；8 月厄特与十几个非洲国家反对以色列作为观察员参与非盟。2022 年 7 月，以总理兼外长亚伊尔·拉皮德（Yair Lapid）批准关闭驻厄特大使馆。

1906 年建的阿斯马拉犹太教堂记载着犹太人旅居厄特的历史，自称东非首个犹太教堂。位于海尔·马里亚姆·马莫（Haile Mariam Mamo）街，院落里有犹太墓地和上百座席的圣堂等建筑。它与市中心的大清真寺只隔一个街区，距东正教大教堂也仅三个街区。进出口商塞缪尔·科恩（Samuel Cohen）的祖父母在 20 世纪初从也门的亚丁移民到厄特的马萨瓦，1923 年地震后迁居阿斯马拉，现有家族 4 位遗老照看此处。20 世纪 30 年代，许多欧洲犹太人逃到厄特躲避纳粹迫害。40 年代，英国在阿斯马拉关押日后的以色列总理伊扎克·沙米尔（Yitzhak Shamir, 1915—2012）和部长海姆·科尔夫（Haim Corfu, 1921—2015）等数百名以色列自由战士（Irgun and Lehi guerrillas）。1948 年以色列建国后，犹太人大多迁去定居，约 500 名犹太人留在阿斯马拉。厄特独立战争爆发后，更多的犹太人离开几代人居住的厄特。1975 年，最后一位拉比被迫离境，全城目前只剩几家犹太人。

（二）与日本的关系

1993 年 8 月底，日本与厄特建交。2003 年 5 月厄特在东京设大使馆；日本驻厄大使长期由其驻肯尼亚大使兼任，2022 年元旦日本在厄开设大使馆，同年 6 月，首任大使递交国书。日本与厄特合作的方针是"助力保障厄特人民基本生活，实现社会稳定和发展"，偏重供水、卫生和农业援助，保障粮食安全和改善民众生活，以及各种技能培训（2018 年专项官方援助 44 万美元）。

2006 年日本国会日本-非盟友好联盟访问厄特。2014 年 9 月，日本外务副大臣城内实往访，2018 年 8 月外务副大臣佐藤正久和总务副大臣大野信介先后访厄邀请伊萨亚斯出席第七届东京非洲发展国际国际会议。[①]

---

① 2019 年 8 月，伊萨亚斯总统没有出席东京非洲发展国际会议，并致信称，非洲人需要自己解决问题。外援和慈善，或举办各种国际论坛，不是解决非洲问题的灵丹妙药，且有害无益。东京非洲发展国际会议当前结构取得成果的前景并不乐观，需要全面评估 25 年来全球发展和未来趋势，需重新制订真正建立伙伴关系的路线图。

2003 年和 2008 年伊萨亚斯总统两次赴日出席第三、四届东京非洲发展国际会议；2013 年 5 月，厄特国家发展部长出席第五届东京非洲发展国际会议。1995~2019 年间，厄特三任外长五次访日；新闻和文化、水利、水土和环境、国家发展、渔业、教育、卫生等部部长也曾往访问日本。

日本外务省统计，截至 2016 年，日本对厄特无偿援助 129.49 亿日元，另有技术合作 26.66 亿日元。2018 年厄特对日本出口 286 万日元，从日本进口 1.08 亿日元。

世界银行统计，1993~2019 年，日本承诺对厄特援助合计 1.4312 亿美元，在经合组织中排名第五。依联合国数据，厄特在 2020 年向日本出口云母（2.69 万美元）、集成电路（6190 美元）和测量仪器（4650 美元）等共计 4.76 万美元（1995 年 40.1 万美元），进口轮胎（65.8 万美元）、试剂（36.1 万美元）、摩托车和自行车（24.9 万美元）共 135 万美元（1995 年 2300 万美元）。

至少在 21 世纪头十年里，日本每年派 1 艘以上远洋轮船送两三千名青年到厄特国民服务基地体验生活两周。

（三）与印度的关系

17 世纪后，印度商人多次造访厄立特里亚马萨瓦港。第二次世界大战期间，英国印度兵团参与盟军与意大利的克伦和阿斯马拉两大战役，尤其在克伦战役中伤亡惨重，285 名印兵按印度习俗火葬于当地并立碑，另在克伦和阿斯马拉战地公墓分别葬有 73 名和 16 名印度官兵遗骸。

1993 年 5 月，印度承认厄立特里亚国独立；2019 年 8 月在阿斯马拉开设常驻大使馆。

2001 年 1 月至 2007 年 2 月，1500 多名印度士兵参加联合国埃厄特派团维和部队，多数驻扎在厄特境内，半年轮换一次；其中 2004 年至 2006 年，印度国防军少将拉金德·辛格（Rajender Singh）担任埃厄特派团部队司令。2007 年至 2009 年，印度出兵缩减到 600 人。

2000~2008 年厄特农业、教育、交通、卫生等部部长访印度，签署相关领域合作谅解备忘录。印方帮助厄特起草法规，在农业、教育、卫生、手工艺领域提供奖学金、粮食援助等。2009 年，印度政府向厄特政府提供 2000 万美元的信贷额度。

2011 年 2 月厄特外长奥斯曼·萨利赫到印度出席（联合国）最不发达国家会议；同年 6 月，他再次访印会晤印外长。2015 年 9 月，印度外交国务部长辛格（V. K. Singh）专程赴厄特代表印度总理邀请伊萨亚斯总统出席第三届印度-非洲论坛峰会；10 月 26～29 日，厄方奥斯曼外长率团出席印非峰会。

2018 年 4 月，印度和厄特在新德里签署了启动外交部双边磋商的谅解备忘录；同年 10 月 29 日在阿斯马拉举行首轮司局级磋商。

2018 年，印方对厄特给予单向免关税的优惠性市场准入。2019 年，厄特先后加入国际太阳能联盟（ISA）等印方发起的小多边合作伙伴机制。

2021 年 4 月 7～12 日，厄特外长奥斯曼·萨利赫和总统顾问耶马尼·盖布雷布等访问印度，分别会晤印度外长苏杰生（Subrahmanyam Jaishankar）和国家安全顾问阿吉特·多瓦尔（Ajit Doval），并会见印商界领袖招商引资。2022 年 9 月 14～15 日，印度外交国务部长穆拉里德哈兰（V. Muraleedharan）访厄，双方探讨能源、卫生、教育、农业等方面的合作。

2020 年 11 月 6～8 日，印度海军坦克登陆舰"艾拉瓦特"号（INS Airavat）到访马萨瓦港，运去 50 吨援助粮食。2021 年 9 月 25～27 日，印海军隐身护卫舰"弓"号（INS Trikand）造访马萨瓦。2022 年 4 月 23～25 日，印三艘军舰编组中队停靠马萨瓦，与厄特海军交流并提供训练。

印度专业人士、中学教师、大学教授和建筑工程师约 200 人在阿斯马拉、克伦、阿迪凯耶及其周边地区工作。

2022～2023 财年，印度对厄特出口额为 1795 万美元，出口商品主要包括食糖、医药产品、橡胶、大米和服饰等。

第八节　与中国的关系

早在交通不便的古代，远隔万里的中厄两国人民就有交往。中国史籍《后汉书》记载，公元100年，红海古港阿杜利斯的使者曾通过丝绸之路来到中国东汉都城洛阳，[①] 这是非洲最早到访中国的使节。

中国唐朝的杜环曾在中亚、西亚及地中海一带逗留十多年，最后从马萨瓦港返航回国。他的《经行记》写到13个国家，其中有个"摩邻国"，有人考证为厄立特里亚。

中国的瓷器通过海上丝绸之路来到阿杜利斯。厄特考古学者认为，明朝郑和船队很可能也到过厄特沿海，厄特北红海省博物馆藏有阿杜利斯遗址出土的一件古代陶制酒器，上有"万和禅山"四个汉字。

中国自厄特民族解放运动发起时即支持有关组织，厄人阵成立后一直保持与中国的关系。

1993年5月24日厄立特里亚独立当天，出席其独立庆典的中国政府特使、外交部副部长杨福昌与厄特外长马哈茂德（Mahmoud Ahmed Sherifo）签署两国建交公报、中厄贸易与经济技术合作协定。建交以来双边关系顺利发展。两国在原则性的国际问题上持有相同或相似的观点，在政治、经贸、军事、文化、教育等各个领域的友好合作平稳发展。厄特政府对中国友好信赖，重视并积极寻求中国的支持。中国连续多年保持厄特最大的贸易伙伴、投资来源国和工程承包方的地位。2015年1月，中厄双方签署互免持外交、公务护照人员签证协定；同年11月，双方就签署互免关税协议换文，互相对97%进出口产品实行零关税。2021年11月24日，中国驻厄特大使蔡革与厄特外长奥斯曼在阿斯马拉签署中厄共建"一带一路"谅解备忘录。自2024年12月1日起，厄特享受中国对33个非洲最不发达国家给予100%税目产品零关税待遇。双边投资保护协定、

---

① 参见沈福伟《中国与非洲——中非关系二千年》，商务印书馆，1990，第70~72页。另参见李安山《非洲华侨华人史》，中国华侨出版社，2000，第45页。

避免双重征税协定有待商签。厄特坚持一个中国原则。伊萨亚斯总统于 1994 年 4 月正式①、1997 年 4 月非正式（访问广东省）、2005 年 2 月正式访华，2006 年 11 月出席中非合作论坛北京峰会；2023 年 5 月中旬，他再次来华，进行 4 天国事访问，"深情忆及他同中国半个多世纪的特殊情缘"，② 并访问四川省。2024 年 9 月上旬，伊萨亚斯总统来华出席 2024 年中非合作论坛峰会。他多次讲要同中国建立"战略伙伴关系"，认为中国的援助在厄特影响力最大，帮助其自主发展经济、卫生、能源和交通运输等，欢迎中国在矿业、农业、渔业和基础设施等方面增加投资和援助。2008 年四川汶川地震后次日，总统即致函慰问，并指示外长到使馆面交 5 万美元捐款。伊萨亚斯总统每年必到中国大使馆出席国庆、建军招待会等，期待中国在非洲和平与发展以及国际事务中发挥更大作用。2006 年 8 月，应中国国际交流协会邀请，总统夫人萨芭携女儿和次子首次赴华度假。

厄特前国防部长塞伯哈特对华友好，对研究毛泽东、周恩来等领袖及中国历史、文化兴趣浓厚，于 1997 年 9 月、2002 年 12 月和 2006 年 5 月访华。2006 年，他率领各兵种、军区司令访华，会见了曹刚川上将。

1993 年 9 月，钱其琛副总理兼外长在出席第 48 届联合国大会期间会见伊萨亚斯总统。此后，钱其琛（1994 年 1 月）、全国人大常委会副委员长许嘉璐（2002 年 6 月）、唐家璇外长（2002 年 1 月）、李肇星外长（2007 年 1 月）访厄；2008 年 11 月，新疆维吾尔自治区人民政府代表团访厄，签署新疆与厄加什-巴尔卡省的合作备忘录，两地缔结友好省区关系。中联部部长王家瑞（2009 年 5 月）、外交部副部长翟隽（2010 年 9 月）、外交部副部长张明（2015 年 1 月）等曾往访。2022 年 1 月，国务委员兼外长王毅应邀访厄，5 日拜会伊萨亚斯总统，并与奥斯曼外长会谈

---

① 1994 年 4 月伊萨亚斯总统访华时，中方提供 430 万美元的无息贷款，见 Dan Connell, *Historical Dictionary of Eritrea*, 3rd Edition, Rowman & Littlefield, 2019, p.137。

② 《习近平同厄立特里亚总统伊莎亚斯举行会谈》，《人民日报》2023 年 5 月 16 日，http：//paper. pepole. com. cn/rmrbwap/html/2023-05/16/nw. D110000renmrb_ 20230516_ 3-03. htm。厄特新闻部网站同日消息称，"伊萨亚斯总统进而回顾了他 1967 年第一次访问中国并在中国逗留的情景"，https：//shabait. com/2023/05/16/president - isaias - afwerki-and-president-xi-jinping-hold-talks/。

和共同签署两国外长联合声明，双方确立战略伙伴关系；中方提供 1570 万美元财政支持。

厄方佩特罗斯外长（1994 年 10 月）、阿里外长（2004 年 5 月）、财政部长伯哈尼（2008 年 1 月）、奥斯曼外长（2011 年 6 月、2012 年 7 月、2017 年 4 月、2019 年 5 月）、厄人阵党中央政治部长耶迈尼（2010 年 6 月、2013 年 1 月、2015 年 6 月、2017 年 4 月、2019 年 5 月）曾先后访华；厄人阵党中央经济部长哈格斯先后于 2013 年 1 月、2015 年 3 月、2016 年 3 月访华，2016 年 7 月与厄特政府国家发展、财政、工程、农业、教育等 5 位部长联袂而至北京参加首届中厄经贸联委会和中非合作论坛 2015 年约翰内斯堡峰会成果落实协调会，2017 年 5 月来华出席"一带一路"国际合作高峰论坛，2019 年 6 月再度访华。

中厄双边贸易大致经历了 3 个阶段。1993～1997 年达到一个小高峰。1997～2000 年由于厄埃边界战争，中、厄双边贸易大幅下降。2002 年，中厄贸易迈上新台阶，厄特从中国进口额从 2001 年的 582 万美元猛增到 1426 万美元。2006 年后，在中方优惠贷款和援助项目带动下，两国经贸关系有所提升，直接贸易额从 2005 年的 842 万美元激增至 2006 年的 3865 万美元，中国成为厄特的最大商品贸易伙伴，保持至今。据中国商务部统计，2010 年双边贸易额 3985 万美元，同比下降 0.2%，其中中国出口额 3880 万美元，同比下降 1.8%，进口额 105 万美元，同比增长 149%。中国主要向厄特出口机械和电子设备、日用品及食品等，进口皮革、海产品等。近年产品结构有所变化，中国主要出口机械器具及零件、橡胶及其制品等，进口以矿产及相关制品为主。

表 8-2　2016～2023 年中国和厄立特里亚进出口贸易

单位：亿美元

年份	进出口额	中国出口额	中国进口额	累计比上年同期±%		
				进出口	出口	进口
2016	2.4151	0.6932	1.7219	-22.8	-48.4	-3.7
2017	2.1105	0.4311	1.6794	-13.8	-37.8	-4.3

续表

年份	进出口额	中国出口额	中国进口额	累计比上年同期±%		
				进出口	出口	进口
2018	3.5460	0.4285	3.1176	66.0	-0.2	82.6
2019	2.5472	0.4853	2.0619	-28.0	13.3	-33.7
2020	3.5985	0.7049	2.8936	41.3	45.2	40.4
2021	4.5541	3.8545	0.6996	24.2	-0.75	30.18
2022	6.1006	4.6179	1.4827	34.1	111.9	18.0
2023	4.9384	1.3896	3.5488	-18.5	-6.1	-22.5

资料来源：中国海关总署。

18家中资企业在厄特发展业务，承包通信、路桥、港口、建筑等工程，生产建材，开发矿产，从事进出口贸易、航空等。如承建马萨瓦至阿萨布公路、马萨瓦市内街道、城镇住宅、政府和其他机构办公楼等。目前在厄特的华人华侨约400人。

2010年，中国企业在厄特完成营业额2872万美元，其中承包工程2659万美元，劳务合作营业额213万美元；年末在厄立特里亚劳务人数581人。2023年中国企业新签承包工程合同额0.5亿美元，完成营业额1.7亿美元，是年底，在厄中国籍劳务人员371人。

30年来，中国向厄特提供各类经济援助，侧重通信、医院、公共建筑等。如2002年交付首个成套援厄项目奥罗特医院，现为厄特最大的国家转诊医院；2010年竣工阿迪凯耶学院若干楼群；2016年建成马萨瓦1万吨冷库、农业滴灌管厂和食品罐厂等；2017年完成马萨瓦电厂的扩建；此外还援建阿斯马拉、门德费拉、京达三地的3所小学，以及翻新厄特科技学院理学院行政楼、图书馆、教学楼等9栋单体建筑（最大的成套经济援助项目，金额1.8亿元人民币）。自1994年以来，中方实施农机具技术服务、农业技术合作和医院技术合作等6个技术合作项目；1992年以来，中国共提供医疗设备、服装、粮食、农机具、建材、电力、农灌设备和重型机械用轮胎等19批物资援助。

中国进出口银行在 21 世纪头十年里先后两次为厄特的碧沙矿前期建设融资共计 1.4 亿美元，保证其顺利投产。2011 年，中国上海外经集团以 8000 万美元收购澳大利亚查尔斯公司，与厄特国家矿业公司（占 40% 股权）合资开采厄特第二大金矿（扎拉矿，储量 21 吨，2016 年投产）。2016 年 4 月，四川路桥集团矿业公司以 6500 万美元收购加拿大桑里奇（Sunridge）公司，控股阿斯马拉矿业股份公司，厄特国家矿业公司亦占 40% 股权，合作勘探多金属矿藏。2018 年 12 月，中国紫金矿业公司整体收购加拿大耐森（Nevsun）公司，包括其在厄特的碧沙铜锌矿和在塞尔维亚的 Timok 铜金矿等多个项目。根据中国商务部统计，2020 年中国对厄特直接投资流量 4461 万美元；截至 2020 年末，中国直接投资累计近 2 亿美元。2023 年流量约 1.31 亿美元，2023 年末存量 4.17 亿美元。

中厄民间交流合作涵盖经贸、医疗卫生、教育、文化、体育、农业等多个领域。1997 年 9 月中国向厄特派出首批援外医疗队以来，截至 2022 年年中，先后有 15 批 265 人次医护人员赴厄服务 1～2 年，分布在首都阿斯马拉 4 所医院的内科、外科、神经外科、骨科、眼科、放射科、针灸科等。2001 年 12 月 4 日，第二批医疗队翻译唐秀荣遭遇车祸，6 日在阿斯马拉因公殉职，抢救期间，伊萨亚斯总统赶到医院探望，事后多次对到访厄特的中方领导人称赞唐女士及中国医疗队。2015 年 8 月援厄"光明行"活动中，中国眼科医生为厄立特里亚患者做了 300 多例手术。

2008～2009 年，中方两批青年志愿者 30 人赴厄特从事体育、农业、教育等领域服务，特别是在提高厄特乒乓球和女子足球运动水平方面成绩突出。应厄特文体委的请求，中国方面在 2019 年 5 月和 9 月分两次派遣排球、足球、篮球和羽毛球教练，赴厄特国家队短期指导和培训两三个月。

中国政府每年向厄特青年提供 20 多个政府奖学金名额和大量赴华短期培训名额。2013 年 6 月，贵州大学在厄特开办孔子学院，教授汉语和中华文化，并于 2016 年起提供 10 个奖学金名额。2018 年 12 月，厄特赴华留学培训归国毕业生组织中国校友会。

21 世纪头十年，厄特庆典委员会三次邀请中方艺术家前往编排、指导独立日庆典文艺演出。2007 年以来，中国驻厄大使馆每年举办一次中国电影周，其间选一两部影片，请厄立特里亚影视界翻译成提格雷尼亚语并配音道白。2010 年 9 月，张涵予等《集结号》几位主演赴厄出席第四届中厄电影周，并造访中方援建的百所希望小学之一的京达小学，张涵予被厄特授予"爱心大使"称号。2011 年以来中方连续参加在阿斯马拉博览园举办的书展，每次都举行免费赠书活动。2015 年 4 月，中国国家新闻出版广电总局与厄立特里亚电视台签署供片协议，授权后者播放中国影视节目，提供 52 部电影、4 部纪录片、5 部动画片和 10 部电视剧。

大事纪年[*]

距今约 140 万~60 万年前	1997 年在南方省达纳基勒洼地布亚村发现古、人类（Madam Buya）头盖骨，兼具直立人和智人的特征

公元前

约公元前 8000 年	西部巴尔卡河谷发现石器工具，证明人类定居红海沿岸渔猎
约公元前 6000 年	阿克勒古宰和萨赫尔最早的山洞岩画
公元前 2500~前 1500 年	古埃及尼罗特人和贝贾人先后进入厄特西北通商
公元前 1500~前 1200 年	阿拉伯半岛赛伯伊人南渡红海建商埠，后入厄特高原
公元前 1000~前 500 年	提格雷尼亚部落首领梅罗尼（Meroni）建梅雷布·麦拉什（Mareb Melashi，从梅雷布河到红海）酋邦
公元前 700~前 500 年	厄特中部高原出现阿克苏姆前的奥纳文明
公元前 500~前 300 年	阿克勒古宰东部出现若干城邦
约公元前 230 年	古埃及托勒密三世（Ptolemy Euergetes）"发现"阿杜利斯港

---

* 除有脚注标明的之外，均出自 Dan Connell, *The Historical Dictionary*, 3rd Edition, Rowman & Littlefield Publishing Group, Inc., 2019, pp. xxix–xlix; Mussie Tesfagiorgis, G. *Eritrea* (*Africa in Focus*), American Bibliographic Company-Clio Press, 2010, Chapter 2, pp. 23–25。

1～13 世纪

约 100 年　　　　　　　阿克苏姆帝国控制阿克勒古宰和阿杜利斯之间
　　　　　　　　　　　城邦贸易网络

约 325～360 年　　　　阿克苏姆皇帝埃扎纳（Ezana）皈依基督教

600 年　　　　　　　　阿拉伯人在红海南岸传播伊斯兰教

702～703 年　　　　　阿拉伯人毁灭阿杜利斯并占达赫拉克群岛

750～850 年　　　　　贝贾人进占高原建哈贝沙（Habesha）王国

约 900～1200 年　　　 阿高人和萨霍人迁入厄特中部

14～18 世纪

1350～1360 年　　　　菲利普斯（Abune Filipos）大主教创建厄特正
　　　　　　　　　　　教改革运动中心德布雷·比赞修道院（The
　　　　　　　　　　　Debre Bizen Monastery）①

1450～1468 年　　　　阿比西尼亚皇帝扎拉·雅各布（Zara Yáqob）
　　　　　　　　　　　皈依东正教，重新任命近海王国领主统治厄特
　　　　　　　　　　　中部

1517 年　　　　　　　奥斯曼帝国扩张到红海南岸

1520～1526 年　　　　葡萄牙远征军进入近海王国首府迪巴尔瓦

1533～1535 年　　　　阿达尔素丹国（Adal Sultanate）征服厄特高原
　　　　　　　　　　　和阿比西尼亚北部

1541 年　　　　　　　葡萄牙人达·伽马率舰队进马萨瓦港，联手近海
　　　　　　　　　　　国王伊萨克（Yes'haq）击退阿达尔素丹

1550～1609 年　　　　苏丹丰吉素丹国（Funj Sultanate）控制厄特西
　　　　　　　　　　　部提格莱部落（Beni Amer）联盟

1557 年　　　　　　　奥斯曼帝国攻占马萨瓦和克伦

1578 年　　　　　　　提格雷王攻占厄特中部高原

1589 年　　　　　　　奥斯曼帝国统治红海沿岸

---

①　该修道院是厄立特里亚正教圣地，位于阿斯马拉以北 25 公里同名山峰上，海拔 2450
米，由数座花岗巨岩凿空建筑组成。

	提格雷王支持近海王国领主统辖中部高原
约 1698 年	普希金曾祖父亚伯拉罕·汉尼拔（Abram Petrovich Hannibal）出生于厄特高原梅雷布河以北的崂贡（Logon）
1700～1740 年	近海王国独立自治进入鼎盛期
1768～1771 年	提格雷都督废黜近海王
19 世纪	
1800～1840 年	提格莱人皈依伊斯兰教
1813 年	埃及攻占马萨瓦
1840 年	埃及占据厄特西部提格莱人地盘
1865 年	埃及征服奥斯曼哈贝沙行省（马萨瓦）
1870 年 3 月	意大利人买下阿萨布湾一带
1872 年	阿比西尼亚皇帝约翰尼斯四世任命提格雷将军阿卢拉（Rás Alula）统治厄特高原
1881～1882 年	苏丹马赫迪义军进军厄特西部 意大利王国政府接管阿萨布
1884 年 6 月 3 日	英国、埃及与约翰尼斯四世签订《阿杜瓦条约》（The Treaty of Adwa）① 承认后者控制厄特中部
1885 年 2 月 5 日	意大利占领马萨瓦
1887 年 1 月	阿卢拉在马萨瓦附近多加利（Dogali）力挫意大利军队
1888 年 3 月	意大利在沿海低地开通马萨瓦—萨哈提（Sahati）铁路
1889 年 5 月 2 日	埃塞俄比亚皇帝孟尼利克二世与意大利签订

---

① 该条约亦以英方谈判代表海军上将威廉·休伊特（William Hewett）之姓氏称《休伊特条约》。三国代表先在阿斯马拉谈判，后到阿杜瓦面交约翰尼斯四世。皇帝要求得到一个海港，未果而妥协。条约的第一条规定，埃塞俄比亚可通过马萨瓦港自由进行货物（包括武器）贸易，英国承诺提供保障。

	《乌查利条约》并确定与意属厄特殖民地的边界
1889 年 6~8 月	意大利先后占领克伦、阿斯马拉和梅雷布河北岸
1890 年 1 月 1 日	意大利建立厄立特里亚殖民地并设都马萨瓦
1894 年 12 月	厄特高原首领巴赫塔·哈戈斯起兵抵抗意大利殖民
1896 年 3 月 1 日	孟尼利克二世在阿比西尼亚的阿杜瓦（Adowa）挫败意大利入侵提格雷
1896 年 10 月 23 日	埃塞与意大利签订《亚的斯亚贝巴条约》，废止《乌查利条约》，仍确认意大利对厄立特里亚拥有主权
1897 年 12 月	费迪南多·马蒂尼（Ferdinando Martini）出任厄特总督

20 世纪

1900 年	意大利殖民地迁都阿斯马拉
7 月 10 日	埃塞与意大利在亚的斯亚贝巴签约确定主要边界（1902 年和 1908 年双方最终确定边界）
1901~1902 年	意大利与英国确定厄特与苏丹边界
1911 年	马萨瓦至阿斯马拉铁路全线贯通
1921 年	马萨瓦遭遇地震，几近夷平
1935 年	
10 月 3 日	意大利当局颁布《种族隔离法》
1936 年	
5 月	意大利占领亚的斯亚贝巴，并将埃塞的提格雷地区纳入厄特版图
1941 年	英国军队攻占厄特西部数个城镇
4 月 1 日	英军占领阿斯马拉
4 月 8 日	英军攻占马萨瓦

	美国军舰进入马萨瓦港并派军事顾问进驻阿斯马拉
5 月 5 日	厄特首个本土政治组织爱国协会（Mahber Feqri Hager，MFH）在阿斯马拉成立以争取民族自决
1942 年	厄特发行首份本土报纸
1943 年	易卜拉欣·苏尔坦（Ibrahim Sultan）发动提格莱农奴解放运动
1 月 26 日	美军在阿斯马拉建立卡纽（Kagnew）侦听基地
1944～1950 年	厄立特里亚自由进步党、马萨瓦民族党（Massawa National Party）等政党先后涌现
1946 年	
11 月	意大利签约放弃其非洲殖民地
	英国接管厄特、利比亚和意属索马里
1947 年	
1 月 1 日	泰德拉·贝鲁（Tedla Bairu）成立统一党（Unionist Party，UP），主张厄特并入埃塞
2 月 10 日	主张厄特独立人士在阿斯马拉组建自由进步党（Liberal Progressive Party）
11 月 12 日	英、法、美、苏联四国委员会分歧：英国建议肢解厄特，美国要求将厄并入埃塞，法、苏分别要求意大利或国际托管
1950 年	
12 月 2 日	根据联合国大会 390A（V）号决议，厄特与埃塞组成联邦
1952 年	
6 月 10 日	厄特首届自治议会通过联合国专员起草的厄特宪法
9 月 15 日	埃塞俄比亚－厄立特里亚联邦成立

1955 年	埃皇以其驻节副代表阿斯法哈·沃尔德－迈克尔（Asfaha Wolde-Micha'el）接任厄特首席执行官
1956 年	
9 月	埃塞军队镇压厄特学生的抗议和抵制活动
1958 年	
3 月	埃军开枪镇压阿斯马拉总罢工
11 月	厄立特里亚解放运动（ELM）在苏丹港成立
12 月 24 日	埃塞政府禁用厄立特里亚自治体旗帜和徽章
1960 年	
7 月 10 日	厄立特里亚解放阵线（ELF）在开罗成立
9 月	统一党控制选举产生第三届议会
	议会宣布阿姆哈拉语为官方语言
1961 年	
9 月 1 日	哈米德·伊德里斯·阿瓦特在厄西部发动独立武装斗争
1962 年	
11 月 14 日	埃塞解散联邦，兼并厄特为其第 14 个省
1963～1964 年	厄解阵进入北部高原和沿海作战
1966 年	
10 月	伊萨亚斯·阿费沃基加入厄解阵任第五战区（中部高原）政委
1967 年	
2 月	埃塞军队首次围剿厄特西部的厄解阵
1970 年	
12 月	埃塞军在奥纳屠杀 600 多名村民
1971 年	
4 月 4 日	伊萨亚斯等秘密成立厄立特里亚人民革命党（EPRP）

1973 年

9 月　　　　　　　　伊萨亚斯等另组厄立特里亚人民解放阵线
　　　　　　　　　　（EPLF）

1975 年

1~2 月　　　　　　厄解阵和厄人阵联手攻入阿斯马拉

5 月　　　　　　　　厄解阵二大选举艾哈迈德·纳赛尔（Ahmed
　　　　　　　　　　Nasser）为领袖

1976 年

11 月　　　　　　　厄特人革党召开第一次代表大会选举中央委员会

1977 年

1 月　　　　　　　　厄人阵召开第一次代表大会并通过人革党起草
　　　　　　　　　　的纲领

12 月　　　　　　　埃塞军政权弃美国而转与苏联结盟

1978 年

1 月　　　　　　　　厄两阵线控制全境 95% 的领土并再次包围阿
　　　　　　　　　　斯马拉

6~7 月　　　　　　苏联等国支持埃塞首轮反攻

11 月　　　　　　　厄人阵战略撤退到萨赫勒山区

1979 年　　　　　　厄人阵与埃塞提格雷人民解放阵线（TPLF）
　　　　　　　　　　联手打击埃军

1980 年

11 月　　　　　　　厄人阵提议全民公决以确定厄特的未来

1982~1985 年　　　埃军发起红星战役七轮围剿失败

1984 年　　　　　　大饥荒导致 14 万厄特人逃难苏丹

1986 年　　　　　　厄特人革党召开二大并更名为厄特社会党
　　　　　　　　　　（ESP）

1987 年

3 月　　　　　　　　厄人阵召开二大通过社会党起草的新纲领

1988 年　　　　　　厄人阵一役歼敌 1.8 万并转向战略进攻

1989 年	
9~11 月	美国前总统卡特撮合埃厄和谈未果
1991 年	
5 月 24 日	厄人阵开进阿斯马拉
25 日	阿萨布解放
28 日	埃塞人民革命民主阵线（EPRDF）在厄人阵帮助下占领亚的斯亚贝巴并推翻门格斯图政权
29 日	厄人阵组建厄立特里亚临时政府
7 月 5 日	埃塞新政权同意厄特举行全民公投自决
1992 年	
2 月	厄人阵成立临时国民议会
12 月	7 万名难民自愿从苏丹遣返回国
1993 年	
4 月 23~25 日	厄特全公民公投，99.8%的多数赞成立即独立
5 月 24 日	厄立特里亚正式独立
1994 年	
2 月	厄人阵召开三大并更名为人民民主与正义阵线（PFDJ，人阵党）
12 月 5 日	厄特因苏丹支持厄伊斯兰"圣战"组织而与苏丹断交
1995 年	
12 月	厄特与也门交战并控制曼德海峡北部争议群岛
1997 年	
5 月 23 日	制宪会议批准新宪法
11 月 8 日	厄特发行新货币纳克法
1998 年	
5~6 月	厄特-埃塞边界战争爆发
10 月	厄特接受国际仲裁小组裁定红海哈尼什群岛主权归属也门并撤军

1999 年

2 月 27 日	厄特接受非统调解边界争端
28 日	埃塞拒绝和谈
5 月	厄特与埃塞在西部战线重新开战

21 世纪

2000 年

1 月	人阵党部分中央委员呼吁举行全国大选未果
5 月	埃塞军队借道苏丹攻入厄特境内深入高原腹地
6 月	厄特接受非统和平方案
12 月 12 日	与埃塞签署《阿尔及尔协议》停止敌对行动，接受联合国维和并同意由独立的国际边界委员会（EEBC）裁定边界

2002 年

4 月 13 日	厄特接受边界委裁决，埃塞拒绝
11 月 25 日	厄方拒绝埃塞重开双边谈判要求

2005 年

12 月 21 日	联合国最终同意厄方要求并撤出美欧维和人员

2006 年

11 月 20 日	厄埃双方均未出席边界委在荷兰海牙的图上标界
12 月 28 日	埃塞进军索马里引发厄特和埃塞之间新一轮代理人战争

2007 年

12 月 1 日	厄特宣布边界委"虚拟划界"后联合国维和人员应即撤出临时安全区

2008 年

4 月	联合国维和部队转移埃塞未果后解散
6 月 10 日	厄特与吉布提在边界交火
7 月 30 日	安理会撤销埃厄特派团

2009 年

5 月　　　　　　　　埃塞推动伊加特、非洲联盟呼吁联合国安理会
　　　　　　　　　　制裁厄特

12 月 23 日　　　　安理会通过第 1907 号决议制裁厄特

2010 年

6 月　　　　　　　　厄特和吉布提接受卡塔尔斡旋同意谈判解决边
　　　　　　　　　　界冲突

2011 年　　　　　　厄特遭遇 50 年来最严重旱灾

11 月　　　　　　　联合国安理会拒绝厄特申辩

2015 年

11 月 18 日　　　　厄立特里亚银行（央行）更换纳克法纸币

2017 年

7 月 8 日　　　　　联合国教科文组织将厄特首都阿斯马拉列入联
　　　　　　　　　　合国世界遗产名录

2018 年

6 月 5 日　　　　　埃塞总理阿比宣布无条件接受厄埃边界委
　　　　　　　　　　2002 年边界裁定
　　　　　　　　　　厄特总统派外交部长赴埃谈判

7 月 8~9 日　　　　阿比总理访厄并签署两国《和平与友好联合
　　　　　　　　　　声明》，宣告"埃塞俄比亚和厄立特里亚之间
　　　　　　　　　　的战争状态已经结束。"

14~16 日　　　　　伊萨亚斯总统回访埃塞并重开大使馆

28~30 日　　　　　索马里总统穆罕默德·阿卜杜拉希·穆罕默德
　　　　　　　　　　应邀访厄并签署《厄立特里亚与索马里兄弟
　　　　　　　　　　关系和全面合作联合声明》

9 月 5~6 日　　　　厄特、埃塞和索马里三国首脑聚会阿斯马拉并
　　　　　　　　　　发表《埃塞俄比亚、厄立特里亚和索马里全
　　　　　　　　　　面合作联合宣言》

16 日　　　　　　　厄特总统和埃塞总理在沙特的吉达签署《埃

塞俄比亚联邦民主共和国与厄立特里亚国和平、友好和全面合作协定》

11 月 14 日	联合国安理会第 2444 号决议解除对厄特制裁

2019 年

3 月 4 日	厄特总统伊萨亚斯和埃塞总理阿比到南苏丹首都朱巴进行为期一天的工作访问，与东道国总统萨尔瓦·基尔会谈，并发表联合声明
5 月 6 日	厄立特里亚外长奥斯曼到中国进行工作访问，中国国务委员兼外长王毅与其会谈
	美国国务院在其武器出口管制"未充分合作"的国家名单中取消自 2008 年以来一直列名的厄立特里亚
6 月 24~25 日	厄特人阵党中央经济部部长哈格斯到北京出席中非合作论坛 2018 北京峰会成果落实协调人会议，并会晤中国国务委员兼外长王毅
7 月 18~19 日	埃塞俄比亚总理阿比到厄特进行工作访问，双方重申推动和平进程与全面合作，伊萨亚斯总统邀请阿比总理到家宅做客
8 月	印度在阿斯马拉开设大使馆。印方将厄立特里亚列入单向免征关税优惠（DFTP）市场准入国家名单
2 日	伊萨亚斯总统赴萨瓦军训中心出席国民服务项目 25 周年庆典暨第 32 批学员毕业典礼
15 日	伊萨亚斯总统会见来访的日本首相安倍晋三的特使、日本非洲经济与发展协会（Association of African Economy and Development）会长延野哲郎和东京非洲发展国际会议（TICAD）特使冈村佳文
28 日	奥斯曼外长赴横滨出席第七届东京非洲发展国

	际会议峰会，并宣读伊萨亚斯总统致会议的信，函件敦促首脑会议重新制定路线图，以建立真正有效的伙伴关系
9月11日	厄立特里亚新闻部长耶马尼宣布，厄特以观察员国身份加入东部和南部非洲反洗钱组织（ESAAMLG），并公布厄政府关于反洗钱/反恐融资的法规
16~17日	伊萨亚斯总统应苏丹主权委员会主席阿卜杜勒·法塔赫·布尔汉中将的邀请对苏丹进行正式访问
10月23~24日	厄立特里亚外长奥斯曼和厄人阵党中央经济部长哈格斯在索契出席俄罗斯-非洲经济论坛和首届俄罗斯与非洲国家峰会
12月23日	伊萨亚斯总统赴阿布扎比会晤阿联酋王储兼武装部队副总司令谢赫·穆罕默德·本·扎伊德·阿勒纳哈扬（Sheikh Mohamed bin Zayd Al Nahyan）①，重点讨论农业、能源和投资等方面的发展合作
25日	人阵党总书记阿拉明·穆罕默德主持厄立特里亚全国妇女联盟中央委员会会议
25~27日	伊萨亚斯总统应邀对埃塞俄比亚进行正式访问
2020年	
1月6日	厄特外长奥斯曼·萨利赫、总统顾问耶马尼（人阵党中央政治部部长）和人阵党经济部部长哈格斯赴沙特利雅得出席红海和亚丁湾阿拉伯和非洲国家外长会议，厄特加入新成立的红海和亚丁湾阿拉伯和非洲国家理事会

---

① 2022年5月在前总统哈利法病逝后继任总统

10~11 日	索马里总统穆罕默德·阿卜杜拉希·穆罕默德访问阿斯马拉,并发表联合公报
27 日	伊萨亚斯总统、埃塞阿比总理和索马里穆罕默德总统在阿斯马拉举行三方会议,发表联合公报
2 月 17 日	伊萨亚斯总统赴沙特阿拉伯进行三天工作访问
3 月 21 日	厄境内发现首例新冠疫情输入病例
23 日	厄特卫生部发布第三版新冠疫情防控指导条例,敦促所有在厄居住的本国人和外国人避免跨省、跨城、跨村旅行,除紧急情况外不乘公交车和出租车等;禁止 10 人以上的公共和社交、体育、文化活动。影院、酒吧停业,在商场内保持社交距离。敦促海外厄侨避免近期返厄
4 月 2 日	厄特全国实行封闭式管理。最初为期 21 天,随后几度延长。允许在减少工时和严格遵守标准预防措施的情况下继续运营渔业、农场、银行和金融服务、食品供应链、卡车货运和重要运输等
5 月 3~4 日	伊萨亚斯总统访问埃塞
15 日	厄特卫生部宣布,全国 39 例新冠肺炎确诊病患均已完全康复。17 日,启动全员检测计划
6 月 2 日	厄特全国完成首轮全员检测,发现一例新冠肺炎检测呈阳性。学校部分复课,其他限制略有放宽
25~27 日	伊萨亚斯总统访问苏丹三天
7 月 5~7 日	伊萨亚斯总统前往埃及进行三天工作访问
8~9 日	埃塞总理阿比到访阿斯马拉
9 月 7 日	苏丹主权委员会主席阿卜杜勒·法塔赫·布尔

汉中将抵达阿斯马拉进行工作访问

10 月 4～5 日　　　　索马里总统穆罕默德·阿卜杜拉希·穆罕默德
　　　　　　　　　　到厄特进行工作访问

13～15 日　　　　　伊萨亚斯总统访问埃塞，参观埃塞俄比亚复兴
　　　　　　　　　　大坝以及埃塞空军司令部

11 月 11 日　　　　厄特外长奥斯曼和总统顾问耶马尼到喀土穆与
　　　　　　　　　　苏丹主权委员会主席阿卜杜勒·布尔汉中将和
　　　　　　　　　　过渡政府总理阿卜杜拉·哈姆杜克（Abdalla
　　　　　　　　　　Hamdok）讨论双边关系以及地区，特别是埃
　　　　　　　　　　塞北部形势

18 日　　　　　　　奥斯曼外长和总统顾问耶马尼赴开罗会晤埃及
　　　　　　　　　　外长萨迈赫·舒凯里（Sameh Hassan
　　　　　　　　　　Shoukry），讨论双边和区域事务

12 月 22 日　　　　厄特宣布首例与新冠疫情相关的死亡病例。31
　　　　　　　　　　日又有两例死亡病例。康复人数从 7 月的 53
　　　　　　　　　　人增至 676 人，月底仍有 641 例活跃病例

2021 年

3 月 25～26 日　　　埃塞总理阿比携国防部长凯内亚·亚德塔
　　　　　　　　　　（Kenea Yadeta）等对厄特进行两天工作访问，
　　　　　　　　　　双方讨论 2020 年 11 月以来埃塞北部提格雷州
　　　　　　　　　　战事等情况

4 月 7～11 日　　　厄特外长奥斯曼·萨利赫和总统顾问耶马尼等
　　　　　　　　　　访问印度，分别会晤印度外长苏杰生
　　　　　　　　　　（Subrahmanyam Jaishankar）和国家安全顾问
　　　　　　　　　　阿吉特·多瓦尔（Ajit Doval），并会见印商界
　　　　　　　　　　领袖招商引资

5 月 6 日　　　　　清晨，伊萨亚斯总统结束对苏丹的两天工作访
　　　　　　　　　　问回到阿斯马拉。下午与到访的美国非洲之角
　　　　　　　　　　特使杰弗里·费尔特曼（Jeffrey Feltman）大

	使会谈 4 个小时
13~14 日	几内亚总统孔戴到厄特进行两天工作访问
24 日	伊萨亚斯总统出席在阿斯马拉体育场举行的厄特独立 30 周年庆典并发表讲话
7 月 6 日	厄特人阵党总书记阿拉明率 30 多名代表在线出席中国共产党与世界政党领导人峰会
23 日	厄特 13 人体育代表团在日本东京参加第 32 届夏季奥运会，其中一名连续多年获得全非洲公路自行车赛冠军的女选手（Mosana Debesai，31 岁）是第一个参加奥运会的非洲黑人自行车赛手
10 月 11 日	厄特外长奥斯曼和总统顾问耶马尼等在塞尔维亚贝尔格莱德出席不结盟运动第 60 届高级别年会
13~15 日	厄特全国妇联主席特凯亚·特斯法迈克尔（Tekea Tesfamichael）率团在俄罗斯圣彼得堡参加主题为"加强全球联盟与经济发展"的第三届国际妇女大会。非洲、中东、欧洲和亚洲多国逾百名妇女组织领导人与会
10 月 17~24 日	人阵党中央政治部部长耶马尼和经济部部长哈格斯在瑞士日内瓦为旅居瑞士、瑞典、德国、英国、荷兰、法国和挪威等国的 60 名党员举办第五轮培训
11 月 7 日	阿斯马拉市 13 个区和中央省 3 个县的居民开始投票选举区、县和乡等地方领导。此次选举因新冠疫情而推迟了一年
17 日	伊萨亚斯总统率党政要员到阿斯马拉烈士公墓出席厄特人阵党总书记（1994—2021）阿拉明·穆罕默德·赛义德（Alamin Mohammed

Seid，1947—2021）的葬礼

24 日	厄特外长奥斯曼和中国驻厄特大使蔡革分别代表两国政府在阿斯马拉厄外交部签署中厄共建"一带一路"谅解备忘录
12 月 30 日	原厄特人民革命党及厄人民解放阵线创始人之一和首任总书记（1977—1987）、全国选举委员会主席拉马丹·穆罕默德·努尔（Romadan Mohammed Nur，1940—2021）病逝

2022 年

1 月 4~5 日	中国国务委员兼外长王毅访问厄特，分别同奥斯曼外长、伊萨亚斯总统举行会谈会见。两国元首共同决定将中厄关系提升为战略伙伴关系，双方发表两国外长联合声明
2 月 2~6 日	厄特外长奥斯曼和总统顾问耶马尼出席在埃塞亚的斯亚贝巴非洲联盟总部举行的第 35 届非盟首脑会议
7 日	伊萨亚斯总统在马萨瓦会见俄罗斯总统普京的中东和非洲事务特别代表博格丹诺夫
25 日	中央省地方议会在阿斯马拉市政厅举行第 20 次常会。其他几个省的地方议会在 3 月份召开其例会
3 月 2 日	厄特在联合国大会第 11 届紧急特别会议投票反对要求俄罗斯停止对乌克兰使用武力并将其所有军事力量撤出乌克兰领土的决议。共有 5 国反对
12 日	伊萨亚斯总统会见到访的中国新任非洲之角特使薛冰大使，9 月 16 日再度会见
7 月 9~12 日	索马里总统哈桑·谢赫·穆罕默德应邀正式访问厄特

8月27~28日	厄特外长奥斯曼和总统顾问耶马尼出席在突尼斯举行的第八届东京非洲发展国际会议
9月15日	伊萨亚斯总统会见来访的印度外交国务部长穆拉里德哈兰（V. Muraleedharan）
10月12日	厄特在联合国大会第11届紧急特别会议续会表决谴责俄罗斯在乌克兰四个州组织公民投票的决议时弃权。共有35国弃权
11月10~14日	索马里总统哈桑·谢赫·穆罕默德再度访厄。12日伊萨亚斯总统陪哈桑赴北红海省视察在当地接受培训的海军、特种部队和地形测绘等首批索马里国防军200名官兵。12月下旬，这批索马里军人结束三年培训回国
12月1日	厄特总统伊萨亚斯致电中国国家主席习近平，哀悼中国前国家主席江泽民逝世
2日	第五任厄立特里亚东正教大主教阿布内·克洛斯（Abune Qerlos）逝世，享年96岁。伊萨亚斯总统等党政要员出席8日的正式葬礼
9~10日	肯尼亚总统鲁托（William Samoei Ruto）就任不久即应邀正式访问厄特，两国元首发表联合公报，包括宣布互免签证等合作
2023年	
1月26日	伊萨亚斯总统会见到访的俄罗斯外长拉夫罗夫。厄特外长奥斯曼在欢迎致辞中指出，过去30年来，美国及其西方盟国为维持其单极世界霸权秩序而对俄罗斯和中国实行遏制政策
28日	厄特旅居德国26个城市的人阵党员代表在法兰克福举行建立组织大会，选举执行委员会（任期两年），并通过2023年工作计划。同

	时，人阵党在斯堪的纳维亚诸国的组织也分别举行年度例会
2月8~9日	伊萨亚斯总统应鲁托总统之邀对肯尼亚进行为期两天的工作访问。鲁托总统表示赞赏厄特在区域和平与稳定中的作用及其在建设索马里国防军方面的贡献，并宣布肯尼亚将在阿斯马拉开设大使馆
23日	厄特在联合国大会第11届紧急特别会议续会再次表决要求俄罗斯从乌克兰撤军的第三个决议时再度投票反对。此次有7国反对
3月1~2日	伊萨亚斯总统应邀对沙特阿拉伯进行两天工作访问
4月24日	厄特常驻联合国代表处在联合国纽约总部举办厄立特里亚国独立公投（1993年4月23～25日）30周年纪念活动，厄特外长发表视频讲话。曾主管传播事务的联合国前副秘书长兼新闻部主任、时任联合国秘书长观察厄特全民投票特别代表萨米尔·桑巴尔（Samir H. Sanbar）以及百余国常驻代表等出席。中国等十几个亚非拉国家，非盟、欧盟和联合国代表致辞赞扬厄特独立公投的民众广泛参与，堪称典范
5月2日	伊萨亚斯总统会见联合国秘书长特使、副秘书长兼开发计划署署长阿奇姆·施泰纳（Achim Steiner），强调联合国应促进非洲和平、稳定与发展，优先支持伊加特和其他非洲次区域组织的当前举措
14~18日	伊萨亚斯总统应邀到中国进行为期5天的国事访问，分别与习近平主席和李强总理进行会

谈，回顾其 1967 年首次来华的非凡经历，感谢中国支持厄特人民争取独立的斗争以及新中国 74 年来对人类做出的历史性贡献。厄特代表团还访问了四川省

30 日	伊萨亚斯总统抵达莫斯科，应邀对俄罗斯联邦进行为期 4 天的首次正式访问
6 月 12 日	厄特外长奥斯曼和总统顾问耶马尼率团在吉布提出席政府间发展组织第 14 次常会。厄特自 2007 年退出伊加特 16 年后首次重返这个次区域组织的年会
7 月 13 日	伊萨亚斯总统在开罗出席埃及召集的苏丹 7 个邻国（厄特、埃及、乍得、中非共和国、利比亚、南苏丹和埃塞）领导人峰会，非洲联盟委员会主席和阿拉伯联盟秘书长与会。会议发表公报呼吁苏丹冲突各方立即停火和结束战争
27~28 日	伊萨亚斯总统在俄罗斯圣彼得堡出席第二届俄非首脑会议并发表讲话，强调要制定明确的战略和有效的实施机制，以加强非洲与俄罗斯的合作伙伴关系
8 月 24 日	伊萨亚斯总统应南非总统拉马福萨之邀，在南非约翰内斯堡参加金砖国家与非洲合作及金砖国家同其他发展中国家和新兴经济体对话会，并顺访南非
9 月 4~7 日	伊萨亚斯总统在肯尼亚首都内罗毕出席非洲联盟 2023 年非洲气候峰会
15 日	马萨瓦以南 41 公里处发生里氏 5.0 级地震，震源深度 10 公里，阿斯马拉及其南边多个地区都有震感。这次地震是红海沿岸继 8 月初在

	红海北部先后发生 5.6 级和 4.7 级地震后的第三次较大地震。10 月 19 日在提约西南 34 公里处又发生里氏 4.5 级地震。均未见人员和物资损失报道
10 月 8~9 日	索马里总统哈桑·谢赫·穆罕默德应邀对厄特进行两天工作访问
30 日	伊萨亚斯总统致电中国国家主席习近平，哀悼中国前总理李克强逝世
11 月 10~14 日	伊萨亚斯总统在沙特阿拉伯首都利雅得出席首次沙特–非洲首脑会议，并访问沙特
12 月 15 日	伊萨亚斯总统会见中国非洲之角特使薛冰大使
16~22 日	厄特文化和体育委员会代表团参加第五届海南岛国际电影节。这是厄特首次参加国际电影节，并收到独家邀请提交本国电影参加今后评奖竞赛，表明厄特的电影日渐得到国际同行的认可
2024 年	
1 月 8~9 日	索马里总统哈桑·谢赫·穆罕默德对厄特进行两天工作访问。3 月 17~18 日、7 月 8~9 日和 12 月 25 日，他又三次访厄
19~22 日	厄特外长奥斯曼应邀赴乌干达坎帕拉出席不结盟运动第 19 次峰会和"77 国集团和中国"第三届南方首脑会议
28 日~2 月 7 日	伊萨亚斯总统出席意大利–非洲峰会，随后对意大利进行一周的工作访问。这是他十年来首访西欧国家
2 月 24~27 日	伊萨亚斯总统应邀对埃及进行了三天的正式访问
3 月 16 日	伊萨亚斯总统率党政军要员在阿斯马拉爱国者

公墓出席厄特人阵党中央委员、海军司令、原厄特人民解放军创始人之一胡迈德·穆罕默德·卡里卡雷（Humed Mohammed Karikare）少将的葬礼

28 日 为庆祝俄罗斯与厄特建交 30 周年，俄太平洋舰队护卫舰"沙波什尼科夫元帅"号抵达马萨瓦，进行为期五天的访问。4 月 2 日，伊萨亚斯总统在马萨瓦登舰参观并会见带队的俄海军副总司令弗拉基米尔·卡萨托诺夫（Vladimir Kasatonov）中将一行，双方重点讨论落实去年非洲-俄国峰会上确定的国防、安全以及经济领域的全方位合作，以及俄罗斯支持红海和非洲之角地区和平与稳定的前景。4 月 3 日，俄军代表团参观包括原苏联在红海沿岸海军基地在内的南、北红海两省的基础设施、能源等项目。5 日，伊萨亚斯总统在阿斯马拉再次会见俄军代表团

4 月 7 日 伊萨亚斯会见中国外交部非洲之角特使薛冰大使

6 月 3~4 日 伊萨亚斯总统在韩国首尔出席首届韩国-非洲领导人峰会，其间与非洲数国领导人会晤。5 日会见韩国总统尹锡悦，8 日回国

24 日 伊萨亚斯总统会见意大利企业和制造部长阿道夫·乌尔索（Adolfo Urso）一行，27 日会见意大利参议院外交和国防委员会主席斯蒂芬妮·克拉西（Stefania Craxi）。双方讨论落实年初伊萨亚斯访意时两国达成合作的事宜

8 月 17 日 厄特土地、水和环境部长泰斯法耶·格布雷塞拉西（Tesfai Gebreselassie）在线上出席于印

度举行的第三届全球南方之声峰会

9月2~8日	伊萨亚斯总统来华出席中非合作论坛第九届部长级会议暨2024北京峰会。2~3日伊萨亚斯分别会见中国国家主席习近平和总理李强，5日出席峰会开幕式，7日访问陕西省
17日	厄立特里亚和圣卢西亚建立外交关系
22~23日	厄特外长奥斯曼在美国纽约出席联合国未来峰会
10月10日	埃及总统阿卜杜勒·法塔赫·塞西和索马里总统哈桑·谢赫·穆罕默德同时正式访问厄特，三国元首会晤同意深化合作及相互协调，以加强索马里国家机器，特别是索马里国防军应对内外挑战的能力。联合公报确定由三国外长组成三方全方位战略合作联合委员会
11月1日	伊萨亚斯总统会见非洲大陆自由贸易区（AfCFTA）秘书长梅内（Wamkele Mene）一行
9~10日	厄特驻俄罗斯大使在索契参加俄罗斯-非洲伙伴关系论坛首届部长级会议
21日	厄特外长奥斯曼线上出席在日内瓦举行的首次联合国关于单方面胁迫性措施会议并致辞，指出安理会2009年和2011年在缺乏证据的情况下对厄特实施制裁是不公正、有偏见的，2018年解除制裁后仍对厄特实施新形式制裁，影响其开展国际合作和建立伙伴关系，阻碍经济增长。他呼吁立即停止所有单方面胁迫行径
26日	苏丹主权委员会主席阿卜杜勒·法塔赫·布尔汉到厄特进行工作访问
12月12日	伊萨亚斯总统在南红海省与党政高官讨论进一

步完善 2025 年及以后的当地发展方案

2025 年

1 月 4~6 日　　　　　　厄特政府举办厄立特里亚研究国际会议，新闻部长和外交部长分别在开幕式和闭幕式发表讲话。会议发表 154 篇自然和社会科学领域的论文，涉及考古学和民族遗产、经济发展、文化艺术、法律、政治以及区域和全球问题

11 日　　　　　　　　厄特、埃及和索马里三国外交部长首次三方常会在开罗举行，讨论加强区域合作以及促进非洲之角和平与安全等问题

参考文献

一　中文文献

商务部国际贸易经济合作研究院、中国驻厄立特里亚大使馆经济商务处、商务部对外投资和经济合作司：《对外投资合作国别（地区）指南——厄立特里亚》（2019 年、2021 年、2024 年）。

延飞（舒展）：《埃塞俄比亚与厄立特里亚冲突的根源——埃塞俄比亚厄立特里亚联邦始末》，《西亚非洲》2008 年第 9 期。

云端（中国驻厄立特里亚大使馆）编著《红海明珠——厄立特里亚》，世界知识出版社，2016。

钟伟云编著《埃塞俄比亚　厄立特里亚》，社会科学文献出版社，2006。

钟伟云编著《埃塞俄比亚》，社会科学文献出版社，2016。

二　英文文献

African Development Bank, *The African Statistical Yearbook 2020*, Jan. 2021.

——*African Economic Outlook 2020*, *Developing Africa's Workforce for the Future*, January 2020.

——*African Economic Outlook 2021*, *From Debt Resolution to Growth*:

The Road Ahead for Africa, March 2021.

——*African Economic Outlook 2022*, *Supporting Climate Resilience and a Just Energy Transition in Africa*, June 2022.

Almedom, Astier M., "Re-reading the Short and Long-Rigged History of Eritrea 1941–1952: Back to the Future", *Nordic Journal of African Studies* 15 (2), (2006).

Asmara Heritage Project, Asmara: Africa's Modernist City, Candidature for UNESCO World Heritage Listing, April 2017.

Bereketeab, Redie, *Eritrea : The Making of A Nation, 1890–1991*, The Red Sea Press, Inc. February 2006.

——*State Building in Post-Liberation Eritrea : Challenges, Achievements and Potentials*, Adonis and Abbey Publishers Ltd, London, May 2009.

Beyene, Fr. Tewelde, *Introduction to the History of Eritrea : Lecture Outlines*, Partially revised, Asmara University, 2012.

Browning, Renee, *Eritrea : Including Its History, The Eritrean Highlands, The Cinema Impero, and More*, Earth Eyes Travel Guides, 2012.

Cliffe, Lionel & Basil Davidson (ed.), *The Long Struggle of Eritrea for Independence and Constructive Peace*, Red Sea Press, September 1988.

Connell, Dan, *Against All Odds : A Chronicle of the Eritrean Revolution*, Lawrenceville, NJ: Red Sea Press, 1993, revised 1997.

—— "Inside the EPLF: The Origins of the 'People's Party' and Its Role in the Liberation of Eritrea" *Review of African Political Economy* (September 2001), Vol. 28, No. 89.

——*Historical Dictionary of Eritrea*, third edition, Rowman & Littlefield, 2019.

Connell, Dan and Tom Killion, *Historical Dictionary of Eritrea*, second edition, Lanham Md. : Scarecrow Press, Inc., 2011.

Constitution of Eritrea, Ratified by the Constituent Assembly On May 23, 1997.

Davidson, Basil, *African in History*, London: Phoenic Press, 2001 reviesed edition.

Dr. de Grissac, Alain Jeudy & Kaleab Negussie (ed.), *Eritrea's Coastal Marine and Island Biodiversity Conservation Project*, *State of the Coast Eritrea*, *2006-2007*, December 2007.

Denison, Edward and Edward Paice, *Eritrea* (Bradt Travel Guide), 2007.

Denison, Edward, Renguang Yu and Naigzy Gebremedhin, *Asmara : Africa's Secret Modernist City*, Merrell, London and New York, 2003.

Endres, John (ed), *Africa Survey : Africa in Figures*, Johannesburg: Good Governance Africa, 2013.

Eritrean Center for Strategic Studies, *Eritrea - Voluntary National Review (on SDG)*, Asmara, July 2022.

Giorgis, Andebrhan Welde, *Eritrea at a Crossroads : A Narrative of Triumph*, *Betrayal and Hope* [Kindle Edition], Houston TX: Strategic Book Publishing and Rights Co. , 2014.

Iyob, Ruth, *The Eritrean Struggle for Independence : Domination*, *Resistance*, *Nationalism*, *1941-1993*, Cambridge University Press, 1997.

Lewis, M. Paul (ed.), *Ethnologue: Languages of the World*, 16th Edition, SIL International, 2009.

Ministry of Health, Government of Eritrea, *The Second Health Sector Strategic Development Plan I 2012-2016*, Asmara, 2010.

——*The Second Health Sector Strategic Development Plan II (2017-2021)*, Asmara, November 2016.

——*The Health Sector Strategic Development Plan III (2022-2026)*, Asmara, April 2022.

Ministry of Information, Government of Eritrea, *Eritrea : A Country Handbook*, Asmara, 2002.

——*Eritrea at a Glance 2009-2016*, http://www. shabait. com/about-

eritrea/eritrea-at-a-glance.

Ministry of National Development, Government of Eritrea & United Nations, Eritrea, *Millennium Development Goals Report*, Asmara, July 2005.

——*Millennium Development Goals Report*, *2015*; State of Eritrea, Ministry of Finance and National Development.

——*Eritrea National Indicative Development Plan (NIDP) 2014-2018*.

Ministry of Trade and Industry, Government of Eritrea, *Eritrea : Report on Census of Manufacturing Establishments 2004*, *Statistical Report*, Asmara, November 2005.

Minahan, Ames B. , *Miniature Empires : A Historical Dictionary of the Newly Independent States*, Greenwood Publishing Group, 1998.

Miran, Jonathan, *Red Sea Citizens : Cosmopolitan Society and Cultural Change in Massawa*, Bloomington: Indianan University Press, 2009.

Munro-Hay, Stuart Christopher, *Aksum : An African Civilization of Late Antiquity*, Edinburgh: Edinburgh University Press, 1991.

Murtaza, Niaz, *The Pillage of Sustainability in Eritrea, 1600s - 1990s: Rural Communities and the Creeping Shadows of Hegemony*, Greenwood Publishing Group, 1998.

Negash, Abraham, "The Origin and Development of Tigrinya Language Publications (1886 - 1991) Volume One", Staff publications, research, and presentations, 131, Santa Clara University, California, USA, 2016.

Negash, Tekeste, *Eritrea and Ethiopia : The Federal Experience*, Uppsala: Nordoska Afrikainstitutet.

Nigusie, Alemu Asfaw, *Eritrea's Policy in the Horn of Africa : 1993 - 2008*, VDM Verlag Dr. Müller GmbH & Co. KG, Deutschland, 2011.

Pateman, Roy, *Eritrea : Even the Stones Are Burning*, Red Sea Press, U. S. , 1990.

People's Front for Democracy and Justice, *History of Eritrea : From Ancient Times to Independence An Outline*, Hdri Publishers, Asmara,

Eritrea, 2015.

Rao, Sri D. V. Madhusudan, &Dr. Chatterjee, Shankar, *Industrial Development in Eritrea in Post-Liberation Era : A Study*, Asmara, Eritrea, 2016.

Schmidt, Peter, Curtis, Mattjew C. , et al. , *The Archaeology of Ancient Eritrea*, Trenton, NJ: Red Sea Press, 2008.

Pollera, Alberto, *The Native Peoples of Eritrea* , Red Sea Press, 2001.

Reid, Richard (ed.), *Eritrea's External Relations : Understanding Its Regional Role and Foreign Policy*, Royal Institute of International Affairs, London 2009.

Schoff, Wilfred Harvey (translated), *The Periplus of the Erythraean Sea: Travel and Trade in the Indian Ocean by a Merchant of the First Century*, New York: Longmans, Green, and Co. , 1912.

Selassie, Bereket Habte, *Bereket Habte Selassie, Eritrea and the United Nations*, The Red Sea Press, USA, 1989.

——*Wounded Nation : How a Once Promising Eritrea Was Betrayed and Its Future Compromised*, The Red Sea Press, USA, 2010.

Sherman, Richard, *Eritrea : The Unfinished Revolution*, New York: Praeger Publishers.

Spencer, John H. , *Ethiopia at Bay: A Personal Account of the Haile Selassie Years*Reference Pubns: 1St Edition edition, 1984.

Tesfagiorgis G. , Mussie, *Eritrea (Africa in Focus)*, Santa Barbara, CA: ABC−CLIO (American Bibliographic Company-Clio Press), 2010.

United Nations, *Eritrea : Report of the United Nations Commission for Eritrea*.

Report of the Interim Committee of the Genral Asembly on the Report of the United Nations Commission for Eritrea; 390 (V), Resolutins Adopted by the Genral Asembly, December 1950.

——*The Strategic Partnership Cooperation Framework (SPCF) Between the*

Government of the State of Eritrea and the United Nations, *2017-2021*, UN in Eritrea, Asmara, Eritrea, 2016.

——*Sustainable Development Cooperation Framework Between the Government of the State of Eritrea and the United Nations*, *2022-2026*, UN in Eritrea, Asmara, Eritrea, 2021.

UNCTAD, *State of Commodity Dependence 2021-Eritrea*, 19 Oct 2021.

——*The Least Developed Countries Report*, *Statistical Annex*. (2002 ~ 2021 年部分年度)

——*Handbook of Statistics* . (2010~2021 年部分年度报告)

UNDP, *Human Development Report* . (1995~2022 年部分年度)

UN, Department of Economic and Social Affairs, Population Division, *World Population Prospects*: *The* 2019 *Revision*. New York; 2019.

UNESCO Internatition Bureau of Education, *World Data on Education* Ⅶ *edition* 2010/11.

UNFPA & Government of Eritrea, Assessment of the Government of the State of Eritrea-UNFPA fifth Country Programme (2017-2021) July 2020.

Visscher, Jochen (Editor) & Boness, Stefan (Photographer), *Asmara*: *Africa's Jewel of Modernity*, Jovis, 2nd Revised edition, 2016.

Woldemikael, Tekle Mariam, "Language, Education, and Public Policy in Eritrea," *African Studies Review*, 46 (1), 2003, pp. 117-136.

World Bank, *Indicators Database*: *Eritrea Country Profile*, *September 2009*.

World Bank Group, *World Development Report 2015*: *Mind*, *Society*, *and Behavior*. Washington, DC: World Bank, 2015.

World Health Organization, *World Health Statistics 2022*: *Monitoring Health for the SDGs*, *Sustainable Development Goals*, Geneva, 2022.

Wrong, Michela, *I Didn't Do It for You*: *How the World Betrayed a Small African Nation*, London and New York: Harper Perennial, 2005.

Yohannes, Okbazghi, *Eritrea*: *A Pawn in World Politics*, Gainesville: University of Florida Press, 1991.

三　主要网站

厄立特里亚新闻部网站（Eritrean Ministry of Information，Eritrean News and Facts），http：//www. shabait. com/。

厄立特里亚战略研究中心网站（Eritrean Center for Strategic Studies），http：//www. ecss-online. com/。

中国外交部网站，https：//www. mfa. gov. cn。

中国商务部网站，http：//mofcom. gov. cn。

不列颠百科全书网站，http：//global. britannica. com。

经济复杂性观察网，https：//oec. world/en/。

索　引

新版《列国志》总书目

非洲

阿尔及利亚

埃及

埃塞俄比亚

安哥拉

贝宁

博茨瓦纳

布基纳法索

布隆迪

赤道几内亚

多哥

厄立特里亚

佛得角

冈比亚

刚果

刚果民主共和国

吉布提

几内亚

几内亚比绍

加纳

加蓬

津巴布韦

喀麦隆

科摩罗

科特迪瓦

肯尼亚

莱索托

利比里亚

利比亚

卢旺达

马达加斯加

马拉维

马里

毛里求斯

毛里塔尼亚

摩洛哥

莫桑比克

纳米比亚

南非

南苏丹

尼日尔

尼日利亚

塞拉利昂

塞内加尔

塞舌尔

圣多美和普林西比

斯威士兰

苏丹

索马里

坦桑尼亚

突尼斯

乌干达

赞比亚

乍得

中非

欧洲

阿尔巴尼亚

爱尔兰

爱沙尼亚

安道尔

奥地利

白俄罗斯

保加利亚

北马其顿

比利时

冰岛

波兰

波斯尼亚和黑塞哥维那

丹麦

德国

俄罗斯

法国

梵蒂冈

芬兰

荷兰

黑山

捷克

克罗地亚

拉脱维亚

立陶宛

列支敦士登

卢森堡

罗马尼亚

马耳他

摩尔多瓦

摩纳哥

挪威

葡萄牙

瑞典

瑞士

塞尔维亚

塞浦路斯

圣马力诺

斯洛伐克

斯洛文尼亚

乌克兰

西班牙

希腊

匈牙利

意大利

英国

美洲

阿根廷

安提瓜和巴布达

巴巴多斯

巴哈马

巴拉圭

巴拿马

巴西

秘鲁

玻利维亚

伯利兹

多米尼加

多米尼克

厄瓜多尔

哥伦比亚

哥斯达黎加

格林纳达

古巴

圭亚那

海地

洪都拉斯

加拿大

美国

墨西哥

尼加拉瓜

萨尔瓦多

圣基茨和尼维斯

圣卢西亚

圣文森特和格林纳丁斯

苏里南

特立尼达和多巴哥

危地马拉

委内瑞拉

乌拉圭

牙买加

智利

大洋洲

澳大利亚

巴布亚新几内亚

斐济

基里巴斯

库克群岛

马绍尔群岛

密克罗尼西亚

瑙鲁

纽埃

帕劳

萨摩亚

所罗门群岛

汤加

图瓦卢

瓦努阿图

新西兰

国别区域与全球治理数据平台

www.crggcn.com

"国别区域与全球治理数据平台"（Countries，Regions and Global Governance，CRGG）是社会科学文献出版社重点打造的学术型数字产品，对接国别区域这一重点新兴学科，围绕国别研究、区域研究、国际组织、全球智库等领域，全方位整合基础信息、一手资料、科研成果，文献量达30余万篇。该产品已建设成为国别区域与全球治理数据资源与研究成果整合发布平台，可提供包括资源获取、科研技术服务、成果发布与传播等在内的多层次、全方位的学术服务。

从国别区域和全球治理研究角度出发，"国别区域与全球治理数据平台"下设国别研究数据库、区域研究数据库、国际组织数据库、全球智库数据库、学术专题数据库和学术资讯数据库6大数据库。在资源类型方面，除专题图书、智库报告和学术论文外，平台还包括数据图表、档案文件和学术资讯。在文献检索方面，平台支持全文检索、高级检索，并可按照相关度和出版时间进行排序。

"国别区域与全球治理数据平台"应用广泛。针对高校及国别区域科研机构，平台可提供专业的知识服务，通过丰富的研究参考资料和学术服务推动国别区域研究的学科建设与发展，提升智库学术科研及政策建言能力；针对政府及外事机构，平台可提供资政参考，为相关国际事务决策提供理论依据与资讯支持，切实服务国家对外战略。

数据库体验卡服务指南

※100元数据库体验卡，可在"国别区域与全球治理数据平台"充值和使用

充值卡使用说明：
第1步 刮开附赠充值卡的涂层；
第2步 登录国别区域与全球治理数据平台（www.crggcn.com），注册账号；
第3步 登录并进入"会员中心"→"在线充值"→"充值卡充值"，充值成功后即可使用。

声明

最终解释权归社会科学文献出版社所有

客服QQ：671079496
客服邮箱：crgg@ssap.cn

欢迎登录社会科学文献出版社官网（www.ssap.com.cn）和国别区域与全球治理数据平台（www.crggcn.com）了解更多信息

图书在版编目（CIP）数据

厄立特里亚 / 舒展编著. --北京：社会科学文献
出版社，2024.9. --（列国志：新版）. --ISBN 978-
7-5228-4507-4

Ⅰ. K942.1

中国国家版本馆 CIP 数据核字第 2024WW9311 号

· 列国志（新版）·

厄立特里亚

编　著／舒　展

出 版 人／冀祥德
组稿编辑／高明秀
责任编辑／叶　娟　常玉迪
责任印制／王京美

出　　版／社会科学文献出版社·区域国别学分社（010）59367078
　　　　　　地址：北京市北三环中路甲 29 号院华龙大厦　邮编：100029
　　　　　　网址：www.ssap.com.cn
发　　行／社会科学文献出版社（010）59367028
印　　装／三河市尚艺印装有限公司

规　　格／开本：787mm×1092mm　1/16
　　　　　　印张：22.25　插页：0.75　字数：327 千字
版　　次／2024 年 9 月第 1 版　2024 年 9 月第 1 次印刷
书　　号／ISBN 978-7-5228-4507-4
定　　价／98.00 元

读者服务电话：4008918866